徬徨英雄路

—— 轉型時代知識分子的心靈史

余杰 著

序一
知識分子研究知識分子

　　去年夏天，我有幸讀到余杰的近著《徬徨英雄路——轉型時代知識分子的心靈史》，這是一本討論近現代思想與文化發展的論文集，裡面穿插著作者對現代文學史與現代報刊初建的研究，內容極為豐富。令我特別有興趣的是：作者與我在近代思想文化的研究上有著一些共同的問題與視野。這使我在讀這本書時，不但常常產生共鳴，同時也給我帶來一份空谷足音的驚喜。

　　這本書使我產生思想共鳴的一個最主要原因是，余杰在書中強調：近現代思想文化的劇變主要是發軔於由戊戌到五四這一段時期。這也是我近些年來的一個基本看法。如今讀了余杰這部書，更增強我對這看法的信心。我相信說明一下這個看法的思想背景，更會幫助讀者體會此書的價值與意義。

　　大致而言，強調由戊戌到五四這段時期在近現代思想文化轉型中的關鍵性這個觀點，是針對時下流行的兩種看法而提出的。一個是「五四本位」的看法。長久以來，在國內和海外，學者常常認為近現代思想文化的劇變是由五四時代開始。但近些年來的學術研究使我們越來越質疑這種「五四本位」的看法。首先，新文化運動是由近現代的雙重危機激發起來的。所謂「雙重危機」，是指空前的政治次序危機與文化思想危機。認識這「雙重危機」的來由與性格，是了解五四的一個必要條件。但要滿足這必要條件，不能只看五四這個時代，必需上溯至由1895年開端的戊戌時代。因為這「雙重危機」是在由1895

年至五四時代的歷史演變過程中出現和定型的。其次，五四新文化運動的幾個主題思想，如民主、自由、科學、極端反傳統主義以及政治激化與白話文學，都經過長期的醞釀，都必需在綜覽1895年以後三十年的歷史劇變的前提下，才能對這些五四主題思想的發展作深入的認識。

總之，「五四本位」的看法可議之處甚多，此處無法深論，僅就上面提出的兩點而言，即可看出，近現代的思想文化轉型，並非孤峰突起於五四時代，而是突破於由甲午到五四長期積累的思想演化。

除了「五四本位」的觀點之外，近年來尚有一個很普遍的趨勢，把近代思想轉型的時間往前推，推到16、17世紀，也就是晚明清初的時代。學界持此看法的人甚多。日本學者溝口雄三就是其中鼓吹最力的人。

就思想文化發展而言，明末清初之重要性，幾乎是今日學界之共識。但這些重要的發展是否可定位為轉型的變化？我認為這問題端賴如何認識思想轉型，需要在此稍作釐清。在我看來，思想轉型必需有兩面：質的一面與量的一面。也即不但思想內容要有轉型的變化，同時這變化必需能夠在社會上大規模地、持久地擴散出去。

什麼是思想內容的轉型變化？大致說來，這是指傳統文化的核心思想解體，以及隨之而來的基本價值與知識的轉變。晚明清初有沒有這種轉型的變化？那就要看看當時中國文化傳統的主流——儒家思想的發展情形。大致而言，儒家思想傳統發展到明清時代，它的核心結構是由一組特定的基本價值與宇宙觀的結合。更具體的說，就是以儒家三綱五常為代表的價值觀與天人合一的宇宙觀的結合。同時，儒家這套核心思想經過唐宋以來長時期的擴散，在明清時代業已滲透入儒家以外的兩個宗教傳承——佛教與道教。換言之，這套核心思想多少已經變成中國文化傳統的三個主要傳承所共認的基本觀念。現在就要問：在16、17世紀的明清之際，這套思想是否已有解體的趨勢？

　　要回答這個問題，就必需看明清之際的新思想發展對正統儒學有什麼樣的衝擊？首先是西方的衝擊。由耶穌會帶進來的基督教義與科技，在當時曾引起一些士大夫的注意。因此，有著相當程度的影響。但耶穌會教士在傳播基督教與西學的時候，大致採取一種緩和妥協的態度，見之於他們提出的「天儒同理」的主張，而把批判的矛頭主要指向佛教，遂有「補儒易佛」的口號。因此，大約而言，西學的傳入對當時思想界與學術界注入一些新的成分，但震盪不大，更談不上對儒學的核心思想產生突破。

　　更重要的是，由晚明到清初，儒家傳統內部變化所產生的激盪。此處最引人注目的當然是王陽明學派所引發的一些激進思想，反映於所謂的左派王學與泰州學派的出現。他們認為儒家聖人之學的重點在於「心即理」與「致良知」這些觀念，也即強調個人內在的主體性與自主性，因而時有產生激進的批判意識的趨勢。這一發展在當時又與新興的唯氣論匯合。後者攻擊儒家主流的理氣二元論，連帶針砭程朱正統學派的理欲二元對立的觀點，從而認可情欲與私利的合理性與正當性。因此，對儒學主流的禁欲主義與權威主義提出質疑與批判，對當時的文化與思想產生了相當大的影響。不可忽略的是，明清之際的激進思潮在儒學內部也引起了很大的反動與圍堵，以致在17世紀末葉以後，這些激流多半已不見餘響了。

　　此外，針對宋明理學主流的修身學以及隨之而來的內省靜觀的趨勢，明清之際的思想界也出現了一些反彈的變化，那就是強調儒家思想中的政治社會意識，引發經世觀念在儒學中復甦。這種趨勢大約有兩面：一面是士大夫為了進行政治社會活動，而結社組黨，造成中國傳統文化中別開生面的一頁。同時，儒學傳統中也出現一些對政治權力安排的深刻反思。如顧亭林透過郡縣與封建制度的討論而思考如何分配中央與地方權力的問題；甚且如黃宗羲，追根到底，以公私對比的道德觀以及強調君師二元權威分立這些觀點去質疑與挑戰傳統皇權

體制的思想基礎。

正如我前面討論的其他幾個明末清初新的文化思想趨向，經世思想的批判意識發展下去，有突破儒家主流的核心觀念的潛勢。但這方面的趨向，與其他幾個趨向一樣，都未能充分發展其潛勢。總之，根據上述分析，我們不能誇大明清之際的新思潮的影響。一則因為，這些新趨向所產生的思想衝擊都未能達到一種深度與強度，可以在基礎上撼動儒家主流的核心思想。其次，就這些新思潮影響的廣度而言，它們多局限於當時某些學術流派或某些地域的學者士大夫，未能真正擴散出去造成廣泛的社會文化震撼。再其次，就其影響的時間性而言，這些新思潮都只能在明清之際的兩個世紀間發生一些或久或暫的沖激；也就是說，它們在17世紀末葉以後幾乎都已變成強弩之末，而逐漸式微消退了。

因此，我們可以說，明清之際的思想變化，雖然重要，但並未能突破傳統而產生文化轉型。這轉型要等到19世紀西方文化第二次衝擊中國時才發生。此處我要強調的是：這第二次西方衝擊開始於19世紀初葉，鴉片戰爭前後，但開始以後劇變並未立刻展開，而是要再等半個世紀，到甲午戰爭以後的二、三十年，傳統文化才真正開始解體，文化轉型才真正湧現。理由大致可從兩方面來說明：一方面，在甲午戰爭以前的五十年，西學的散布限於政府少數的辦理洋務的官員以及沿海沿江幾個大城市裡的「邊緣人」，如商賈買辦及教會人士等，並未深入中國社會主流——士紳階級的思想世界。同樣重要的是：當時西學的流傳，不但廣度很不夠，而且在少數受西學影響的朝野人士的圈子裡，其影響的深度也很有限。他們大致認為西學只有工具性與技術性的價值，至於基本政治社會體制與價值規範，則仍以傳統儒家核心思想為主導。這就是當時以「中體西用」觀念為標誌的主流態度。

1895年以後，變化情形大為改觀，從余杰書中的論文，讀者不難看到：思想文化的變化，無論就廣度與深度而言，都有空前的突破，

同時也多方面開啓了未來的新機，爲後來的五四奠基鋪路。放在這樣
一思想發展的大脈絡中去看，他強調戊戌到五四是中國近現代文化轉
型的關鍵時期自是不爭之論。

讀這本書另一個使我感到共鳴的地方，是余杰對中國近代知識分
子的討論，見之於他書中的長文——〈從士大夫到知識分子〉。其實
縱覽全書，我們不難發現，書中大部分的文章都是從思想史、文學
史、報業史等各種不同的角度，直接間接地去認識中國近代知識分
子。說知識分子是此書的研究主題也不爲過。

關於這個主題，我覺得此書有三個特色，值得在此指出。首先，
作者把中國近代知識分子放在一個文化與歷史的比較視野裡去看。例
如，一方面他以西方知識分子的歷史發展爲借鑑，看到西方大學制度
在中世紀末與近世初期出現，是西方近代知識階層興起的一個重要支
柱。同時，他也以中國傳統士大夫作爲了解近代知識分子的背景，看
到傳統科舉制度與士大夫階層之間的密切關係，透過一番中西古今的
對照，他才能指出1895年以後科舉制度的式微與大學制度的建立是近
代知識分子問世的一個重要條件。我並不完全同意他作文化與歷史比
較所涉及的一些具體論述，但他書中所展現的比較視野，毫無疑問替
知識分子的研究提示了一個正確的方向。

這本書中最長的一篇論文，幾乎占全書五分之二的篇幅，是作者
對中國近代早期報紙《知新報》所作的研究。這篇長文使我們看到近
代報刊的興起與新知識分子的出現有著極密切的關係。同時，也展現
了余杰研究知識分子的另一特色。

此處必需指出的是：中國在戊戌時代以前，報刊已經出現，但數
量極爲有限，而且多半是「邊緣人」，如商人與傳教士辦的。前者主
要傳布商業市場的資訊，後者主要報導教會的訊息。少數幾家綜合性
的報紙，如《申報》、《新聞報》等，因爲主辦人不是來自社會主流
的士紳階層，影響未能廣爲擴散。但是，1895年以後，來自士紳階層

的知識分子開始創辦一些新型報刊，針對當時的政治形勢、時事演變發言，立刻使報紙銷路與影響遽增。《知新報》就是這種新型報刊的一個先鋒，在當時的聲勢與影響，如余杰指出，僅次於《時務報》。

關於這種新型報紙，中外學界歷年來出版了不少綜合研究，但是對於個別重要報刊的研究，像余杰對《知新報》作的那樣精細深入的個案分析，則甚少見。

透過余杰的分析，我們看到了《知新報》以及它所代表的新型報紙替中國報刊帶來的一些空前的變化。例如他指出《知新報》反映了一種嶄新的「報刊意識」，認為報紙負有一種新的時代使命：開民智以促進國家富強；向政府建言提供新的觀念，並從事監督；同時也表達民意，開始顯露主權在民的意識。

更重要的是：這種新型報刊對於近代中國政治、文化、社會所發生的長遠影響，余杰是從三個方面去剖示這些影響的。首先，他認為新型報紙是散播外來的新知識的媒體。其次，他看到在《知新報》裡出現了一種他稱之為「新舊交替」的文體與詩體。它們可以說是由傳統舊文學到現代新文學的過渡。再者，他指出新型報刊與近代社會的另一個重要的新發展有著密切關係：那就是戊戌時代開始在傳統以官僚體制與家族為主軸的社會之外產生了一個新的社會空間，可以供給一般受教育的人從事廣泛討論公共事務與政治社會問題以及其他社會文化活動。這種「公共空間」當然也是近代知識分子主要發揮影響的場所。總之，我認為余杰這本書透露了中國近現代歷史一個很重要的消息：1895年以後登上歷史舞台的近代知識分子與傳統士大夫型的知識分子有著一個很大的不同。後者在社會上的核心地位在於他們與以皇權與官僚體制為基礎的現實權力中心有著緊密的聯繫。在1895年以後，隨著科舉制度以及其他傳統的聯繫機制逐漸式微與消解，知識分子與現實權力中心自然發生疏離、隔閡，甚至矛盾、牴觸，但這並不意謂知識分子失去他們在現代社會的核心地位。因為隨著舊的制度式

微與瓦解，社會組織上出現一些新生事物，如余杰指出的新型報刊與公私學校以及各種類型的社團與政黨組織。現代知識分子憑藉這些新的文化媒體與社會組織，一方面可以掌控輿論，左右時代思潮；另一方面也可以發動大規模的文化、政治與社會運動，變成中國現代史上的一個主要動力，其地位與影響較之傳統士大夫實有過之而無不及。

余杰研究知識分子，提出一些他治史的觀點，很值得我們深思，這是他這方面研究的另一個特色。首先是他以知識分子研究知識分子的觀點。余杰是一位知識分子，應該說是公共知識分子。作為後者，他對時代有強烈的關懷與責任感。他要針對時代的問題說話，他是以這些問題為基點去回顧與檢討近代知識分子這個傳統。因此，他很明白地說，他的歷史研究不是發自歷史的好奇心，關在象牙塔裡做的，而是發自他所謂的「現實關懷」，希望能與近代知識分子這個傳統的「先哲」對話，從他們的思想吸取教訓，從而認識知識分子對當今的時代問題，應採取的立場，以及應該走的道路。是從這樣一個觀點，他響應了義大利史學家克羅齊（Benedetto Croce）的名言：「所有的歷史都是現代史。」

借用時下學界的名詞，這種觀點可稱之為「效應史觀」。這種史觀最大的長處是認識到史學研究不可能做到19世紀德國史學家蘭克（Leopold von Ranke）所揭櫫的主流史學目標──全面客觀地去了解歷史真相。主觀意識不可避免地進入歷史研究，因為歷史了解受史家的問題意識支配，而問題意識則往往來自對時代環境的回應與感受，把這種主觀的時代意識與問題意識提出來加以認清，加以控制與提煉，然後在這個基礎上去作進一步的史料搜集與分析工作。我多年來很受這種史觀的影響。現在很高興發現在這方面我和余杰也有共識。

余杰回顧中國近代知識分子傳統不僅是以效應史觀為出發點，而且主要著眼於思想的發展。我此處所謂的「思想」定義很寬泛。思想是指人對生命環境作有意識的回應。這個廣義的定義很適用於余杰此

書所指涉的思想。因爲後者包含不同層次，不同類型的意識。有些意識已很清楚地形成觀念。例如，他在討論譚嗣同思想中的宗教觀與批判意識以及他比較梁啓超、蘇曼殊與魯迅不同的「拜倫觀」時所作的一些觀念史的分析。但他書中探討的思想對象也有不屬於觀念層次的意識，但其中的感情與價值意向卻已隱然可見。例如他在討論魯迅與卡繆的生命意識與肺病的關係時，即時有這方面的探索。儘管余杰在書中處理了不同層次與類型的思想，他在知識分子的專題研究裡卻強調他研究的理想與目標是發掘知識分子的心路歷程，他稱這種探討爲「心靈史」或「靈魂史」。這使我聯想到余英時多年前提出的「心史」觀念。這些觀念在時下實證思想仍然籠罩的學界裡也許會引起不少人皺眉頭，認爲是不科學的虛妄之談。但在我看來，這些觀念卻是很有創意，很值得提出來加以推敲，加以開拓的。這裡無法深論，就讓我簡單地說明一下理由。

我們都知道思想史的一個主要對象是觀念的發展。提到觀念，大家很容易想到它的認知意涵：觀念是我們認知客觀對象的工具。但有些觀念不只具有認知意識，也帶有以情感與價值爲取向的意識。當一個觀念或一組觀念同時含有認知與情感以及價值三種不同取向的意識，也即知、情、意三者揉合爲一時，便形成一種精神層面上(或者精神性)的觀念。宗教思想中的終極關懷或者意識型態的核心信念往往主要是由這種精神性的觀念構成。我認爲這種精神性的觀念就是上面提到的「心靈史」、「心史」或「靈魂史」的主要對象。因此我絲毫不覺得這些觀念是玄虛之談。今天要想對近代中國知識分子的思想作深入的透視，當然應該重視這些精神層面上的意識與觀念，當然要談「心史」、「心靈史」！只可惜今天在思想史的領域中，這樣的著作還很少見。這也使我對余杰今後在這方面的研究工作，抱有厚望！

張灝

序二
人文知識分子的學術思考

　　自1998年4月《火與冰》出版，余杰的名字即在中國讀書界不脛而走，其眾多雜文隨筆集也如急風暴雨，橫掃全國。以雜文而不是學術論文開始其研究生學習，在余杰既似乎是一個意外，又多少帶有必然性。而無論如何，第一本書的熱銷決定了余杰此後的人生走向，其學術興趣也必然隨之發生轉移。

　　在一般人的印象中，余杰爲錢理群的學生。但可能很少有人知道，從學籍管理上說，他本來是我指導的碩士生。這樣的誤會確實有相當的道理，除了課堂內外的交流，在精神塑造的層面上，老錢(這是我們朋友圈私下對錢理群的稱呼)對余杰的影響無疑更大。二人對現實社會弊病的密切關注與尖銳揭發，可謂一脈相承。這樣說並非意味著老錢贊同余杰的所有觀點，我想強調的只是其間共同的人文知識分子的批判精神。在《火與冰》及緊隨其後的《鐵屋中的吶喊》裡，此一特質因其激烈的言說方式而成爲余杰寫作的徽記。而這種社會批判的視野，顯然是以學院派自囿的我所欠缺的。

　　還在1997年夏，余杰大學畢業前夕，他在給我的一封信中，對其入讀研究生後的學習，曾有從晚明文學做起的考慮，雖然我的招生方向爲中國近代文學。這顯示出，其時余杰尚有致力於學術研究、從長計議的打算。不過，閉門讀書顯然並非其志趣所在，已在抽屜中積有大量文稿、並已從中選輯自印出四冊的創作衝動，使余杰的眼光無法遏止地越過學院，投向社會。《火與冰》所引起的轟動效應，適時地

印證了余杰在學術研究之外極大的寫作潛力與社會認可度,由此也堅定了其放棄成為學者而更想做鬥士的人生選擇。

研究生三年,給了余杰重新規劃自己的人生道路的時間,也為他的社會批評提供了更為豐厚的知識土壤。我自信不是一個十分專斷的導師,也並不認為從事學術研究方成正果。我所希望於學生的是,能夠最大程度的發揮個人所長。因此,余杰在專業以外的發展,我是樂觀其成;只不過提醒他,切勿操之過急,每本書都應該更上一級。而在專業研究的範圍內,我還是要求他中規中矩,甚至因為他的資質本來不錯,而有更高的期待。這也許對余杰造成了某種壓抑。在〈《知新報》研究·後記〉中,他曾提到:「三年來,我獲得讚揚的時候少,遭遇批評的時候多。」儘管他對此作出了積極的回應,表示這樣才使他能夠「不斷地發現自己的問題和弱點,在良好的學術訓練和濃郁的學術薰陶中成長」,我仍然明白,他確實沒有得到應有的、足夠的肯定。

現在,余杰把他自大學學年論文以來有關近現代文史的論作集為一編,其學術特色也因此一集中而得到彰顯。可以看得很清楚,其中最具有學院色彩的是下卷所收的〈《知新報》研究〉,這篇長文是余杰碩士學位論文的改訂稿。中卷以文本內部結構的討論為中心,大致一半寫於在學期間,一半作於畢業之後。上卷則專注於近現代知識分子思想的考察,多半是今年完成的新作。寫作時序與編排次序的相互顛倒頗有意味,它表明,即使在編輯學術文集時,余杰看重的仍是其間思想的分量。

這也使得余杰的論文集不同於一般的學術論集,我們不能指望從中有很多新資料的發現與考辨(下卷例外),甚至某些重要的論點亦非其原創,但思考的銳利與寫作的自由狀態,賦予其論說以內在的魅力與氣勢。這是許多寫了一輩子學術論文的研究者,從來不曾達到的境界。在這個意義上,余杰是成功的。

　　因此，我更願意用「人文知識分子的學術思考」來概括余杰論文的特色。在〈從「士大夫」到「知識分子」〉一文中，余杰表示認同這樣一種對「知識分子」的定義，即「『關心社會枯榮』乃是知識分子與文人或專業人士之間的根本差異」。對現實社會人群生存狀態的關心，應該是余杰入讀研究生後毅然捨棄晚明、直接從晚清入手的根本原因。因為近代中國所經歷的「三千年未有之大變局」，其引發的社會政治、思想文化的震盪，至今仍未消歇。討論晚清的話題，便很容易延伸到當下。余杰讀書興趣的「向下走」，正是兼顧了學術研究與社會批判的二重身分而作出的明智抉擇。這種出乎雜文、入乎論文的文體轉換，也使得歷史與現實在余杰筆下少有隔膜。比如，以「論譚嗣同對中國專制主義傳統的批判」為副題的〈「秦制」：中國歷史最大的秘密〉，以及正題為〈最是文人不自由〉的「論章學誠的『業餘』文章」，儘管一論思想，一說文章，但即使從題目上也可分明見出，其關切點始終在當代。

　　這種看重思想、指向當下的學術旨趣，也可以用來解釋余杰論文寫作中的某些局限。透過注釋我們可以知道，余杰讀書相當廣博，但顯然，他更重視的是那些思想含量豐厚的論著與作品，而並不在廣泛搜集與考察對象相關的原始資料上花費太多精力。講論文本的思想內涵時，他給我的印象是意興遄飛，不乏深刻與老練；而一旦論題轉向藝術的剖析，則多少留下了若干不夠深入與稍嫌稚嫩的遺憾。這固然與本書中卷的論文寫作時間相對較早有關，也是其文字往往從文學的討論很快滑向思想的闡發的原因，余杰無疑在後一層面更覺遊刃有餘。

　　本來，魚與熊掌便很難兼得。假如說以上的話太過苛求，那也仍然是緣於我對余杰實在有太高的期望。

夏曉虹
於京西圓明園花園

目　次

上卷

分水嶺前的思索

盜火者與殉難者
——論譚嗣同思想體系及生命實踐中的基督教因素

　　晚清一代士人，「所值之時世，一內訌外釁、更迭無已之時世也；所處之環境，一憔悴悲傷、永無休止之環境也」（汪詒年語）。此刻傳統政治秩序之基礎已開始動搖，支撐於其後的儒家宇宙觀和價值觀，如陰陽、天地、五行、四時以及綱常名教等也受到了震撼。一個嶄新的西方世界挾船堅炮利之勢一擁而入，而到中國傳播西學的先行者卻是西方各國之傳教士。這些傳教士所宣揚的西方政治、文化乃至背後的基督教信仰，已非「中體西用」之說所能界分。此次基督教在中國的傳播，其背景與此前三次傳教的高潮迥異，它直接觸動了中國士大夫階層「安身立命」之根基。此種環境下，思想者處於高度緊張的狀態之中，難以保持心靈的平靜，也難以取得某種思想的「客觀性」。因此，戊戌維新一代士人，其治學著文、爲人處世，無不帶有某種「神經質」的性格。具體到譚嗣同身上，在其文字中更可看出烈火焚身般的苦痛，正如張灝所論：「譚嗣同在感到政治秩序瓦解的同時也感到文化價值和基本宇宙觀所造成的『取向秩序』的解紐……他的思想在許多方面都是反映他在面臨這雙重危機時所作的思想掙扎。」[1]

　　基督教因素由此逐漸在維新派人士身上浮現出來。在思想相對比較開明的維新派士大夫當中，有少部分人完全同意基督教是西方各國

1　張灝，《烈士精神與批判意識》，《張灝自選集》，（上海：上海教育出版社，2003年第1版），頁215。

「變法富強之本」，認爲中國要強大必須改宗基督教[2]；也有少部分人對基督教採取排斥的態度，認爲在學習西方制度文明的同時，必須警惕基督教傳播，並保有中國自身的儒教傳統[3]。介於此兩種較爲極端的看法之間，許多士人對基督教採取的是一種「近而不進」的態度。也就是說，他們願意接觸、接近甚至贊同基督教的某些教義及思想，但決不願意受洗成爲基督徒。維新派的幾位代表人物，大抵都是這樣的立場，如王樹槐所論：「若就維新派分子對基督教的態度而言，則傳教士的目的，有其成功的地方，亦有其失敗的地方。成功的地方是維新分子態度開明，無反基督教的言論，有平等對待教士的意念；失敗的地方是維新分子，並不相信基督教爲西學、西政的根本所在。他們承認宗教可以救世救國，但他們所要發揚的是孔教，而非基督教。」[4]值得注意的是，戊戌一代的維新家中沒有出現一個教徒，此一現象值得深入探究。

　　往上追溯，晚明時期基督教第三度進入中土，徐光啓、李之藻、

2　以美國傳教士林樂知創辦之《萬國公報》爲例，刊登支持變法之論文共150篇，作者有曾紀澤、王韜、胡禮垣等知名人士，亦有不少基督徒或傾向於基督信仰之人。有一位署名爲「江口辨正子」，撰《富強中國第一法》，即以「實力奉行耶穌其道」爲第一法。淡口汝廉氏，撰〈富強捷徑〉，亦以信奉耶穌爲主。參閱王樹槐，《外人與戊戌變法》(上海：上海書店出版社，1998年第1版)，頁116。

3　如《湘學報》曾刊登〈論西學興衰俱與西教無涉〉一文，該文認爲：「無賴學子……因慕西人之政學，並祖西教，謂其一切制度，悉本耶穌，如格致探原，物理推原諸書，將一切事物，歸功天主。且近日之西人，代中國籌畫者，多爲教士，英之傅蘭雅、李提摩太，美之李佳白、林樂知，皆以慈心苦口，警醒愚蒙，然提倡宗風不出鄭志，種種謬說，歸美教宗。無恥之徒，於是夷其衣服，夷其舉動，並夷其心思。……爰綜泰西政學之大者，述其原本與其治亂之由，興衰之故，並辯其無關西教，俾學者知所擇，庶政變學變教不變，強其國而四百兆黃種不懼爲奴，保其教而三千年素王無憂墜地，是在善變，是在善不變。」參閱王樹槐《外人與戊戌變法》，頁110-111。

4　王樹槐，《外人與戊戌變法》，頁109。

楊廷筠、馮應京、葉向高、王徵等高級文官和傑出學者均受洗歸主。
往下觀察，20世紀初孫中山一代之革命黨人大半都是基督徒。為什麼
會有如此鮮明的對比呢？顧衛民認為：「從嚴格的意義上說，康有
為、梁啓超都是出身於科甲的士大夫，他們的改革主張雖與西方傳教
士有許多相似之處，然而，他們心靈深處積蘊悠久的儒學意識和民族
情結，使他們在信仰上與西方基督教保持著很大的距離，其中橫隔著
幾千年來的夷夏之界的民族心理防線。」[5]與之相比，明代基督教進
入中土並未動搖儒學之根基，因此徐光啓等人選擇成為基督徒，並沒
有遭受「文化撕裂」之痛苦。而比康梁晚一代的孫中山及其革命同
志，許多人自小就生長在海外的基督教家庭，他們接受基督教信仰本
來就有良好的外部環境。而夾在中間的康梁這一代人，大都受儒學薰
陶極深，他們在遇到新學(包括基督教信仰)巨大衝擊的時候，有選擇
地接受其政學部分，而將基督教信仰作為外在於個體生命的文化參照
系。他們不甘於放棄傳統之文化及道德倫理，尚存保全儒學、復興儒
教之理想，堪稱最後一代具有理想主義色彩的士大夫。

　　儘管許多晚清士人意識到了「神州多難，桃源在西方」(宋恕
語)，但此時西學之盛並未同步帶來基督教信仰的拓展[6]。對於此種奇
特的落差，美國學者列文森分析說：「當近代悄無聲息地開始之後，
基督教在中國歷史上扮演了一個十分重要的角色——雖然重要，但是
替代性的。中國終於需要了它，但不是作為一種信仰的對象，而是作
為一種批評的對象而需要它的。近代傳教士對於中國的西方化作出了
傑出的貢獻，但這只是世俗上的或次一級的成功，他們那更為重要的
宗教事業卻失敗了，至少在一段時間內，在衰落的傳統真正死亡之前

5　顧衛民，《基督教與近代中國社會》(上海：上海人民出版社，1996年第1
　　版)，頁304。
6　李鴻章就曾對李提摩太說：「從不曾見有學問、體面的人肯入你們的教。」蘇
　　特爾，〈李提摩太傳〉，轉引自顧衛民，《基督教與近代中國社會》，頁283。

是如此。因為人們不可能冷靜地改變他們的思想信仰。」[7]戊戌變法前後，康梁甚少論及基督教。與之相比，譚嗣同是當時最為關注基督教的思想家。譚氏未經科舉，官學對其學術視野之限制甚少，故其對基督教的涉獵最為廣泛與深入。梁啟超在論及譚嗣同的學術淵源時指出：「少年曾為考據箋注金石刻鏤詩古文辭之學，亦好談中國兵法；三十歲以後，悉棄去，究心泰西天算格致政治歷史之學，皆有心得，又究心教宗。當君與余初相見也，極推崇耶氏兼愛之教，而不知有佛，不知有孔子。」此後，譚嗣同受康有為的啟發轉而研讀孔學，進而以《華嚴》為門徑研讀佛學[8]。儘管譚氏不是基督徒，甚至算不上「文化基督徒」，但基督教因素在其思想體系和生命實踐中皆打下了深深的烙印。探討這一因素，是一個被長期忽視的進入清末時代氛圍以及那個時代士大夫精神世界的視角。

(一)西書、傳教士與教案

在維新一代名流中，最為廣泛地閱讀基督教書籍和結交西方傳教士的人無疑是譚嗣同。在譚氏的著作、詩文和書信中，多次提及對西書的研讀以及同傳教士的往來。

譚嗣同大約於1880年代接觸《新約全書》。他所閱讀的譯本可能是大英聖公會1852年出版的「委辦譯本」，為當時質量最高之譯本，由於知名學者王韜參與翻譯和潤色，使之具有古典漢語之優雅[9]。譚嗣同在其詩歌中嘗試使用新名詞，其中便有來自《新約》的辭

---

7 (美)列文森，《儒教中國及其現代命運》(北京：中國社會科學出版社，2000年第1版)，頁107。

8 梁啟超《戊戌政變記·殉難六烈士傳》，《梁啟超全集》(第一冊)(北京：北京出版社，1999年第1版)，頁233。

9 王韜翻譯《聖經》時：「每日辨色以興，竟晷而散，幾於勞同負販，賤等賃春。」(《弢園尺牘》)，參閱顧長聲《傳教士與近代中國》(上海：上海人民

彙與概念。梁啓超稱讚譚詩「獨闢新世界而淵含古聲」、「沈鬱哀
豔」、「遣情之中，字字皆學道得語」[10]，並不過譽。在譚氏贈梁的
四首詩中，有「三言不識乃雞鳴，莫共龍蛙爭寸土」之句，梁氏分析
說：「蓋非當時同學者，斷無從索解；蓋所用者乃《新約全書》中故
實也」[11]。當時另外一位詩人夏穗卿也有類似的詩句，梁啓超進一步
闡發說：「當時吾輩方沉醉於宗教，視數教主非我輩同類者，崇拜迷
信之極，乃至相約以作詩非經典語不用。所謂經典語者，蓋指佛、
孔、耶三教之經。故《新約》字面，絡繹筆端焉。譚、夏皆用『龍
蛙』語，蓋時共讀約翰《默示錄》，錄中語荒誕曼衍。」[12]

　　如果說閱讀《新約全書》還只是譚嗣同的一種紙上的「文化冒
險」，那麼與傳教士的交往則為其打開了通往新世界的大門。英國傳
教士李提摩太介入戊戌變法最深，與譚嗣同也有較多往來。戊戌政變
後，譚、梁約見李提摩太，希望他通過英國公使營救被幽禁的光緒皇
帝。李氏亦表示願意幫助譚脫險。譚嗣同還徵引過李氏的文章：「英
教士李提摩太者，著《中國失地失人失財之論》。」[13]李氏此文，原
名為《擬廣學以廣利源議》，發表於《萬國公報》。譚氏服膺於李提
摩太關於中國失地、失人、失財之論。受到此文之刺激，他「當饋而
忘食，既寢而復興，繞房彷徨，未知所出。既憂性分中之民物，復念

（續）——————
　　　出版社，2004年7月第1版），頁403-404。
10　梁啓超，《飲冰室詩話》之三，《梁啓超全集》之「詩話、詩詞集」（北京：
　　　北京出版社，1999年7月第1版），頁529。
11　梁啓超，《飲冰室詩話》之六十，《梁啓超全集》之「詩話、詩詞集」，頁
　　　5326。
12　梁啓超，《飲冰室詩話》之六十，《梁啓超全集》之「詩話、詩詞集」，頁
　　　5326。
13　譚嗣同，〈報貝元徵〉，《譚嗣同全集》（北京：中華書局，1981年第1版），
　　　頁226。

災患來於切膚。」[14] 由此大聲疾呼「籌變法之費」、「利變法之用」、「嚴變法之衛」、「求變法之才」，這些變法建議明顯是受李氏之啓發。李提摩太對中國現狀的尖銳批評，被譚嗣同迅速轉化爲呼籲變法的思想資源。

譚嗣同不僅與多名傳教士建立了深厚的友誼，更把傳教士當作獲取新知的視窗。1893年，譚氏應傅蘭雅之邀，到上海格致書院訪問。此次訪問爲譚氏學術思想變異之轉捩點。譚氏記載說：「於傅蘭雅座見萬年前之殭石，有植物、動物痕跡於其中，大要與今異。天地以日新，生物無一瞬不新也。今日之神奇，明日即已腐臭，奈何自以爲有得，而不思猛進乎？由是訪學之念益急。」[15] 此次會面，譚嗣同向傅蘭雅詢問了許多關於科學技術方面的問題，兩人交談甚歡。不久，譚氏還訪問了江南製造局等洋務企業，並購買大量由江南製造局翻譯的西書帶回湖南。傳教士及西書，確實給了僻居內地的譚嗣同以「知識系統」意義上的震動。

後來，譚氏「重經上海，訪傅蘭雅，欲與講明此理，適值其回國，惟獲其所譯《治心免病法》一卷，讀之不覺奇喜。」[16] 譚氏認爲這本書探究「本原」、具有「眞義」，解開了自己多年來思想上的疑惑：「遍訪天主、耶穌之教士與教書，伏讀明析，終無所得，益滋疑惑。殆後得《治心免病法》一書，始窺見其本原。今之教士與教書，悉失其眞義焉。」[17] 他還指出，此書也顯示出傅氏本人學術路向的轉變，即以「玄學」（心之本原）補救「科學」（格致）之局限，「傅蘭雅精於格致者也，近於格致亦少有微詞，以其不能直見心之本

14　譚嗣同，〈報貝元微〉，《譚嗣同全集》，頁226。
15　譚嗣同，〈上歐陽中鵠·十〉，《譚嗣同全集》，頁458。
16　譚嗣同，〈上歐陽中鵠·十〉，《譚嗣同全集》，頁461。
17　譚嗣同，〈上歐陽中鵠·十〉，《譚嗣同全集》，頁459。

原也。」¹⁸

《治心免病法》本是一本簡陋的小冊子，經譚嗣同「點石成金」，書中「以太」的概念成為《仁學》中的核心概念。如果說戊戌時期的康有為更多著眼於政治改革層面的問題，那麼此時的譚嗣同則將改革擴展到了文化、道德和宗教上。他在《仁學》中用「以太」這一西來的觀念取代了中國傳統哲學中「氣」的概念，並致力於建構一個獨特的哲學體系。可以說，如果沒有基督教的思想資源，譚嗣同之《仁學》則會形成一處無法彌補的缺陷。譚氏本人亦不諱言，他所標示的《仁學》之思想背景赫然列有《聖經》，並列為西學之第一：「凡為仁學者，於佛書當通《華嚴》及心宗，相宗之書；於西書當通《新約》及算學、格致、社會學之書；於中國書當通《易》、《春秋公羊傳》、《論語》、《禮記》、《孟子》、《莊子》、《墨子》、《史記》，及陶淵明、周茂叔、張橫渠、陸子靜、王陽明、王船山、黃梨洲之書。」¹⁹

對於譚氏而言，西書和傳教士的價值之一在於「鏡鑑」。譚氏在書信中論及曾國藩、左宗棠、鄭觀應、郭嵩燾等名流受西學刺激走向洋務的過程，也回顧了自己思想觀念的變化：「夫閱歷者人所同也，但能不自護前，不自諱過，復何難瘼之有？即嗣同少時，何嘗不隨波逐流，彈詆西學，與友人爭辯，常至失歡。久之漸知怨艾，亟欲再晤其人，以狀吾過。」²⁰可以說，沒有西學這面鏡子，像譚嗣同這樣的士大夫在思想上絕對不會如此變化，中國也必然在昏睡中滅亡。正如顧衛民所論：「戊戌維新作為一種民族精神的亟變和覺醒，除了中國人對於日益深重的外患慷慨激憤之外，更包著對本民族自身的弱點和弊病的反省與懺悔。西方傳教士種種對中國時政的批評，使得那個時

18　譚嗣同，〈上歐陽中鵠‧十〉，《譚嗣同全集》，頁460。

19　譚嗣同，《仁學‧自敘》，《譚嗣同全集》，頁293。

20　譚嗣同，〈報貝元徵〉，《譚嗣同全集》，頁228。

代的中國人從中窺見了自身的醜陋,具有警醒奮起的效用。」[21]

西書和傳教士的價值之二在於「火種」。譚嗣同自覺扮演了盜火者普羅米修士的角色,以西學之火種焚三綱名教之網羅。傳統士大夫堅持「祖宗之法不可變」,譚氏則發現基督教是一個不斷革新並由此煥發新生命的宗教,而正是宗教的革新促進了政治、經濟、文化的發展。反之,若宗教不變,則政治、經濟和文化亦不變,遂有迥然不同之結局:「歐、美二洲,以好新而新;日本效之,至變其衣食嗜好。亞、非、澳三洲,以好古而亡。中國動輒援古制,死亡之在眉睫,猶棲心於榛狉未化之世,若於今熟視無睹也者。」[22]於是,他通過對基督教歷史的追溯來闡明「變教」的必要性:

泰西自摩西造律,所謂十誡者,偏倚於等威名分,言天則私之曰以色列之上帝,而若屏環球於不足道,至為不平等矣。耶出而變之,大聲疾呼,使人人皆為天父之子,使人人皆為天之一小分,使人人皆有自主之權,破有國有家之私,而糾結同志以別立天國,此耶之變教也。[23]

且耶教之初,其立天國,即予人以自主之權,變去諸不平等者以歸於平等,猶孔之稱天而治也。教未及行,不意羅馬教皇者出,即藉耶之說,而私天於己,以制其人。雖國王之尊,任其廢立,至舐手吮足以媚之;因教而興兵者數百,戰死數千百萬人;猶孔以後君主之禍也。迄路德之黨盛,而教皇始躓,人始睹耶教之真矣。故耶教之亡,教皇亡之也;其復之也,路德之力也。孔教之亡,君主及言君統之偏學亡之

---

21 顧衛民,《基督教與近代中國社會》,頁298。

22 譚嗣同,《仁學‧十八》,《譚嗣同全集》,頁319。

23 譚嗣同,《仁學‧二十七》,《譚嗣同全集》,頁334。

也；復之者尚無其人也，吾甚祝孔教之有路德也。[24]

　　譚嗣同希望出現孔教的馬丁‧路德，有意思的是，康有為亦多次
以馬丁‧路德自比。在大的文化轉型的關鍵時刻，確實需要有馬丁‧
路德式的推陳出新的人物。汪榮祖認為，中國傳統社會裡的士大夫，
扮演了西洋中古僧侶和近代知識分子的角色，以領導群倫自命。但是
宋明以來，理學末流猖獗，文字獄嚴酷，士人皆成鄉愿。當憂患之
世，鮮有能敻袂而起，冒險犯難，以救國救民自任。至於要能在思想
上突破傳統，開創新境，更屬鳳毛麟角。而康、譚即是以一介書生，
鼓動風潮，激揚一世。康有為自稱「南海聖人」，譚嗣同創立《仁
學》新說，無不是懷有馬丁‧路德之志向[25]。既然是維新家，「新」
在譚嗣同這裡自然是一個不容忽視的概念，他在耶、孔、佛三教中都
發現了「新」的理論支撐：「以太不新，三界萬法皆滅矣。孔曰：
『改過』，佛曰『懺悔』，耶曰『認罪』，新之謂也。孔曰『不
已』，佛曰『精進』，耶曰『上帝國近爾矣』，新而又新之謂也。則
新者，夫亦群教之公理也。」[26]

　　重視西書，善待教士，並以之為鏡鑑和火種，表明譚嗣同的思想
有傾向於基督教及西方文明的一面。當然，他看到了中西之間日益嚴
峻的宗教衝突。所謂「教案」並不單純是一個法律問題，它滲透到宗
教、文化和政治的各個層面；同時，它既是一個國內政治的問題，也
是一個國際關係和外交的問題。譚嗣同對「教案」的看法與一般士紳
階層有著根本的不同：

24　譚嗣同，《仁學‧三十》，《譚嗣同全集》，頁338。
25　汪榮祖，〈康有為及其時代〉，《從傳統中求變──晚清思想史研究》（南
　　昌：百花洲文藝出版社，2002年第1版），頁337。
26　譚嗣同，《仁學‧十八》，《譚嗣同全集》，頁318。

各省之毀教堂，打洋人，湖南之阻礦務，阻電線。以天子之
尊，不能舉一事。官湖南者動色相戒，噤口不敢談洋務。加
以周漢之稗士亂民煽惑之，快私志於一逞，而陰貽君父以危
辱，猶施施然不知天高地厚，方自詡忠義，驕語人曰：「吾
能辟邪說，攻異端矣。」頃四川教案，牽涉多國，大不易
了。保護教堂之嚴旨，急如星火。馴至寓湖北之洋人，每日
游洪山，令由督撫衙門派兵伺候，豈復成世界！西人猶謂中
國之官曾不能自約束中國之民，要此官何用？其評吾湘人，
一則無教化之野蠻，再則曰未開智識之童騃，而中國之人嘗
一致思否乎？[27]

川案尚未了結，而浙之溫州、粵之南海、佛山均有鬧教之
釁，幸無大損。惟福建古田鬧教殺斃美、英兩國男婦七人，
此外因傷重殞命者尚有數人，官中派兵救護，兵丁又因而搶
劫。兩國憤極，英國已有兵輪一艘載兵丁千餘馳抵福州，餘
兵輪亦次第進發，且相約此次決不受賠款，恐比川案更難辦
矣。……案從前土耳其之削弱，亦因鬧教起事，俄人首興問
罪之師，英、法、德、奧又從而抑勒之，遂至今不能復振。
今遇教案四起，各國得以有詞，板蕩陵夷，中國無息肩之
日，而五大洲之戰禍亦從此烈矣。[28]

　　通過對四川、湖南、湖北、浙江、福建等地教案的分析，譚嗣同
認為這些民間的反洋教的行動不是「愛國」之舉動，他甚至將主事者
斥之為「亡國之民」。20世紀之後，民族主義和階級鬥爭理論興起，
「反洋教」則成為「反帝」之重要組成部分，因而獲得肯定，此種判
斷與譚嗣同的觀點不免背道而馳。恰如朱維錚所論：「在反洋教聲浪

27　譚嗣同，〈報貝元徵〉，《譚嗣同全集》，頁205-206。
28　譚嗣同，〈上歐陽中鵠・二〉，《譚嗣同全集》，頁450。

持久高亢的某些地區，如湖南長沙等地，策動核心乃是地方士紳與黑社會人物相結合的性質非常明顯，他們由仇恨太平天國轉而敵視曾經被『髮逆』用作聚眾造反紐帶的耶穌教的思路，以及他們自命爲滿洲帝室堅定捍衛者的取向，也都十分清楚。倘說這樣的反洋教鬥爭，表徵著人民群眾的反帝愛國的願望和實踐，符合歷史眞相麼？」[29]誠然，當時傳教士之傲慢、教民之投機不可避免，但這些情況並不足以成爲「稗士亂民」製造教案之理由。那些殺害傳教士的暴行和拒絕一切西方物品的作法，無助於維護中國自身的尊嚴，反倒使得朝廷在國際上失去信譽，進而將中國拖入蒙昧和野蠻之深淵。此類人士自詡之「公義」，其實是極度自卑的一種反向表現——以排外和殺人來維護自己的「面子」。如果此種情況愈演愈烈，將使得中國永無和平。

譚嗣同曾親自觀察當時盛行於天津的天理教，已然感覺到將有更大規模的教案「風雨欲來」。而在他遇難之後僅僅兩年，中國就發生了以「扶清滅洋」爲旗幟的義和團運動。以譚氏之言論和立場，即便他不死於1898年之戊戌政變，也會死於1900年之義和團運動。譚氏以土耳其的遭遇爲例，說明「鬧教起事」只能給予列強以干涉的藉口。在義和團運動興起之時，許景澄等大臣也因持這樣的觀點而被慈禧殺害。而此後中國的命運沿土耳其之覆轍前行，被譚嗣同不幸而言中了。

(二)耶、孔、佛三教同一説

譚嗣同用「以太」這一概念作爲其「仁學」的哲學體系之基石。在《仁學》之自敍中，譚氏特別彰顯了三種宗教：「能爲仁之元而神於無者有三：曰佛，曰孔，曰耶。佛統孔、耶，而孔與耶仁同，所以

---

29 朱維錚，〈基督教與近代文化〉，《音調未定的傳統》(瀋陽：遼寧教育出版社，1995年第1版)，頁97。

仁不同。」[30]這三大宗教「能爲仁之元而神於無者」，故有磁石般的吸引力。「以太」這一概念，在此三種宗教、墨家學說及近代以來的「科學宗教」(格致)中都可以找到一一對應的說法：

> 「以太」，其顯於用也，孔謂之「仁」，謂之「元」，謂之「性」；墨謂之「兼愛」；佛謂之「性海」，謂之「慈悲」；耶謂之「靈魂」，謂之「愛人如己」、「視敵如友」；格致家謂之「愛力」、「吸力」。[31]

在討論三大宗教的時候，譚嗣同貫穿於其中的是其「世界意識」、「唯心傾向」和「超越心態」[32]。他試圖在此三種宗教中找到共通性的東西，即個人心靈解脫的本原和治國救世的要津。換言之，他所考慮的乃是一種超越國族和時代的「普世之價值」。譚氏認爲，存在於此三種宗教中的普遍價值，能夠通行於萬國、教化於萬民。宗教必不爲近代以來的民族主義所囿，宗教必不能爲某一國族所「私有」，因爲「凡欲爲教主者，不可自說我是某國人，當自命爲天人，俯視萬國皆其國，皆其民也。立一法不惟利於本國，必無傷於各國，皆使有利；創一教不惟可行於本國，必合萬國之公理，使賢愚皆可授法。以此居心，始可言仁，言恕，言誠，言絜矩，言參天地，贊化育，以之感一二人，而一二人化，則以感天下，而劫運可挽也。雖窮爲匹夫，又何傷也哉？」[33]

雖然三教並舉，但譚氏對三教之高下亦有自己的斷定。就譚氏接觸三教的時間次序而論，乃是先基督教，次孔教，再次佛教；但就其

30　譚嗣同，《仁學·自敘》，《譚嗣同全集》，頁289。
31　譚嗣同，《仁學·一》，《譚嗣同全集》，頁293-294頁。
32　張灝，《烈士精神與批判意識》，《張灝自選集》，頁215-216。
33　譚嗣同，〈上歐陽中鵠·十〉，《譚嗣同全集》，頁461。

傾心程度和受影響深淺而言，乃是先佛教，次孔教，再次基督教。此
種錯位，如同化石之形成，後來之物質覆蓋先前之物質，層層累積而
成。儘管譚氏在個體生命上最親近佛教，但他也看到了基督教文明在
當世最為燦爛、佛教文明已經衰微的不爭事實。在維新家中，譚嗣同
最為重視宗教因素在文明教化中的意義。在他看來，西方世界在物質
和精神方面的強大，必然與基督教信仰之間有著千絲萬縷之聯繫，兩
者不可能完全割裂開來。那麼，如何解釋信奉佛教和孔教的國族的衰
敗、信奉基督教的國族的勃興這一人人皆無法回避的事實呢？

　　譚氏以行星運轉喻三教之異同：「三教其猶行星之軌道乎？佛生
最先，孔次之，耶又次之。乃今耶教則既昌明矣，孔教亦將引厥緒
焉，而佛教仍晦盲如故。先生之教主，教反後行；後生之教主，教反
先行，此何故歟？豈不以軌道有大小，程途有遠近；故運行有久暫，
而出見有遲速哉！佛教大矣，孔次大，耶最小。小者先行，此宜及
孔，卒乃及佛，此其序矣。」[34]為了加強這一論點，譚氏還談及李提
摩太對佛教的讚賞，「英士李提摩太嘗翻譯《大乘起信論》，傳於其
國，其為各教折服如此。」[35]並轉引另一傳教士的觀點：「美國歐格
教士嘗言：『遍地球最盛之教無過於耶穌。他日耶穌教衰，足以代興
者其惟佛乎！』」[36]這句話讓人懷疑其真實性：一個虔誠的傳教士會
對自己的信仰如此信心不足嗎？一個傳教士會採取某種「宗教進化
論」的思路，並預見到自己信仰的宗教的沒落嗎？不管怎樣，譚嗣同
進一步將尊崇佛教的論點向前推進：「佛其大哉，列天於六道，而層
累於其上。孔其大哉，立元以統天。耶自命為天已耳；小之，其自為
也。雖然，其差如此，而其變不平等為平等則同，三教殆皆源於婆羅

34　譚嗣同，《仁學·二十七》，《譚嗣同全集》，頁333。

35　譚嗣同，《仁學·三十九》，《譚嗣同全集》，頁352。

36　譚嗣同，〈上歐陽中鵠·十〉，《譚嗣同全集》，頁464。

門乎？」[37]終於勉強達成了他「三教同源」的結論，姑且成一家之言。此思路影響後來的學者，遂有民初劉師培「佛氏涅槃、孔氏太平、耶氏天國」同一之說。

佛學為智慧之哲學，故能滿足中國文人思想的樂趣。但清末面對亡國之危機，似乎還應作更為功利性之考量。康梁如是，譚嗣同亦如是。因此，譚嗣同更關心形而下的問題，即耶孔二教之異同，孔教能否效仿耶教完成翻天覆地之變革，並在此基礎上使得中華文明獲得新生。首先，譚嗣同認為，耶孔二教的「原典」頗為相似：「《論語》專記聖人言行，為孔教之真源，群經之秘輪。方諸耶教，比其《新約》之福音。」[38]譚嗣同在詩歌中用來自於《新約全書》的「龍蛙」之概念，亦是「借屍還魂」談孔子，如梁啟超所論：「吾輩附會之，謂其言龍者指孔子，言蛙者指孔子之教徒云，故以此徽號互相期許。」[39]那麼，為何耶教興而孔教衰呢？譚氏指出，耶教之教徒為信仰而奉獻，其言行無不為著擴大耶教的力量；相反，孔教之教徒巴望著從中漁利，其言行無不在造成孔教之削弱：「西人之尊耶穌也，不問何種學問，必歸於耶穌，甚至療一病，贏一錢，亦必報謝曰：『此耶穌之賜也。』附會歸美，故耶穌龐然而日大，彼西人乃爾愚哉？事教主之道，固應如此也。……為孔者終不思行其教於民也。」[40]更讓譚嗣同擔憂的是，在晚清的語境中，「教」已經狹窄化為單一的基督教，朝廷、士大夫和民間均不把儒教當作宗教看待，而佛教入中土日久逐漸淪為日常生活中的點綴。中國人沒有真正的宗教生活，甚至對外來宗教產生了嚴重的恐懼心理。因此，中土雖言「名教」，其實有

37 譚嗣同，《仁學·二十七》，《譚嗣同全集》，頁333。
38 譚嗣同，〈與唐紱丞書〉，《譚嗣同全集》，頁263。
39 梁啟超，《飲冰室詩話》之六十，《梁啟超全集》之「詩話、詩詞集」，頁5326。
40 譚嗣同，《仁學·四十》，《譚嗣同全集》，頁353。

「名」而無「教」，「亡其教而虛牽於名，抑憚乎名而竟不敢言教，一若西人乃有教，吾一言教即陷於夷狄異端也者。凡從耶教，則謂之教民，煌煌然見於諭旨，見於奏牘，見於檄移文告，是耶教有民，孔教無民矣。……世甘以教專讓於人，而甘自居爲無教之民矣。」[41]譚嗣同意識到了「無教之國」及「無教之民」的危險性，那麼如何才能改變這種狀況呢？

以傳教士的立場，固然支持中國的變法，但又認爲變法須與基督教的傳播共同開展：「我們認爲一個徹底的中國維新運動，只能在一個新的道德和新的宗教的基礎上進行。除非有一個道德的基礎，任何維新運動都不能牢靠和持久。……只有耶穌基督才能供給中國所需要的這個新道德的動力。」[42]即便是譚嗣同的友人、深切同情與理解中國命運的傳教士傅蘭雅也認爲：「中國最大的需要，是道德的或精神的復興，智力的復興次之。只有智力的開發而不伴隨著道德和精神的成就，決不能滿足中國永久的需要，甚至也不能幫助她從容地應付目前的危急。……中國沒有基督教是不行的，她也不能把基督教拒之門外。基督教必須勝利。中國如果要成爲一個眞正偉大的國家，要求擺脫壓迫者的壓迫而獲得自由，那就必須把智力培養和基督教結合起來。」[43]然而，傳教士們遺憾地發現，他們的這一觀點並未得到維新派人士的贊同，更不必說普通的士大夫階層了。如汪榮祖所論，傳教士創辦報刊(如《萬國公報》)，組織學會(如廣學會)，以傳播近代科學知識，其目的最終還是在於傳教，但爲有效達成此目的，時用西方之物質文明以引當地人注意，即所謂「借西方之近代科學來介紹上帝」。換言之，介紹西方的科學、文化和政治是手段，傳播基督教教

---

41 譚嗣同，《仁學·八》，《譚嗣同全集》，頁300。
42 轉引自顧衛民，《基督教與近代中國社會》，頁305。
43 顧長聲，《從馬禮遜到司徒雷登》(上海：上海人民出版社，1985年第1版)，頁245。

義是目的。只是傳教之目的並不理想，作爲手段之科學、文化和政
治介紹反較成功。晚清變法家亦大都只取傳教士所介紹之「俗文
化」，而少理會「上帝之言」[44]。傳教士們指出，康梁等人的「講學
仍是非常封閉的，而眞正的講學必須建立在上帝關懷普天下這一信
念之上」[45]。

　　傳教士們的這一觀察是準確的，即便是譚嗣同這樣最接近基督教
的維新派活動家，亦欲舉孔子爲教主，尊孔教爲國教，並將其發揚光
大之。不過，「他們這種觀念，無疑的來自西方，推行的方法，亦自
認應當效法西教」[46]。這是一種他們無法克服的內在矛盾。例如，譚
嗣同所提出建立「孔子教堂」的建議：「往者諸君子抱亡教之憂，哀
號求友，相約建孔子教堂，仿西人傳教之法，遍傳諸愚賤，某西人聞
之曰：『信能如是，吾屬教士，皆可歸國矣。』」[47]又如，在北京強
學會被朝廷禁止之後，譚嗣同批評朝廷處理不當，同時又向維新人士
提出一個奇特的建議，且自己還身體力行之：

　　擬暫將孔子擱起，略假耶穌之名，推英國駐漢領事賈禮士充
　　會首，結爲湖南強學分會，已與賈領事面議二次。惟訂立密
　　約極費推敲，既欲假耶穌之名，復欲行孔子之實，圖目前之
　　庇護，杜日後之隱憂，不圖西人絲毫之利，亦不授西人以絲
　　毫之權，語語蹈虛，字字從活，須明正方能定妥。此約一
　　定，學會隨意可興，誰敢正目視者？並移書總會請其仿照辦

44　汪榮祖，〈論晚清變法思想之淵源與發展〉，見《從傳統中求變──晚清思想
　　史研究》，頁60。
45　同文書會年報(第八次)，艾約瑟發言，轉引自顧衛民，《基督教與近代中國社
　　會》，頁305。
46　王樹槐，《外人與戊戌變法》，頁111。
47　譚嗣同，《仁學‧四十》，《譚嗣同全集》，頁353。

理，則所謂嚴禁者不值一哂矣。[48]

譚嗣同希望「假耶穌之名，行孔子之實」，依靠西人的勢力以及中外條約中「傳教寬容」之條款，以一種「明修棧道，暗渡陳倉」的方式來張揚孔教。然而，這只是譚氏的「一廂情願」而已。且不說西方外交使節和傳教士對此心存疑慮，「密約頗費推敲」；即便對方同意如此施行，儒學也很難作爲一種宗教而得以順利傳播，因爲儒學本非嚴格意義上的宗教，近代以來它亦未能完成馬丁‧路德式的革命性的「宗教改革」。簡單照搬基督教的傳教模式，而排斥基督教的內涵，以他山之石來攻玉，無法讓孔教這一百足之蟲「起死回生」。

(三)向死而生的烈士精神

在譚嗣同的精神氣質中，既有精衛塡海、夸父追日式「抵抗絕望」之悲情，亦有共工撞不周山式不屈不撓之勇氣。在獄中，譚嗣同題詩云：「望門投宿鄰張儉，忍死須臾待樹根。吾自橫刀仰天笑，去留肝膽兩昆侖。」[49]當時任刑部司員的唐烜在日記中寫道：「倔強鷙忍之慨，溢於廿八字中。」唐氏又在《戊戌紀事八十韻》中描述譚嗣同臨刑前的神態：「譚子氣未降，餘怒沖冠髮」[50]。唐氏身爲刑部官員，在日記中稱譚嗣同爲「譚逆」，卻也不得不對其英勇氣概表示欽佩之情。譚嗣同之從容就死，向死而生，走上了一條求仁、求眞之

---

48 譚嗣同，〈上歐陽中鵠‧七〉，《譚嗣同全集》，頁455。
49 此爲譚詩之原始版本，後經梁啓超竄改。唐烜，〈留庵日鈔〉，轉引自孔祥吉，〈譚嗣同獄中題壁詩刑部傳鈔本之發現及其意義〉，《晚清佚聞叢考——以戊戌維新爲中心》(成都：巴蜀書社，1998年第1版)，頁200。
50 唐烜，《留庵日鈔》及《虞淵集》，轉引自孔祥吉〈譚嗣同獄中題壁詩刑部傳鈔本之發現及其意義〉，《晚清佚聞叢考——以戊戌維新爲中心》，頁200、203。

路。

就歷史處境而言，維新士人面對「長夜神州」（宋恕語），內心深
處大都懷著極度的悲憤和焦慮。「這種焦慮情緒一方面促使他們積極
行動起來，進行救亡圖存。但同時也使其思想和行動方式，具有一種
緊張迫切的特點，帶有一種悲憤的情緒，這時那個時代進步知識分子
所特有的心理特徵，在譚嗣同的身上表現得尤為明顯。」[51]共同的時
代背景決定了共同的行為方式，那麼為什麼這種「心理特徵」在譚嗣
同身上表現得「尤為明顯」呢？

這就需要分析譚嗣同之家庭環境、成長歷程以及由此而形成的個
性特徵了。譚氏《莽蒼蒼齋詩》有一首〈兒纜船並敘〉，其敘曰：
「友人泛舟衡陽，遇風，舟瀕覆。船上兒甫十齡，曳入港，風引舟
退，連曳兒仆！兒啼號不釋纜，卒曳入港，兒兩掌骨見焉。」詩為樂
府，應分三段：

> 北風蓬蓬，大浪雷吼，小兒曳纜逆風走！
> 惶惶船中人，生死在兒手。纜倒曳兒兒屢仆，持纜愈力纜摩
> 肉。兒肉附纜去，兒掌惟見骨。
> 掌見骨，兒莫哭！兒掌有白骨，江心無白骨！[52]

在戊戌夏秋之交，譚嗣同所遭遇的局勢，堪與「兒纜船」一詩所
敘情形作比。類似隱喻在《老殘遊記》等晚清小說和詩文中也曾多次
出現。在此段描述中：「瀕覆之船」隱喻將被瓜分的中國，「惶惶船
中人」隱喻光緒及通國之人，「曳入港」隱喻清廷欲行新政以自救，
「逆風」隱喻慈禧一系的舊派，人與物共同構成此一驚心動魄之場

51　賈維，《譚嗣同與晚清士人交往研究》（長沙：湖南大學出版社，2004年2月第
　　1版），頁374。
52　譚嗣同，〈兒纜船並敘〉，《譚嗣同全集》，頁64。

面。對於這段詩文，高陽有分析說，這「十齡兒」對譚嗣同人格的影響，遠過於「康聖人」。譚嗣同12歲失母，「爲父妾所虐，備極孤孽苦」。中國舊時家庭中，如譚嗣同所遭遇的少年極多，若能成長，性格往往偏激狹隘。只有極少極少的人，由於稟賦特厚，這些「孤孽苦」反而成爲鞭策的力量，能激發其宏願偉力，一心一意建大功德、大功業以普世救人。譚嗣同便是如此[53]。

譚嗣同童年患病幾乎致死，故以「復生」爲字，「吾自少壯，遍遭綱倫之厄，涵泳其苦，殆非生人所能任受，瀕死累矣，而卒不死。由是益輕其生命，以爲塊然軀殼，除利人之外，復何足惜。」[54]幼時之孤苦，鍛造出其悲劇性的人格，他本人也清楚此種性情及由此影響之思想路向及文章風格：「往年羅穆倩謂嗣同：『子通眉，必多幽摯之思。』饒仙槎則謂：『慘澹精銳，吾惟見子』。故偶然造述，時復黝然深窅，而精光激射，亦頗不乏蒼鬱之概，峭蒨之致。其於哀樂，煎情鍛思，晝夜十反。」[55]用張灝的話來說，即是「譚嗣同的一生爲死亡的陰影所籠罩，同時也深受由家庭和男女之間的情感糾紛所帶來的痛苦。他的思想中的一部分可以說是他在這些生命處境中掙扎時所流露的心聲。」[56]高陽則更強調「稟賦」與「機緣」在譚氏生命中的作用，其中最重要的「機緣」恐怕是譚氏與宗教精神的融通。正因爲有宗教因素的介入，譚嗣同方能化愁苦怨憤之心爲救世愛人之心，在晚清之驚濤駭浪、逆水行舟的緊要關頭，「慨然以『十齡兒』自居，其志可嘉，其情可敬，而其事可哀。」[57]

理解譚嗣同死難的意義即可由此著眼。錢穆對譚氏之慷慨就死頗

53　高陽，《清末四公子》(北京：華夏出版社，2004年第1版)，頁259。
54　譚嗣同，《仁學‧自敘》，《譚嗣同全集》，頁289-290。
55　譚嗣同，〈與唐紱丞書〉，《譚嗣同全集》，頁259。
56　張灝，《烈士精神與批判意識》，《張灝自選集》，頁214。
57　高陽，《清末四公子》，頁260。

為不解，甚至認為這一行動與譚氏一貫反對死節的理論自相矛盾，並進而質疑譚嗣同死難的價值：「豈君臣知遇之感，亦終不能自解，故臨時慷慨而出此耶？……復生果以旬月知遇，遂忘其二千載君主之慘毒，三百年滿廷之酷烈，竟自沒齒效忠，稱聖天子如常俗夫矣。然則復生之死，以《仁學》所謂衝決網羅，毀滅君臣、父子之倫常言之，不將為無意義之徒死乎？」[58]此一誤解表明，作為儒學學者，錢穆並未考慮宗教因素對譚的影響，它源於堅持保皇思路的康梁在譚死難之後對其精神的曲解與窄化。梁啟超為《仁學》作序，認為譚氏寫作此書的目的是「以光大南海之宗旨」[59]；梁啟超為譚作傳，用若干虛構的細節突出其「忠君」、「死君」的一面。其實，《仁學》固然受康氏思想之影響，但譚康之間思想亦頗多分歧。譚嗣同在給唐才常的信中就明確指出：「邇聞梁卓如述其師康南海之說，別開生面，然亦有不敢苟同者。」[60]另一方面，譚嗣同的思想早已超越康梁之「尊君」，而倡民權、平等與自由，下啟孫中山、宋教仁民主革命與民族革命的思路。與更具政治家之權謀的康梁不同，在參與戊戌變法之前，譚嗣同早就存著成與不成皆犧牲之決心。對於「國亡」與「人死」，他早有如此之區別：「國亡與人死大不類。人死一了百了，更無有餘。國亡而人猶在也。則沿革廢興，萬端而未已，乃十百巨於未亡之前。吾黨其努力為亡後之圖可乎？此亦絕望至盡之辭，幸無謂此言過也。」[61]由此可知，譚嗣同參與變法，乃是一種「絕望之反抗」，亦即孔子所說的「知其不可為而為之」，也即基督教所尊崇的「殉道」，自始至終他都沒有康梁的那種盲目樂觀的情緒。在戊戌維新失敗之後，他明明可以流亡海外，卻毅然選擇留下來等待死亡，乃

58　錢穆，《中國近三百年學術史》（北京：商務印書館，1997年第1版），頁751。

59　梁啟超，《仁學・序》，《譚嗣同全集》，頁373。

60　譚嗣同，〈致唐才常〉，《譚嗣同全集》，頁528。

61　譚嗣同，〈與唐紱丞書〉，《譚嗣同全集》，頁261。

是「死事」和「死道」，而非「死君」。他是爲變法而死，非爲皇帝而死；是爲理想而死，非爲制度而死。

譚嗣同之從容就死，還有另一個長期被忽視的因素，即其宗教情懷。這也是他與同代變法家之差異所在。以梁啓超而論，終其一生，對於基督教有一種「深深的內在輕視」。對於基督教，他從來只是略有一些極其粗淺的二手認識。他對猶太教、伊斯蘭教和其他宗教也沒有多少涉獵的好奇心。雖然梁氏對佛教有所研究，但佛教在他那裡已變異爲一種政治理想，「他的宗教是一種人格化的宗教。他的這種宗教奠立在中國傳統產生的道德文化基礎之上，是他終生都想和各式各樣、一再重現的專制暴政拚搏到底、以保障他的人民和人類取得進步而最後依靠的憑藉」[62]。譚嗣同則不同，在其生命歷程中，宗教已然內化爲一種性格，情感與理性兩方面皆受其浸染。他選擇留下待死，此宗教情懷既有來自孔教之「捨生取義」，亦有來自佛教之「我不入地獄，誰入地獄」，更有來自基督教之殉道熱忱。譚氏敏銳地發現西人朝氣蓬勃的動態人格，以及堅忍不拔的精神氣質，而這一切都來自於耶穌精神的浸染：「西人以喜動而霸五大洲，馴至文士亦尚體操，婦女亦侈遊歷，此其崛興爲何如矣。……西人之喜動，其堅忍不撓，以救世爲心之耶教使然也。」[63]欲「救世」，必須有「堅忍不撓」之意志。譚嗣同發現，儘管「耶殺身，其弟子十二人，皆不得其死」[64]，但後代之基督徒紛紛效仿道成肉身、走向十字架承擔世人罪惡與苦難的耶穌，由此造就了基督教的興盛。於是，譚氏亦行「拿來主義」，將此種獻身精神內化爲其人生價值，如是死亡則可從

62　（法）巴斯帝，〈梁啓超與宗教問題〉，見（日）狹間直樹編《梁啓超‧明治日本‧西方——日本京都大學人文科學研究所共同研究報告》（北京：社會科學文獻出版社，2001年第1版），頁457。

63　譚嗣同，《仁學‧十九》，《譚嗣同全集》，頁321。

64　譚嗣同，《仁學‧四十八》，《譚嗣同全集》，頁369頁。

容面對：「平日互相勸勉者，全在殺身滅族四字，豈臨小小利害而變其初心乎？耶穌以一匹夫而攖當世之文網，其弟子十二人皆橫被誅戮，至今傳教者猶以遭殺爲榮，此其魄力所以橫絕於五大洲，而其學且歷二千年而彌盛也。」[65]

據梁啓超記載，譚嗣同在被捕前一天曾對他說：「各國變法，無不從流血而成。今中國未聞有因變法流血者，此國所以不昌也。有之，請自嗣同始！」[66]此語無異於實踐聖經中耶穌之教誨：「一粒麥子不落在地裡死了，仍舊是一粒；若是死了，就結出許多子粒來。愛惜自己生命的，就失喪生命；在這世上恨惡自己生命的，就要保守生命到永生。」（《約翰福音》十二章二十四至二十五節）譚嗣同的生命實踐與理論取向並無矛盾之處，其殉難並非偶然，更非徒然，因其出於個體之自由選擇，出於對真理之熱切依就，故自有其不可泯滅之價值與光芒。

——2005年3月，北京家中

65　譚嗣同，〈上歐陽中鵠・二十一〉，《譚嗣同全集》，頁474。
66　梁啓超，《戊戌政變記・殉難六烈士傳》，《梁啓超全集》（第一冊），頁233。

「秦制」：中國歷史最大的秘密
——論譚嗣同對中國專制主義傳統的批判

　　在戊戌諸先賢中，譚嗣同最具人格魅力。此魅力不僅在於其以身殉道的生命實踐，亦在於其思想的超前性和鋒利性，梁啓超曾如此評價其《仁學》：「其思想爲吾人所不能達，其言論爲吾人所不敢言。」[1]以譚嗣同所處之清末而論，乃如劉鶚所云「棋局已殘，吾人將老」，作爲「鐵屋子」中的先知先覺者，他非得「置之死地而後生」不可。因此，與其說譚的思想「激進」，不如用他本人的話來界定——他是在「衝決網羅」。面對形而下與形而上之重重網羅，他曾立誓云：「網羅重重，與虛空而無極，初當衝決利祿之網羅。次衝決俗學若考據、若辭章之網羅，次衝決全球群學之網羅，次衝決君主之網羅，次衝決倫常之網羅，次衝決天之網羅，終將衝決佛法之網羅……」[2]因此，錢穆認爲：「《仁學》宗旨，在於衝決網羅。」[3]殷海光也如此評說其之生命與學術：「譚嗣同是近代中國解放思想的一個典型。他的思想不太成熟。詞意之間充滿悲愴淒厲的氣氛；又有一股湖南辣子味衝鼻而來。他的壯烈事蹟托起他不太成熟的思想攝入注意。自譚嗣同以來，烈士們是拿熱血論證的。這是中國近代史爲什麼

1　梁啓超，〈清議報一百冊祝辭並論報館之責任及本館之經歷〉，《梁啓超全集》（第一冊）（北京：北京出版社，1999年第1版），頁475。
2　譚嗣同，《仁學自敘》，《譚嗣同全集》（北京：中華書局，1981年第1版），頁290。
3　錢穆，《中國近三百年學術史》（北京：商務印書館，1997年第1版），頁739。

與英國近代史不同的基本原因之一。譚嗣同最富於激動力的思想是他的『衝決網羅』主義。」[4]這種「衝決網羅」的精神,乃是思想先驅所必備之素質。

在譚嗣同的思想遺產中,最具現代性的部分是他對中國專制主義傳統的系統批判。其批判資源,有來自於剛剛進入中國的西方哲學、政治學乃至科學的觀念,也有源於中國本土的傳統因素(亦即以傳統之精華反對傳統之糟粕也)。張灝認爲,譚嗣同與五四知識分子雖然同樣攻擊禮教,但他們對傳統的態度卻彼此很不相同:「譚嗣同雖然批判三綱,卻並不完全否定傳統,他深知在儒家的禮教之外,儒家的其他思想,以及儒家以外的傳統思想尚有許多精神價值值得發掘和肯定。」[5]如譚氏在論及王夫之和黃宗羲時指出:「惟船山先生純是興民權之微旨;次則黃梨洲《明夷待訪錄》,亦具此義。」[6]可見他對王、黃之學相當推崇。錢穆在論及譚對前人學說的繼承與發揚時,將其與戴震、呂留良、黃宗羲多位思想家對照:「此較戴東原所謂『宋儒言理以意見殺人』者,憤激猶過之」、「此則自君臣而及於種族之見,大體似呂晚村,而憤激亦過之。以當時情勢者,非革命排滿,無以變法,復生見之甚透,論之甚切。」、「雖語有過激,而憂深思遠,上媲梨洲《明夷待訪錄》,無愧色矣。」[7]譚氏還從宗教層面對專制主義的政治和文化傳統進行深切反思,他個人雖無明確的宗教信仰,但在《仁學》中多次張揚佛教、原始孔教及基督教之價值,以之爲救世良藥。

譚嗣同發現了中國歷史最大的秘密在於「秦制」二字之中。中國

4　殷海光,《中國文化的展望》(上海:上海三聯出版社,2002年第1版),頁262。

5　張灝,《烈士精神與批判意識》,《張灝自選集》(上海:上海教育出版社,2002年第1版),頁220。

6　譚嗣同,〈上歐陽中鵠·十〉,《譚嗣同全集》,頁464。

7　錢穆,《中國近三百年學術史》,頁740、748、751。

的專制主義傳統，既是政治傳統，又是文化傳統。作爲政治傳統，它表現爲「兩千年皆秦制」，而「秦制」的核心是君權的神聖化；作爲文化傳統，它表現爲「儒表法裡」的文化結構，「三綱五常」使得士大夫和民眾長期以來甘心爲奴。此一互相糾葛、互相支撐的政治與文化傳統，建構了兩千多年來中國之社會格局，亦主宰著兩千多年來中國人的精神生活。於是，「秦始皇」與「孟姜女」的對立便貫穿於漫長的中國歷史之中。至今，此種傳統仍籠罩在中國人頭上，譚嗣同的批判仍具鮮活之生命力。此爲譚氏之幸運，抑或不幸？

(一)政治傳統：「秦制」的核心是君權之神聖化

鄒容在《革命軍》中摘抄了《仁學》中攻擊君主專制的不少詞句，並題詩於譚嗣同遺像上：「赫赫譚君故，湖湘志氣衰。惟冀後來者，繼起志勿灰。」陳天華亦對譚推崇備至，在其所作《猛回頭》之中稱讚譚嗣同爲「轟轟烈烈爲國流血的大豪傑」。在日本留學的蔡鍔一直敬重譚的爲人，寫詩悼念譚嗣同、唐才常此「瀏陽二傑」曰：「前後譚唐殉公義，國民終古哭瀏陽。」革命派輯錄的反清革命文集《黃帝魂》一書，更把《仁學》中批判君主專制的論述輯入，赫然以《君禍》二字爲題。孫中山亦將譚視爲「革命同志」，讚揚《仁學》一書對「提倡排滿及改造中國甚力」[8]。由此可見，譚嗣同之「非君」思想影響後人至深。此前亦有少數思想家對君權提出質疑，如莊子、司馬遷、嵇康、李贄、王夫之、黃宗羲、唐甄、龔自珍諸子。但是，他們的思想大都限於「民貴君輕」之陳說，難以突破「載舟覆舟」之思路，並且缺乏破除君權之「神光圈」的致命一擊。此致命一擊，在譚嗣同處方得以出現。

8　參閱賈維，《譚嗣同與晚清士人交往研究》(長沙：湖南大學出版社，2004年第1版)，頁367。

回顧中國歷史之淵源，譚氏認為，在先民時代，「君主」由眾人推舉，亦可由眾人罷黜，此職位由能者居之，而不能世襲，「原夫生民之初，必無所謂君臣，各各不能相治，於是共舉一人以為君。夫曰共舉之，亦必可共廢之。」[9]到了後來，君主制度才發生重大變化，君主搖身一變成為奴隸主，眾人則淪為奴隸，君主之職位成為君主的私人財產，代代相傳。這種變化脫離了先民「共舉一民為君」之本意，「故君也者，為天下人辦事者，非竭天下之身命膏血，供其驕奢淫縱者也。供一身之不足，又欲為子孫萬世之計，而一切酷烈鉗制之法乃繁然興矣。」[10]君主由「虛君」轉變為「暴君」、由「公職」變成「私產」，其轉捩點在秦朝，始作俑者為秦始皇嬴政。秦朝實際存在時間雖短暫，但其制度構架和文化遺毒籠罩後世甚深，如譚氏所論：「今日君臣一倫，實黑暗否塞，無復人理。要皆秦始皇尊君卑臣，愚黔首之故智，後世帝王喜其利己，遂因循而加厲，行之千餘年。」[11]秦朝雖二世而亡，秦始皇仍然得以在另一個層面上實現了其將帝制傳之萬世的理想——此後的君主，雖然並不一定欣賞嬴政之為人，卻紛紛效法秦始皇的統治方式。

後世對嬴政品格的否定與對秦始皇統治方式的承襲，形成了一種巨大的反差。士大夫對嬴政多有尖銳批評，如司馬遷在《史記‧秦始皇本紀》中說：「秦王懷貪鄙之心，行自奮之智，不信功臣，不親士民，廢王道，立私權，禁文書而酷刑法，先詐力而後仁義，以暴虐為天下始。」余英時亦曾舉例談及後世對秦始皇的評價：《三國志‧王朗傳》注引《朗家傳》云：「會稽舊祀秦始皇，刻木為像，與夏禹同廟。朗到官，以為無德之君，不應見祀，於是除之。」經過兩漢三四百年之久，會稽獨祀秦始皇，因其生前曾到此祭祀大禹，並在會稽山

上留下石刻文字。對此細節，余英時分析說：「始皇和會稽有此一段香火之緣，因此後世民間對他還有所紀念。不過對整個中國而言，始皇畢竟是『無德之君』。王朗為會稽太守而禁民祭祀，其實也反映了多數中國人的想法。」[12]嬴政死，秦朝滅，但秦制卻代代相傳，並不斷強化，「儘管秦短命而亡，這個王朝已經出色地完成了它的任務，建立了為後世各代取法的政治體制結構。漢朝的開國皇帝幾乎原封不動地承襲了秦朝的典章制度，其法典基本上是法家式的。因而，儘管法家作為一種思想流派已經失去其顯赫的地位，但是它並未被逐出角鬥場」[13]。雖然秦朝迅速滅亡的事實已證明嬴政乃是「無德之君」，歷代統治者也常常裝模作樣地表態要從秦朝的滅亡之中吸取教訓，但實際上他們大都亦步亦趨地以秦為師，因為只有以秦為師方能實現君權的最大化，「中國的皇帝，比如漢武帝，儘管在許多方面從理論上服膺儒家的學說，然而卻傾向於實行獨裁統治，採納法家『人的終極目的是為國家服務』的觀點。」[14]於是，秦政成為兩千年來基本不變的統治模式，用譚嗣同的說法就是：「常以為二千年來之政，秦政也，皆大盜也。」[15]

秦政的核心、秦始皇統治術的秘訣，即君權之神聖化。這一「大盜」成「聖人」的轉化是如何完成的呢？上古時代的君王，與「天」的關係相對比較鬆散。有的部落有專司祭天的祭師，有的部落則由君王兼行祭師之責。到了秦始皇這裡，他運用法術與儀式將君王與「天」的關係固定下來，自取「黃帝」之名，易之為「皇帝」，傲然

12　余英時，〈從中國史的觀點看毛澤東的歷史地位〉，《史學與傳統》（台北：時報出版公司，民國七十一年一月出版），頁295。

13　(美)福爾索姆，《朋友‧客人‧同事──晚清的幕府制度》(北京：中國社會科學出版社，2002年第1版)，頁8。

14　(美)福爾索姆，《朋友‧客人‧同事──晚清的幕府制度》，頁9。

15　譚嗣同，《仁學‧二十九》，《譚嗣同全集》，頁337。

以「天子」自居[16]。有學者分析說，秦始皇對一般的神不那麼敬重，他多次與神交戰，如湘君、海神等，但對「天」還是尊崇的。嬴政自稱是「體道」者，是「大聖」，是「皇帝」，是「天子」，又是「龍」，這些稱號綜合在一起，表現在社會歷史作用上便是：功蓋古今，恩賜天下。於是，秦始皇宣布：「六合之內，皇帝之土。」「人跡所至，無不臣者。」先秦以來，「天下」是一個空間無限的概念。天子據有天下，也就意味著王權超越了空間。同時，嬴政還宣布：「朕爲始皇帝。後世以計數，二世三世至於萬世，傳之無窮。」（《史記‧秦始皇本紀》）他妄想通過子孫後代將專制權力永遠延伸下去，從而實現對時間的超越。由此觀之，「秦始皇是中國歷史上把這種權力觀付諸實踐的最有力的帝王之一。」[17]此種權力觀經過暴力的彰顯與文化的滲透，逐漸爲民眾所接受。傳統中國的百姓認爲，管理者之所以能擁有行政權力，是因爲他（們）能最大限度地體現神的意志。如《尙書‧洪範》所云，王道皇極「無偏無陂，遵王之義；無有作好，遵王之道；無有作惡，遵王之路；無偏無黨，王道蕩蕩；無黨無偏，王道平平；無反無側，王道正直。」在中國的政治文化中，絕大多數統治者都是以盡善盡美的形象出現。《詩》反映的西周時代的王是這樣，琅邪刻石歌頌的秦始皇是這樣，漢武帝、唐太宗等等也都是這樣。古代的中國人習慣於對活著的帝王說「萬歲，萬歲，萬萬歲」，而不習慣於批評帝王的任何缺點。這是幾千年的高壓政治和文

---

16 司馬遷，《史記‧秦始皇本紀》記載了關於命名「皇帝」的討論：諸大臣謹與博士議曰：「古有天皇，有地皇，有泰皇，泰皇最貴。」因此，建議嬴政上尊號：「王爲『泰皇』，命爲『制』，令爲『詔』，天子自稱曰『朕』。」王曰：「去『泰』，著『皇』，采上古『帝』位號，號曰『皇帝』。他如故。」（長沙：嶽麓書社，1994年第1版），頁56。

17 參閱劉澤華，《中國的王權主義》（上海：上海人民出版社，2000年第1版），頁135-137。

化愚民工作所造成的[18]。

綜上所述，經過秦始皇的闡釋，規定了以下三種不可質疑的價值：皇權來自於神授，皇權在空間和時間上是無限的，皇權也是完美無缺的。對此，譚嗣同分析說，正是由於君主壟斷了祭天之權，使得其權力變得「神聖不可侵犯」，亦使得民眾墮入萬劫不復之深淵。此一儀式鞏固了權力一元化的格局：「中國自絕地天通，惟天子始得祭天。天子既挾一天以壓制天下，天下遂望天子儼然一天，雖胥天下而殘賊之，猶以為天之所命，不敢不受。民至此乃愚入膏肓，至不平等矣。」[19]這樣，「公義」便掌握在此世的君王手中，而不掌握在彼世的「上帝」手中。中國一直沒有出現一個類似於基督教教會的精神與權力體系，對君權作有效的制約與均衡。

歐洲的君主雖然號稱「朕即國家」，其世俗權力卻需要獲得宗教領袖的承認。換言之，他們不能直接從上帝那裡獲得權力，而必須由教宗或大主教為之「中轉」。同時，教宗還通過「授衣權」控制教會，使之不受君王的染指。此為中西政治文明之根本差異。在中世紀，德皇亨利四世曾挑戰教宗的「授衣權」，為三位主教行了授衣禮，之後召開主教會議，宣稱不再尊貴格利七世為教宗。教宗宣布革除亨利四世之教籍，「褫奪皇帝亨利四世在整個德國及義大利的主權，禁止任何人尊他為王」。德皇受到巨大的壓力，勢力強大的貴族召開會議，全體都希望亨利降卑。會議決定：在一年之內，如果教宗沒有取消將亨利革除教籍的宣判，亨利將失去王位。為了保住王位，亨利不得不冒著嚴寒，穿越阿爾卑斯山，親自前往教宗居住的城堡行補贖禮。他穿著悔罪者粗糙的毛織長袍，光頭赤足站在雪地上，整整三天方得以進入教宗的房間，獲得其赦免。英王約翰也曾被教宗依諾

18　參閱張榮明，《權力的謊言——中國傳統的政治宗教》（杭州：浙江人民出版社，2000年第1版），頁6-7。

19　譚嗣同，《仁學‧二十七》，《譚嗣同全集》，頁323-324。

森開除教籍。面對失去王位的危險，他不得不向教宗屈服，懇求「重新成爲神與羅馬教會的臣屬」。獲得原諒之後，約翰隨即將皇冠及權杖交給教宗的代表魯道夫，由其保管五天之後再交還，以示教宗至高無上之權威[20]。此種情境絕對不可能在中國歷史中出現。與之形成鮮明對比的是，中國的君王在將君權神聖化之後，其權力則是一元的，君王可隨心所欲地拓展版圖、控制人心，也可毫無愧色地虐待臣民，而臣民究竟是「忠臣」還是「叛徒」，僅只在君王一念之間。雖然諸多開國之君本人出身叛逆，但在暴動成功、建立王朝之後，立即宣布與「帝天」有神秘的聯繫，一躍變爲上天在人間秩序的惟一代表者。

君權神聖化的模式在中國政治史上定格之後，造成極其嚴重的後果。

後果之一：皇帝本人成爲權力的源泉，朝廷在政權的運用上，最後的決定權乃操在皇帝一人手上。皇帝的權力沒有任何立法的根據及具體的制度可以加以限制。徐復觀指出：「秦政的性格，已客觀化而爲專制政治制度，於是秦政個人的性格，也即是專制政治制度自身的性格。在此制度之下，縱使皇帝不似秦一樣的剛戾自用，但由此制度必然產生的外戚、宦官、權臣，也必剛戾自用。因爲順著此一機構活動的自然結果，只能如此。」[21]在整個政治系統之中，君王個人的品格並不占有決定性地位。嬴政與秦制是一枚硬幣不可分割的兩面，嬴政個人的性格影響了秦政，秦政則對後世君王的隱形人格產生決定性的作用。因此，歷代士大夫關於「明君」與「昏君」的辨析其實意義皆不大，「明君」與「昏君」的差異僅在以五十步笑百步之間。既然「君權神授」，中層並無貴族階級的制約，士大夫的監察亦無制度保

20 參閱祁伯爾，《歷史的軌跡——二千年教會史》（海外基督使團出版，1999年第1版）。

21 徐復觀，《兩漢思想史》（第一卷）（上海：華東師範大學出版社，2001年第1版），頁84。

障，僅憑「良知」激勵，只能在極少數時刻有效，於是皇權不斷膨脹，皇帝本人成爲暴政的代表。「這套官制機構的總發動機，不在官制的自身，而實操之於皇帝一人之手。皇帝一念之差，及其見聞知識的限制，便可使整個機構的活動爲之狂亂。而在尊無與上，富無與敵的環境中，不可能教養出一個好皇帝。所以在一人專制之下，天下的『治』都是偶然的，『亂』倒是當然的。」[22]既然「明君」與「昏君」的區別無甚意義，那麼「治世」與「亂世」也無根本的差別。「治世」成了「非常態」，「亂世」倒成了「常態」。

後果之二：在絕對王權的籠罩下，民眾和士大夫皆失去了自由遷徙的權利，失去了上古時代之「任俠」精神，失去了經濟上的自足性，皆成爲徹頭徹尾的奴隸。全國除君王之外，沒有一個人具有獨立人格，形成了一人爲主，其他均爲奴僕的局面。若不破除君王與上天之間的神秘關係，民眾將永無自由之日，「在專制制度下，因爲一切人民，皆處於服從之地位，不允許在皇帝支配之外，保有獨立乃至反抗的社會勢力。」[23]統治者大力推行愚民政策，將民眾置於貧困和愚昧的境地，反過來它又爲自己製造了最好的群眾基礎。另一方面，既然專制者肆意虐民，民亦冷漠對之，民眾不會將國家視爲自己的國家，「無惑乎君主視天下爲其囊橐中之私產，而犬馬土芥乎天下之民也。民既擯斥於國外，又安得少有愛國之忱。」[24]這種狀況使得現代民族國家的觀念遲遲不能在中國出現。在鴉片戰爭當中，廣東的大多數民眾只是將其看作「皇帝與洋人的戰爭」，他們不願爲這個皇帝「家天下」的國家作戰，而更願意充當事不關己的旁觀者。

後果之三：中國社會的政治、經濟、文化諸方面均長期處於停滯不前的狀態。荀子說：「君子者，天地之參也，萬物之總也，民之父

22　徐復觀，《兩漢思想史》（第一卷），頁80。

23　徐復觀，《兩漢思想史》（第一卷），頁85。

24　譚嗣同，《仁學·三十二》，《譚嗣同全集》，頁341。

母也。無君子，則天地不理，禮義無統。」也就是說，只有皇帝本人具有掌握真理、宣示真理、傳播真理的權力，皇帝是調節人與自然的中樞，「帝王體現著規律，體現著必然，人們要遵從規律和必然，首先必須遵從帝王。」[25]反之，任何人一旦有變革和質疑帝王權力的思想，便會立即遭致被虐殺的命運。「中國積以威刑箝制天下，則不得不廣立名為箝制之器。」[26]韓非公然宣稱：「禁奸之法，太上禁其心，其次禁其言，其次禁其事。」（《韓非子》）人民稍一獨立思考，即以「怨望」、「腹誹」、「訕謗」、「大逆不道」等罪名遭放逐、誅戮甚至如豬狗般繫縛屠殺。這樣便從根本上扼殺了人們的精神活動。此模式如化石般僵硬，它斷絕了一切在政治制度上創新的可能，它不允許對皇權有任何束縛和制約，「因為專制制度，一切決定於皇帝的意志，便不能允許其他的人有自由意志，不能有自律性的學術思想的發展。」[27]故而改良式的戊戌變法只能以譚嗣同等六君子血灑菜市口收場，不諳妥協之道的專制皇權非得逼出孫中山發動辛亥革命使之覆滅不可。

(二)文化傳統：「秦制」的學術淵源是「儒表法裡」

　　林毓生在概括譚嗣同的思想時指出：「譚嗣同的思想取向，雖然也有一些功效性的考慮，但基本上則是強調融通、奮進、民胞物與的普遍性道德、宗教意識，其中包括儒家、墨家、道家與佛教的成分，以及他所理解的當時西方科學界流行的『以太』觀念。這些糅合在

25　劉澤華、汪茂和、王蘭仲，《專制權力與中國社會》（天津：天津古籍出版社，2005年第1版），頁221。

26　譚嗣同，《仁學‧八》，《譚嗣同全集》，頁299。

27　徐復觀，《兩漢思想史》（第一卷），頁85。

一起的成分，在他所理解的西方文明的沖激之下，突破了傳統的藩籬而轉化成爲一個激烈的反禮教的內在動力(譚氏稱之謂：『仁學』)」[28]。「反禮教」確實是譚嗣同思想的一大趨向，亦是其最有學術創見和道德勇氣的地方。有學者在清理此思想脈絡時指出：「如果說，譚嗣同對封建君主專制的憤怒斥罵，對民主君僕關係的簡明闡述，主要是博取了從墨子、黃宗羲到鄭觀應、宋恕、康有爲、嚴復等人之所長彙集而成，那麼，他對三綱的批判，則是在吸取前人或他人營養的基礎上，開創性地提出了自己的看法。」[29]在此一維度上，譚嗣同遠遠超越了維新一代知識分子而與五四一代知識分子並肩。

在中國古代，三綱是禮教的基礎，是金科玉律，無人敢碰，包括黃宗羲、唐甄等激烈反對專制主義的思想家，也沒有從整體上攻擊過三綱。在近代，從龔自珍、魏源、馮桂芬，到王韜、鄭觀應，也沒有一個人全面地否定過三綱。相反，多是對其加以辯護甚至頌揚，說它「至明至備」，萬不能變，「夫孔之道，人道也，人類不盡，其道不變。三綱五倫，生人之初已具，能盡乎人之分所當爲，乃可無憾。聖賢之學，需自此基。」[30]與這些猶抱琵琶半遮面的論說相反，譚嗣同直截了當地否定了三綱的合理性，從而將近代思想啓蒙推展到一個嶄新的階段，如錢穆所云：「近世以來，學術思想之路益狹，而綱常名教之縛益嚴，然未有敢正面對而施呵斥者；有之，自復生始也。」[31]

一種政治制度，其存在、發展及強化，非得在背後有一整套文化論說和意識型態支柱。「專制政體與文化專制主義，是一個不可分割

28　林毓生，〈譚嗣同反傳統思想的特質〉，見《熱烈與冷靜》(上海：上海文藝出版社，1998年第1版)，頁136。

29　熊月之，《中國近代民主思想史》(上海：上海人民出版社，1986年6月第1版)，頁259。

30　王韜，〈變法·上〉，《弢園文新編》(北京：三聯書店，1998年第1版)，頁15。

31　錢穆，《中國近三百年學術史》，頁740。

的整體；政治上的獨裁與文化思想的獨裁，從來都是血肉相連的。極端的專制政體，必須用文化專制的措施加以維護，以此來欺騙愚弄民眾，壓制任何的民主思想，以保證君主政治的絕對權威和永恆性；而文化專制主義措施又往往是靠政治權力在行政上來強制推行的。」[32]秦制的暴虐本性，僅靠將君權神聖化不足以掩飾之，它還需要另外一層溫情脈脈的面紗。換言之，有了「官」則必有「官學」，有了「帝王」則必有「帝王之學」。歷代帝王，即便如劉邦、朱元璋般「不學無術」，也需要精美的文化和學術的包裝。秦制有如此強大的生命力，除了它在實踐層面的有效性之外，也在於它具有深厚的學術淵源。譚嗣同一針見血地指出：秦政的學術淵源，亦即中國專制主義文化傳統之癥結，便在於「儒表法裡」的「文化共謀」，其具體體現即為三綱。因此，譚氏對三綱的批判不遺餘力，如：「君臣之禍亟，而父子、夫婦之倫遂各以名勢相制為當然矣，此皆三綱之名之為害也。」、「三綱之懾人，足以破其膽，而殺其靈魂，有如此矣。」、「彼君主者，獨兼三綱而據其上。」、「獨夫民賊，固甚樂三綱之名，一切刑律皆依此為率，取便己故也。」[33]

那麼，三綱是如何形成的？儒學是如何支持秦制的？譚氏反禮教而不反孔子，他對「原始儒學」有頗多同情之處[34]。在概述儒家源流時，他認為：「孔學衍為兩大支：一為曾子傳子思而至孟子，孟故暢宣民主之理，以竟孔之志；一由子夏傳田子方而至莊子，莊故痛詆君

32　劉澤華、汪茂和、王蘭仲，《專制權力與中國社會》，頁202-203。

33　譚嗣同，《仁學‧三十七》，《譚嗣同全集》，頁348-349。

34　譚嗣同多次為孔子和原始孔教辯護，云：「為儒者乃欲以儒蔽孔教，遂專以剝削孔子為務。」、「先聖何辜，生民何辜，乃胥遭天閹於獨夫民賊之手。其始思壓制其人，則謬為崇奉孔教之虛禮，以安反側；終度積威所劫，已不復能轉動，則竟放膽絕其孔教。」《仁學‧四十》，《譚嗣同全集》，頁353。又云：「嘗慨孔教之衰，經學茫昧故也。既亂於漢，又亂於宋，一以為巫史，一以為鄉愿，孔教之存，寧有幸乎？」〈與唐紱丞書〉，《譚嗣同全集》，頁262。

主，自堯、舜以上，莫或免焉。不幸此兩支皆絕不傳。」[35]這種梳理
有可以商榷之處，如認為莊子亦是孔學的一支，此說頗不可信[36]。但
是，譚嗣同明確點出了讓孔學染上「敗血症」的關鍵人物——荀子。
譚氏之「排荀」，受友人夏曾佑影響[37]，認為荀學與秦制相互借助，
與二千年來皆行大盜之政的秦政相對應的是，「二千年來之學，荀學
也，皆鄉愿也」[38]。荀學與秦制一拍即合，互為寄生，頓成如是之格
局：「惟大盜利用鄉愿；惟鄉愿工媚大盜。」[39]譚氏甄別說，這種情
勢的形成，非孔子之過，而是已經「變異」的荀學之「偽託」，所以
孔子本人不應被指責：「（大盜與鄉愿）二者交相資，而罔不托之於
孔。被托者之大盜鄉愿，而責所托之孔，又烏能知孔哉？」[40]又云：
「彼為荀學而授君主以權，而愚黔首於死，雖萬被戮，豈能贖其賣孔
之辜哉？孔為所賣，在天之靈，宜如何太息痛恨；凡為孔徒者，又宜
如何太息痛恨，而懟不一掃蕩廓清之耶！」[41]他認為，孔教之亡，乃
是君主及言君統之偽學亡之也，荀子即為此偽學之宗師。

　　荀學之害究竟在何處呢？譚嗣同在《仁學》中多次論及：

　　　方孔之初立教也，黜古學，改今制，廢君統，倡民主，變

35　譚嗣同，《仁學・二十九》，《譚嗣同全集》，頁335-336。

36　譚嗣同認為：「《莊子》長於誠意正心，確為孔氏之嫡派。」〈與唐紱丞書〉，
　　《譚嗣同全集》，頁265。此為譚氏之一家之言。

37　夏曾佑指出，荀子一派在帝王學中惟知「言性惡而法後王」，由於荀卿的弟子
　　李斯相秦，「大行其學，焚坑之烈，絕滅正傳，以吏為師，大傳家法。」他以
　　為叔孫通、董仲舒都是荀教之徒，西漢十四博士多半出於荀學。「蓋中國之各
　　教盡亡，惟存儒教，儒教之大宗亦亡，惟存謬種，已二千年於此矣。」參閱朱
　　維錚，〈晚清漢學：「排荀」與「尊荀」〉，《求索真文明——晚清學術史
　　論》（上海：上海古籍出版社，1996年第1版），頁340。

38　譚嗣同，《仁學・二十九》，《譚嗣同全集》，頁337。

39　譚嗣同，《仁學・二十九》，《譚嗣同全集》，頁337。

40　譚嗣同，《仁學・二十九》，《譚嗣同全集》，頁337。

41　譚嗣同，《仁學・三十》，《譚嗣同全集》，頁338。

不平等為平等，亦汲汲然動矣。豈謂為荀學者，乃盡亡其精義，而泥其粗跡，反授君主以莫大無限之權，使得挾持一孔教以制天下！彼為荀學者，必以倫常二字，誣為孔教之精詣，不悟其為據亂世之法也。且即以據亂之世而論，言倫常而不臨之以天，已為偏而不全，其積重之弊，將不可計矣；況又妄益之以三綱，明創不平等之法，軒輊鑿柄，以苦父天母地之人。[42]

荀乃乘間冒孔之名，以敗孔之道。曰：「法後王，尊君統。」以傾孔學也。曰：「有治人，無治法。」陰防後人之變其法也。又喜言禮樂政刑之屬，唯恐箝制束縛之具之不繁也。一傳而為李斯，而其為禍亦暴著於世矣。然而其為學也，在下者術之，又疾遂其苟富貴取容悅之心，公然為卑諂側媚奴顏婢膝而無傷於臣節，反以其助紂為虐者名之曰：「忠義」；在上者術之，尤利取以尊君卑臣愚黔首，自放縱橫暴而塗錮天下之人心。[43]

以譚氏看來，荀子表面上是儒家，骨子裡卻是法家；荀子表面上是在「張孔學」，實際上是在「傾孔學」。荀子將君主放置到至高無上的地位，「居如大神，動如天地」，君主不僅是最高權力的掌管者，而且是認識和道德的最後裁決者。從荀子開始，法家的毒素開始進入孔學的血液之中，乃至逐漸「反客為主」，荼毒士人精神獨立、思想自由的三綱、忠義之說皆來自於荀子。因此，譚嗣同對荀子的批評可謂疾言厲色：「荀卿生孟子後，倡法後王而尊君統，務反孟子民

42　譚嗣同，《仁學・三十》，《譚嗣同全集》，頁337頁。
43　譚嗣同，《仁學・二十九》，《譚嗣同全集》，頁335-336。

主之說，嗣同嘗斥爲鄉愿矣。」[44]

　　荀學傳人是韓非和李斯。韓李二人如脫韁之野馬，徹底墮落爲君王的附庸，經過他們的理論闡發和政治實踐，使得「法與術相合，對臣民的防制愈嚴，通過法中的嚴刑峻罰以挫折臣民的意味更重；於是皇帝的崇高不可測度的地位，更由臣民的微末渺小而愈益在對比中彰著。」[45]在韓李二人的思想中，儒學已退居其次，手段已高於目的，他們儼然以小人自居、以小人得意也。這種「小人政治」的特點之一，便是以刑法達成所謂的「道德」，以韓李之「中心思想」而論，「雖然含有儒家道德思想之要素，但他們所用以達到目的之手段，則完全靠作爲法家思想主要內容的刑，這是秦立國的基本精神，也是專制政治的最大特色。古今中外，凡專以刑來實現道德，道德便成爲刑治的幫兇。」[46]正因爲如此，韓非的理論方能深得嬴政之心，《史記‧老子韓非列傳》中說：「人傳其書至秦。秦王見《孤憤》、《五蠹》之書，曰：『嗟乎，寡人得見此人與之遊，死不恨矣！』」雖然韓非後來作繭自縛，慘死於李斯之讒言，但其學說仍通過李斯貫徹於秦朝的官方意識型態之中，如西方學者所論：「儘管刻板的法家思想和秦王朝的苛刑暴政對儒家來說是可詛咒的東西，然而帝國的政治體制卻是作爲這兩種思想流派的混合物發育成長著，法家思想貫穿於整個中華帝國的歷史——雖則有時它是披著儒家的外衣出現的。法家大師韓非子的著作，儘管令後代許多儒家學者所厭惡，但卻世世代代被研讀誦習，完整地流傳至今。」[47]

　　沿荀子、韓非所開闢的學術路數一直觀察下去，譚嗣同揭發出了若干參與推廣與完善「儒表法裡」思想的人物，如漢之叔孫通、唐之

44　譚嗣同，〈致唐才常之二〉，《譚嗣同全集》，頁529。
45　徐復觀，《兩漢思想史》（第一卷），頁81。
46　徐復觀，《兩漢思想史》（第一卷），頁83。
47　(美)福爾索姆，《朋友‧客人‧同事——晚清的幕府制度》，頁11。

韓愈、宋之胡安國。譚氏一一對這些人物進行了嚴厲的剖析,「唐之韓愈,倡君尊民卑之邪說,宜膺筆伐。」[48]「而聖教不明,韓愈『臣罪當誅,天王聖明』之邪說,得以乘間而起,以深中於人心。一傳而爲胡安國之《春秋》,遂開有宋諸大儒之學派,而諸大儒亦卒不能出此牢籠,亦良可哀矣。故後世帝王極尊宋儒,取其有利於己也。」[49]對於韓愈這樣所謂「文起八代之衰」的宗師,譚嗣同卻一反陳說,將其請下神壇[50]。

　　三綱五常學說有其逐步成形的過程,秦政也與之同步完善和精密。在《仁學》中,譚嗣同對此一思想脈絡進行了細緻的梳理:

> 故秦亡而漢高帝術之於上:「從吾遊者吾能尊顯之」,君主之潛施其餌也。叔孫通術之於下:「今而後知皇帝之貴」,綿蕞之導君於惡也。漢衰而王莽術之於上,竟以經學行篡弒矣;劉歆術之於下,又竄易古經以煽之矣。新蹶而漢光武術之於上:「吾以柔道治天下」,蓋漸令其馴擾,而己得長踞之焉。桓榮術之於下:「車服,稽古之力也」,挾《尚書》以爲稗販,無所用恥焉。如是者四百年,安得不召三國虎爭,五胡湯沸,南北分割之亂哉?至唐一小康矣,而太宗術之於上:「天下英雄,皆入吾彀中矣。」此其猜忌爲何如耶?韓愈術之於下:「君者出令者也,臣者行君之令而致之民者也,民者出粟米麻絲作器皿通貨財以事其上者也。」竟不達何所爲而立君,顯背民貴君輕之理,而諂一人,以犬馬土芥乎天下。至於「臣罪當誅,天王聖明」,乃敢倡邪說以

48　譚嗣同,〈致唐才常之二〉,《譚嗣同全集》,頁529。

49　譚嗣同〈上歐陽中鵠・十〉,《譚嗣同全集》,頁462-463。

50　批判韓愈之說,在嚴復那裡也同樣突出,嚴復有〈辟韓〉篇,斥韓愈專制之毒焰曰:「知有一人而不知億兆也。」

誣往聖，逞一時之詼悦，而壞萬世之心術，罪尤不可逭矣。
至宋又一小康，而太宗術之於上，修《太平御覽》之書，以
消磨當世之豪傑；孫復術之於下，造「春秋尊王發微」，以
割絕上下之分，嚴立中外之防，慘鷙刻覈，盡窒生民之靈
思，使不可復動，遂開兩宋南北諸大儒之學派，而諸大儒亦
卒莫能脱此牢籠，且彌酷而加厲焉。……至明而益不堪問，
等諸自劊以下可也，類皆轉相授受，自成統緒，無能稍出宋
儒之胯下，而一睹孔教之大者。其在上者，亦莫不極崇宋
儒，號爲洙泗之正傳，意豈不曰宋儒有私德大利於己乎？悲
夫，悲夫！民生之厄，寗有已時耶！[51]

　　譚嗣同發現，每一朝代，均有帝王與士人共同製造與刷新此「儒
表法裡」的意識型態。帝王在上，爲主宰；士人在下，爲幫兇。若干
開國大帝，實爲流氓無賴；若干道德君子，實則道貌岸然。兩者上下
互動，狼狽爲奸，共同實施愚民之策與虐民之政。各代之大儒，均爲
無恥之御用學者，通過理論闡發、修史及編撰「百科全書」，爲帝王
提供「御覽」，亦以之爲自己的「敲門磚」。自秦以下，有漢之「罷
黜百家，獨尊儒術」，有宋之「存天理，滅人欲」，程朱之學集爲大
成，使得中國人徹底失去了自由和獨立。「中國的傳統文化思想理
論，一方面使君王淩駕於一切人之上，同時又使大多數人不成其爲
人。權力支配一切的古代中國文化，只能是專制主義的附庸。」[52]這
就是譚嗣同對中國專制主義文化傳統的深刻認識。這種對中國思想史
的重新解讀，也呼應著譚嗣同對當下現實情境的體認。他是在談論歷
史，更是在談論現實，因此切中了「感時憂國」的晚清至民初的幾代
知識分子的心靈，如林毓生所言：「譚嗣同對以『三綱』爲代表的

51　譚嗣同，《仁學・二十九》，《譚嗣同全集》，頁336。
52　劉澤華、汪茂和、王蘭仲，《專制權力與中國社會》，頁231-232。

舊禮教攻擊給中國知識分子帶來了極大的刺激，產生了極大的影響。」[53]在譚嗣同之後，「否定三綱變成一股歷史潮流，因爲這一股歷史潮流，傳統秩序的思想基礎由動搖而瓦解。譚嗣同就站在這一歷史潮流的尖端，他的抗議精神變成瓦解傳統政治社會秩序的前鋒。這是他的抗議精神的歷史意義。」[54]在此意義上，譚嗣同開啓了五四文化啓蒙運動之先聲。

(三)中國歷史的二元結構：「秦始皇」與「孟姜女」的對立

通過對專制主義政治傳統與文化傳統的批判，譚嗣同進而發現了中國歷史中的隱形的二元結構，即「秦始皇」和「孟姜女」的對立。這種對立的實質是：專制主義與個人價值的對立，奴役與自由的對立。譚嗣同在生前多次談及死亡的問題。此哈姆雷特式「活著，還是死去」的形而上之天問，在譚嗣同這裡更成爲一個政治學上的命題——人應當爲君王而死，還是爲正義而死？君王與正義之間是何種關係？爲什麼秦始皇有權命令孟姜女爲他而犧牲，孟姜女卻不能要求秦始皇爲她而犧牲？爲什麼中國古代的思想家們會贊同秦始皇對孟姜女的人身和精神支配權？

這背後就牽扯出「死節」的概念來。所謂「死節」，乃是帝國對臣民的一種政治制度性的安排，也是一種文化道德上的要求。它是對

---

53 林毓生舉例說，《仁學》對楊昌濟影響甚大。楊氏寫道：「後讀其《仁學》，乃知中國三綱之說，嚴責卑幼而薄責尊長，實釀暴虐殘忍之風。」在楊昌濟的學生當中，研讀《仁學》成爲一種風氣；毛澤東等在他們的日記和筆記中，常引楊昌濟的話說：「譚瀏陽英靈充塞於宇宙之間，不復可以死滅」。從這個時候開始，在激進知識份子的圈子之中，攻擊「三綱」便蔚爲一時的風氣了。參閱林毓生〈譚嗣同反傳統思想的特質〉，《熱烈與冷靜》，頁138-139。
54 張灝，《烈士精神與批判意識》，《張灝自選集》，頁220。

奴隸的最後的、也是最徹底的掠奪。「民之俯首貼耳，恬然坐受其鼎
鑊刀鋸，不以爲怪，固已大可怪矣，而君之亡猶欲爲之死節。故夫死
節之說，未有如是之大悖者矣。君亦一民也，且較之尋常之民而更爲
末也。民之於民，無相爲死之理；本之與末，更無相爲死之理。」[55]
千百年來，士大夫和老百姓皆以「死節」爲理所當然之事，譚嗣同卻
發現了這一學說內在的自相矛盾性：

> 王鐵珊之祖，死節者也，嘗與論死節之理曰：「君臣以義合
> 者也，人合者也。君亦一民也，苟非事與有連，民之與民，
> 無相爲死之理，則敢爲一大言斷之曰：『止有死事的道理，
> 斷無死君的道理。』死君者，是以宦官、宮妾自待也，所謂
> 匹夫匹婦之諒也。況後世之君，皆以武力強取之，非自然共
> 戴者乎？又況有彼此種類之見，奴役天下者乎？」鐵珊擊節
> 歎賞，稱爲聖賢之精微。並言劉夫子於古今君臣之際，亦嘗
> 慨乎言之。而同鄉某或疑爲不臣。噫！人心錮蔽，至於如
> 此。焚書以愚黔首，不如即以《詩》、《書》愚黔首。秦眞
> 鈍人哉！[56]

　　譚氏破除民對君的附屬性，石破天驚地指出「君亦一民也」甚至
「較尋常之民更爲末也」的眞理。他認爲，在人格與智力上，民與君
是平等的。使得民衆「奴在心者」的麻醉劑，乃是建立在「成王敗
寇」價値判斷上的「忠義觀」。此「忠義觀」是中國歷史上最大的謊
言：「叛逆者，君主創之以恫喝天下之名。不然，彼君主未有不自叛
逆來者也。不爲君主，即詈以叛逆；偶爲君主，又詔以帝天。中國人

55　譚嗣同，《仁學・三十一》，《譚嗣同全集》，頁339。
56　譚嗣同，〈上歐陽中鵠・十〉，《譚嗣同全集》，頁462-463。

猶自以忠義相誇示，眞不知世間有羞恥事矣。」[57]一個有自由意志、人格尊嚴和選擇權利的人，「止有死事的道理，斷無死君的道理」。後來，譚嗣同選擇從容就死，不是爲君王而死節（雖然他對光緒評價甚高），乃是「捨生取義」（這裡的「義」已不同於傳統文化中的範疇，乃是一種嶄新的、更高的價值）。譚嗣同的這一舉動，改變了中國歷史上「秦始皇」對「孟姜女」壓倒性的優勢，爲後人樹立起了一種嶄新的價值座標。

要理解「秦始皇」與「孟姜女」的對立，首先就應重估秦始皇之是非功過。「儒表法裡」的意識型態及其附屬的史觀，以秦始皇爲大英雄，推而廣之，漢武、唐宗、宋祖、成吉思汗、康熙、乾隆等陰險慘刻之專制君主皆爲大英雄，而且有更大的英雄要「數風流人物，還看今朝」。這是一種具有「中國特色」的英雄史觀[58]。對此種「英雄史觀」作逆向思考，秦始皇的「征服史」即爲孟姜女的「淪陷史」，秦政的實行史即爲自由的湮沒史。被秦始皇所壟斷的歷史，是一種什麼樣的歷史呢？魯迅斥之爲「吃人」及「人肉宴席」，譚嗣同論之爲：「竭天下之身命膏血，供其盤樂怠傲，驕奢而淫殺乎？供一身之不足，又濫縱其百官，又欲傳之世世萬代子孫，一切酷毒不可思議之法，由此其繁興矣。」[59]

秦始皇的所謂「統一」難道給民眾帶來幸福和平安了嗎？他運天下於股掌，驅人民如奴僕，修建驪山陵墓光人力便徵調了七十五萬，勞累而死者不計其數。其陵墓高三十丈，周圍五里，內部穹頂以珍珠嵌成日月星辰，下面則用水銀造成江河大海。北築長城的工程同樣荒

57 譚嗣同，《仁學‧二十七》，《譚嗣同全集》，頁333-334。
58 這種「英雄史觀」已經滲透到當代的娛樂文化之中，如張藝謀的電影《英雄》，央視的大型電視連續劇《雍正王朝》、《康熙大帝》、《漢武大帝》等。這些影視作品憑藉其廣泛的傳播渠道，繼續爲專制帝王歌功頌德，爲專制主義搖旗招魂，極大地毒化了民族精神。
59 譚嗣同，《仁學‧三十一》，《譚嗣同全集》，頁339。

唐，《史記》中記載這一巨大的工程竟然是嬴政聽信一個術士「亡秦者胡」的鬼話而決定啓動的。《漢書》中記載，此一工程使得「丁男被甲，丁女轉輸，苦不聊生，自經於道樹，死者相望。」孟姜女只是其中的一個卑微的犧牲者而已。這樣的帝王卻被歌頌爲中國歷史上的天大的英雄，倘若堅持如此史觀，只能說明我們這個民族的精神狀態仍然處於幼稚園的階段。也正是這種非理性的「英雄崇拜」和「國家強於社會」的中央高度集權政體，成爲兩千年來中國社會缺乏活力、未能生發出資本主義生產方式的重要原因，亦是1949年之後個人崇拜氾濫及文革慘劇上演的內在動力之一。

在近代思想家當中，譚嗣同是批判秦始皇最力者之一。他發現，秦始皇的可怕之處在於：他成爲後世多數帝王效法的對象，他所創設的制度成爲中國歷代王朝的樣板。比其個人暴虐的性格更值得注意的是，秦制將中國的政治、經濟和文化均定格爲專制主義的迴圈之中。唐德剛在分析「具有雷霆萬鈞之力的中央集權的專政大機器」時指出：「它可以強制執行任何『政策』……國家有駕馭人民的絕對權力。驅之東則東，趕之西則西，人民無不俯首聽命。一紙中央文件，便可把國家政策落實到底。在這種權力集中的『秦制度』裡，不特中央政府有無限權力；一品大員的州牧郡守、七品小官的縣令知事；乃至不入流的幹部小吏，無不對人民享有各自職權內的絕對權力。」[60]在秦始皇之下，還有千千萬萬個「小秦始皇」。毛澤東生前多次稱讚秦始皇，顯然並非無的放矢。余英時分析說：「單從權力的性格來說，毛澤東生前所擁有的威勢主要是建立在兩個歷史憑藉上面，一是明、清以來惡化了的皇權傳統，一是近代西方傳來的極權主義的政黨組織。前者構成其權力的實質，後者提供了權力的結構。毛澤東既是中共領導階層中傳統觀念最濃厚的一人，又恰好占據了這

60　唐德剛，〈論中國大陸落後問題的秦漢根源〉，《晚清七十年》（一）（台北：遠流出版公司，1998年第1版），頁101-102。

一權力結構的樞紐位置，他之所以能把中國弄得天翻地覆是絲毫不足
爲奇的。」[61]在此意義上，孱弱的「孟姜女」其實無法與強悍的「秦
始皇」形成眞正的對立。勉強言之，也只是「魚肉」與「刀俎」的對
立而已。時至今日，對秦皇的崇拜和對秦制的欣賞依然顯在於當代的
語境之中，無論是二月河的帝王系列暢銷小說，還是張藝謀的超級大
片《英雄》，都在汨汨地流淌著爲專制主義招魂的毒液。在此情境之
下，要建立以「孟姜女」爲主體的「公民的歷史」和「個人的敘
述」，依然難於上青天。它所必須的前提是對民主、自由、個人價
值、個體尊嚴這樣一些現代概念的確立和認同。

　　兩千年以來，「劉項觀始皇」式的「英雄崇拜」或「皇帝夢」綿
延不絕，「吾當取而代之」或「大丈夫當如是也」的「豪言壯語」成
爲無數中國人的人生格言。對於那些聰明者而言，人生理想無非如
是：當皇帝不成，退而求其次，可以當帝王師；當帝王師不成，再退
而求其次，可以當太監。中國浩如煙海的經史子集，一言以蔽之，均
成爲秦政的守護衛士和君王的辯護士。長期養成的惰性，使得民眾和
士大夫均認爲君王的存在和君主獨大的地位是順理成章的、必須的，
沒有君王大家反倒無法生活下去了。於是，譚嗣同以法國和朝鮮爲
例，闡明此一慣性思維的虛假性：

　　法人之改民主也，其言曰：「誓殺盡天下君主，使流血滿地
　　球，以泄萬民之恨。」朝鮮人亦有言曰：「地球上不論何
　　國，但讀宋、明腐儒之書，而自命爲禮義之邦者，即是人間
　　地獄。」夫法人之學問，冠絕地球，故能唱民主之義，未爲
　　奇也。朝鮮乃地球上最愚闇之國，而亦爲是言，豈非君主之

61　余英時，〈從中國史的觀點看毛澤東的歷史地位〉，《史學與傳統》（台北：
　　時報出版公司，民國七十一年出版），頁298。

禍，至於無可復加，非生人所能任受耶？[62]

　　譚嗣同自覺地從法國大革命中汲取思想資源。與之「去君主」的誓言相對照，中國兩千年來一直實行的「君為臣綱」之倫理，使得專制主義的政治和文化成為主流，朝代之更迭亦對此毫無影響。秦制經過明清兩代統治者的高度強化，遂成為屠戮民眾肉體、戕害民眾精神之殺人機器。清朝由於是外族入主中原，為鞏固其權力並獲得漢族士紳階層的效忠，其統治者在支持儒家思想的時候比漢族有過之而無不及。歷代滿清的皇帝都很重視儒學：「強調社會責任和倫常的宋代程朱學派是保證對社會進行牢固的思想控制的絕妙工具，因而從順治到乾隆諸帝不斷地對儒家經典本身予以筆評，也對宋儒們那些博學的論著加以筆評，並將朱熹的著作結集印行天下。帝國的權力正在創造出『帝國的儒學』。」[63]到了清末，政治日漸衰敗，呈現江河日下之勢；文化亦是一片蕭條，再也無法為其依附的政治制度提供「理論創新」。儘管如此，大清帝國殺人的能力卻並未減弱。雖為封疆大吏之貴公子，譚嗣同亦敏銳地覺察到了朝廷已處於積重難返、無藥可救之絕境，以及統治者為保衛權力「磨刀霍霍向牛羊」之殺機：

　　今日所用，不但非儒術而已，直積亂二千餘年暴秦之弊法，且幾於無法，而猶謂不當變者，抑嘗深思而審處上下古今一綜計之乎？然以積亂二千餘年暴秦之弊法，且幾於無法，而欲盡取周公之法之幾經歷代聖君賢相創述因革，衷諸至善，而後有此郁郁乎文之治，為兩漢所可復而不復，而使一旦復於積重難返之時，則勢亦有萬萬不能者。[64]

62　譚嗣同，《仁學・三十四》，《譚嗣同全集》，頁342-343。
63　(美)福爾索姆，《朋友・客人・同事──晚清的幕府制度》，頁11。
64　譚嗣同，〈報貝元徵〉，《譚嗣同全集》，頁201。

> 二千年來君臣一倫，尤爲黑暗否塞，無復人理，沿及今茲，
> 方愈劇矣。夫彼君主猶是耳目手足，非有兩頭四目，而智力
> 出於人人也，亦果何所恃以虐四萬萬之眾哉？則賴乎早有三
> 綱五倫字樣，能制人之身者，兼能制人之心，如莊所謂『竊
> 鉤者誅，竊國者侯』，田成子竊齊國，舉仁義禮智之法而並
> 竊之也。[65]

　　在譚氏所生活的清末，此種專制主義制度已到了「無法」和「無
情」的階段，儒學的面紗已拉下，謊言與欺騙已不足恃，剩下來的惟
有恐怖而已。專制制度最惡毒之處，便在於鉗制人心。比起人身失去
自由更可怕的，是人心失去自由。專制之制度可覆滅之，而自由之心
靈的恢復則困難百倍。這一事實讓譚嗣同不得不悲觀。秦政之毒素日
復一日、年復一年地沉澱下來，終於到了快要決瀾之時刻。此乃黎明
前夕之黑暗，雖然光明即將來臨，但此刻卻正是整個黑暗時代中最爲
黑暗的時刻。此乃病入膏肓的專制皇權之「迴光返照」，但此最後的
搏殺卻足以吞噬若干先知的生命。譚嗣同在寫下這些悲涼的文字的時
候，已然感覺到了自己終將不免——面對冷漠的長城，譚氏是又一個
長歌當哭的「孟姜女」。
　　「孟姜女」的哭聲在漫長的歷史中只是二三異數而已，官修史書
不是此哭聲的「回音壁」。史官的作用在於維護帝國穩定，在此大原
則之下認定「孟姜女」乃是「不穩定因素」，竭盡所能將其從歷史中
剔除出去。然而，秦政不可能獲得眞正的「穩定」，因爲專制制度本
身的若干特質決定了它只能是一種「超不穩定結構」。具有諷刺意義
的是，它成爲自身的顚覆者。秦政將君權神聖化，並有「儒表法裡」
的意識型態爲支撐，但始終無法克服此種原生的自殺性機制——它將

65　譚嗣同，《仁學・三十》，《譚嗣同全集》，頁337。

權力絕對化於一人之身，任何人必有「人所無法避免的弱點」，此弱點稍一暴露，立即會爲他最親近者所乘，「有如一個巨大的機器的發動機裡投下一顆小石塊，轉眼之間，便全部失靈，乃至破壞。並非這一顆小石塊有這麼大的破壞作用，而是它憑藉了全副機器得以運轉的中心，才有這麼大的作用。」[66]西元1911年，肇始於武昌的一場小小的兵變，成爲駱駝背上的最後一根稻草，垂死掙扎多年的滿清帝國終於被它徹底壓垮。兩千年來一以貫之的君主專制政體至此劃上了半個句號。這一結局，也許早在譚嗣同的預料之中吧。

譚嗣同對中國專制主義傳統的批判，主要集中於《仁學》之中。《仁學》是在譚嗣同被難後數月之內，於1899年1月起，分別在上海出版的《亞東時報》與日本橫濱出版的《清議報》陸續發表。「當時中國的讀書人，除了頑鈍不化的以外，可說沒有不被他的慷慨義烈的精神所震撼的。」[67]譚嗣同剛過而立之年即死難，未及對《仁學》書稿進行打磨與拓展，其思想也不可能完全臻於「成熟」。加之他身處晚清新舊傳統混雜的思想格局中，交往之師友眾多，他個人的思想也龐雜而多變[68]。儘管如此，在近代中國思想文化轉型的前夕，譚嗣同敏感地觸摸到了這一尚且微弱的脈搏，博采眾家，釀出了自己深具批判力量的「仁學」思想體系。

譚嗣同的死難證實了專制主義政治和文化傳統「自我毀滅」之特性，維新變法亦無法使之起死回生，義和團運動之後清廷手忙腳亂的「新政」反倒大大加速了自身的滅亡。如徐復觀所論：「兩千年來的歷史，政治家、思想家，只是在專制這架大機器之下，作補偏救弊之

66　徐復觀，《兩漢思想史》（第一卷），頁87。
67　林毓生，〈譚嗣同反傳統思想的特質〉，《熱烈與冷靜》，第138頁。
68　關於譚嗣同的交遊，參閱丁一平，《譚嗣同與維新派師友》（長沙：湖南大學出版社，2004年第1版）；以及賈維，《譚嗣同與晚清士人交往研究》。

圖。補救到要突破此一專制機器之時，便立刻被此一機器軋死。一切
人民，只能圍繞著這副機器，作互相糾纏的活動；糾纏到與此一機器
直接衝突時，便立刻被這架機器軋死。這架機器，是以法家思想爲根
源，以絕對化的身分、絕對化的權力爲核心，以廣大的領土上的人
民，及人民散漫的生活方式爲營養，以軍事與刑法爲工具構造起來
的。一切文化、經濟，只能活動於此一機器之內，而不能溢出此一機
器之外，否則只有被毀滅。這是中國社會停止不前的總根源。研究中
國歷史，不把握這一大關鍵，我覺得很難對中國歷史作出正確的理
解。」[69]由是觀之，譚嗣同乃是抱著與此一機器同歸於盡之心赴死，
他雖然英年早逝，但此一機器也終至崩潰，如錢穆所云：「復生身
後，所謂衝決網羅之思潮，則演進無已。辛亥革命，君臣一倫終於毀
滅，平等、自由之聲浪日呼日高。凡《仁學》與《大同書》之所蘄
向，方一一演出。」[70]

——2005年2月初稿，6月定稿

69　徐復觀，《兩漢思想史》(第一卷)，頁92。
70　錢穆，《中國近三百年學術史》，頁751。

「拚卻名聲，以顧大局」
——從曾紀澤與慈禧太后的對話看晚清改革開放與
道德倫理之衝突

　　19世紀中後期的滿清王朝面臨著內外交困的危機。雖然由於一批中興名臣的努力，成功地平息了太平天國起義，但更爲嚴峻的外患卻始終無法克服。中國是一個長期依靠「朝貢制度」來處理對外關係的「中央帝國」，「普遍適用於爲中國所知的整個地區的朝貢制度，多少世紀以來已被證明是一種持久有效的國際關係制度。這是一種等級制度，其中各民族所處的地位，是由各自受『儒學』滲透和同化的程度來決定的。儒學世界秩序的引力中心是中國，文明的影響正是由此輻射到各國。」[1]在漫長的中國歷史上，這種朝貢制度對安撫周邊國家屢試不爽，並逐漸凝固下來而成爲不可改變的「祖宗之法」。這背後是一種對中國自身文化的充分自信：即便中國被外來征服者占領（如蒙古族和滿族），最後征服者自己卻在不同程度上被中國所同化了。用美國漢學家列文森的說法，中國人對待外來的侵略的傳統自衛態度是民間智慧的運用，「如果你不能消滅他們，那就加入他們」，或者更準確地說，「使他們加入到你們之中」。但是，中國人和19世紀歐洲人的問題與中國人和早先突厥人或滿洲人的問題不是一回事，「因爲這些不能用中國現有武器將其打敗的西方征服者，完全能夠利用自己的工業和商業手段控制中國，使它服從自己的利益，而不需要建立其直接的統治，他們用來維持其在中國勢力的力量基礎遠在中國

1　（美）芮瑪麗，《同治中興——中國保守主義的最後抵抗》（北京：中國社會科學出版社，2002年第1版），頁274。

之外,他們不需要變成任何程度上的中國人。」²更爲嚴重的是,這次前來中土的歐洲人,甚至宣稱自己擁有更爲高級的文化、政治、道德倫理和宗教信仰,並在武力的支持下企圖將這一切灌輸給中國。

在兩次鴉片戰爭中,原來那種利用朝貢體系來對付周邊夷狄的老套辦法,在西歐列強恐怖的軍事力量面前碰得頭破血流。中國不得不面對一套自己不喜歡的、新型的國際關係和國際秩序,也不得不心酸地承認西方存在著一種比自己更優越的文明形態。於是,「具有高度發達的、悠久的文化政治傳統的古老中國,與經歷了政治、產業、宗教革命而發展起來的近代國民國家相對抗的時候,還有殘存的餘地嗎?靠什麼來拼殺出一條活路呢?這就是鴉片戰爭以來中國的執政當局和知識分子所必須回答的最大問題。」³這些問題是此前的士大夫從未遇到過的,用曾紀澤的話來說即是:「蓋泰西之輪楫旁午於中華,五千年來未有之創局也。天變人事,會逢其適。」⁴美國漢學家芮瑪麗也指出:「中國政府在1859至1861年的危機中所面臨的最直接的威脅是外國侵略。爲要排除這一威脅,負責籌辦夷務的政治家們遇到了一個難題:必須儘快地將一系列新的概念和制度移植到傳統的國家觀念和行政管理體制中去。」⁵

制度和觀念的改變與移植,是一件極其艱難的事情。要從本質上改變此種根深蒂固的制度與觀念、接受近代以來以平等爲基本原則的國際法,對於局中之人而言簡直是一種撕心裂肺的痛苦。在此意義上,作爲清代第二代外交家的曾紀澤,所遇到的困難遠遠大於其父親

2 列文森,《儒教中國及其現代命運》(北京:中國社會科學出版社,2000年第1版),頁51。
3 三石善吉,《傳統中國的內發性發展》(北京:中央編譯出版社,1999年第1版),頁76-77。
4 轉引自鍾叔河,〈外交人才曾紀澤〉,見《走向世界──近代中國知識份子考察西方的歷史》(北京:中華書局,2000年第1版),頁278。
5 (美)芮瑪麗,《同治中興──中國保守主義的最後抵抗》,頁274。

曾國藩。曾國藩一生主要的成就在於內政上——正是緣於他和他的同
事們的努力，險些傾覆的清廷再次出現了「同治中興」的格局，除了
天津教案外，曾國藩尚未太多參與朝廷的外交事務；而曾紀澤一生的
主要成就都體現在外交上——他長期出使西方(1878年到1886年任駐
英法公使，1880年又兼使俄國)，不得不與那些被士大夫階層「鄙如
禽獸」的洋人打交道，儘管「在清季外交史上，曾紀澤可以說是沒有
給中國帶來更多的失敗和屈辱的罕見的一人」[6]，但他卻「既爲同官
所排，又不得當路之助」[7]，最後鬱鬱而終。

　　由於曾紀澤從小受到父親嚴格的教育，性情較爲拘謹，其文字也
呈現出蕭瑟枯淡的面貌，如鍾叔河所指論：「曾紀澤寫日記不像郭嵩
燾，他極少談自己，也不太談公事，馳騁議論的情況幾乎沒有。」[8]
但就是在這些表面上看頗爲枯燥的日記中，卻隱藏著若干重要的資
訊。光緒三年(1877年)和光緒四年(1878年)，曾紀澤曾先後兩次獲得
入宮觀見兩宮太后和小皇帝的機會，他在日記中詳細記載了召見的整
個過程。在兩次召對中，年齡只有八九歲的小皇帝自然是無話可說，
而木訥的東宮太后慈安也不曾發問，整個過程幾乎成了西太后慈禧與
曾紀澤兩人之間的對話。從曾紀澤的記載中可以看出，慈禧太后玩弄
權術、駕馭臣下的能力確實非比尋常，而她在西學知識上的匱乏也讓
人歎爲觀止。不過，慈禧本人是一名實用主義者，她並不堅守傳統道
德教化的立場，而較能接受曾紀澤的若干開明的建議與觀念[9]。由此

6　鍾叔河〈外交人才曾紀澤〉，見《走向世界——近代中國知識份子考察西方的
　　歷史》，頁277。

7　鍾叔河〈外交人才曾紀澤〉，見《走向世界——近代中國知識份子考察西方的
　　歷史》，頁300。

8　鍾叔河〈外交人才曾紀澤〉，見《走向世界——近代中國知識份子考察西方的
　　歷史》，頁305。

9　兩次召對的記載均見於《曾紀澤日記》(中卷)(長沙：嶽麓書社，1998年第1
　　版)，頁676-680，頁773-778。以下所引之對話不再進行標注。

兩段對話也可看出晚清最高統治者和官僚士大夫階層對外交政策的基本立場，在外交領域變得越來越重要之後，「洋務」不可遏制地影響到上層社會的文化、道德觀念，並迫使中國的統治者和文化精英階層在知識結構和思維方式上不斷作出某種調適。曾紀澤在日記中所記載的這兩段對話，正是這個如分娩般艱難的過程的縮影，也堪稱近代史上彌足珍貴的史料。

(一)最高統治者的西學知識

在兩次召對中，慈禧詢問了曾紀澤許多問題，如湖南地方官吏與百姓的關係、百姓的生活狀況、地方的治安情況等。在滿清的宮廷制度中，帝王的召見往往是其從大臣那裡了解實際情況的重要渠道，否則長期居住在深宮的帝王根本無從知曉外邊發生的一切。慈禧詳細詢問曾氏對王文韶、李鴻章等大臣的看法，亦說明她對這些老臣也並非完全放心。當然，既然曾紀澤是洋務方面的人才，朝廷準備讓他出使歐洲，慈禧與之討論的重點還是在洋務方面。

作為最高統治者，慈禧很關心洋人尤其是傳教士在中國內地的活動，因為這些活動將直接影響到朝廷統治的有效性。於是有了這樣一段對話：

> 問：「湖南有洋人否？」
> 對：「湖南沒有洋人，惟衢州、湘潭有天主堂，偶有洋人改扮中國裝束來傳教者，卻也不常有。」
> 問：「那系法國人？」
> 再問乃對：「系法國人。」

曾氏的回答並不完全真實。當時已有大量天主教和新教的傳教士

在湖南開展傳教活動、修建教堂甚至定居[10]。曾氏故意輕描淡寫地將
洋人在湖南的活動彙報給慈禧，是想讓慈禧不至過於驚恐和警惕，同
時也就減輕中央對地方的壓力，這種掩飾之法乃是官場的「潛規
則」。曾紀澤自幼輔佐父親處理政務，對官場的人情世故了若指掌，
自然知道如何應對上面的詢問。

此時，大規模的內戰和外戰已結束數年，同光之交的中興之勢仍
在繼續，朝廷在休養生息之餘，亦支持洋務派整頓軍備的事業，海防
建設尤其為重中之重。因此，慈禧接著詢問曾紀澤對海防成果的看法
以及對鐵甲船的觀察等情況：

> 問：「現在各處正辦海防，你想是聽見的，究竟可恃不可
> 恃，有把握無把握？」
> 對：「奴才此次走長江一路，直至海口，又系航海到天津
> 的，沿路炮台均得目睹。築炮台之處，尚扼險要，惟
> 大炮尚未多辦，經費也不充足。」
> 問：「你見過洋人兵船否？」
> 對：「僅在天津一登英國小兵船，保護生意的。」
> 問：「不是鐵甲船？」
> 對：「不是鐵甲船。」
> 問：「你看見鐵甲船沒有？」
> 對：「僅見上海機器局新制小鐵甲船一隻。因船身太小，出
> 水面不很高，尚未能放出大洋。」

慈禧很想知道洋務派加強海防的努力有無實戰價值，如果中外再
起爭端，這些海防措施能否抵禦強敵。中國在第二次鴉片戰爭中遭到

10　參閱劉泱泱，《近代湖南社會變遷》（長沙：湖南人民出版社，1998年第1
版），頁71-83。

慘敗，首都被占領，宮廷逃到承德避暑山莊。慈禧深知洋人比太平天國的叛逆們更爲兇狠──1860年，只有25歲的懿貴妃在戰火中隨丈夫咸豐帝一路狼狽逃亡。據說因爲走得太倉卒，連她心愛的一窩北京獅子小狗，都做了英軍的俘虜。小狗不知亡國恨，當它們被奉命前來圓明園放火的夷兵發現時，小貴族們還在追逐爲樂呢[11]。經過此役，朝廷終於正視現實，承認西洋軍備之優勢，自己的器械不如人，訓練不如人，如要圖存，必當自強，「自強以練兵爲要，練兵又以制器爲先」，於是聘西人於上海、天津、寧波、福州、廣州練兵、建立兵工廠，以及向外國購買軍艦等等[12]。

慈禧直截了當地提出這個問題，該如何回答呢？對西方有深入了解的曾紀澤，當然知道中國目前的海防力量根本無法與之對抗，但他的回答十分婉轉：他沒有貿然得出結論說海防可恃或不可恃、有把握或無把握──說前者可能犯下欺君之罪，說後者則有可能得罪李鴻章等在洋務一線的實權人物。於是，曾氏在肯定沿路炮台「尙扼險要」的前提下，亦指出在海防上存在大炮太少、經費不足這兩個關鍵缺陷。這樣的回答說出了海防的眞實情況，但不僅不是批評洋務派，反倒是幫助他們向上面要錢。

西方列強不遠萬里來中國耀武揚威，依靠的便是新式鐵甲船。慈禧對鐵甲船頗感興趣，一連提了好幾個問題，希望從曾紀澤這裡了解到更多情況，這說明她尚有渴求新知的願望，而並非「逢洋必反」的頑固派。但曾紀澤在軍事方面並非內行，他所了解的鐵甲船的知識似乎並不能滿足慈禧的需要。

慈禧還仔細詢問曾紀澤出洋的路線、時間以及是否在香港停船：

11 唐德剛，《晚清七十年》(四‧義和團與八國聯軍)(台北：遠流出版公司，1998年第1版)，頁83-84。
12 郭廷以，〈近代西洋文化之輸入及其認識〉，見《近代中國的變局》(台北：聯經出版公司，1988年第1版)，頁33-34。

問：「你什麼時候可到？」

對：「只要托賴太后、皇上洪福，一路平安，路上沒有耽擱，年底總可到法國都城。」

問：「你沒到過外國，這些路徑事勢想是聽得的？」

對：「也有翻看書籍、地圖查考得的，也有問得的。」

問：「香港安船不安船？」

對：「臣賃法國公司輪船，輪船總有載貨卸貨、載人下人等事，一路口岸必有耽擱，但皆由該船作主。」

由此可知，慈禧不僅對曾氏的出使路線饒有興趣，且關心曾氏的知識來源。顯然，慈禧本人也在主動拓展自己的知識領域，以便在決策時能胸有成竹。

慈禧還詢問了曾紀澤在外國如何遞國書，以及外國從事外交事務的政府機構的情況：

問：「遞國書的日子，系由你定？系由他們外國人定？」

對：「須到彼國之後，彼此商量辦理。」

問：「外國也有總理衙門？」

對：「外國稱『外部』，所辦之事，即與中國總理衙門公事相同，聞英國近亦改稱總理衙門。其實外國話都不同，也不喚外部，也不喚總理衙門，只是所辦之事相同就是。」

此時，慈禧掌握國家權柄雖已十多年，但她並不清楚朝廷體制中「總理衙門」這一機構的來龍去脈，更不用說洞悉西方諸國的政治制度和政府架構了。最高決策者基本知識的欠缺，不是個人問題，對朝廷可能帶來致命結果。但慈禧的這一欠缺也有可以理解之處：當年朝

廷商定設立總理衙門時，慈禧還是一名把主要精力用於撫育幼小皇子的貴妃。所以，在以上的對話中，才出現「外國也有總理衙門」這個顯得頗爲可笑的問題——總理衙門乃是清廷在西方壓力之下被迫成立的，其仿效西方國家外交部的體制，只不過用了更爲中國化的名稱而已。1861年1月13日，恭親王等人聯名向咸豐帝呈奏《統籌洋務全局斟擬章程六條》一摺，請求「設總理各國事務衙門」，兩天後該主張在熱河王大臣會議上通過。同年3月11日，「總理各國事務衙門」成立，在此後長達四十年的時間裡(直至1901年外務部成立)，它對外交及其他洋務活動無不包攬。總理衙門成立之後，清朝的內政大權由軍機處掌握，涉外事務則歸總理衙門，故被稱爲「洋務內閣」，但軍機處仍參與重大的外交決策[13]。

總理衙門的設立，是中國政治制度近代化的標誌性事件。唐德剛指出，中國在秦以前存在著發達的外交體制和外交思想，但「我國文明在秦始皇統一的東亞大陸，廢封建、立郡縣之後，建立了人類歷史上，第一個空前絕後的『宇宙大帝國』，這也是蒙古黃種人所建立的東方文明的『第一次大轉型』。一轉百轉，往古列國並存、一強稱霸的世界秩序不存在了，春秋戰國時代所慢慢發展起來的外交制度，也就隨之迅速轉型，而面目全非了。」[14]從此，中國進入了漫長的只有「內交」而沒有「外交」的時代——「在我國的歷史傳統裡，秦漢以後的帝國時期，就只有內交而無外交之可言了。我們中央政府的建制之內，就是沒有『外交部』。爲應付周邊少數民族所建立的小王國，歷代也只設了個不同名稱的『理藩院』，以司其事，但是『理藩院』只是禮部之內的一個司局級的組織，一切事務都當作『內交』來處

13 參閱于建勝、劉春蕊，《落日的挽歌——19世紀晚清對外關係簡論》(北京：商務印書館，2003年第1版)，頁89-91。

14 唐德剛，《晚清七十年》(一‧中國社會文化轉型綜論)(台北：遠流出版公司，1998年第1版)，頁51-52。

理，而非『外交』也。」[15]這樣一種延續兩千年的政治傳統，在19世紀中葉遭到驚濤駭浪的衝擊——不用說剛剛秉持國政的慈禧太后，即便是英明神武的康熙大帝轉世，也未必能迅速理解並熟悉一整套彷彿從天而降的「洋務」。對於慈禧驚人的「無知」，後人不必用過於苛刻的眼光來批評之。她身處歷史之中，而且已經在主動地作出某些調適了——最高層在知識和觀念上的調適，往往又比一般人更爲困難[16]。而對曾紀澤來說，與這樣一位極爲精明又匱乏基本「常識」的太后對話，困難之大，可想而知——既要照顧太后的權威和自尊心，又要盡可能多的向她傳達新知識、新觀念。每句回答都要做到含義儘量豐富，卻又點到爲止。

(二)士大夫參與外交事務所面臨的道德壓力

在慈禧與曾紀澤的對話中，較爲深入地討論了士大夫參與外交事務所面臨的道德壓力。曾紀澤以「拚卻名聲，顧全大局」八個字來概括從父輩曾國藩、郭嵩燾到自己這代士大夫介入洋務的心路歷程。以下這段話可以說字字皆血淚也：

　　旨：「辦洋務甚不容易。聞福建又有焚毀教堂房屋之案，將
　　　　來必又淘氣。」

15　唐德剛，《晚清七十年》（一‧中國社會文化轉型綜論），頁52-53。
16　還有一個例子可以說明此困難：二十多年之後，在戊戌變法期間，光緒帝企圖在觀見的禮節、爲德皇製作寶星、與日本的國書、定制世界地圖等細小的事件上體現「外交新政」，力圖擺脫傳統外交(天朝觀念下的華夷秩序)的束縛，在程序上向近代外交(某種意義上是西方外交)靠攏。但即便是在這些細小問題上，他也走得太快，與總理衙門、軍機處產生不小的矛盾。由此可以看出中國在向近代轉型時的艱難與無奈。參閱茅海建，〈戊戌變法期間光緒帝對外觀念的調適〉，見《戊戌變法史事考》(北京：三聯書店，2005年第1版)。

對：「辦洋務，難處在外國人不講理，中國人不明事勢。中
　　國臣民當恨洋人，不消說了，但須徐圖自強，乃能有
　　濟，斷非毀一教堂，殺一洋人，便算報仇雪恥。現在
　　中國人多不明此理，所以有雲南馬嘉理一事，致太
　　后、皇上宵旰勤勞。」

旨：「可不是麼。我們此仇何能一日忘記，但是要慢慢自強
　　起來。你方才的話說得明白，斷非殺一人、燒一屋就
　　算報了仇的。」

對：「是。」

旨：「這些人明白這理的少。你替國家辦這等事，將來這些
　　人必有罵你的時候，你卻要任勞任怨。」

對：「臣從前讀書，到『事君能致其身』一語，以爲人臣忠
　　則盡命，是到了極處了。近觀近來時勢，見得中外交
　　涉事件，有時須看得性命尚在第二層，竟須拚得將聲
　　名看得不要緊，方能替國家保全大局。即如前天津一
　　案，臣的父親先臣曾國藩，在保定動身，正是臥病之
　　時，即寫了遺囑，分付家裡人，安排將性命不要了。
　　及至到了天津，又見事務重大，非一死所能了事，於
　　是委曲求全，以保和局。其時京城士大夫罵者頗多，
　　臣父親引咎自責，寄朋友信，常寫『外慚清議，內疚
　　神明』八字，正是拚卻名聲，以顧大局。其實當時事
　　勢，舍曾國藩之所辦，更無辦法。」

旨：「曾國藩真是公忠體國之人。」
　　免冠碰頭，未對。

旨：「也是國家氣運不好，曾國藩就去世了。現在各處大
　　吏，總是瞻徇的多。」

對：「李鴻章、沈葆楨、丁寶楨、左宗棠均系忠貞之臣。」

旨：「他們都是好的，但都是老班子，新的都趕不上。」

對：「郭嵩燾總是正直之人，只是不甚知人，又性情褊急，
　　是其短處。此次亦是抔卻名聲，替國家辦事，將來仍
　　求太后、皇上恩典，始終保全。」

旨：「上頭也深知郭嵩燾是個好人。其出使之後，所辦之事
　　不少，但他挨這些人的罵也挨夠了。」

對：「郭嵩燾恨不得中國即刻自強起來，常常與人爭論，所
　　以挨罵，總之系一個忠臣。好在太后、皇上知道他，
　　他抔了名聲，也還值得。」

旨：「我們都知道他，王大臣等也都知道。」

　　首先，曾紀澤指出辦洋務難在「外國人不講理，中國人不明事
勢」這兩個方面，他尤其強調後者，力陳偏執的仇外、排外主義對國
家有大害而無裨益。慈禧本人沒有受過多少孔孟之道的薰陶，她從女
性的直覺出發亦認識到「辦洋務不易」。當然，慈禧自身的經歷使之
與洋人有不共戴天之仇，甚至憤而表示「我們此仇何能一日忘卻」—
—她的丈夫咸豐帝就是因為英法聯軍攻陷都城、被迫逃到熱河之後悲
憤而死。她本人則熬過了一段「孤兒寡母」的驚惶歲月，方奪取權
柄。但是，慈禧也認識到，對付洋人「斷非殺一人、燒一屋就算報了
仇的」，因此她積極支持自強運動——除了在戊戌變法和義和團運動
兩個短暫的時期內陷入某種歇斯底里的情緒之外，在君臨天下的近半
個世紀裡，她對西方的政治、文化還是持較為開明的姿態。

　　慈禧個人的開明並不能改變道德主義對洋務強大的壓力，道德因
素始終在中國近代化的過程中發揮著不可忽視的負面力量，直到今天
仍是如此。在古代中國，士大夫與皇帝之間不僅是權力同盟，更是
「道德同盟」——他們共同營建出一套龐大的道德倫理體系，並以之
作為治國的標榜：「皇帝高唱繼承聖王的論調、標榜德治主義以求得

王朝的安寧保障；知識分子通過經典的學習、古聖王事蹟的講述不斷向皇帝灌輸德治觀念以期杜絕皇帝的專橫。在這裡，學問連權力、權力通學問現象已表露無遺。所以，學問並不僅僅是表現權力，其本身就是權力自身。作爲權力的學問，是對毫無知識的人進行統治的暴力工具。」[17]中國古代的士大夫沒有一種超越性的價值和信仰爲精神依託，故只能深陷於權力的泥沼中，心甘情願地成爲皇權價值──即「皇帝主義原則」──的闡釋者和捍衛者，「知識分子主要地來自於農民階級，但他們雖也強調人之所以爲人的道德觀念，卻更多地重視統治者的意識型態和利益。德治主義是一個以道德爲軸心的金字塔作爲前提的思想體系。」[18]

於是，「忠君愛國」成爲士大夫的最高人生價值，它被賦予了高昂的道德激情。以曾紀澤的父親曾國藩爲例，儘管他是中國士大夫中少有的實現了「立功、立言、立德」的「一代完人」──他是再造皇朝的首要功臣，在儒學上的建樹足以同歷代大師媲美，個人品格也幾乎無可指責，但以此豐厚無比的資源，依然不敢在洋務上往前走一步，晚年因爲處理天津教案向洋人讓步，使名聲受到巨大損害。以曾國藩這個自始至終堅持「中國中心主義」的名臣，尚且在道德輿論的壓力下說出「外慚清議，內疚神明」的八個字來，可見洋務之難難於上青天。大部分中國官僚和士大夫的開明有一條明確的底線，那就是必須承認和捍衛中國文化和道德的「先進性」。敢於跨越此一底線的士大夫寥若晨星。列文森在分析曾國藩的變革思想時指出：「儘管他始終具有中國人的自信心，但曾國藩對作爲對手的西方還是很了解的。這個對手是如此令人可怕，以至於使曾國藩感到有必要大力倡導將西方的物質文明納入中國文明。這一倡導雖然意味著將西方作爲一個價值中心來看待，但它仍然保留了中國最基本的優越地位。這樣，

17　三石善吉，《傳統中國的內發性發展》，頁131。
18　三石善吉，《傳統中國的內發性發展》，頁131。

在這種廣泛的折衷主義中，我們發現簡單地接受在理性上具有說服力的西方價值，他關心的不是一般的知識要求，而是如何使它表面上合法化，以便被中國人所接受。」[19]即便是這種「折衷主義」的、富於策略性的學習西方，也得付出失去道德制高點的沉重代價。大部分官僚與士大夫，在意識到近代化不可避免的前提下，依然不放棄對傳統道德倫理的捍衛。按照三石善吉的說法，這種維持道德優越感的近代化是一種「內發性發展」，即「在力圖保持固有的『文化基礎』的同時，積極地導入外來文化並加以實踐從而促進本國發展的一種模式」[20]。這種「文化基礎」，一言以蔽之，乃是「文的傳統」。於是，中國的近代化無論怎麼努力也只能達到「下半身」的近代化，一有風吹草動，其成果則迅速化爲烏有。

曾紀澤列舉了兩個人物的遭遇來說明辦洋務非得有「拚卻名聲，顧全大局」的思想準備不可，一是其父曾國藩，二是與他有親戚關係的長輩和即將同他交接駐英法公使職位的郭嵩燾。曾國藩和郭嵩燾辦洋務遭詆毀的遭際，均說明在當時的環境下，涉足洋務需要莫大的勇氣——比犧牲性命更大的勇氣，即犧牲士大夫最珍惜的「名聲」的勇氣、甚至被冠以「賣國賊」之名亦不退縮的勇氣。雖然當時近代意義上的民族國家的觀念尚未形成，但古已有之的帝國的文化傲慢及道德優越感仍然難以撼動，它們成爲士大夫心中難以逾越的障礙。替國家辦事，如果要辦到被罵作「賣國賊」的地步，這將讓所有士大夫都會爲之猶豫、爲之躊躇——相比之下，盲目地「愛國」則要容易得多。郭嵩燾堪稱那個時代惟一洞察西方政教核心的高級官員，他在英國潛心考究西方的政治、經濟、社會、法治，認爲中國向西方學習的不僅是船炮，更是制度文物。郭氏批評洋務派一味發展軍事乃是捨本逐末，「蓋兵者末也，各種創制，皆立國之本也」；他更批評中國官僚

19 列文森，《儒教中國及其現代命運》，頁46。
20 三石善吉，《傳統中國的內發性發展・中文版序》。

和民間的保守觀念,「一聞修鐵路電報,痛心疾首,群起阻撓」。而當時李鴻章仍然以爲「兵乃立國之要端」,並謂鐵路等事連恭親王等亦不敢主持。郭氏的預言在日後的中日甲午戰爭中果然應驗──僅此一戰便讓洋務派苦心經營三十多年的海軍灰飛煙滅。郭嵩燾的思想已經突破了從曾國藩到張之洞的「中體西用」的思維,再加之其性格剛烈銳利,因此當時的輿論方面對郭詆毀尤力,說他中洋毒,「有二心於英國」、「湖南人至恥於爲伍」[21]。

在向慈禧稱讚了李、沈、丁、左四人之後,曾紀澤接著又爲地位稍低的郭嵩燾辯護。整體而言,曾紀澤較爲肯定郭在外交上的成就,認爲其作法與父親曾國藩一樣,乃是「拚卻名聲,替國家辦事」,並希望上頭「始終保全」[22]。曾紀澤在最高當局面前爲郭辯護,其實也是爲自己著想──他即將接任郭的職位,也即將面臨與郭相似的攻擊與辱罵。不過,郭氏向來我行我素,不顧他人對自己的評價,結果導致保守派的攻擊愈演愈烈;而曾氏性格內斂,言論低調,且有曾家的顯赫背景,故處境能比郭更好一些。即便如此,曾紀澤仍未擺脫道德指責及其營造的負面的輿論環境對自己的傷害,在出色地完成若干重

---

21 參閱《郭嵩燾等使西記六種》(香港:三聯書店,1998年第1版)。

22 汪榮祖曾分析這段對話說:「太后、皇上以及王大臣都肯定郭是好人,而且十分同情他被挨罵,曾紀澤對郭反而有褒有貶。最有趣的是曾所謂請太后始終保全,引起一位英國漢學家的誤會,以爲郭遇到了大麻煩,辛賴曾侯在召對時請求朝廷不要傷害郭,才能倖免,即如此,郭回國後仍『不敢冒生命危險入京』。此一錯誤頗爲離譜。事實上,郭嵩燾回國後,朝廷一再促請回京供職,但因其不滿劉錫鴻一案,堅請病休,終獲開缺。曾紀澤並沒有救郭一命的必要。」汪在這篇論文中較爲強調郭曾之間的差異與矛盾,其實兩人的共同之處大於差異與矛盾,如對西方政教文明及中國的外交政策的看法均較爲一致。曾紀澤主動在召對中提出郭的問題,一方面表明當時士林和官場對郭的攻擊已經十分屬害,另一方面曾確實也需要在最高當局面前爲郭說好話,郭回國之後退休,不完全是汪所說的「自願」,來自「清議」的道德攻擊使他不得不退出官場。參閱汪榮祖,〈郭嵩燾、嚴復、曾紀澤三人連環敘〉,見《從傳統中求變──晚清思想史研究》(南昌:百花洲文藝出版社,2002年第1版),頁84。

要的外交使命(如簽訂對俄條約，挽回部分損失)之後，他回到國內雖
未遭到像郭那樣「千夫所指」的命運，卻也陷入迷牆之中。據他的好
友、擔任同文館總教習的美國傳教士丁韙良的觀察：「曾侯爺九年後
歸國受到了盛大的歡迎，我們以為他的進步觀點會被欣然接受。但他
進了總理衙門之後，卻成為了猜忌的對象。」[23]曾紀澤雖然先後擔任
了「幫辦海軍」、「戶部右侍郎兼管錢法堂事務」、「欽派管庫大
臣」、「兼署刑部右侍郎」、「派管同文館事務」、「兼署吏部左侍
郎」等職位，卻始終未能主持總署、樞廷，充分發揮其才幹和學識──
──即便是慈禧的信任也無法讓他擺脫「清議」對其的「妖魔化」。[24]
可以說，曾紀澤的悲劇，不是因為以慈禧為首的最高當局對他的疏離
和不信任所造成的，乃是緣於「清議」對開明派人士在道德上的毀滅
性的打擊。

<hr>

23　丁韙良講述了一個例子來說明他的這個觀點：「皇帝向侯爺詢問西方教育後，
　　鑒於他有名的英語語言能力，明智地任命他為同文館管學大臣。這一職務此前
　　並不存在，權力之大，足以推動教育事業亟需的革命；然而第二天，總理衙門
　　遞上奏摺，稱這兩個管學大臣更好，提名徐用儀做曾的同事(徐是一位有才幹的
　　保守者，是曾的死敵，全力以赴地試圖削弱曾的影響)。一個向前拉，一個向後
　　推，會有什麼前進呢？」作為冷靜而敏銳的旁觀者，丁韙良還觀察到清廷內部
　　複雜的人事糾纏導致了曾無法發揮其才華，即便是基本立場相近的高層人物如
　　李鴻章亦對曾心存猜忌：「李總督也反對曾，但不是作為保守派，而是害怕曾
　　會繼而領導國家。而且，曾、李之間有私人恩怨：侯爺的一個女兒嫁給了李的
　　侄子，但後者性格不善，女兒經父親同意後，離開了丈夫。」參閱丁韙良《花
　　甲憶記──一位美國傳教士眼中的晚清帝國》(桂林：廣西師範大學出版社，
　　2004年第1版)，頁248。
24　曾紀澤在給梅輝立寫的墓誌銘中批評了當時士大夫中普遍存在的習氣：「薦紳
　　先生，諱言邊裔；望洋向若，固拒深閉。斗室雌辯，百喙同聲；謂人燕石，我
　　則瓊瑤。浮誇相和，虛驕不足；有道人長，謂之示弱……」他很少作如此激憤
　　的批評，而正是這些人摧毀了他的前途。參閱鍾叔河〈外交人才曾紀澤〉，見
　　《走向世界──近代中國知識份子考察西方的歷史》，頁300。

(三)外語教育的滯後與外交人才的匱乏

　　曾紀澤是晚清少數「由通西學而入洋務」、在中西學之間「就吾之所已通者括而充之，以通吾所未通」的高級知識分子。在其日記中，差不多每天都有研讀英文(有時還有法文)的記載，貴為侯門之子，尚如此好學，殊為罕見。曾氏對西方的算學、地理學等均有較深的涉獵。像他這樣的洋務人才，在晚清可謂寥寥無幾。曾紀澤的「一枝獨秀」顯示了清廷外語教育的滯後和外交人才的匱乏，以及士大夫階層普遍存在的對洋務的排斥和恐懼[25]。慈禧在兩次召見中均細緻地詢問了曾紀澤的洋務背景和外語水平。第一次召見中，雙方的對答如下：

> 問：「你在外多年，懂洋務否？」
> 對：「奴才父親在兩江總督任內時，兼署南洋通商大臣，在直隸總督任內時，雖未兼北洋通商大臣，卻於末了兒辦過天津教堂一案，奴才隨侍父親在任，聞見一二，不能全知。」
> 問：「你能通洋人語言文字？」

---

[25] 對於曾紀澤的英文水平，丁韙良有詳細的記載：「曾紀澤原居於內陸，幾乎從未見過白種人，主要靠語法和詞典學習英語。不知是因為隔絕(它使曾缺乏比較的機會)還是因為奉承(貴族總是少不了有人奉承，所以自我膨脹)，曾紀澤對自己的英語水平非常自負」、「曾沒有進入同文館做學生，他找我做私人指導，尋求了解有關地理、歷史於歐洲政治的資訊，並請我批改他這方面的英語文章」、「曾英語口語流暢，但不合語法，閱讀、寫作總有困難。但他知道的那一點英語使他在社交活動中大占優勢(而社交是外交活動的一半)，並使他成為中國派駐外國首都最有才幹的使者。」曾的英文水平雖然沒有他自我評價的那麼高，但在與之同代的高級外交官中已經難能可貴了。參閱丁韙良，《花甲憶記——一位美國傳教士眼中的晚清帝國》，頁245-246。

對：「奴才在籍翻閱外國字典，略能通知一點。奴才所寫
　　的，洋人可以懂了；洋人所寫的，奴才還不能全懂。」
問：「是知道英國的？」
對：「只知道英國的。至於法國、德國等處語言，未曾學
　　習。美國系與英國一樣的。」

　　曾紀澤詳細講述了自己涉足洋務的過程，即從充當父親的幕僚和
助手開始，在天津教案等事務中切實參與同洋人的交涉。在語言方
面，他略顯得意地表示，通過長期的學習，自己終於基本掌握了英
文。對此，慈禧顯然感到滿意。
　　第二次召見，雖然時間才相隔一年，但慈禧似乎忘記了上次已經
問過的問題，再次舊話重提，亦可見其對洋務人員語言能力的關注：

問：「你能懂外國語言文字？」
對：「臣略識英文，略通英語，系從書上看的，所以看文字
　　較易，聽語言較難，因口耳不熟之故。」
問：「通行語言，系英國的，法國的？」
對：「英語為買賣話。外洋以通商為重，故各國人多能說英
　　國語。至於法國語言，系相傳文話，所以各國於文箚
　　往來常用法文，如各國修約、換約等事，即每用法文
　　開列。」
問：「你既能通語言文字，自然便當多了，可不倚仗通事、
　　翻譯了？」
對：「臣雖能通識，究竟總不熟練，仍須倚仗翻譯。且朝廷
　　遣使外洋，將來將成常局，士大夫讀書出身後，再學
　　洋文洋語，有性相近、性不相近、口齒易傳、口齒難
　　傳之別。若遣使必通洋文洋語，則日後擇才更難。且

通洋文、洋語、洋學，與辦洋務系截然兩事。辦洋務
以熟於條約、熟於公事爲要，不必侵占翻譯之職。臣
將來於外國人談議公事之際，即使語言已懂，亦候翻
譯傳述。一則朝廷體制應該如此，一則翻譯傳述之
間，亦可藉以停頓時候，想應答之語言。英國公使威
妥瑪，能通中華語言文字，其談論公事之時，必用翻
譯官傳話，即是此意。」

在這段對答中，曾紀澤向慈禧介紹了英文和法文的不同用途，他
的說法基本符合當時國際社會的慣例。曾紀澤還試圖糾正慈禧過於注
重洋務人才的外語水平的錯誤觀念，詳細闡述了通外語與通洋務是截
然不同的兩個概念：辦洋務必須「熟於條約、熟於公事」，如果說辦
洋務是通才，那麼通外語則只是專才，因此辦理洋務之難，難於精通
洋文洋語。具體到翻譯人員的運用上，曾亦指出：即便是精通外語的
外交官，在與別國人士正式對話的時候，也需要翻譯的幫助。曾氏已
經意識到，外交是一門相當專業化的工作，它需要各種類型人才的相
互配合，而不可能一個人精通所有項目、像處理內政一樣「事必躬
親」。

慈禧接著要求曾紀澤在出使期間要嚴格約束隨行人員：

旨：「你隨行員弁，均須留意管束，不可在外國多事，令外
　　洋人輕視。」
對：「臣恪遵聖訓，於隨帶人員一事格外謹慎。現在能通洋
　　務而深可信任之人，未易找尋。臣意中竟無其選，只
　　好擇臣素識之讀書人中，擇其心中明白、遇事皆留心
　　者用之。至於通事、剛八度等人，大半惟利是圖，斷
　　無忠貞之悃，臣不敢輕易攜帶。」

　　曾紀澤則借此機會表明洋務人才的難得：如果說今天的外交事務是一個眾人都趨之若鶩的領域，那麼曾紀澤那個時代的洋務則是一塊如履薄冰的「地雷陣」，辦洋務在當時是一件吃力不討好的事情，「正人君子」自然不屑於涉足，那些老謀深算的官僚也儘量繞開走。因此，許多經驗豐富的買辦階層都是一些「沒有祖國」的「變色龍」，根本不值得信任；而在朝廷之內又很難找到應變能力、知識儲備和個人品質俱佳的人選。於是，曾紀澤甚至不得不「舉賢不避親」了。

　　說到人才難覓，慈禧便把話題轉到同文館上：

問：「你帶同文館學生去否？」
對：「臣帶英翻譯一名，法翻譯一名，供事一名，均俟到上
　　海彙奏。」
問：「他們都好？」
對：「臣略懂英文，英翻譯左秉隆，臣知其可用。法翻譯聯
　　興，臣未能深加考究，因臣不懂法文之故。然聯興在
　　同文館已派充副教習，想其文法尚可。至於供事，不
　　過鈔謄公文，只要字跡乾淨，就可用了。」

　　京師同文館是1862年5月正式創辦的，緣於當時外語和外交人才的奇缺。在1842年，堂堂的大清都城中竟然沒有一個人懂英文，朝廷只好從廣東招聘兩名翻譯人員入京，參與翻譯中英交涉的文件。當時，建立同文館是由恭親王倡議、而由剛剛掌權的慈禧本人最後拍板，且在高層經過一番激烈辯論。同文館由美國傳教士丁韙良擔任總教習，館內初設英文、法文、俄文三館，此後增設了德文和東文(日文)館。除了語言之外，也開設數學、天文、化學、物理、歷史、地理、政法、醫學等科目。同文館成為近代中國汲取西方科學文化的視

窗，也是近代中國外交人才的搖籃。在同文館建立十多年之後，它已
經能爲中國駐外使館提供部分工作人員了。從慈禧的詢問中即可看
出，她相當看重同文館所具有的這一價值。

曾紀澤在回答慈禧的詢問時，措辭相當講究。他對身邊的工作人
員臧否不多，但亦評價不甚高。翻譯們雖非濫竽充數，卻遠遠不能令
他滿意。他挑選的翻譯，有的已經擔任了同文館的副教習，他的評價
也只是「想其文法尚可」。也就是說，曾氏認爲同文館的一般學生尚
不足以應付出使海外在使館中的翻譯工作。曾氏一生的事業，首要在
外交上，次則在教育上(特別是以同文館爲代表的西化教育)。這兩處
都是難處最大、爭議最大的領域，也是環環相扣、互相影響的領域：
外交需要教育爲之培養新型人才；而教育的變革又需要從外交界引入
新的思想與新的知識。但是，在晚清的政治格局中，這兩個部門不僅
未能互相支持和促進，反倒互相制約與阻隔。這種狀況不是靠個人的
手腕和權力所能改變的，更何況曾紀澤根本就沒有李鴻章那樣的手腕
與權力，所以他的理想的實現程度就相當有限了，也正如丁韙良所觀
察的那樣——「曾侯爺作爲政治家，無論在海外代表他的國家，還是
在國內參政議事，都表現出中國人最好的素質——謹愼、忍耐與堅
強。離開英國前，曾在《東方季刊》上發表了一篇受到人們注意的論
文，標題爲《中國：昏睡與蘇醒》。據傳，此文預示了曾意圖努力的
目標。他喚醒巨人的努力究竟成功了幾分，看看最近戰爭的結果便
知。」[26]丁韙良寫下這段話的時候，北京城正在經受著來自義和團和
八國聯軍的雙重的蹂躪，而曾紀澤已經逝世十年之久了——即使能夠
活到1900年，曾紀澤會像許景澄等五大臣那樣因「親西方」而遭致殺
身之禍嗎？歷史是不能假設的。

在同文館剛剛創辦的時候，《倫敦與中國郵差報》曾經作了一番

26　丁韙良，《花甲憶記——一位美國傳教士眼中的晚清帝國》，頁248。

頗為樂觀的評論：「整個文明世界與它(同文館)的成功是密切相關
的。……在過去為何不將這樣的人培養成地方總督，乃至於各部尚書
呢？他們學貫中西，意在造就一批既滲透著近代科學思想，同時又能
通過科舉出任政府官員的新人。」[27]同文館的建立表明中國文化發生
了深刻的和帶根本性的變化。但是，與這一時期其他許多改革一樣，
同文館並未動搖帝國的政治、經濟、文化和道德格局，它只是部分地
解決了外語人才的缺乏問題，畢業於同文館的學生中罕有能被提拔到
高位的。它的失敗正是因為其自身的發展導致了對儒教國家基礎的挑
戰。在科舉制度尚未取消之前，存在了近半個世紀的同文館無法吸引
一流人才的加入，其中有兩個原因。一是實際的利益分配問題：科舉
制度與仕途直接關聯起來，只有研讀儒家經典和精通八股文寫作，方
能在仕途上出人頭地、獲得升官發財的機會；而入讀同文館也就意味
著喪失了「正途」出身，無法擁有進入仕途的「入場券」，而始終低
人一等。不用說在同文館中就讀的學生了，即便是留學歐美日本、並
獲得外國學位的優秀人才，回國之後亦紛紛耗費大量的時間和精力再
去考科舉，如嚴復便是如此。其次，入讀同文館還將面臨著道德倫理
的指責。入讀同文館也就意味著選擇今後長期與洋人交涉的生活方
式，在那些守舊的士大夫眼中，這樣做簡直就是「自投火坑」。因
此，同文館的學生在道德上便被「不齒於衣冠之林」，這是一種更加
頑固的精神歧視。大學士和兩廣總督瑞麟亦指出了同文館根本性的障
礙就在於：新學堂的學生依然重視自己獲得做官資格的舊學而輕西
學。他還認為，離開了中國政府及其官員自身革命性的變革的前提，
一切要改變此種現狀的努力，都是徒勞的。高級官員們即便有心改
革，卻缺乏制服士紳的權力；他們即使有了這種權力，作為儒教政治
家，又不可能這樣做[28]。於是，直到滿清的滅亡，外交人才的匱乏這

---

27 轉引自(美)芮瑪麗，《同治中興——中國保守主義的最後抵抗》，頁307-308。
28 (美)芮瑪麗，《同治中興——中國保守主義的最後抵抗》，頁309-310。

一問題仍然未得到根本的扭轉。那些比曾紀澤晚二三十年走上外交舞臺的外交官們，大多也與曾紀澤有著相同或相近的感受：在數以億計的同胞中，在數以百萬計的中高級知識者中，根本找不到幾名才德兼備的外交人才來充當助手。

如果抱著一種「同情的理解」的態度來解讀曾紀澤與慈禧的這兩場對話，後人大致會承認：無論是作爲士大夫代表的曾紀澤還是作爲統治者代表的慈禧，他們都具備了相對開明的心態和相對開放的胸懷。他們不是賣國賊，也不像「事後諸葛亮們」想像的那樣愚昧。然而，他們未能改變中國近代化失敗的宿命。可見，傳統的力量遠遠大於一群甚至一代優秀人才的主觀意願。以曾紀澤爲代表的「走向世界」的「先知」們，不得不悲壯地發出「拚卻名聲，以顧大局」的歎息，而最後大多倒在了道德主義的明槍暗箭之下。另一方面，作爲歷史的當事人，這些位高權重的人物也都沒有意識到，他們在內政和外交上所做的一切努力，不僅沒有阻止舊世界的滅亡，反倒是大大加劇了其滅亡的速度——「同治中興的失敗是因爲近代國家的要求被證明是與儒家秩序的要求直接對立的。……基本的抉擇變得日益清晰：要麼選擇儒家遺產，要麼選擇以擴張國力爲原則的那個險惡的新世界。中興政治家和後來緊步其後塵的最後一批極少數眞正的中國守舊派的選擇是中國遺產。他們要捍衛的主要目標恰恰是這個遺產，而不是西方意義上的國家。他們懷著深情論述的『中國』更多的是一種生活方式，而非一個國家。人們指責他們漠視百姓的淪落，但這種指控是不公正的。他們力圖使中國避免印度、緬甸、安南及埃及的命運，而且後來當日本的成功日益顯著時，他們又試圖掌握日本成功的秘密。但是他們發現代價太高昂了。對於同治中興的締造者而言，對儒教社會本質作出的調整是必定會產生效果的，但調整卻不是避免滅亡的可行

選擇，而是滅亡本身。」[29]那麼，一百年後的中國，有沒有像曾紀澤所預測的那樣「先睡後醒」呢？

——2005年7月，北京家中

29　(美)芮瑪麗，《同治中興——中國保守主義的最後抵抗》，頁395。

「清流」不清
——從《孽海花》看晚清的「清流政治」與「清流文化」

　　法國當代文藝理論家皮埃爾・馬什雷指出：「作家對自己搜集的資料進行了獨特的濃縮、調整、甚至是一種結構化，所有只是集體預感、設想、憧憬的一切都突然『陷入了』一種很快被人們熟悉的形象，這種形象對我們來說就成了現實。」[1]作為被魯迅列為晚清四大「譴責小說」之一的《孽海花》，與其他三部作品相比卻具有巨大的差異。一方面，它更具有逼近現實生活的寫實性——《孽海花》幾乎是關於清末社會的「真人真事」的小說：男女主人公金雯青和傅彩雲，分別以清末名噪一時的洪鈞和賽金花為原型；而其他若干人物也都是作者身邊的師友，只是用影射的方法「改名換姓」而已。這種寫法給同代的讀者帶來某種真假不分的「窺私」般的快感[2]，卻也將作者的若干寄託巧妙地隱藏起來，正如西方學者彼得・李所指出的那樣：「小說中大多數人物都是現實生活中的有名人物的略微改裝，這肯定給小說增加了額外的愉悅成分，甚至也許掩蓋了小說的真義。」[3]還好，那時候的人們還沒有「名譽權」這種現代的權利觀

1　(法)皮埃爾・馬什雷，〈小說的功能〉，見《小說的藝術》(北京：社會科學文獻出版社，1999年第1版)，頁27。

2　如蔡元培即指出：「書中的人物，大半是我見過的；書中的事實，大半是我所習聞的」，所以讀起來倍覺「有趣」。蔡元培，《追悼曾孟樸先生》，《蔡元培全集》(8)(杭州：浙江教育出版社，1997年第1版)，頁104。

3　彼得・李，〈《孽海花》的戲劇結構〉，見米列娜編，《從傳統到現代——世紀轉折時期的中國小說》(北京：北京大學出版社，1991年第1版)，頁172。

念——否則會有數十人因爲「名譽權」受損，而對作者提起漫長的訴訟。另一方面，《孽海花》在敘事結構和道德指向上最具多元色彩，這是一部對士大夫讀者的閱讀心理具有挑戰性的「沒有英雄和失去了道德準繩的歷史小說」，與其說作者在對政治腐敗進行譴責，不如說他更爲關注「文化反省」，它所描寫的重點「不在『官』而在『士』，揭示的是在『西方』與『現代』文化背景下與世界隔膜的『沉睡著』的知識群體，突現出中國知識分子精神的麻木和知識、能力驚人的缺失。」[4]

最終仍然沒有完成的《孽海花》，始終籠罩在一股濃重的末世氛圍之中[5]。這種末世氛圍是曾樸和他的同代人所痛切地感受到並且無法擺脫的。像《老殘遊記》一樣，《孽海花》也是以一則一目了然的寓言開篇：那是一個奴隸們快樂地生活著的小島，名叫「奴樂島」，它最終沉入了海洋之中——這個奇特的島嶼直接對應著行將崩潰的中華帝國。正是這種四處彌漫的末世情調，使得作者採取了一種前所未有、擺脫「史官」身分的寫作姿態，從而迴異於中國古典小說作家鮮明的道德立場和清晰的歷史運行觀。在《孽海花》中，不再有一個居高臨下的全知全能的敘事者的存在，作者所嘻笑怒罵的那個階層、所描繪的那些「俗人俗物」，恰恰也包括作者本人在內。「道」或者「正確的政治」已經從士大夫階層手中失落了，他們再也無法承擔「載道」的使命，作者本人也陷入無窮的困惑之中，如王德威所言：「這類小說在政治上的弔詭處，端在小說家所採取的游離慵懶的敘述狀態，嚴重削弱了其原應有的載道使命。」[6]魯迅以「譴責小說」名

4 楊聯芬，《晚清至五四：中國文學現代性的發生》(北京：北京大學出版社，2003年第1版)，頁187。

5 《孽海花》計畫寫成六十回，從1903年動筆，至1930年刊出三十五回，歷時二十七年，最終仍然未能完成其寫作計畫。

6 王德威，〈現代文學史理論的文、史之爭——以近代中國政治小說的研究爲例〉，《想像中國的方法——歷史‧小說‧敘事》(北京：三聯書店，1998年

之，故對之有「張大其詞」、「尚增飾而賤白描」[7]的批評。其實，「譴責小說」這一定義對《孽海花》來說並不準確：如果作者確實以「譴責」為旨歸，那麼在「譴責」這一姿態背後，必然有一套穩定、堅實的意識型態、道德倫理系統作為支撐；而曾樸寫作此書的時候，所持的卻是一種戲謔和反諷的態度，是顛覆與自我顛覆的結合，其背後並沒有作為「微言」的「大義」的思想依託。曾樸本人並無不切實際的「救世」之心，只是力求呈現出價值系統顛倒錯亂的社會現實而已。換言之，與其說《孽海花》的作者是在痛心疾首地譴責和批判，不如說他是在津津有味地反諷、解構和遊戲——曾樸並未以道德家的身分來支配小說的敘事進程，「『文以載道』的金科玉律，在此對讀者或作者均可能只是表面文章而已。真正引起我們注意的，反倒是小說在『章法』以外所借題發揮的部分。套句晚近流行的批評術語，『譴責』小說強烈地引導我們採取一種解構的看法。」[8]在此，王德威已然發現「譴責小說」這一概念與作品之間的裂隙，卻囿於魯迅《中國小說史略》在小說研究領域的崇高地位，而不敢直接提出一個新的概念來更換之。

《孽海花》可看作是一部中國古典小說類型中尚未有過的「政治反諷兼文化批判小說」。曾樸曾在給胡適的信中，談及年輕時候學習法文、閱讀西方小說、辦《小說林》等經歷，並闡述對小說創作和文學翻譯的意見[9]。這說明曾氏的創作受法國文學影響頗大，甚至大於中國傳統小說對他的影響。有論者指出，《孽海花》的最大特色乃

第1版），頁337。

7　魯迅，《中國小說史略》，《魯迅全集》(9)（北京：人民文學出版社，1981年版），頁291。

8　王德威，〈「譴責」以外的喧囂——試論晚清小說的鬧劇意義〉，《想像中國的方法——歷史·小說·敘事》，頁78-79。

9　參閱《孽海花資料》（上海：上海古籍出版社，1982年第1版），頁212。

是「風俗史和非英雄」，這一特點使之具有了「歷史敘事的現代性」[10]。曾樸具有了近代小說家身分的自覺，《孽海花》也就具有了近代小說文體的自覺。「在曾樸已經擬就的六十回回目中，我們不但彷彿置身於晚清風雲變幻的歷史場景中，更重要的是我們通過小說展示的生活場景和各色人物，觸摸到了歷史的脈搏——由曾樸從充滿獨立精神的敘述所揭示的歷史眞相。……《孽海花》以小說家者言，表達著中國近代啓蒙思想者的歷史意識與現實關懷。」[11]在此前提下，衡量《孽海花》之價值就應當在另一嶄新的評價體系之內展開。

首先，《孽海花》是一本政治反諷小說。晚清士人生活在一種高度政治化的狀態之中，其寫作——包括長期以來被視爲「小道」的小說——自然也圍繞著政治問題展開，「當時普遍的看法是，小說應該與當代的生活和政治鬥爭相關。……從政治上來說，新小說運動服務於維新運動的利益，分享著維新運動的有限的成功。」[12]雖然胡適因爲《孽海花》中有諸多迷信的無稽之談而批評作者「老新黨頭腦不甚清晰」，但就基本的政治立場來說曾氏應當算是新黨。在《孽海花》中，曾樸對晚清的政治現實作了大膽的揭露和尖銳的批判，並故意強化其富於喜劇色彩的一面。其次，《孽海花》也是一本文化批判小說。曾樸所寫的大都是他自己身邊的一群掌握了政治和學術權力的高級士大夫，如男主人公金雯青的原型乃是實現了士子最高人生理想的狀元，但金雯青在出洋之後的表現甚至遠不如出身妓女的如夫人傅彩雲，這樣的故事有點像1940年代錢鍾書所寫的《圍城》。如論者所云：「金雯青學優而仕的官運，他的追慕新學而又愚昧顢頇的心態，他優容中包含平庸、顢頇中不乏善良、風流中充滿怯懦的精神與性格

10　楊聯芬，《晚清至五四：中國文學現代性的發生》，頁260。

11　楊聯芬，《晚清至五四：中國文學現代性的發生》，頁278。

12　曹淑英，〈「新小說」的興起〉，見米列娜編《從傳統到現代——世紀轉折時期的中國小說》，頁34。

特徵，都使這一形象成爲清末知識分子官僚的極具代表性的形象。金雯青的精神與處境，展示了清末知識分子在新舊交替時期的『失重』，也昭示著中國傳統精英文化不可挽回的衰落。」[13]在此意義上，《孽海花》是一部對知識分子群體和知識體系進行深刻質疑乃至全面否定的作品。在我看來，作爲「政治反諷和文化批判小說」的《孽海花》，最值得關注的內容並不是男女主人公出使海外的傳奇經歷，以及本於賽金花的女主人公傅彩雲集妓女、狀元夫人和大使夫人於一身的、帶有淫邪色彩的故事，而是其對晚清政治中的「清流政治」和「清流文化」的全面反思。

在清末，「清流」是一種政治勢力，也是一種文化取向，或隱或現，力量極其強大。近代以來中國歷史的若干悲劇，「清流」均負有不可推卸的責任。由科第而爲「講官」（即負責教育事務的翰林等），由「講官」而爲「言官」（即負責監察事務的御史等），由「言官」而爲「清流」，由「清流」而形成「清議」，此強大的輿論力量即便是最高統治者亦無法忽視之。清流派的官僚和士紳，在國內政治方面是守舊派，在國際政治方面是主戰派，清流派力量的消長乃是晚清政局劇烈變遷的重要脈絡。對於晚清政壇上「清流」與「濁流」的對立呈現錯綜複雜的態勢，陳寅恪曾經論述道：「同光時代士大夫之清流，大抵爲少年科第，不諳地方實情及國際形勢，務爲高論。由今觀之，其不當不實之處頗多。……清流士大夫，雖較清廉，然殊無才實。濁流之士大夫略具才實，然甚貪污。其中固有例外，但以此原則衡清季數十年人事世變，雖不中亦不遠也。」[14]陳氏對清濁兩者都不以爲然，而對清流有更嚴峻的批評——清流誤國所付出的成本，遠遠大於濁流之貪污，如蔣廷黻在《中國近代史大綱》中所論：「同、光時代

13　楊聯芬，《晚清至五四：中國文學現代性的發生》，頁188。

14　陳寅恪，《寒柳堂記夢未定稿(補)》，《紀念陳寅恪先生百年誕辰學術論文集》(北京：北京大學出版社，1989年第1版)，頁36。

的士大夫完全不了解時代的危險及國際關係的運用，他們只知道破壞李鴻章諸人所提倡的自強運動。同時他們又好多事，倘若政府聽他們的話，中國幾乎無日不與外國打仗。」[15]

那麼，清流和清議是如何產生的呢？在《孽海花》中，曾樸對清流產生的原因作了一種文學化的描述：小說中的翰林院侍講學士莊侖樵，即影射清流派的台前活躍分子張佩綸。小說從第五回起開始，便涉及莊侖樵的故事──莊氏雖科場得志、地位尊崇，卻因身處清水衙門，加之不善持家，鬧得連飯也吃不飽。於是，窮則思變：

> 這日一早起來，喝了半碗白粥，肚中實在沒飽，發恨道：「這瘟官做他幹嗎？我看如今那些京裡的尚侍、外省的督撫，有多大的能耐呢？不過頭兒尖些、手兒黑些，便一個個高車大馬，鼎烹肉食起來！我哪一點兒不如人？就窮到如此！沒頓飽飯吃，天也太不平了！」越想越恨。忽然想起前兩天有人說浙、閩總督納賄賣缺一事，又有貴州巡撫侵占餉項一事，還有直隸總督李公許多驕奢罔上的款項，卻趁著胸中一團餓火，夾著一股憤氣，直衝上喉嚨裡來，就想趁著現在官階可以上摺子的當兒，把這些事情統做一個摺子，著實參他們一本，出出惡氣，又顯得我不畏強禦的膽力，便算因此革了官，那直聲震天下，就不怕沒人送飯來吃了，強如現在庸庸碌碌的乾癟死！[16]

曾樸通過莊侖樵的這個「絕地反擊」的故事說明：當時某些士人和官員選擇清流角色、以「講官」之身分奪「言官」之權力，在其道德高調與宏大敘事背後，卻更多的是出於個人物質利益方面的考慮。

15 蔣廷黻，《中國近代史大綱》（北京：東方出版社，1996年第1版），頁58-59。
16 曾樸，《孽海花》（杭州：浙江古籍出版社，1998年第1版），頁27。

作爲「講官」只能兩袖清風，且乏於升遷的機會，他們便費盡心機侵
入「言官」之領地，希望以言論建立功勳、擴展權力。莊侖樵的窘迫
處境以及孤注一擲地改變此窘迫處境的舉動均表明，官方欽定的意識
型態已然失去了對精英士大夫階層的凝聚力，道德已經淪爲某種現實
利益的敲門磚。一個在傳統文學中本來該大義凜然的、「高大全」的
人物形象，在這裡卻被作者窮形盡相地「小醜化」，這種寫法「也曲
折地反映了士大夫—官吏已經不再保有社會對他們的傳統敬意」。[17]
這是一個以喜劇爲標誌的時代，文學尤其是小說便也以喜劇的形式來
應對之。就像契訶夫與哈謝克的小說一樣——作者以漫畫般的描寫爲
即將逝去的時代送葬，曾樸的《孽海花》也可以看作是一篇寫給滿清
帝國的並不恭敬的悼詞。

　　這一時代的許多作者都選擇了傳統文學中罕見的「審醜」式的手
法。《孽海花》通過對清流作「小醜化」的處理，使得小說的道德教
化作用降低甚至消失，同時也使得小說的娛樂遊戲性質凸現並強化。
就傳統文化的薰陶和影響而言，作者本人和大部分的讀者均屬於潛在
的清流，這樣的寫法也就成爲對自我價值立場的「釜底抽薪」。這樣
的情節不是嘲弄遙遠的官場，而是直接針對處於變革前夕的士大夫群
體——「『鬧劇』式作品除了在創作動機上顯得曖昧不明外，也同樣
要求讀者在閱讀過程中不斷作自我調適。比諸以往的古典小說，『譴
責』小說表現出一種罕見的自嘲嘲人的雙重趨向，而我們讀者也須有
將一切付之一笑的雅量，才能進入其鬧劇天地。」[18]顯然，當作者的
敘述策略變化的時候，讀者的閱讀策略也應隨之有所調整。如果讀者

17　高瑞泉，〈近代價值觀變革與晚清知識份子〉，見高瑞泉、(日)山口久和主
　　編，《中國的現代性與城市知識份子》(上海：上海古籍出版社，2004年第1
　　版)，頁46。

18　王德威，〈「譴責」以外的喧囂——試論晚清小說的鬧劇意義〉，《想像中國
　　的方法——歷史‧小說‧敘事》，頁78-79。

仍然用舊有的心態去閱讀此種「新派」小說，固有之審美渴望或道德
滿足便會受到嚴重的挫折。

　　小說作家寫作心態的這種轉變，與清末民初的文學理論家──從
梁啓超到胡適──的預先設想背道而馳。理論家們有強烈的「文學救
國」和「小說救國」的預設，「文以載道」的傳統在嶄新的、來自西
方的「批判現實主義文學」的文學觀念內得以復活和強化。而曾樸這
樣生活在「洋場」的新型作家，恰恰要力圖擺脫小說的政治重負。然
而，在近代民族國家觀念逐步形成並固定之後，一般的中國人很難有
「置身事外」的幽默感。在「悲情」壓倒「鬧劇」的民族心理背景
下，不必說梁、胡等具有深切的「用世」之心的知識分子，即便是普
通的讀者也難以認同《孽海花》等晚清「政治反諷和文化批判小說」
的敘事策略。晚清的新小說未能帶來一場「文學革命」，除了其理論
的滯後、作品本身的藝術成就有限等原因之外，還有一個相當重要的
因素即在於它未被讀者所廣泛接受。而新小說未被讀者所廣泛接受，
也正是因爲讀者的文學觀念及審美趣味未能及時與作者同步調整，
「新社會不能靠小說來創造，而且陳舊的閱讀習慣使得新小說很難得
到大量讀者，根本問題在於人們的生活方式以及他們作爲讀者的作
用。」[19]具體來說，曾樸在小說中如此「醜化」似乎堂堂皇皇的清流
黨人、如此貶低清流黨人所依託的學術體系和文化觀念，在儒家道德
觀和倫理價值尚未完全崩潰的清末，士紳階層很難心平氣和地接受。
正是這種裂隙導致了此一時期的小說家(尤其是《孽海花》的作者曾
樸)遭到同代的或略晚一些的理論家的壓抑，其作品的價值也遭到貶
低。

　　作爲這批新小說家們的辯護士，王德威指出：「謂其嬉鬧喧囂，
並不意味這些作家不關心國事，而是說他們以不同的寫作策略展現出

19　曹淑英，〈「新小說」的興起〉，見米列娜編，《從傳統到現代──世紀轉折
　　時期的中國小說》，頁33-34。

另一層次的批判意圖。以往評譴責小說者無不視是類作者淺薄肉麻，枝蔓蕪雜，固是事實。但我們不妨考慮在傳統小說寫作裡，從沒有一個時期表現出如此大膽的喧囂諷謔，嬉笑怒罵的風格；也沒有一個時期的作者共同投注如此龐大的精力與好奇心，以圖揭發社會各階層的醜態。」[20]《孽海花》集中呈現的乃是知識精英和文化精英的失敗——他們中的頂尖分子居然被一個沒有文化的妓女玩弄於股掌之中，他們在面對「千年未有之變局」時基本上是束手無策的。儘管小說中也出現了如馮桂芬、黃遵憲、馬建中(小說中為『馬中堅』)、容閎(小說中為『雲宏』)、薛福成(小說中為『薛輔仁』)等，以及類似於「與其得一兩個少數傑出的人才，不如養成多數完全人格的百姓」的真知灼見，但在整部小說中這些內容只是作為「背景音樂」而存在，整個士大夫階層的愚昧和作為清流階級的固執是作者所描寫的中心內容。

在曾樸的眼中，清流不僅是顯在的政治，更是潛在的文化；作為政治派系的清流黨人可能在風雲詭譎的政治鬥爭中失勢，但作為文化心理的清流立場卻難以得到徹底的更替。因此，清流的可笑與可悲，不僅是清末政治的一步「死棋」，更是中國傳統文化的一條「不歸路」。曾樸用小說對清流黨人「去魅」，莊侖樵被剝離了「卡里斯瑪」的光輝而成為凡夫俗子。莊侖樵的故事表明，與其說清流黨人評說時政是要力圖糾正時弊，不如說是在用「置之死地而後生」的方式衝擊既定的官場秩序，調整既定的利益分配方式，為自身謀取一點殘羹冷炙。「道義」和「愛國」都只是幌子，它們的作用僅僅是遮掩「飯碗」的真實訴求。這固然是「誅心之論」——也有人不同意曾氏此種較為苛刻的看法，在何德剛的筆記中即有《清流之起激於義憤》一則，云：「清流之起，人多疑起挾私意。然其激於義憤，志在救國

20　王德威，〈現代文學史理論的文、史之爭——以近代中國政治小說的研究為例〉，《想像中國的方法——歷史‧小說‧敘事》，頁337。

者,往往而是。特流弊所及,有當時所不能意料,及至事變發生,則必瞠目相視,而有早知如此悔不當初之歎。夫論事必須洞燭始終,處事必宜熟權利害;旁觀論事,與當局處事,要宜地而觀。」[21]何氏擁有一定的觀察歷史事件的「時間距離」,因此對歷史人物似乎更有「同情的理解」。但是,晚清小說家們往往以刻骨的諷刺為標榜,在對「時間」的極度焦慮中,不可能如此冷靜地作持平之論。

於是,小說的情節迅速展開:果然,莊俞樵的奏摺「一舉中的」——當時的主政者正需要這樣的聲音,其奏摺呈送上去之後迅速得到統治者的誇獎和贊同,成為政治鬥爭中相當有用的工具。小小的奏摺,在敏感時期確實可以撼動整個政局。從此,莊俞樵成為朝廷中炙手可熱的人物,也成為大小官員畏懼的人物,其生活狀況也隨之發生了質的改變:

> 俞樵自那日上摺,得了個采,自然愈加高興。橫豎沒事,今日參督撫,明日參藩臬,這回劾六部,那回劾九卿,筆下又來得,說的話鋒利無比,動人聽聞。樞臣裡有敬王和高楊藻、龔平暗中提倡,上頭竟說一句聽一句起來,半年間那一個筆頭上,不知被他拔掉了多少紅頂兒。滿朝人人側目,個個驚心,他到處屁也不敢放一個。就是他不在那裡,也只敢密密切切的私語,好像他有耳報神似的。俞樵卻也真厲害,常常有人家房閫秘事,曲室密談,不知怎地被他團團圖圖的全探出來,於是愈加神鬼一樣怕他。說也奇怪,大家愈怕,俞樵卻愈得意,米也不愁沒了,錢也不愁少了,車馬衣服也華麗了,房屋也換了高大的了。正是堂前一呼,堂下百諾;氣焰熏天,公卿倒屣;門前車馬,早晚填塞。……還有莊壽

21　何德剛,《客座偶談》(太原:山西古籍出版社,1997年第1版),頁122。

香、黃叔蘭、祝寶廷、何玨齋、陳森葆一班人跟著起哄，京
裡叫做「清流黨」的「六君子」，朝一個封奏，晚一個密
摺，鬧得雞犬不寧，煙雲繚繞，總算得言路大開，直臣遍
地，好一派聖明景象。[22]

　　清流黨人為何會迅速得勢呢？除了當時中樞政治鬥爭的需要外，
更重要的原因還在於他們身上標榜的道義力量——此道義力量儘管已
經開始衰竭，但還足以讓莊侖樵等人從中獲取豐厚的現實利益。在當
時，像小說中出現過的馮桂芬這樣的早期改良派的思想，由於「政治
不正確」而遠未成為主流[23]。相反，「官方意識型態基本上維持著傳
統未變，社會和朝廷都有強大的『清流』，而普通士大夫也仍然拘守
『中體西用』的信條。」[24]因此，莊侖樵逐漸掌握話語權，此話語權
迅速轉化為實際權力以及現實生活中的鮮衣寶馬。他以筆桿子為武
器，差不多有點錦衣衛和克格勃的味道了——通過打探官僚們的隱私
而形成對他們的威懾力量，進而樹立起個人權威。在其奏摺中的語言
表述中，表面上當然是基於儒家忠義的原則；背後看不見的，卻是出
於個人的野心和貪欲。
　　莊氏的經歷顯示，清流派並非都是一文不取的清官，清流對政治
的介入亦有諸多陰暗之動機。在此意義上，清流黨人所標榜的「清

22　曾樸，《孽海花》，頁29。
23　《孽海花》借書中人物景亭(即馮桂芬)之口說：「現在是五洲交通時代，從前多
　　少詞章考據的學問，是不盡可以用世的。昔孔子翻二十國之寶書，我看現在讀
　　書，最好能通外國語言文字，曉得他所以富強的緣故，一切聲、光、化、電的學
　　問，輪船、槍炮的製造，一件件都要學會他，那才算得個經濟。我卻曉得去年三
　　月，京裡開了同文館，考取聰俊子弟，學習進步及各國語言。」這也正是作者所
　　持之主張。曾樸，《孽海花》，頁8。
24　高瑞泉，〈近代價值觀變革與晚清知識份子〉，見高瑞泉、(日)山口久和主
　　編，《中國的現代性與城市知識份子》，頁40。

廉」是靠不住的——儘管清流派掌握了道德制高點,但在貪瀆的程度
上,比起濁流來亦只是五十步笑百步而已。在晚清的筆記野史中,有
不少故事印證清流黨人所擁有的彈劾權力之可畏,以及權錢之間隱秘
的轉換方式。此類筆記可同《孽海花》的情節互爲參照[25]。

　　清流黨人內部也存在著見識、人品及學術路向的分野。晚清以外
交著稱的曾紀澤,在日記中曾這樣概括清流黨人的三種類別:「今世
所謂清議之流,不外三種。上焉者,硜硜自守之士,除高頭講章外,
不知人事更有何書。井田、學校必欲遵行,秦、漢以來遂無政事。此
泥古者流,其識不足,其心無他,上也。中焉者好名之士,附會理學
之緒論,發爲虛懸無薄之莊言。或陳一說,或奏一疏,聊以自附於腐
儒之科,博持正之聲而已,次也。下焉者,視洋務爲終南捷徑,鑽營
不得,則從而詆毀之。以嫉妒之心,發爲刻毒之詞。就三種評之,此
其下矣。」[26]曾紀澤認爲,這三類清流的區隔只是在動機和人品上,
無論歸屬於哪種類別,清流派士子和官僚對歷史均懷抱著一種「後
顧」的態度,他們企圖恢復上古的「治世」,卻對當下的世界大勢毫
無了解。近代以來中國打開國門是歷史發展的必然趨勢,在此時代背
景下,清流黨人泛道德化的價值立場和以教條理論遮蓋現實生活的思

25　如《張幼樵》一則即記載說:「張幼樵先生在朝時,直言敢諫,不避權貴,天
　　下仰望風采。顧有時迫於窮困,所彈劾者不必盡出於公意。試舉一事徵之。光
　　緒癸未,蕭山林恭甫太史(名國柱)由貴州學使任滿回京,宦囊頗裕,張與林同
　　年,且系宿交,乃俟其覆命畢,往假三千金,林客不與,張悻悻辭出。……不
　　二日,林忽得革職永不敘用之旨,糾者爲吳橋劉博泉侍御(名恩溥,後官至侍
　　郎),實張所使也。初,林丁母艱,將服滿不及十日,適爲考學差期,林急於應
　　考,設法彌補,先考一日,報服闋,倉猝入試,試畢竟得差,人無經意者。當
　　林遭母喪時,張曾爲照料諸事,又裏題林母主,故獨知其諱日甚悉。至是以林
　　不允假金故,乃搜羅當時林之哀啓,持以告劉,嗾劉據實糾參。……林得上諭
　　後,知張所高,往謁之,張拒不見,林遲入廳事,毒詈萬端,良久不去,張窘
　　甚,呼友勸之出。有數日,林始出京云。」飄瓦〈京華見聞錄〉,見《民權素
　　筆記薈萃》(太原:山西古籍出版社,1997年第1版),頁135-136。

26　《曾紀澤日記》(中冊),頁798。

想方式，對於解決國家面臨的困境有害無益。曾氏指出：「中西通商
互市，交際旁午，開千古未曾有之局，蓋天運使然。中國不能閉門而
不納，束手而不問，亦以明矣。窮鄉僻左，蒸氣之輪楫不經於見聞，
抵掌捫髀，放言高論，人人能之。登廊廟之上，贋事會之乘，蓋有不
能空談了事者。」[27]但是，由於清流以捍衛傳統、鞏固道德以及向統
治者表達忠誠作爲標榜，在輿論上他們往往能占據上風。

　　《孽海花》中莊侖樵的人物原型張幼樵，即是清流派的代表人物
之一。一旦其通過占領「言官」的職分而嘗到甜頭，許多與之處境相
似的官員們便紛紛效仿此「終南捷徑」——所謂清流黨「六君子」便
應運而生，在他們周圍迅速結合成一個龐大的政治派系，對政局發揮
著舉足輕重的影響力。歷史學家石泉指出：「清流在政治上之成爲一
新興勢力，實始於光緒初年，而其孕育，則在同治朝，蓋是時國家復
歸承平，軍功出路又日狹於科舉正途。士子之優秀者，多獲高第，居
京師，廁身翰詹清職，頗以聲氣相求，從事講學論政，一時人物如張
之洞、寶廷、陳寶琛、黃體芳、張佩綸、鄧承修、邊寶泉……等，其
尤著者皆少壯敢言，勇於疵議時政，糾彈大臣，且往往相互聲援，合
力進言，不達目的不止。太后、恭王等亦頗加優容，疏入，多報可。
於是清流聲勢一時頗震撼內外。」[28]清流的興起，使得「不做事的人
批評做事的人」成爲晚清的一大政治特色。而這些「不做事的人」一
旦介入實際事務，則立即顯現出他們無能和虛僞的一面，他們的表現
甚至比他們所批評的對象還要糟糕。因此，雖然清流派的權力飛速擴
張，其危機也同時埋伏下了——對於當時中國所處之變局，以及敵我
強弱之懸殊，他們實無根本之如實體認，故對外於甲申中法、甲午中
日皆嘗一怒而言戰。激進的道德立場使清流最終作繭自縛，由清流所

27　《曾紀澤日記》（中冊），頁798。

28　石泉，《甲午戰爭前後之晚清政局》（北京：三聯書店，1997年第1版），頁
　　45。

主導的這兩次戰爭終以慘敗收場。

甲申是清流命運的第一個轉機。清流全力支持對法開戰卻導致戰敗的結局,使得清流的聲勢受到重大挫折。何德剛在《清流主要人物》中記載說:「光緒甲申,法越肇釁,講官張佩綸、寶廷諸人,相約彈劾權貴,操縱朝政,時人目之爲清流。且有不聞言官言,但見講官講之語。雖陰主者固有其人,然全體軍機同日罷職,懿親如恭邸亦令退居,朝端氣象爲之一新,不得謂非欽后之從諫如流也。厥後,法艦闖入馬江,海軍以不戰被殲,張坐失機落職。滇越陸軍失利,弢老亦以舉薦主將非人降調。功罪賞罰,各如其份,在清流無所爲榮辱也。」[29]何氏的這段論述對清流有頗多迴護之處,他認爲清流雖然戰敗,這些人物亦是各應其命,並無所謂榮辱。其實,如此大敗,誤國且害民,豈能無關榮辱?

《孽海花》中繪聲繪色地描寫了莊侖樵在戰場上的狼狽相。等到他走上前線督師禦敵時,才發現萬卷聖賢書毫無用處。「知識就是力量」——傳統文化賦予莊侖樵的力量只能在一封閉的系統內產生作用(他曾在朝廷大考中以一等第一名授了翰林院侍講學士),而一旦脫離此圈子,他立刻變成一個連常識也不具備的「文盲」。雖然他的筆桿子在朝廷中暢通無阻,但法蘭西的堅船利炮則不是這「妙筆生花」的筆桿子所能撼動的了。莊侖樵原以爲法國是一個小國,「比中國二三省,力量到底有限」;於是模仿三國諸葛亮唱《空城計》,想以此「不戰而屈人之兵」。結果卻是全軍覆沒:

> 侖樵到福建以後,還把眼睛插在額角上,擺著紅京官、大名士的雙料架子,把督撫不放在眼裡。閩督吳景、閩撫張昭同,本是乖巧不過的人,落得把千斤重擔卸在他身上。船廠

29　何德剛,《客座偶談》,頁121。

大臣又給他面和心不和，將領既不熟悉，兵士又沒感情，他
卻忘其所以，大權獨攬，只弄些小聰明，鬧些空意氣。那曉
得法將孤拔倒老實不客氣的乘他不備，在大風雨裡架著大炮
打來。俞樵左思右想，筆管兒雖尖，終抵不過槍桿兒的凶；
崇論宏議雖多，總抵不住堅船大炮的猛，只得冒了雨，赤了
腳，也顧不得兵船沉了多少艘，兵士死了多少人，暫時退了
二十里，在廠後一個禪寺裡躲避一下。等到四五日後調查清
楚了，才把實情奏報朝廷。朝廷大怒，不久就把他革職充發
了。30

　　對清流自身而言，中法戰爭的失敗使之由風光走入黯淡，「張佩
綸、陳寶琛於光緒十一年獲嚴譴。張以馬江之敗，又坐保舉非人，罪
至革職，遣戍。」31小說中的這段描寫大致符合實際情形。然而，就
小說的敘事方法而言，一場慘痛的失敗被轉換成戲劇舞臺上一齣無足
輕重的鬧劇，經歷那段歷史的讀者恐怕難以心平氣和地接受此種寫
法。換言之，過度的「隔離」會使得讀者對作者「置身事外」的敘述
產生排斥心態。於是，曾樸的敘事策略在下面的章節裡亦有相當的調
整，他通過小說主人公金雯青的觀察和思考，表達出對清流命運的關
切和隱憂。金氏屬於清流之週邊，雖身在其中，卻與若干中心人物保
持相當距離，故能發現「書生議政」之弊端：

　　這一批的特簡，差不多完全是清流黨的人物。以文學侍從之
　　臣，得此不次之擢，大家都很驚異。……一面慶幸著同學少
　　年，各膺重寄，正盼他們互建奇勳，爲書生吐氣；一面又免
　　不了杞人憂天，代爲著急，只怕他們紙上談兵，終無實際，

30　曾樸，《孽海花》，頁34。
31　石泉，《甲午戰爭前後之晚清政局》，頁48。

使國家吃虧。[32]

　　這段評述是從正面角度展開的，再沒有絲毫的戲謔口吻。當清流黨人垮台之後，小說中這樣寫道，金雯青「不免生了許多感慨」──這些「感慨」充滿了對清流人物的同情，以及對朝廷未能讓清流在應有的職分上發揮作用的反思：

> 在侖樵本身想，前幾年何等風光，如今何等頹喪，安安穩穩的翰林不要當，偏要建什麼業，立什麼功，落得一場話柄。在國家方面想，人才該留心培養，不可任意摧殘，明明白白是個拾遺補闕的直臣，故意舍其所長，用其所短，弄到兩敗俱傷。[33]

　　在前面數段對清流黨人冷嘲熱諷、嘻笑怒罵的文字之後，突然又出現了這樣接乎「客觀公允」的評價，顯然是作者有意的安排──於是，窮形盡相的諷刺與將心比心的同情，同時在一個章節之中出現了。由此可見，作者對清流的態度亦相當複雜，非一味「棒殺」之。這種立場及情感的游離，賦予《孽海花》以現代小說「價值多元化」的特徵，如彼得·李所論：「當我們閱讀這部小說時，我們注意到小說的基調和語氣不斷變化。小說始而譴責，繼而憤世嫉俗，諷刺嘲弄。……社會悲劇的失敗在諷刺與嘲笑中得到了片刻的安慰。《孽海花》的新世界觀則把中國和她的命運置於新的視野之中，這樣就使她的人民對自己的境遇有了新的感受和意識。」[34]凝固的歷史解凍了，

32　曾樸，《孽海花》，頁34。
33　曾樸，《孽海花》，頁34。
34　彼得·李，〈《孽海花》的戲劇結構〉，見米列娜編，《從傳統到現代──世紀轉折時期的中國小說》，頁171-172。

「中國」不得不置身於一個從來不了解的世界秩序之中,「中國」必須找到屬於自己的位置,每一個中國的知識精英也必須找到屬於自己的位置。

中法之戰的慘敗,使得清流派被逐出政治中心,但其潛在勢力仍未可忽視。到了甲午年,清流派再度結集力量,上下互動營造主戰輿論,重新掌握了左右政局的權力,「當時京中士大夫對中日之爭端幾皆主強硬,清流人物尤慷慨陳言,力持戰議……蓋主戰派人士對於中國之弱與日本之強實無了解,而輕視日本之心,又實中國多年之傳統。」[35]在中法馬尾海戰中負有相當責任並受到嚴厲處分的張佩綸,此時此刻也重新鼓起勇氣,上疏主張調集海陸軍隊向日本開戰,張氏想當然地認為:「日本自改法以來,民惡其上,始則欲復封建,繼則欲改民政。薩、長二黨爭權相傾,國債如積,以紙為幣。雖兵制步伍泰西,略得形似,然外無戰將,內無謀臣。問其師船則以扶桑一艦為冠,固已鐵蝕木窳,不耐風濤,餘皆小炮小舟而已,去中國鐵船定遠、超勇、揚威遠甚。問其兵數,則陸軍四五萬人,水軍三四千人,猶且官多缺員,兵多缺額。近始雜募遊惰,用充行伍,未經戰陣,大半膽怯,又去中國淮、湘各軍甚遠。」[36]看來,他並未從昔日的慘敗中吸取任何的教訓,他仍然未能「睜開眼睛看世界」。其「無知者無畏」的傲慢姿態,百年之後猶讓人失笑。《孽海花》第二十四回「憤輿論學士修文,救藩邦名流主戰」中,諸高官、名士滔滔不絕地討論對日政策,其坐井觀天、夜郎自大的諸多觀點大抵與張氏以上的言論相似。

「清流政治」之伸張,必有「清流文化」之支撐。「舊黨」之「舊」,他們確實有卓越的舊學功底。但當「舊學」遭遇「新政」時,則變成「夏蟲不足以語冰」——傳統文化無法提供應對國勢江河

35　石泉,《甲午戰爭前後之晚清政局》,頁75。
36　轉引自蔣廷黻《中國近代史大綱》,頁67。

日下的對策,甚至無法讓士人繼續得以「安身立命」。在涉及甲午戰爭的史實時,《孽海花》第二十五回以半回「七擒七縱巡撫吹牛」之篇幅,描寫了大帥迂齋在前線軍營中的種種笑料。此人物原型即為清流派之封疆大吏、書法家及版本目錄學家吳大澂。以傳統學術而論,吳氏堪稱一代之大師,乃是那個時代最有文化的人之一。但是,他的學術和他的文化均無法讓其成功地應對時勢變化,其領兵作戰之言行比起昔日紙上談兵的趙括來有過之而無不及。這名自告奮勇的統帥在對士兵的演講中大肆宣稱如何研究《孫子兵法》,可以「不戰而屈人之兵」,「勝利擱在荷包裡」,「不但恢復遼東,日本人也不足平了」[37]。這位滿腹經綸、飽讀詩書的書法家和考古學家,用古文寫出了「投誠免死」的告示,並為文章和書法洋洋得意——國運攸關的戰爭變成了如同小孩過家家般的遊戲[38]。在這些情節中,作者注入的是

---

37 曾樸,《孽海花》,頁185。

38 李伯元,《南亭筆記》中有數則關於吳氏的記載,一則云:「吳潛志金石,以抱殘守缺自命,有以圖書彝鼎求售者,雖重值不惜。甲午之役,疏請統兵赴援高麗,廷寄壯之,請訓出京,以圖書彝鼎自隨。及抵平壤,去敵營三舍舍焉。隨營員弁,紛紛詣吳叩方略,吳猶手玉章一,摩娑把玩,與幕僚談此印出處,謂是細柳將軍亞夫故物,此古文惡亞通用之明證,各弁不敢陳請,屏息傍侍。旋聞炮聲,疑是寇至,相率棄營潰走,吳惶遽無所措,但高呼備馬而已。日軍望見清軍無故自亂,疾趨掩殺,清軍遂大敗,吳隨帶古玩盡為敵人所得,以獻主帥。主帥某笑曰:『不料支那營中,倒開有絕大的骨董鋪。』」又一則云:「吳平壤之敗也,統營四十,出隊日,將弁已當前敵,吳方臥床吸鴉片。一炮子砰然墮,洞穿土壁,沙颯颯然如雨,吳猶不起,迨左右白前敵已潰,吳一躍下地曰:『等我去傳令。』擺尾隊,則尾隊已不知何往。吳大志曰:『我盡了忠罷。』左右曰:『大人這是何苦?』急挾之出,時帳外有破車一輛,左右強吳入,一晝夜行一百五十里,始由宋軍保護至摩天嶺,時吳猶頓足號咷不已也。黃慎之學士時在吳幕中裏案牘,曾擬招降告示,中有句云:『本大臣於三戰三北之餘,自有七擒七縱之計。』即學士手筆也。稿上,吳大喜,復點竄一二字,親自句讀加圈,命軍吏大書深刻,榜諸營外。不數日即大挫,學士幾為日人所獲,幸馬快得以生入榆關。」《南亭筆記》(南京:江蘇古籍出版社,2000年第1版),頁127-128。這些細節均被曾樸寫入小說之中。

鬧劇式的愉悅，而非批判現實主義式的憤怒。因此，讀者也應當隨著作者寫作範式的變化而調整接受心態：既然主政者都將國事「遊戲化」了，那麼普通讀者為何要讓自己背負「天下興亡、匹夫有責」的包袱呢？正如王德威所評論的那樣：「『譴責』小說最具突破性的貢獻，可能並不在對社會各階層的口誅筆伐——在此之前嚴肅的諷世作品實已有深遠的傳統；而可能在隨強烈諷刺意圖衍生的鬧劇模式。晚清小說中處處可見是非顛倒、價值混淆的怪現狀。面對此一情景，我們固然會驚詫社會墮落竟一至如斯，但在大歎人心不古之餘，是否也會為書中高潮迭起的荒唐情景逗得忍俊不住呢？」[39]中國人失去「喜劇精神」已經很久了，而此種「喜劇精神」偏偏在一個悲劇時代產生——因此，就連魯迅也未能洞悉《孽海花》等作品內在的「喜劇精神」，而嚴肅地以「譴責」、「批判」命名之。

在《孽海花》中，所謂「孽海花」即傅彩雲的故事只是一條明線，如果讀者把注意力集中在她的身上，那可就中了作者「明修棧道，暗渡陳倉」的計謀。在我看來，《孽海花》是一部《小世界》式的「反對知識分子的小說」——在從傳統的士大夫向近代化的知識分子轉型的過程中，在國外列強瓜分、國內政治潰敗的背景下，莊崙樵、金雯青這群社會精英分子能否應對此種嶄新的挑戰呢？作者的回答是否定的——所有的狀元、翰林和清流們都是徹頭徹尾的失敗者，即便是作為狀元而站在士大夫金字塔頂端的金雯青，也淪為作為妓女和小妾的傅彩雲的玩偶。古典小說中美侖美奐的「才子」形象瞬間便破滅了。雖然作者也是其中的一分子，他仍然對自己從屬的那個階層作出極其嚴苛的指責——「清流」以及他們的「清議」都拯救不了中國，他們都將隨著舊制度一起滅亡。作為一百年之後的讀者，如果無法體察清末中國社會的複雜性，就很難對《孽海花》這樣的作品作出

39　王德威，〈現代文學史理論的文、史之爭——以近代中國政治小說的研究為例〉，《想像中國的方法，歷史‧小說‧敘事》，頁337。

恰如其分的評價——有意思的是，這樣的評價是由西方學者彼得‧李作出的：「《孽海花》反映了曾樸對於中國的危機的嚴肅關切，並且表現出他那種懷疑、矛盾的內在感情。假如我們也像利昂‧伊德爾一樣相信『一位藝術家所選擇的題材通常會揭示該作者必須表達的某種情緒，某種感情狀態，某種生活觀，某種內心衝突或失衡狀態，這些東西都在藝術形式中尋求解脫』，那麼，《孽海花》就是曾樸的痛苦和同情、焦躁和震驚的表現，而這些感情被轉變成悲劇、諷刺和冒險精神。」[40]

——2005年5月17日定稿

40　彼得‧李，〈〈孽海花〉的戲劇結構〉，見米列娜編《從傳統到現代——世紀轉折時期的中國小說》，頁171。

從「士大夫」到「知識分子」

(一)「知識分子」的概念和緣起

　　「知識分子」是一個非常含混而複雜的概念。許多人都在日常生活中使用這個普通的名詞，但是每個人心目中所圈定的「知識分子」顯然各不相同。有人從受教育程度的高低來界定，認為凡是接受過高等教育的人都是知識分子；有人從工作的性質來分析，認為只要從事知識生產和文化傳播工作的人就可以算是知識分子；有人則從此一群體所承擔的社會責任來衡量，認為只有充當「社會良心」角色的少數精英人士才是知識分子。這些看法賦予了「知識分子」這個詞語以不同的內涵和外延，很難說哪個是對的、哪個是錯的。在歐美的幾種重要的百科全書中，關於「知識分子」這個概念的定義就有上百種之多。

　　專治中國近代政治思想史的學者張朋園認為，按照西方辭書中比較主流的看法：

> 知識分子是「關心社會枯榮的人」。1940-50年代以來為知識分子下定義的著作不勝枚舉。在專業分門別類的今天，各行各業的頂尖人物，都可以稱作知識分子，Edward Shils就是從這個寬廣的視野去看知識分子的。他說，凡是有專精學識的人都是知識分子。但是Charles Kadushin所下的定義則較為嚴格。他說一個行道中的專業人員，如果整天關在研究

室中讀資料、搞實驗，他只是一個專業人員；惟有他同時
關心社會的枯榮，才是一個知識分子。舉例而言，研究核
子的專家走出了實驗室去參加反核運動，即可稱之為知識
分子。[1]

我個人比較同意後一種定義，「關心社會枯榮」乃是知識分子與
文人或專業人士的根本差異。按照此定義來衡量，堅持說真話的蔣彥
永醫生是知識分子，而歌頌文革的諾貝爾物理獎得主楊振寧則不是知
識分子；為打工妹所遭受的冤屈怒髮衝冠仗義執言乃至被捲入官司的
吳祖光是知識分子，而對自己充當御用文人的歷史拒絕懺悔的暢銷書
作家余秋雨則不是知識分子。在各種關於「知識分子」的定義中，兼
顧「普世價值」與「中國特色」的是余英時的論述，余英時在《士與
中國文化》一書中指出：

如果從孔子算起，中國「士」的傳統至少已延續了兩千五百
年，而且流風餘韻至今未絕。這是世界文化史上獨一無二的
現象。今天西方人常常稱知識分子為「社會的良心」，認為
他們是人類的基本價值(如理性、自由、公平等)的維護者。
知識分子一方面根據這些基本價值來批判社會上一切不合理
現象，另一方面則努力推動這些價值的充分實現。這裡所用
的「知識分子」一詞在西方是具有特殊涵義的，並不是泛指
一切有「知識」的人。……根據西學術界的一般理解，所
謂「知識分子」，除了獻身於專業工作之外，同時還必須深
切地關懷著國家、社會以至世界上一切有關公共利害之事，
而且這種關懷又必須是超越於個人(包括個人所屬的小團體)

1　參閱張朋園，《知識份子與近代中國的現代化·自序》(南昌：百花洲文藝出
　版社，2002年第1版)。

的私利之上的。所以有人指出,「知識分子」事實上具有一種宗教承當的精神。[2]

下面,不妨就「知識分子」群體的起源作一次「歷時性」考察。在西方,關於知識分子的興起存在各種不同說法。但至少有三個前提被大部分學者所認可:第一是文字的出現。沒有文字,也就無法記載人類從生活實踐中總結出來的知識和文化。在古代,文字作爲一種神秘的抽象符號,只被極少數人所掌握。這樣,能夠使用文字的人自然就形成一個特殊階層。第二是哲學的突破。德國思想家雅斯貝爾斯認爲,在西元前800-200年間,世界各大文明中都出現了所謂「軸心時代」。在這個時代裡,人類開始了自我意識的覺醒,各民族的思想家們也開始致力於建構各自民族基本的哲學和信仰體系。第三是大學的建立。作爲一種永久性的機構,大學擁有圖書館,承擔教育和學術研究的使命,爲學生頒發畢業證書。學者們從大學獲得穩定的薪水,並獲得一個互相討論的空間,因此大學成爲知識分子的安身立命之所。

如果以近代爲界限,可對「知識分子」這一概念的發展作更爲細緻的分析。近代意義上的「知識分子」是隨著13、14世紀大學的興起而誕生的。近代大學的雛形是修士本尼迪克在義大利卡西諾山上成立的修道院,在這所修道院裡形成了精細的圖書館系統,美國歷史學家丹尼爾‧布爾斯廷將本尼迪克譽爲「圖書館之教父」。從12到13世紀初,在義大利、法國、英國和其他的一些歐洲國家,雨後春筍般地產生了一批作爲學術和教育機構的「大學」。大部分歷史學家將西元1185年在義大利的博洛尼亞大學視爲第一所大學,而第二所大學是隨後出現的巴黎大學。博洛尼亞大學成爲義大利、西班牙、蘇格蘭、瑞典和波蘭的許多大學之母;巴黎大學成爲牛津大學以及葡萄牙、德國

2 參閱余英時,《士與中國文化‧引言》(上海:上海人民出版社,2003年第1版)。

和奧地利等許多大學之母[3]。最初,這些大學都是基督教機構,不管
教授法律、神學還是醫學,都受教會之控制,其「校長」和「教授」
通常是虔誠的教士和神學家。正因爲有了勢力龐大的教會庇護,大學
體制和學術研究才能獨立於世俗政權之外。舉一個簡單的例子,當時
劍橋大學校長的任命並不受英國國王的控制,而由大學董事會決定。
至於教授的聘任和課程的設置,大學更擁有極大的自由度。以國王爲
代表的歐洲各國的世俗政權,也都認可並尊重大學的這種獨立性[4]。

到了14世紀後期,文藝復興的序幕已經拉開,宗教改革也開始醞
釀,昔日修道院式的大學遂向人文主義者敞開大門。此時,教士不再
擁有對大學內部的精神生產以及課程限定方面的壟斷權,大學逐漸脫
離羅馬教會之制約,但大學與基督教之間的淵源並未斷絕,正如歷史
學家甘迺迪和紐科姆所說:「每一所你所看到的學校——公立的還是
私立的,宗教性的還是世俗化的——都是對基督耶穌宗教的一種直觀
提醒。這適用於每一所學院和每一所大學。」[5]在工業革命前夕,新
興資產者逐漸成爲大學的主要生源和服務對象。新教強調基督徒應當
生活在塵世之中,大學也適應此思潮轉向對適用知識的研究和傳授,
對此趨勢,勒戈夫指出:「大學日益重視自己的社會作用。它們爲國

---

3 (美)阿爾文‧施密特,《基督教對文明的影響》(北京:北京大學出版社,
   2004年第1版),頁170。

4 參閱雅克‧勒戈夫,《中世紀的知識份子》(北京:商務印書館,1996年第1
   版)。

5 以美國爲例,美國大多數一流大學均始於基督教學校。哈佛大學最早是公理派
   教會創建的一所神學院;威廉瑪麗學院開始是一所美國聖公會學校,初衷也是
   訓練神職人員;耶魯大學大部分是作爲一個公理會機構開始的,其目的是「用
   我們自己的方式去培養傳道人」;西北大學由循道會成員創立;哥倫比亞大學
   起初是美國聖公會的一項事業;普林斯頓大學始於一所長老會的學校;而布朗
   大學則有浸信會的背景;其他一些州立大學,如加州大學伯克利分校、肯塔基
   州立大學、田納西州立大學都均起源於教會學校。參閱(美)阿爾文‧施密特,
   《基督教對文明的影響》,頁173。

家培養出越來越多的法學家、醫學家和學校教師,他們之中獻身於較實用而較少虛名的職業的社會新階層,努力追求一種更適合他們職業等級的知識。」[6]這樣就產生了近代意義上的知識分子。他們既獨立於世俗政權,也游離於天主教教會之外,成為正在興起的、朝氣蓬勃的市民社會的重要組成部分。

由於中世紀羅馬教會和世俗政權的思想禁錮,近代知識分子群體在西方的誕生經歷了相當漫長的過程。而西方現代知識分子的出現,由於有工業革命這一內在的推動力,速度則迅速得多。法國學者基佐在《歐洲文明史》中描述了18世紀人類技術的變更、知識的爆炸、心靈的拓展以及由此帶來的社會蛻變:「人類心靈前進的衝動,是18世紀主要的特徵和事實。」[7]在這個歷史階段,首先是人類心靈成了主要的,而且幾乎是唯一的角色。人民發表他們的意見,展開學術活動,以這種方式參與一切事情,只有他們才掌握道義權威,這是真正的權威。其次,18世紀人類心靈的自由探索體現出了前所未有的廣博性,宗教、政治、純哲學、人與社會、精神與物質世界,都成了研討和思想體系的題目。舊的科學被推翻,新的科學誕生。知識分子作為一個階層的出現便有了可能。

「量變」必然導致「質變」。某一歷史事件往往在不自覺間充當了「質變」的標誌。1894年發生在法國的「德雷福斯」事件,在西方現代思想史上是一個閃光點,同時也是西方現代知識分子走上歷史舞臺的重要信號,正如法國當代學者讓—弗朗索瓦·西里奈利所指出的那樣:「一切是從德雷福斯事件開始的。事實上,歷史學家可以在總體上認可這樣一種表達:為德雷福斯上尉的辯護,就某種方式而言就是20世紀知識分子一切行為的起點。」[8]法國學者貝爾納—亨利·雷

6　參閱雅克·勒戈夫,《中世紀的知識份子》。

7　基佐,《歐洲文明史》(北京:商務印書館,1998年第1版),頁229。

8　讓—弗朗索瓦·西里奈利,《知識份子與法蘭西激情》(南京:江蘇人民出版

威也認為，「知識分子的歷史是從19世紀末開始的」，所謂「19世紀末」，具體而言指的就是德雷福斯事件[9]。

德雷福斯是猶太裔法國陸軍上尉，在國內喧囂一時的反猶主義浪潮之下，他被誣陷為出賣軍事機密的賣國賊，並被判處終身監禁。本著正義和良知，法國一大批文化人挺身而出，為其辯護。其中，最著名的是作家左拉，他為此發表《我控訴》一文。在《我控訴》這篇戰鬥檄文中，左拉高聲宣布：「正義之外沒有平靜，真理之外沒有安息。」法國國內一大批政治觀點、思想立場並不一致的作家、教授、新聞記者和律師們，為了一名他們素不相識的冤屈者聯合起來，一起對抗強大的、僵化的官僚體系和民間狂熱的民族主義思潮和種族偏見。

1898年1月23日，這群文化人發表了《知識分子宣言》一文。（非常巧合的是，這一年在中國發生了戊戌變法。戊戌變法雖然以慘痛的失敗告終，但近代中國第一所國立大學──京師大學堂卻得以建立，京師大學堂成為戊戌變法失敗之後維新事業中少數倖存的成果，近代中國的知識分子群體也以此為基地聚集起來。）這些受過良好教育、有著相當的聲譽、具有批判意識和社會良知的人們，不計個人的利益和人身安全，拍案而起，奔走呼號。左拉甚至被法國政府起訴和追捕，被迫流亡國外多年。在巨大的壓力之下，他們也一直沒有停止申訴和抗議。到了1906年，沉冤十二年的德雷福斯終於得以昭雪，一場正義與強權的鬥爭終於獲得了最後的勝利。

德雷福斯事件不是一個簡單的刑事案件，它標誌著法國知識分子作為一股不可忽視的社會進步力量浮出歷史地表。貝爾納─亨利·雷威從三個方面論證了這一事件的意義：

（續）────────────────────

　　社，2001年第1版），前言第頁1。

9　貝爾納─亨利·雷威，《自由的冒險歷程──法國知識份子歷史之我見》（北京：中央編譯出版社，2000年第1版），頁2。

　　第一是「詞語」。在過去，「知識分子」僅僅指讀書人，而且帶有某種貶義的色彩，形容某個文人有種「書卷」傾向時，便是指他的刻板，與眞實的思想相背。只是等到德雷福斯事件發生了，「一群男女重新使用這個形容詞時才將它的含義扭轉過來，使它不僅僅是一個名詞，而且成爲一種光榮的稱號和一種象徵……這是一種方式，非常大膽的方式，將一個近於侮辱性的稱號作爲一面旗幟來揮舞。」

　　第二是「數目」。在伏爾泰和雨果的時代，他們基本上都是在孤軍奮鬥。在那個時代，採取某種政治立場甚至道德立場的作家似乎是正規思想體系的個別現象。「而此時卻是一幫人，一大群人。成百上千的詩人、作家、畫家、教授，認爲放下手中的鋼筆或畫筆來參與評論國家事務是自己份內的責任，與此同時他們修正了『知識分子』這個詞的含義。」

　　第三是「價值」。伏爾泰和雨果們反對的是個體的獨裁者，而這一代知識分子則自願地在正義、眞實、善良與國家之間充當仲介。[10]

　　「詞語」、「數目」和「價值」三者共同催生了近代知識分子群落。這群知識分子申明並奠定了這樣的理念：人的價值是至高無上的。當「國家」與「正義」對立時，他們毅然捨「國家」而取「正義」。當然，這群現代知識分子不是社會的游離體，他們並不孤獨——在他們背後有一個正在成熟的公民社會。學者蕭雪慧在論述此事件的背景時指出：「左拉作爲社會良知的堅決擔當，在他身後一大批知識分子組成強大的聲援力量，借助自由的新聞界而展開的持續討論，公眾基於公民精神對事實眞相的關心與參與。對於民主的持續、鞏固或法治的健康運行，它們代表了比制度安排更爲重要的東西。」[11]知

10　參閱貝爾納—亨利・雷威，《自由的冒險歷程——法國知識份子歷史之我見》，頁2-4。

11　蕭雪慧，〈民主的後援力量——紀念德雷福斯事件一百周年〉，見《獨釣寒江雪》（北京：中國工人出版社，2001年第1版），頁83。

識分子的產生和壯大,與知識分子「後援力量」的萌芽和發展形成良性互動。在近代民主化進程中,作為一個超越現實利益的群體,知識分子直截了當地提出了民主、人權、憲政、自由和博愛等價值,並努力在每一個公民的日常生活中實現之。

「知識分子」作為一個概念在學術研究中得到使用,最早大概是在俄國的社會學中。俄國有著濃厚的東正教傳統,又處於東西方文化的交彙點上,作為後起的帝國,在奮起直追歐洲列強的同時,始終未能在專制與民主之間找到一個平衡點。兩百年來,俄羅斯的政治、經濟、文化一直風雲激蕩。俄羅斯的文化人天生就具有沉重的道德緊張感,在對精神層面的、形而上的問題感興趣的同時,也富於改造現實世界的熱情和衝動。俄羅斯精神傳統中的「罪感文化」最為突出,在兩大文豪托爾斯泰和陀思妥耶夫斯基的著作中,人們能深切地感受他們所承受的約伯式的折磨[12]。「罪感」的背面是「使命感」。俄國知識分子使命感之強烈,可以說舉世罕見。他們選擇了這樣的社會角色:在社會停滯階段,像先知般感受到即將來臨的暴風雨,並向公眾發出急迫的警告;在革命轟轟烈烈開展的時候,又不計後果地對革命的弊端提出反思和批評。無論在舊社會還是在新社會,他們都是如日瓦戈醫生一樣的「不受歡迎的人」,正如俄羅斯大詩人勃洛克在《知識分子與革命》一文中所說的那樣:「俄羅斯的偉大藝術家——普希金、果戈里、陀思妥耶夫斯基、托爾斯泰——陷入黑暗之中,但是他們之所以有力量在黑暗中滯留和隱藏,是因為他們信仰光明。他們知道光明。他們中的每一位,正如同精心培育了他們的全體人民那樣,

---

12 舍斯托夫認為,「陀思妥耶夫斯基在自己的靈魂深處指望的是醜小鴨」、「這個荒唐的人自己也知道:他像使他人難堪的人一樣,自己也感到難堪」。而晚年的托爾斯泰用抖得忍不住的手親自破壞了自己的年高望重,「為了懷著一顆溫和的甚至輕鬆的心來到終審法官面前,它必須忘掉自己全部偉大的過去」。他們都意識到自己不僅不是聖人,反倒是「罪人中的罪魁」。參閱舍斯托夫,《在約伯的天平上》(北京:三聯書店,1989年第1版)。

在黑暗、絕望和經常是仇恨中咬牙切齒。然而，他們明白，一切或早或晚總是要煥然一新的，因為生活是美的。」[13]雖然深陷於黑暗之中，但他們自始至終都未放棄對光明的渴望。無論在沙皇的監獄中，還是在史達林的集中營裡；無論在西伯利亞冰天雪地的流放地，還是在更加遙遠的異國他鄉，從「黃金時代」一直到「白銀時代」，幾代俄羅斯知識分子都沒有停止哲學思考、藝術創造、文學探索和社會批判。他們的文化成果和思想結晶，讓西方世界也為之嘆服。

俄羅斯思想家別爾嘉耶夫把「知識分子」這一概念同「精神創造」和「精神自由」聯繫起來，他認為：「真正的知識分子——精神的代表，即是自由、意義、價值和品質的代表，而不是國家、社會階層和社會利益的代表。精神的代表，精神文化的創造者擁有預言的使命。」[14]他還指出，這種「預言的因素」在但丁、米開朗基羅、貝多芬、卡萊爾、尼采、易卜生、齊克果、托爾斯泰、陀思妥耶夫斯基那裡都明顯地存在著。這些知識分子就像舊約時代的先知們一樣，面向民族、社會和人類的命運，勇銳地、獨立地、自由地說出「內在性」的真理。儘管經常遭到「石塊的打擊」，但決不保持沈默。與那些將人類的命運寄託於帝王、政治家和將軍們身上的人不同，別爾嘉耶夫將人類的命運寄託於知識分子身上。即便處於顛沛流離的流亡生活中，他依然堅信：「人類的未來取決於，精神的運動和社會的運動是否結合起來，更公正和更人道的社會是否與精神價值的維護、精神自由、人作為精神生存的尊嚴聯繫起來。」[15]這就是手無寸鐵的知識分子的強大之處。

13　亞·勃洛克，《知識份子與革命》（北京：東方出版社，2000年第1版），頁162。

14　別爾嘉耶夫，〈智性的危機與知識份子的使命〉，見《別爾嘉耶夫集》（上海：上海遠東出版社，1999年第1版），頁121。

15　別爾嘉耶夫，〈智性的危機與知識份子的使命〉，見《別爾嘉耶夫集》，頁122。

　　以上粗略地回顧了以法俄爲代表的西方知識分子的形成與發展。
總之，在我心目中，「知識分子」的形象是這樣的：他們有知識和智
慧，也有感情和熱忱；他們是信仰自由和寬容的現代公民，反對極端
主義和烏托邦思想，拒絕使用暴力的手段改變社會現實。他們的判斷
應當超越自身利益，而以大多數公眾的利益爲出發點；他們負有傳播
和繼承文化遺產的使命，同時又應當進行獨一無二的文化創造。

　　那麼，再回過頭來思考：在古代中國和當代中國，有沒有出現過
這樣的「知識分子」？古代中國的士大夫階層是如何完成向近代知識
分子的角色轉換的？在這一轉換過程中，他們遭遇了哪些困難和挫
折，又獲得了怎樣的成功？

(二)中國的士大夫傳統

　　春秋時期，士人作爲一個階層開始出現。隨著周代封建秩序的解
體，作爲貴族階級最低層的「士」，「恰好成爲貴族下降和庶人上升
的彙聚地帶」[16]。在「士、農、工、商」四個類別中，「士」雄居榜
首，受到其他各階層相當的尊重。

　　百家爭鳴是中國思想史上的第一個黃金時期，中國文化的許多根
本性問題在當時就已經提出來。但是，如果把春秋時期的「士人」與
古希臘的「智者」和「哲人」相比，區別是相當明顯的：春秋時期的
士人熱衷於「爭鳴」，但「爭鳴」的目的是獲得天子或者諸侯的青
睞，然後順利進入到權力體系之中；古希臘的「智者」和「哲人」也
喜歡「辯論」，但他們「辯論」的目的不是爲了獲得權力，而是爲了
追求純粹的眞理、追求思維的樂趣。在中國的先秦諸子中，除了稍稍
有點哲學思考的老子和稍稍有點自由精神的莊子以外，無論孔子、孟

16　余英時，《士與中國文化》，頁601。

子還是荀子、韓非，思考的核心問題都是權力如何運作，最大的理想都是成為無限風光的「帝王師」——通過帝王對權力的授予，實踐自己寫在書本上的學說。孔子周遊列國，得不到重用，便「惶惶如喪家之犬」，這樣的人能有什麼自由思想和獨立人格呢？孔子自己就曾赤裸裸地說：「學，祿在其中矣。」（《論語·衛靈公》）而在古希臘，知識階層的生存不依賴於權力者的施捨，他們背靠一個活潑的、龐大的市民社會，他們在這個市民社會中獲得精神上的支援和物質上的利益。因此，一位哲人會中氣十足地對前來向他諮詢國策的帝王說：「請你讓開，不要擋住了我的陽光！」

由於缺乏希臘－羅馬的理性傳統和猶太教－基督教的信仰傳統，中國古代的士大夫一直未能獲得知識和精神上的自足性。換言之，他們從來沒有真正擺脫過對世俗政權的依附性。中國古代的士大夫一般都兼有三重身分，一是儒生，二是法家，三是縱橫家。這三者看似矛盾，實則統一。

以儒生的身分而言，儒學在本質上是一種淺薄的倫理學，它探討的是人與人之間的關係。在這個簡陋的思想體系中，「關係」比「人」本身更重要。個人只有被放置在「君君、臣臣、父父、子子」這樣精密的關係網絡中，獲得某種「身分」的認可，其生命才有意義。在專制帝國內部，沒有天賦的「人權」，只有權力體系所賜予的某種「身分」。士大夫在經濟上不獨立，在人身上不自由，在精神上自然也就不獨立。按照孫隆基的說法，作為士大夫的傳統官僚是沒有受過行政的專業訓練的，他們治理天下的本錢是對「聖人之道」的傳頌。以孟子為例子，他企圖用美化古代堯舜之世這種「厚古薄今」的方式，來對軍閥或流氓出身的皇帝施加壓力。但是，士大夫的這一道德優越感是虛幻的，因為他們雖聲稱承擔「道統」與「文統」，這一身分卻根本得不到帝王的「恩准」。從秦始皇開始，專制帝王便兼有「人君」與「教宗」雙重角色，所有臣民都必須順從其統治，並接受

其承天之命、位居至尊的「聖人」身分[17]。哪裡還有士大夫插嘴的餘地呢？

秦皇與漢武均是締造專制制度的樞紐人物，專制制度形成的過程，也正是士大夫階層完全喪失獨立和自由的過程。如徐復觀所言：「由秦皇所建立的大一統的一人專制，順此一政制的基本性格，至漢武而發展完成。他發揮了大一統的一人專制下的很大功能，也暴露出大一統的一人專制下的殘酷黑暗。他之所以能如此……一方面是他憑藉了七十年安定社會所滋生的力量；一方面也是憑藉了他個人強大的欲望與生命力。在學術與人才方面，他一方面阻滯了社會上的自由發展；但另一方面也可以說是牢籠萬有，而又緣飾以儒術。」[18]進入西漢以後，漢武帝採納董仲舒「罷黜百家、獨尊儒術」的建議，正式將儒學確立為官方意識型態，確立為其君主專制統治的「裹腳布」。余英時指出：「『士大夫』作為一廣泛的社會稱號始於兩漢之際。」[19]那麼，士大夫能夠過一種什麼樣的生活呢？自己貴為帝王師的董仲舒為士大夫描繪了一幅無比美好的人生圖景：「少則習之學，長則材諸位。」(《漢書‧董仲舒傳》)也就是說，只要你今天好好學習(學習的內容自然由皇帝來規定)，明天就一定有官做。漢代開始定格下來的統一帝王的模式，留給士大夫階層的則是一塊相當蹇迫的空間──他們並不能像先秦時代的策士和俠客以及歐洲的修士和文人那樣遊弋於列國之間。因此，在他們的思想格局中，維護帝國秩序比捍衛個人自由更重要，余英時指出：「在漢代一統帝國的格局之下，知識分子所關懷的基本上是怎樣建立並維持一種合理的群體秩序。」[20]士大夫

17　孫隆基，《中國文化的深層結構》(桂林：廣西師範大學出版社，2004年第1版)，頁300-302。

18　徐復觀，《兩漢思想史》(第一卷)(上海：華東師範大學出版社，2001年第1版)，頁131-132。

19　余英時，《士與中國文化‧新版序》。

20　余英時，《中國知識階層史論古代論‧自序》，(台北：聯經出版公司，

在運用儒學幫助統治者維持專制秩序的同時，自己也從中分得一杯羹。從此，中國的文化階層就基本上喪失了對自身價值的堅守和對彼岸世界的求索，而淪為君王的幫兇、幫忙與幫閒。不服從者的命運則相當悲慘：司馬遷被閹割乃是一個象徵性的事件，被閹割的不僅是司馬遷一個人，而是整個士大夫群體；被閹割的也不僅是肉體意義上的生殖器，更是先秦時代士人身上殘存的「任俠」的自由精神。

以法家身分而言，士大夫一旦為官，必將展現出法家的真面目，因為儒家「仁義禮智信」的學說只是幌子，無法在施政時落到實處，只有法家的刑名法術才能在施政中遊刃有餘。唐之魏徵、宋之王安石、明之張居正等「一代名相」，無不深受法家思想的浸漬。在明清兩代，科舉出身的官員一般重用幕友處理政務，而這些所謂紹興師爺則大都奉行法家的原則。所以，歷代士大夫雖然鄙薄法家，但卻無法脫離之。儒學是統治者尋求統治合法性的一塊冠冕堂皇的招牌，而法家權術(如「厚黑學」等)才是他們具體實施的統治策略。晚清思想家宋恕說過：「自戎秦吞中國，以商鞅之教愚民，而孔氏之教隱，中國乃長夜矣！」(《宋恕集》)他認為，「夜中國者」雖為商鞅，而中國的長夜漫漫無旦時，則歸罪於那班認賊作父、陽儒陰法的人物。他提出「神州漢後四大罪人」的說法，這「四大罪人」分別是：「曲學媚盜」的叔孫通，「認法作儒，請禁餘子」的董仲舒，「借儒張辭，排斥高隱」的韓愈，「舞儒合法」、「邪說持世」的程頤。晚清另一位思想家夏曾佑指出，由於荀子的弟子李斯相秦，「大行其學，焚坑之烈，絕滅正傳，以吏為師，大傳家法」。這些思想家雖然是站在原始儒家的立場上批判法家，卻發現了中國政治傳統的奧秘，即「儒表法裡」也[21]。

(續)————————————

1980)。

21　參閱朱維錚，《求索真文明——晚清學術史論》(上海：上海古籍出版社，1996年第1版)，頁340。

以縱橫家的身分而言，一言以蔽之，「翻雲覆雨」也。在諸子著作以及《左傳》、《戰國策》、《呂氏春秋》、《史記》等典籍中有了大量「雄辯」的文字，討論者不是爲了追求眞理和學術闡發自己的觀點，而是爲了獲得權力尋找君王喜歡聽的論點，即「投其所好」也。其中，最糟糕的就是蘇秦、張儀之類的「縱橫家」。他們今天可以遊說六國聯合團結起來對抗秦國，明天又可以勸說秦國出兵來攻打六國。他們的心目中沒有正邪、善惡的標準，他們最終的目的不過是自己來掌權。對於戰爭造成的生靈塗炭、血流成河，他們沒有絲毫的憐憫之心。「合縱」與「連橫」，即使在一天之間也可翻雲覆雨，變幻莫測。這種「縱橫家」的氣質，深深地滲透到中國歷代文人的血脈中，而這正是最爲顯著的一種「反知識分子」特質。(可歎今天盛行的大學生辯論賽也存在同樣致命的弊端，對言辭的爭奪超過了對眞理的追求，這種「買櫝還珠」式的活動人們至今仍樂此不疲！)

關於士大夫的這三重身分，不妨以諸葛亮爲例子來說明。諸葛亮是中國文人理想的人格模式，但諸葛亮算不算是一個「知識分子」呢？諸葛亮的隱居是一種策略，就像姜太公釣魚一樣，是向權力者作出的一種姿態，其目標是期待某位「明主」來「三顧茅廬」。至於這個「明主」是劉備、是曹操、還是孫權，都不重要。重要的是，這位「明主」一定要來「三顧茅廬」。如果來的是劉備，諸葛亮就會給他一個「蜀國版」的《隆中對》；如果來的是孫權，就會給他一個「吳國版」的《隆中對》；如果來的是曹操，則會給他一個「魏國版」的《隆中對》。諸葛亮考慮問題的核心，是如何幫助軍閥擴大地盤和權力，並在這一過程中讓自己也獲得相應的權力。至於戰爭中要殺死多少人、要毀掉多少家庭，完全不在其考慮的範圍之中。諸葛亮是「儒表法裡」的人格模式的典型代表，羽扇綸巾的瀟灑背後是「揮淚斬馬謖」的殘酷，他在治理蜀國時使用了不少法家手段。在傳統的價值體系內，諸葛亮的成功是多個層面的，所謂「立言、立功、立

德」似乎都實現了，這使他成爲古代士人「文武雙全」的人生典範。殊不知，諸葛亮成就再大，也僅僅是專制體系中的一枚棋子，他並沒有獨立的人格和生命的尊嚴，權術和陰謀能讓他在複雜的政治和軍事鬥爭獲得勝利，卻貶低了人類存在的意義。

到了唐代，科舉制度開始建立起來。從此，儒家意識型態和文官制度融爲一體，士人的生命也與考試以及考試之後獲得的「身分」(秀才、舉人、進士乃至狀元)融爲一體。宋代出現了由科舉進身的新官僚階層，代替了根據門閥制度和「望族」等世襲神性以保證身分的古代中世的舊式官僚，這一新的階層被馬克斯‧韋伯稱爲「家產官僚」，日本學者山口久和分析說：「家產官僚的身分完全取決於他們自身學問教養的有無，他們爲通過科舉考試而專心致力於學問。不過，他們的最終目的是走上仕途，其教養帶有『經世濟民』等『致用』的一面，即世俗的功利主義的性質，妨礙了以知識追求爲置身目的的近代性『學術』的成立。」[22]對於士大夫來說，隨著科舉制度的逐漸鞏固，終於獲得了政治上和文化上的重要位置。對於統治者來說，科舉制度只是「贖買」知識群體的最佳手段而已，唐太宗曾一時得意忘形地說：「天下英雄，盡入吾彀中矣！」雙方互相需要、互相利用，一拍即合。士大夫占有話語權，君王需要士大夫爲其統治提供合法性的闡釋。用今天時髦的話來說，儒生便成爲皇家御用的「形象設計師」。

在古代中國，沒有出現像西方的大學那樣獨立的學術和教育機構。儘管零零星星地出現過一些民間創辦的「書院」(尤以兩宋時期書院爲最盛)，但它們不足以成爲有力量與皇家權力抗衡的「知識共同體」。宋人在〈勸學詩〉中說：「書中自有千鍾粟，書中自有黃金

---

22 (日)山口久和，〈中國近世末期城市知識份子的變貌——探求中國近代學術知識的萌芽〉，見高瑞泉、(日)山口久和主編，《中國的現代性與城市知識份子》(上海：上海古籍出版社，2004年第1版)，頁57。

屋，書中自有顏如玉。」此三句話足以概括中國讀書人的人生理想。王安石將士人馴服和帝王駕馭的秘密說得一清二楚：「人之情所願者，善行、美名、尊爵、厚利也。而先王能操之以臨天下之士，天下之士有能遵之以治者，則悉以其所願得者以予之。士不能則已矣，苟能，則孰肯舍其所得而不自勉以爲哉？」（〈上仁宗皇帝言事書〉）在宋初，文人若爲帝王師，還可以「平起平坐」地與皇帝共同完成教學計畫。到了後來，經過理學家的安排，帝王越加尊貴，文人即便是貴爲帝王的老師，也只能跪著給皇帝講課。這種自我貶低的作法，也是中國文人的「中國特色」。古代中國，士大夫階層未能構建獨立於專制王權之外的「道統」，也沒有提供政治合法性基礎的公共交往和公共輿論的支持，太學、書院、會館等組織一直處於「貧血」狀態。如許紀霖所論：「與中世紀教宗代表上帝賦予國王統治合法性不同，在古代中國，士大夫並沒有替天加冕的權力，士大夫的清議，雖然可以對皇帝實行軟制約，但缺乏制度性的保障，自身也沒有強有力的組織體系，無法形成類似歐洲中世紀那樣的神權—皇權二元化建制。」[23]

中國的文官體系是世界上最龐大的文官體系。在歐洲文藝復興和啓蒙時代，中國的文官制度曾受到許多歐洲學者的熱情讚揚。其實，這是「水中看月」，「因爲距離而產生美感」。伏爾泰、萊布尼茨等思想家讚美中國的科舉制度，立足點是批判本國的君主專制制度，在批判眼前看得到的罪惡的同時，他們需要尋找一個遙遠的烏托邦來作爲其「參照系」。他們對中國古代制度的讚美只是在不了解眞相的前提下的「拿來主義」式的權宜之計。中國人不能對外人的這些說法信以爲眞並洋洋得意。中國古代的文官制度存在著自身難以克服的巨大缺陷，歷史學家許倬雲論述說：「文官體系固然有制衡的作用，但也會造成社會上的特權階級，享有比他們人數比例遠爲

23 許紀霖，〈近代城市的公共領域〉，見高瑞泉、（日）山口久和主編，《中國的現代性與城市知識份子》，頁57。

巨大的社會權力。他們既是社會上的精英，也同時是過分享受權力和過分享受機會的人群。」[24]高瑞泉指出：「傳統的士大夫不僅是現實政治體制的直接基礎，而且是壟斷教化的特殊階層，在古代中國是爲政治現實和社會秩序服務的。」[25]在爲皇權提供合法性解釋的同時，中國士大夫在其他領域的創造力和想像力則遭致了可怕的閹割。自然科學衰微，人文學術則逐漸蛻化爲考據之學，絕大多數學者在故紙堆中「我注六經」，即便少數尚有一定自我精神的學者，也只能在既成的框架內「六經注我」。由於專制皇權具有「不可挑戰性」，士大夫只能在「伴君如伴虎」的恐懼中戰戰兢兢地生存。少數文人游離於官場之外，可這種「獨立」也是相對的——在他們背後沒有建立在商業貿易基礎上的城市和市民階級，即令逍遙如陶淵明者，也不過是身處「地主」與「富農」的縫隙裡，爲自己虛構一個世外桃源罷了。

於是，文化的僵化與人格的萎縮同步並行。到了明清時代，專制統治日益嚴酷，科舉制度日益荒謬，士人的品格也日益墮落。清代詩人鄭板橋在一封家書中惟妙惟肖地描述了當時讀書人的人生取向：「一捧書本，便想中舉、中進士、作官，如何攫取金錢、造大房屋、置多田產。起手便錯了路頭，後來越做越壞，總沒有個好結果。」如果說巴爾扎克的《人間喜劇》是一面觀察資本主義上升時期歐洲社會的窗戶，那麼吳敬梓的《儒林外史》則是一面透視中國專制社會末期士大夫悲劇命運的鏡子。在該書第十五回中，馬二先生教誨立志科舉考試的少年讀書人匡超人的話，替歷代知識分子道出了心裡話。馬二先生說：「人生世上，就沒有第二件可以出頭。不要說算命拆字是下等，就是教館作幕，都不是個了局。只是有本事進了學，中了舉人進士，即刻就榮宗耀祖。」對於普通的讀書人來說，一方面是科舉制度

24　許倬雲，《中國古代文化的特質》（台北：聯經出版公司，1988年）。
25　高瑞泉，〈近代價值觀變革與晚清知識份子〉，見高瑞泉、（日）山口久和主編，《中國的現代性與城市知識份子》，頁27-28。

的巨大誘惑，以及「一人得道、雞犬升天」的夢想；另一方面是莫須
有的、株連九族的文字獄，文字獄殺戮的不僅是部分文人的生命，更
是所有文人的靈魂。

專制統治者乃是「兩手抓、兩手硬」。滿清王朝除了打著關心文
化、編纂大型叢書(如《四庫全書》等)的幌子實施銷毀、篡改典籍的
險惡計畫，以達到消滅異端、禁錮思想的目的，所以朝廷修書而書亡
也。當時，絕大多數文字獄都是望文生義、捕風捉影，任意羅織罪
狀。歐洲的文人學者也曾因批評當權者而遭到迫害，如伏爾泰等就曾
被國王投進監獄，但一般不會遭到殺害，而且出獄後會受到貴族階層
的尊重和禮遇。而中國的文字獄則往往需要當事人付出生命的代價。
滿清之文字獄，次數之頻繁、株連之廣泛、處罰之殘酷，超過了此前
所有朝代。康熙親自發起《明史》案和《南山集》案，僅前者就殺戮
了221人。到了雍正皇帝，以文字爲發端的大案更是層出不窮，最後
大都以大逆不道論處。文字獄的頂峰在乾隆朝，其數量比康熙和雍正
兩朝加起來還要多四倍以上。有的案件僅僅是因爲幾句無關緊要的話
就讓幾百個人丟了腦袋。滿清政權的文字獄在士大夫中造成嚴重的恐
怖氣氛，顯示了皇帝生殺予奪的專制淫威[26]。

文字獄是專制社會缺乏政治民主和言論自由的產物，也是皇帝用
以威懾知識分子的重要手段。自古以來，中國就沒有誕生過思想自
由、言論自由、出版自由的思想，而沒有這三種自由，也就不可能有
真正意義上的「知識分子」。晚清改革家王韜就曾呼籲說：「以天下
之大，兆民之眾，非博采輿論，何以措置咸宜？是以盛治之朝，惟恐
民之不議，未聞以議爲罪也。」然而，遍覽中國之歷史，從來沒有出
現過王韜所描述的不以言論治罪的「盛世之朝」，「焚書坑儒」不是
特例，乃是常態。因爲，「一個據天下爲私有的專制皇帝是最怕有思

---

26 參見戴逸主編，《簡明清史》第二冊(北京：人民出版社，1980年第1版)，頁
233-240。

想能力的人，和培養傳習思想能力的書」[27]。專制帝王恨不得消滅所有堅持獨立思考的士大夫，而將其他的臣服者訓練成為其實施愚民政策的工具。

在「獨善其身」與「兼善天下」之外，倘若處於「亂世」或者個人生活處於「失範」狀態，文人則有可能成為秘密宗教會社乃至「農民起義」（「農民起義」這種說法令人懷疑，因為領導者大都是流氓無產者，並不是真正意義上耕田的農民）的幕後策劃者。歷史學者宋軍對此有深入的分析，清代若干民間秘密會社中都遊蕩著下層文人的身影，有的文人甚至還是主要的領袖[28]。下層文人步入宗教結社最為典型的事例莫過於洪秀全。洪秀全從十六歲到三十一歲之間，狂熱迷戀科舉功名，屢試不第產生滿腔怨恨，才導致他創立拜上帝教，並發動太平天國起義。馮雲山、洪仁玕、何震川等太平天國高層人士均有相似的科舉失敗的經歷。在「成王敗寇」的歷史觀下，這些孤注一擲的文人，與那些走「正途」的文人之間並沒有本質的區別。

「避席但畏文字獄，著書都為稻粱謀」，晚清詩人龔自珍哀歎說，偌大的中國已經淪為可怕的「病梅館」。儘管他嘔心瀝血地呼喚「我勸天公重抖擻，不拘一格降人才」，但在風聲鶴唳的異族統治下，文化人的處境不可能得到根本改變。臭哄哄的裹腳布摧殘了女性的身體，與之相似，東方專制主義思想扼殺了中國文化更新的可能。李慎之曾經指出，中國傳統文化的實質，一言以蔽之，就是專制主義。與那些不著邊際的讚美相反，深諳法學的孟德斯鳩早已洞悉了中國的根本問題——中華帝國的穩定是以將活人變成木乃伊來實現的。他在《論法的精神》中說：「中國是一個專制國家，它的原則是恐

27 王爾敏，〈清季知識份子的自覺〉，見《中國近代思想史論》（北京：社會科學文獻出版社，2003年第1版），頁80-81。
28 參閱宋軍，《清代弘陽教研究》（北京：社會科學文獻出版社，2002年第1版）。

怖。」在中國兩千多年的專制主義統治中,大部分文人不是其反抗者,而是其維護者。

社會秩序的敗壞,始於人心的敗壞;而普通民眾人心的敗壞,則始於精英階層人心的敗壞。由於缺乏一種恒久而堅實的信仰,無論是在詩歌的世界裡精雕細琢,還是在權力圈子裡爭權奪利,都無法讓生命獲得意義、讓文化獲得生機。正如許倬雲所論:「中國文化的僵化,每每從內部產生。傳播文化的儒生,無法和政治分開,他們變成社會上階級最高的既得利益者。……思想上,經學成為官學(正統之學),一般士子沉溺於舊思想中,無心旁求新思想源泉,思想既無法滿足一般人的需要,自然不再能維繫人心,天下遂面臨崩潰。」[29]明清以降,中國士人階層與他們所依託的文化一樣,逐步走向衰亡。晚清列強的入侵,僅僅是加快了這一進程而已。

(三)中國近現代知識分子的產生與發展

晚清以來,中國的文化、政治、經濟背景都發生了翻天覆地的變化。中國在鴉片戰爭中慘遭失敗,面臨「千年未有之變局」。同時,作為一個階層的士大夫,也面臨著前所未有的挑戰,從洋務運動到戊戌變法,幾代知識精英前仆後繼地謀求中國國力的富強和中國文化的復興。然而,由於傳統強大的慣性,每一步的改革都要後退半步。也有更多的保守派試圖維繫他們那「正在逝去的時代」,以致百般阻撓各個層面的變革,導演了義和團這樣怪異而殘暴的排外運動,結果卻加劇了專制制度的崩潰。

也正是在這一求索的過程中,新型的近代意義上的知識分子得以萌芽。比如,洋務運動開辦了一系列近代化的工廠、企業、鐵路以及

29　許倬雲,《中國古代文化的特質》。

銀行等等，這些新興的部門吸引了許多工業、管理和金融方面專業人員。比如，洋務派在建設新式的國防力量的過程中，籌辦新式陸軍、海軍、兵工廠、造船廠、軍事學校等等，培養出了大批人才，從嚴復到魯迅都是其中的佼佼者。又比如，由於殖民地和通商口岸的租界的繁榮，文人有可能在帝國政權之外獲得生存的機會，成爲某種程度上的「自由職業者」。在沿海的一些大城市裡，隨著新式報館的出現，那些在科舉中失意的文人或者是主動背棄科舉道路的文人開始投身其中，成爲第一批新聞從業者。這一歷史階段，大批青少年亦漂洋過海求學，公費或者自費的留學開始出現。這樣，一統天下的「學而優則仕」的格局開始動搖。

近代化的知識分子大規模出現和集結，其前提是城市化的突飛猛進。傳統中國是一元化的農業社會，其官場也是農業社會的一個組成部分。士人來自鄉村，即使飛黃騰達、位極人臣，最後往往也是回歸鄉村。古代中國的城市，僅僅是政治中心，換言之，也就是濃縮並放大的村莊而已。傳統中國的紳士，其實都是「鄉紳」，他們深受農業文明的諸多觀念的束縛，並成爲最保守的價值的堅守者。可以說，士大夫不過是一群特殊的「農民」罷了。而只有在近代化的城市當中，人口不斷流動、資訊自由傳播、商業蓬勃發展、契約成爲維持社會成員之間日常交際和往來的根基，在這樣的背景下才會出現自由選擇職業的「新式文人」，即「有中國特色的知識分子」。他們首先要克服長期以來形成的某種「反城市話語」，這種「反城市話語」試圖傳達某種眞理，「那是權力關係、世界觀、文化偏見、審美觀等儒教價值觀的集中表現，更可以說是將村落共同體(鄉村)的倫理和情緒理想化了的原始儒家以來的價值觀在潛意識中的體現。」[30]當近代城市的進

---

30 山口久和，〈中國近世末期城市知識份子的變貌——探求中國近代學術知識的萌芽〉，見高瑞泉、(日)山口久和主編，《中國的現代性與城市知識份子》，頁4-5。

程迅速推進、知識階層體認到城市生活的自由與便利的時候,這種「反城市話語」的欺騙性和虛幻性便凸現出來。於是,城市價值觀取代了連接鄉村事務的諸價值觀。正是依託於城市,「新式文人」有勇氣也有渠道批判帝國政治,表達改革的願望和對社會底層的悲憫。他們擺脫對土地和帝國權力的依附性,逐漸具備了近代知識分子的某些主要特點:「他們並不能壟斷教化,他們來自各個階級,雖然他們依然可能和政治有密切的關係,但是他們中的大多數可以在以往『學而優則仕』的正途之外獲得生存。他們以知識、思想和文化的生產或傳播作為職業,其中相當部分人員實際上更多地服從著市場的法則。因此他們在精神上從世界觀到基本政治態度都不必與官方保持一致,被稱作公共知識分子的那一類則毋寧以批評主流社會和政治為職志。」[31]

寬泛地說,戊戌變法這一代人,如康有為、梁啟超、譚嗣同等可稱為近代中國最早的一批「知識分子」。梁啟超已擁有舉人的功名,可繼續沿著科舉之路向上攀登。但甲午之變局給他以巨大刺激,從此選擇了一條與傳統士大夫截然不同的人生道路。他強烈地感受到,必須擁有更加迅捷而廣泛的知識和文化傳播手段,才能在這個風雨飄搖的老大帝國之內實現解放人、拯救人的理想。戊戌變法前後的十餘年間,梁啟超組織學會、興辦學校、創辦報刊、編寫叢書,領導輿論潮流,成了近代中國最傑出的報人和啟蒙先驅。他的經歷最為生動地體現了傳統士大夫向近代知識分子蛻變的過程。以康梁這一代人而言,堪稱近代中國思想與知識創新的開拓者,如學者王爾敏所論:「他們的覺醒,予中國知識界帶來了幾個開朗的發展方向。其一是擴大求知領域,形成無限界擴張的趨勢,而突破觀念認識狹隘的束縛。其二是慕新趨新的動向,而形成強烈的吸取新知之要求。其三是打破一尊之

31　高瑞泉,〈近代價值觀變革與晚清知識份子〉,見高瑞泉、(日)山口久和主編,《中國的現代性與城市知識份子》,頁28。

教化，打破正統觀念，以及思想之統制蔽錮。其四是開拓了學術自由思想自由的美好天地。」[32]

　　與西方一樣，一個穩定的知識分子階層的形成並對社會發揮公共影響，必依賴於大學的出現。晚清的教育改革加速了新式知識分子的形成。1863年，清政權設立專門培養翻譯人才的同文館，隨後各種新式學堂亦大量產生，派遣留學生的計畫也得以實行。「新學」成為社會的主流，短短十多年間，西方學術著作的翻譯蔚為大觀，青年一代讀書人對這些著作的閱讀超過了對傳統中神聖經典的關注。1898年，在戊戌變法的高潮中，北京大學的前身——京師大學堂得以創立。這是中國第一所國立大學，當然它成為中國現代學術、文化和思想的搖籃，還得等十多年的時間，直到蔡元培出任校長的時候。作為戊戌變法的倖存者，京師大學堂具有「皇家學府」的身分，一開始就未能與權力保持相當距離，也不像西方大學那樣有宗教信仰支撐而獲得精神上的獨立。

　　1905年，在內外交困之中，清廷被迫下詔廢除在中國歷史上實施了一千多年的科舉制度。舊有的知識體系及知識人的政治與經濟依託，至此全部灰飛煙滅。這是一個劃時代的事件，這也是「釜底抽薪」的一個關鍵步驟。其重大的象徵意義在於，「這是『士』的傳統的最後一次『斷裂』；但這次『斷裂』超過了傳統架構所能承受的限度，『丸』已出『盤』，『士』終於變成了現代知識人。」[33]1905年廢除科舉制度，從制度上終結了由「士」到「官」的人生模式，對中國固有的政治和文化結構的衝擊，甚至大於六十多年前的鴉片戰爭。科舉之廢給傳統士大夫階層以致命一擊，清廷沒有想到，這一心不甘情不願的「自救」措施反倒更像是一次「自殺」行動。它沒有延緩辛亥革命的爆發，反而加速了辛亥革命的來臨。美國漢學家威廉·洛

32　王爾敏，〈清季知識份子的自覺〉，見《中國近代思想史論》，頁130。
33　余英時，《士與中國文化·新版序》。

艾‧華納指出:「在中國開放的階級制度裡,士紳們雖然高高在上,卻允許低下層的人上升,可是在舊社會瀕臨崩潰的時期,伸縮性卻逐漸解體而成為無組織的了。所以中國的革命與其說是由於階級制度的嚴峻或官僚制度的刻板,毋寧說是由於中國進入了世界性的體系而變為更新的社會,而在這改革的社會中,舊階級制度不能適應或不適用,結果在革命中終於解體了。」[34]士大夫階層的消亡,同時也意味著近現代知識分子的出現。京師大學堂的建立和科舉制度的取消這兩個事件的意義,顯然不僅局限於文化、教育和官僚體制等領域,它們全面而深刻地影響了中國現代化進程,是現代知識分子誕生的催化劑。

　　1909年,中國有各類新式學堂五萬九千多所,學生達160萬人。新式知識分子擺脫了傳統士大夫所依附的宗法─皇權制度,而以近代民族國家觀念來取代之。由此,亦產生了明確的政治意識和政治要求。清末立憲運動,即可看作是近代知識分子力量前所未有的一次集結。如果說當年的「公車上書」行為的參與者,還大都是具有開明思想的傳統士大夫,從「公車」一詞即可看出它與傳統文化之間的密切關聯,戊戌變法仍是以傾向維新的士大夫為主導的自上而下的改革;那麼,1904年開始的立憲運動,則有更多新式知識者的參與,更具自下而上的草根性質。當時《南方報》評論說:「昔者維新二字,為中國士大夫之口頭禪;今者立憲二字,又為中國士大夫之口頭禪。」[35]從「維新」到「立憲」的變化較為清晰,殊不知此時「士大夫」已非彼時「士大夫」。立憲派提出設立國會、責任內閣、司法獨立等要求,直接「向皇帝要民主」。

　　在立憲派的組織和鼓動下,加之有新興商人群體的支持,一個全

34　周榮德,《中國社會的階層與流動──一個社區中士紳身分的研究》之〈導言〉(上海:學林出版社,2000年第1版),頁8。

35　〈論立憲當以地方自治為基礎〉,《南方報》,1905年9月21日。

國性的國會請願運動迅速展開。到1908年夏,已經有十多個省的代表先後到北京請願,各省在請願書上簽名的,一般都有數千人,如河南有四千餘人,安徽有五千餘人,江蘇則有一萬三千人。雖然清廷百般阻撓和威嚇,查禁立憲團體政聞社,關閉宣傳立憲學說的《江漢日報》,這些行動卻如同火上澆油,使得立憲運動更是如火如荼地展開。山西請願代表到京的時候,在京的山西籍官員驅車乘轎前往正陽門車站迎接,轟動京師。1910年1月,由16省諮議局推選的33名代表入京上書,請於一年內開國會,遭到清廷拒絕。6月,第二次請願,在請願書上簽名的國民多達30萬人,清廷答覆依舊。立憲派人士隨即發起第三次請願,規模和聲勢更為宏大,直隸、河南、山西、陝西、福建、四川、貴州等地都舉行了群眾集會和遊行。立憲派的報紙甚至激烈批判專制政權,「黑暗政府,妖孽之首領也。聚三五老朽於一堂,旅而進焉,旅而退焉。……對於內,則為滑稽之政府;對於外,則為柔媚之政府。……仕宦之場,一妖孽薈萃之區也。」[36]因為立憲運動未獲成功,或者說辛亥革命的爆發使得其在整個近代歷史敘事中黯然失色,它的歷史價值未受史家重視。實際上,清末立憲運動是近代知識分子階層形成的標誌,其民眾動員之廣、思想傳播之深,奠定了民國的根基。

接下來就是民國的建立和輝煌的五四運動。民國初年大學的發展,使得現代知識分子群體有了生存的依託和學術的園地。蔡元培出掌北大,以「思想自由,相容並包」的辦學思想,在短短數年之內便使之脫胎換骨。可以說,沒有蔡元培,就沒有新北大;沒有新北大,就沒有五四運動;而沒有五四運動,就沒有現代知識分子群體浮出水面。歷史學家周策縱認為,五四運動對於現代知識分子來說,首先是思想和精神上的革命,「五四運動標誌著中國知識分子對人權和民族

---

36 〈說妖孽〉,《大公報》,1910年8月30日。

獨立觀念的迅速覺醒」[37]。五四運動或更準確地說新文化運動，是古代士大夫向現代知識分子轉型基本完成的標誌。

五四運動之後，報紙雜誌、圖書出版迅速成爲一個龐大的產業。如果說在1900-1920年，北京大學是新文化的發源地、新思想的催生地，它以「最高學府」的地位吸引著全國各地最優秀的人文學者；那麼在此後十餘年間，上海商務印書館則成爲哺育新文化的搖籃。作爲當時中國最大的一家出版機構，商務印書館凝聚了上海近代商業文明的精粹，不斷地爲這個古老國度引進西方先進文化。商務印書館與北京大學兩大文化機構扮演著相似的角色，後者已獲得史家的充分肯定，而對前者的充分評估仍未全面展開。如周策縱所論，以商務爲代表的新型新聞出版機構，「最大的價值在於它們把中國年輕的知識分子介紹給人民大眾，並爲青年知識分子提供了一條交流的渠道，他們在後來的幾十年中成爲中國著名的社會、政治、文學方面的領導人物」。商務印書館創辦人張元濟因此與北大校長蔡元培齊名。實際上，五四事件後出現的文化傳播熱，「不論在中國輿論的發展方面，還是在中國新知識分子的形成方面，都是劃時代的」[38]。與商務印書館同樣重要的還有《大公報》、《申報》等著名報刊，它們分別集結了一批優秀知識分子，不僅承擔了對民眾文化思想啓蒙的任務，而且在一定限度上影響著政府決策。如果說在戊戌變法那一代人當中，像梁啓超那樣全身心投身於文化思想傳播事業的一流知識分子還寥寥無幾；那麼，在五四運動這一代人中，絕大多數第一流的學者和作家，都或多或少地加入到現代傳媒當中，從事出版、創辦報刊、撰寫文章、領導輿論風氣。

1920-1930年代，是中國資本主義發展的黃金時期，當時的經濟

37　周策縱，《五四運動：現代中國的思想革命》(南京：江蘇人民出版社，1996
　　年第1版)，頁15。

38　周策縱，《五四運動：現代中國的思想革命》，頁249。

增長率比今天還高。城市的興盛和市民社會的形成，使現代知識分子無論在數量上還是在質量上都飛速提升。蔡元培、陳獨秀、魯迅、胡適等人便是其中的優秀代表，他們在相當程度上脫離政府的控制而成爲民間的輿論領袖。大學、中學、獨立研究機構、教會、報館、雜誌社、出版公司、電台、電影公司、新式劇團、以商會爲代表的各種協會、律師事務所、醫院、銀行、工會等現代組織形式發展迅猛，它們共同構成了與國家權力保持距離和張力的「公共空間」和「民間社會」。現代知識分子呼吸於其中、生活於其中，並自覺參與著對中國現代文化的塑造。他們的成功、光榮、局限和尷尬，都是中國現代化進程不可或缺的一部分[39]。

從1930年代末到1940年代中期，雖然中國現代知識分子群體必須面對日本入侵這一家國劇變，但他們的思想和學術依然在艱難突進。西南聯大在艱苦的環境中創造了現代教育史上前無古人、後無來者的奇跡。《觀察》雜誌的出現，使現代知識分子有了一個發揮輿論「第四權」的公共平台，它也是堅持自由主義立場的現代知識分子在中國大陸最後一次大規模的集結。《觀察》深刻地啓發了此後台灣知識分子從《自由中國》到《美麗島》的曲折道路，即知識分子通過出版雜

---

39 白吉爾認爲：「在本世紀初，支配著中國社會進步的，並不是工業化，而是一種變革社會的有益的思想，即現代化的進程。現代化政策所引起的社會多樣化（士紳階層的分裂、現代城市精英階層的脫穎而出、獨立的知識階層的崛起），摧毀了古老政治制度的基礎，而這種政體依靠的是極少數官僚上層來同廣大的農民群眾直接的對抗。由於新舊雙重社會結構的存在，推動了市民社會的形成，而後者的出現又導致居間狀態的團體（商會、教育會或農會）的湧現，它們構成了代議制機構的基礎。」1920年代以來，在「國家」和「個人」之間的中間社會的快速發展，爲中國的現代知識分子群體提供了廣闊的活動空間。最典型的例子就是晏陽初、梁漱溟等人主持的「鄉村建設運動」，在民國建立之前和1949年之後，要開展這種由知識分子領導的鄉村建設和改革活動都是不可能的。參閱白吉爾，《中國資產階級的黃金時代(1911-1937)》（上海：上海人民出版社，1994年第1版）。

誌來推動整個社會的民主化進程。

　　從一個側面來看，中國現代知識分子的發展歷程，可以從三個機構──即一所大學(北京大學)、一個出版社(商務印書館)和一個雜誌(《觀察》)──來透視之。

　　1949年以後，隨著奉行單一意識型態的新政權的建立，知識分子尤其是人文知識分子，因為其獨立、自由的天性和批判、懷疑的立場，逐步被排斥在歷史進程之外。毛澤東曾經說過，大學是要辦的，但指的是理工科大學。這既是官方的立場，又是那個時代統治階層總體的思維方式。反胡風運動、反右運動、文化大革命……以迫害知識分子為主的政治運動，一次緊接著一次開展，其規模不斷擴大，遭到整肅的知識分子人數，由數百人、數萬人乃至數十萬、數百萬人。在屢次暴風驟雨般的政治運動中，知識分子在精神層面和肉體層面遭到殘酷迫害乃至消滅。大規模迫害知識分子，帶來的嚴重後果便是現代化進程不斷受挫。

　　中國的現代知識分子在這一歷史時期的遭遇，可以說是一齣足令鬼神都會為之哭泣的悲劇。在文革時代，中國知識分子的命運與別爾嘉耶夫估計的俄國知識分子在十月革命之後的遭遇極其相似：「極權的國家把精神文化的創造者加以分化。它或者收買知識分子，承諾其一切好處，要求他們順從地履行社會律令；或者迫害他們，使他們成為受難者。……一部分人趨向於調和，適應和贊同拒絕思想和創造的自由；另一部分人則拒絕調和，因此陷入了相當嚴重的處境。」[40]幾代人的脊樑都被壓彎。對於一個社會來說，知識分子既是「發動機」，也是「預警系統」──同時失去「發動機」和「預警系統」的社會，必然會滑出正軌。

　　在21世紀之初，由於市場經濟迅速拓展和政治體制改革迫在眉

40　別爾嘉耶夫，〈智性的危機與知識份子的使命〉，見《別爾嘉耶夫集》，頁122。

睫，中國面臨著巨大變數。此種變化，並不亞於晚清時代李鴻章那一代人所面對的變局。許多人都已感受到，昔日的「無限政府」正逐漸向「有限公司」轉型，處於「個體」與「國家」之間的「社會」正日漸擴大——儘管在這一進程中不斷發生衝突與動盪。這個逐漸走向多元共生、眾聲喧嘩的「社會」，也正是現代知識分子賴以生長的基礎。

近幾年來，學術界頻繁使用「自由主義知識分子」和「公共知識分子」的概念，並自覺將其背後的文化思想資源與胡適那一代人對接。1998年，在北大熱熱鬧鬧的百年校慶中，李慎之將北大傳統概括爲「自由主義」，這與官方所定義的「愛國主義」傳統顯然存在天壤之別。李慎之爲《自由主義的先聲——北大傳統與近代中國》一書所寫的序言，復活了長期被阻隔與封凍的自由知識分子傳統，啓發了許多知識者自我意識的覺醒。「自由主義」不僅是一種文化取向和思維方式，更是一種生活態度和人格狀態。「自由主義知識分子」這個概念，有其特殊內涵：它不僅僅是指稱那些持有「自由主義」觀點和理念的知識分子，它更是指稱那些身分和精神狀態均保持「自由」狀態的知識分子。後者在毛澤東時代幾乎不存在，據說當時沒有領取過官方工資的作家只有巴金和傅雷兩人，而他們在文革中的悲慘命運則眾所周知。到了今天，一個可喜的情形出現了：自覺或不自覺選擇過體制外生活的知識人正變得越來越多。因此，不難理解王小波爲什麼要辭去在北大、人大的優越的教職，他是想獲得自由身分。有了經濟基礎，有了自由身分，有了獨立人格，有了包括網路在內的越來越廣闊的言論的空間和傳播渠道，想像力和創造力的恢復方有可能，像法國思想家薇依所說的具備了「紮根」能力的知識分子群體的出現方有可能。這一甜蜜又苦澀、激動且沮喪的歷史進程，我們正在參與其中。

——2000年秋初稿，北京大學圖書館
2005年7月定稿，京東有光居

中卷

文學內部的問題

最是文人不自由
——論章學誠的「業餘」文章

　　章學誠是清代傑出的文史學者，自從五四之後受胡適表彰以來，他在歷史文獻學、歷史地理學及歷史哲學方面的貢獻逐漸受到學界的重視。章氏也是清代中期最具「近代性」的知識者之一，日本學者山口久和將其視作中國前近代社會向近代社會蛻變過程中的一個典範：章氏已經意識到了脫政治、脫倫理的「知」的固有價值——用韋伯的話來說，就是從價值判斷獲得自由的知。正是在章學誠這裡，「與日常的利害、關心保持了一定距離的中性的知識被推到了知的前景中來」[1]。章氏擁有兩重身分，一是學者，二是文人。他本人看重學者之身分，而輕視文人之身分。其實，他的文章在清代學者中獨具一格，其傳記文、碑銘墓誌和書信均有較高的文學價值。在文學理論方面，章氏的文器觀、流別論、文德論、古文辭義例說以及對「文人之文」與「史家之文」的區分、對當時流行的「古文」的批判、對傳記寫法的探討等，諸多見解均遠在同代人之上[2]。

　　章學誠擁有「文」與「史」兩支筆，他認為：「學問、文章，古人本一事，後乃分為二途。……文章必本學問，不待言矣。」[3]在集

1　山口久和，〈中國近世末期城市知識份子的變貌——探求中國近代學術知識的萌芽〉，見高瑞泉、（日）山口久和編，《中國的現代性與城市知識份子》（上海：上海古籍出版社，2004年第1版），頁20。

2　參閱黃保真、蔡鍾翔、成復旺，《中國文學理論史‧四》之「章學誠的文章社會學」一節（北京：北京出版社，1987年第1版）。

3　章學誠，〈又與正甫論文〉，《章學誠遺書》（卷二十九）（北京：文物出版

中主要精力撰寫嚴肅的學術文章之餘,章學誠也寫了不少充滿性情的文字。章氏性情內向收斂,即便是這類性情文字,也與同時代的文章大家們不同。如散文大家汪中力求「狀難寫之情,含不盡之意」[4],章氏曾與之就詩文作法有過爭論,因爲他本人在寫作的時候講究樸實無華、言與事合一,用同代學者洪亮吉的話來說,章汪二人文章之區別在於「君於文體嚴,汪於文體眞」。[5]章氏的學術文章前人多有談及,而其「業餘」創作的雜體文章卻很少受到關注。本文擬就章學誠所寫的部分傳記和書信入手,分析其被忽略的「另一支筆」。

(一)「撰著於車塵馬足之間」
──章學誠之生平

如山口久和所論:「在乾嘉時代,懷才不遇的知識分子爲了生存,或成爲地方高官的幕友,或受聘爲各地書院的山長,或寄身爲權貴子弟的家庭教師(教館)。這些章學誠都經歷過。」[6]「對文學事尤爲切志」[7]並組建了「詩人幕府」的封疆大吏曾燠,曾聘請章學誠擔任幕賓。曾燠寫過一首題爲《贈章實齋國博》的詩,其中有這麼幾句:「章公得天秉,贏絀迥殊眾。豈令美好人,此中或空洞。君貌頗

(續)───────────────

　　社,1985年第1版),頁337。
4　李詳,〈汪容甫先生贊〉,《李審言文集》(南京:江蘇古籍出版社,1988年第1版),頁772。
5　洪亮吉,〈有入都者偶占五篇寄友〉,轉引自尚小明《學人遊幕與清代學術》(北京:社會科學出版社,1999年第1版),頁185。
6　山口久和,〈中國近世末期城市知識份子的變貌──探求中國近代學術知識的萌芽〉,見高瑞泉、(日)山口久和編《中國的現代性與城市知識份子》,頁10。
7　《南城縣志》卷八〈官業・曾燠〉,轉引自尚小明,《學人遊幕與清代學術》,頁123。

不揚，往往遭俗弄。……五官半虛設，中宰獨妙用，試以手爲口，講學求折衷。……《續鑑》追溫公，選文駁蕭統。乃知貌取人，山雞誤爲鳳。」[8]這些詩句描寫了章學誠醜陋的相貌，並批評了以貌取人的社會風氣。「五官半虛設」一句說得有些刻薄，由此可見章學誠的相貌確實不敢讓人恭維。醜陋的相貌，給章學誠的治學和生活都帶來諸多不便。另一方面，社會的歧視卻也成爲章氏獨闢蹊徑、走出一條學術新路的巨大動力。

章學誠(1738-1801)，字實齋，號少巖，浙江紹興人。其祖父和父親都嗜好史學。父親曾經擔任湖北應城知縣，因斷案失誤而免官。在任五年，居然沒有任何積蓄，連回家的路費也拿不出來，只好講學於附近的書院，艱難地維持一家人的生計，正如章學誠所回憶的那樣：「先子罷縣，貧不能歸，僑家故治，又十許年。」[9]章氏少年時代體弱多病，讀書也很遲鈍。直到20歲才逐漸開竅，於史部有了特殊的興趣[10]。

23歲，章學誠到京師參加順天鄉試，頗有「意氣落落，不可一世」之英氣，但未能考中。此後多次應試都受挫。科場失意之後，章氏居國子監，苦讀歷代史書，並且結交了知名學者朱筠等人。這時，章氏已經對學問本身產生了濃厚的、超乎功利的興趣。他把「學問之於身心」看作「猶饑寒之於衣食也」，一旦進入到學術研究之中「則覺饑之可以爲食，寒之可以爲衣」[11]。章氏在一封書信中說：「僕南北奔走，忽忽十年，浮氣囂情，消磨殆盡，惟於學問研搜，交遊砥礪

8　曾燠，《賞雨茅屋詩集》卷三，轉引自尚小明，《學人遊幕與清代學術》，頁184。

9　章學誠，〈李清臣哀辭〉，《章學誠遺書》(卷二十三)，頁235。

10　參閱倉修良、倉小梅，《章學誠評傳》(南寧：廣西教育出版社，1996年第1版)。

11　章學誠，〈與史餘村論學書〉，《章學誠遺書》(卷二十九)，頁335。

之處，不自知其情之一往而深，終不能已。」[12]然而，其重視史學理論的研究路數與當時盛行的考據之學迥然不同，其學「不合時好」，其人也被學界「視爲怪物，詫爲異類」。這段時間，章學誠拜訪了名聲如日中天的戴震，這次會面對其學問的發展產生了極大影響[13]。

1769年，章學誠舉家遷到北京，奉養全家十七八口人，可謂「米珠薪桂，歲月甚長」[14]。1776年，章氏第七次參加考試，終於考中進士，這時他已經41歲。當擁有踏入仕途的資本之後，章學誠卻主動拒絕做官。他清醒地認識到自己的「迂疏」，這種性格是不適於入仕的。更爲重要的是，做官與治學兩者難以兼得，做官必然會把「精力分於聲色與一切世俗酬應」[15]之中。章氏選擇了相對自由卻相當困苦的學者生涯，因爲他視文史事業高於一切，即便是「從名公巨卿」，也要「以文章見用於時」[16]。正因爲這一選擇，章學誠後半生一直都爲生計而四處奔波，大多數時間都在旅途中度過。即使人在旅途，他也堅持每天寫一篇文章，路上打好腹稿，在旅店住下，晚飯後便在燈下撰寫成文。雖然「江湖疲於奔走」，卻做到了「撰著於車塵馬足之間」[17]。1781年，章學誠在路經河南時遭遇強盜，所有行李都被搶劫一空，包括44歲以前的所有文稿。這是章氏一生中最不幸的一次遭遇，也是清代學術史上的一大損失。如今我們能看到的章學誠44歲以前的專篇文字寥寥無幾。

1787年，50歲的章學誠困居京師。通過朋友的努力，本已經謀到一個知縣的位子，最後他還是放棄了。因爲一旦爲官，一家人的溫飽問題倒是解決了，但是如何繼續文史之學呢？他放棄了最後一個進入

12　章學誠，〈與家守一書〉，《章學誠遺書》（卷二十八），頁316。
13　余英時，《論戴震與章學誠》（北京：三聯書店，2000年第1版）。
14　章學誠，〈上朱先生〉，《章學誠遺書》（補遺），頁608。
15　章學誠，〈與史餘村論學書〉，《章學誠遺書》（卷二十九），頁327。
16　章學誠，〈答甄秀才論修志第一書〉，《章學誠遺書》（卷十四），頁137。
17　章學誠，〈與邵二雲論學〉，《章學誠遺書》（卷九），頁80。

仕途的機會。那麼，怎樣才能既解決生計又繼續研究學問呢？他前往河南，向當時享有盛名的學者型官員畢沅毛遂自薦，他在詩中記述了當時的情景：

> 鎮洋太保人倫望，寒士聞名氣先壯。戟門長揖不知慚，奮書自薦無謙讓。公方養屙典謁辭，延見臥榻猶嫌遲。解推遽釋目前困，迎家千里非逶迤。[18]

畢沅是乾隆所點之狀元，多年擔任封疆大吏，仕途顯赫，本人亦為一名優秀的學者。畢沅的幕府存在時間長達二十多年，前後幕賓多達五十多人，集中了當時的一流人物，時人譽之為：「生前幕府三千士，死後名山萬卷書。」[19]後人也認為：「在清代前、中期的重要學人幕府中，畢沅幕府無論從規模上，還是從影響上說，都是首屈一指的。」[20]畢沅的幕府在許多學術領域均有建樹，對清代學術發展貢獻甚大。從章學誠的詩句中可以看出，畢沅還是比較看重章，給予其較為優厚的待遇。1788年，在畢沅的支持下，章學誠終於得以開局於開封，主持編纂巨著《史籍考》，凌廷堪、洪亮吉、武億等學者皆參與之。好景不長，畢沅升任湖廣總督，靠山一走，章立刻陷入困境。1790年，他追隨畢沅來到武昌，在其幫助下修編《湖北通志》，同時參與編著《續通鑑》。此後的五年，是章學誠學術生涯中最為安定的、創作也最為豐富的五年。

1794年，畢沅離任，章學誠再次受到排擠，不得不離開湖北。1797年，章氏赴杭州，入浙江布政使謝啓昆幕府，補修《史籍考》。

18　章學誠，〈丁巳暮書懷投贈轉運因以志別〉，《章學誠遺書》（卷二十八），頁316。

19　徐榮慶，〈哭畢尚書〉，轉引自尚小明《學人遊幕與清代學術》，頁109。

20　尚小明，《學人遊幕與清代學術》，頁94。

不久,他又被迫離開,轉入兩淮鹽使曾燠幕府。1800年,由於貧病交加和讀書寫作的艱辛,他雙目失明,仍堅持《文史通義》的寫作[21]。1801年,章氏爲汪輝祖作《豫室志》,據汪輝祖《夢痕餘錄》云:「中有數字未安,郵簡往返,商榷再三。稿甫定而疾作,遂成絕筆。」11月,章學誠與世長辭,終年63歲[22]。

章學誠一生平淡,以著述爲己任,他以編撰方志和叢書的方式服務於幕主,在勉強糊口中度過了困頓的一生。這種生活際遇,也使他成爲當時少數對「乾嘉盛世」有清醒認識的知識分子,他發現吏治的腐敗乃是社會總危機的根源。章氏在從事學術研究之餘,也未忘卻對當下政治現狀的觀察和批評,他指出,「督撫兩司」,蠹國殃民,「奸胥巨魁」,助虐肥家,上下勾結,「婪贓瀆貨,始如蠶食,漸至鯨吞」。[23]作爲「時代的寡合者」,他雖然取得了相當高的學術成就,但並未被同代人充分認識和肯定。梁啓超在《中國近三百年學術史》中感慨說:「顧吾曹最痛惜者,以清代唯一之史家章實齋,生乾嘉極盛時代,而其學竟不能爲斯學界衣被,以別開生面,致有清一代史學僅以摭拾叢殘自足,誰之罪也?」[24]然而,歷史總是公平的,歷史淘汰了許許多多趨時的俗學,隨著時間的流逝,章學誠的學術地位日漸凸現。

以幕友的身分而言,「如果說經世濟民是儒者的理想的話,那麼他們皆是被拒絕參列於政治殿堂的人。章學誠就是這樣的脫政治的知識分子,作爲被政治疏遠而帶來精神痛苦的補償,他轉向了對知識探求的關心,是近代『學者』的典型人物。」[25]在清代學術史上,章學

21　參閱倉修良,《章學誠與〈文史通義〉》(北京:中華書局,1984年第1版)。

22　參閱倉修良、倉小梅,《章學誠評傳》。

23　章學誠,〈上執政論時務書〉,《章學誠遺書》(卷二十九),頁327。

24　梁啓超,《飲冰室合集》(專集第五卷)(北京:中華書局,1989年第1版),頁298。

25　山口久和,〈中國近世末期城市知識份子的變貌──探求中國近代學術知識的

誠與戴震被看作兩個高峰,「在乾、嘉時代為雙峰並峙、二水分流」、「如果允許我們把清代的考證運動比作走龍,那麼東原和實齋便正好是這條龍的兩隻眼睛。」[26] 如此學術大師,在生活上卻貧困潦倒,「三十年來,苦饑謀食,輒藉筆墨營生,往往為人撰述傳志譜牒。輒歎寒女代人作嫁衣裳,而己身不獲一試時服。嘗欲自輯墟里遺聞逸獻,勒為一書,以備遺忘,竊與守一尚木言之,而皆困於勢不遑,且力不逮也。」[27] 章氏以「寒女代人作嫁衣裳」喻個人經歷,內心之苦楚是一般人難以體會的。他甚至沒有時間、精力與財力實現其學術計畫,他的一生也正是「文人不自由」的註腳。可以說,他的學術是在苦難中開出的芬芳之花。

(二)「儒林內史」
──章學誠傳記中的清代士人群像

章學誠認為,文人不能修史,史家卻可以為文。他說過:「古人本學問而發為文章,其志將以明道,安有所謂考據與古文之分哉?」[28] 他不同意「考據」與「古文」的區別,認為文章本來就是對學問的闡發。錢穆特意指出,章學誠的意思是說「立言即著述」,所涉及的是文章與學術的關係[29]。好文章須有豐博之學問、獨到之見識和敏銳的感覺方得孕育而出,如高吹萬所論:「文章之事,其由於天賦者半,由於人力者亦半。以獨至之性情,濟以不磨之學問,則其文

(續)────
　　萌芽〉,見高瑞泉、(日)山口久和主編《中國的現代性與城市知識份子》,頁17。
26　余英時,《論戴震與章學誠》,頁5。
27　章學誠,〈與宗族論撰節潛公家傳書〉《章學誠遺書》。
28　章學誠,〈與吳胥石簡〉,《章學誠遺書》(卷九),頁78。
29　錢穆,《中國近三百年學術史》(北京:商務印書館,1997年第1版),頁440。

自可以傳諸久遠。」[30]

　　章氏一生寫下了大量碑傳、行狀和墓誌。其中，有不少是爲謀生、賺取「潤筆」（稿費）而寫的，例如那些給同時代的官員及其親屬所寫的墓誌銘；也有不少是爲彰揚他本人堅持的道德理念而寫的，例如爲烈婦貞女所寫的傳記。如其《烈女傳》，雖然標榜傳統之道德倫理觀念，思想無足觀，但其寫法卻在同類傳記中堪稱翹楚，「至於《烈女》傳，尤極匠心爲之，但有一節可書，片言爲則，無不描摹聲欬，刻畫儀容，以慰冰潔之志。若夫闕坊有傳，防猥濫也，即以待參稽；前志有傳，明淵源也，即以維廢墜。其體裁皆足以爲後之修志家取法。」[31]而章氏寫得最好的一類傳記，是爲其老師和朋友而寫的傳記，也就是與他屬「同類」的士人的傳記。

　　首先，從內容上來看，章學誠把筆觸伸向下層文人這一「弱勢群體」。章氏寫了許多讀書人，由於他本人一生都處於社會中下層，所接觸的大都是科舉不得志的讀書人、或者是在官員幕府中苦苦支撐著度日的讀書人。這些「上也上不去、下也下不來」的文人，既沒有在仕途上發達的機會，也沒能作出什麼有價值的學問來。這樣一些人物，很少進入負責修正史的作者的視線之內。章學誠突破了以成敗論英雄的傳統價值觀，爲若干平凡的讀書人撰寫了生動的傳記，並把最多的尊敬和同情給予他們。這就是「文人之傳」與「史家之傳」的區別。在「史家之傳」中，傳主必須是對時代有重要影響的大人物，而「文人之傳」的傳主卻可以是藉藉無名的小人物。例如，《庚辛之間亡友列傳》中的十二位讀書人，如果不是章學誠爲之寫下傳記，他們肯定永遠被埋沒在歷史的流沙之中。這些文人的一生，基本上是從讀

30　高吹萬，〈答吳梅庵書〉，見賈文昭編，《中國近代文論類編》（合肥：黃山書社，1991年第1版），頁701。

31　易宗夔，《新世說‧文學》（太原：山西古籍出版社，1997年7月第1版），頁96-97。

書到讀書，並無跌盪起伏的大事件。章氏反倒最花心思和感情來寫這
些傳記，他的朋友、曾任永清知縣並請章撰寫《永清志》的周震容歎
息說：「嗚呼！數君者，行宜文章，皆有以自立，而實齋之文，又足
以傳之。由今視昔，數十年百年之間，豈無如數君者？不遇實齋，
或難遇之，而不爲一言，遂泯沒而朽於重泉也。數君可以無恨
也。」[32]確實，有章氏作傳，傳主們可以安息了。

　　章學誠的這批傳記，集中展現了清代讀書人在物質和精神上雙重
困苦的處境。跟蒲松齡《聊齋志異》的魔幻寫法和吳敬梓《儒林外
史》的荒誕寫法異曲同工，他用寫實的手法，同樣表達出士大夫的人
格被黑暗社會所扭曲的悲劇。這批傳記彰現出章氏對「人」本身的關
注，這也跟章氏學術研究的內在理路相一致。中國史學傳統中人文精
神，特別表現在自《史記》以下的正史中人物傳記極其豐富，此一特
色說明史家將人物活動看作是歷史的中心部分。余英時在分析章氏的
歷史思想時指出，章氏最爲關懷史學自主性，歷史學的價值即在於
「歷史似乎還是應該以人爲中心。而所謂『人』，則並不指孤立的、
個別的、以致片面的個人（例如社會學上、經濟學上、或心理學上所
研究的個人），而是生活在整個社會或文化中的人。從這一角度去著
想，終將找到史學本身的獨特領域和功能。我們決不應把史學降爲社
會科學的引用之學。」[33]章學誠在做歷史研究的時候，是以人爲中
心；他在寫作這批「變體」傳記的時候，同樣也是以人爲中心——與
正史不同的是，作爲中心的是一群「邊緣人」。把人放在中心，自然
就要涉及那些壓抑人、禁錮人的勢力和體制。在清代，讀書人最具切
膚之痛的便是科舉制度。

　　有學者指出：「爲確立其統治地位，滿族人用盡了手段，既有道
德的又有法律的，既有儒家的也有法家的，以確保皇位掌握在自己的

32　章學誠，〈書庚辛之間亡友傳後〉，《章學誠遺書》（卷十九），頁195。

33　余英時，《論戴震與章學誠》，頁281。

子孫手中。其武庫中最重要的武器是科舉制度。科舉考試操之於上，但其依據是儒家經典，且爲舉國上下普遍接受，以其爲通向財富、權力和榮譽的途徑。科舉考試是人們進入官場和獲得官場固有權益的途徑，除此之外，它還是將紳士從意識型態上塑造成爲觀念僵化、思想保守的這樣一個群體的手段。」[34]章學誠本人即是科舉制度的受害者，儘管後來考中進士，但蹭蹬科場十餘年，多次的失敗給心靈和現實生活都帶來巨大創傷。章氏在國子監中便因考試成績不佳而備受歧視。「始余入監舍，年方二十有五，意氣落落，不可一世，不知人世艱也。然試其藝於學官，輒置下等。每大比決科集試，至三四百人，所斥落者，不過五七人而已，余每在五七人中。祭酒以下，不余人齒。同舍諸生，視余若無物。每課榜出，余往覘甲乙，皂隸必旁睨笑，曰：『是公亦來問甲乙邪？』」[35]在此嚴酷處境下，讀書人連起碼的人格尊嚴都無法維持，這種創傷恐怕是自視甚高的章氏終生都難以消除的。由此細節可見，科舉制度給像章學誠這樣的讀書人帶來無以復加的痛苦。馬克斯·韋伯在論及中國科舉制度時說過：「所有階段的考試都要檢查對書法、文體、以及對古典經籍的掌握，最後是對某種可以說是規定的思想的檢查。這種教育的性質一方面是純世俗性的，另一方面則受到正統解釋的經典作者的固定規範的約束，因而是極度封閉而且墨守經文的教育。」[36]對於章學誠這樣極有創見的學者來說，應付這套考試規則是一件頗不容易的事情。一個讀書人越是有個人的獨立見解，越是難以在科場中脫穎而出。而在被奴性思維毒化之後仍能保持獨立思考的讀書人，少之又少，章學誠即是其中之一。

---

34 (美)福爾索姆，《朋友‧客人‧同事——晚清的幕府制度》(北京：中國社會科學出版社，2002年第1版)，頁12-13。

35 章學誠，〈庚辛之間亡友列傳〉，《章學誠遺書》(卷十九)，頁189。

36 馬克斯‧韋伯，《儒教與道教》(南京：江蘇人民出版社，1995年第1版)，頁143。

在《庚辛之間亡友列傳》中，章學誠寫到了多年不第的沈棠臣，對其不幸遭遇寄託了深深的同情。「君家有老親，出遊十數年不得歸，將求一第以爲親榮。累試輒蹶。常恐親年不能待，則書誓焚空，請減己算益親年，又請減算以易科第。歲時令節，必虔禱於上下神祇。每試下第，必臥病若死者累日。余固恐其憂能傷人，又竊念鬼神有知，假如君禱而應，則既用減年壽親，又減其年以博第，君行年亦已半百，則所存者幾何？」[37]這段文字生動地勾勒出了一名精神被科舉摧毀的讀書人的形象。本來，儒生是不相信鬼神的，孔子說「敬鬼神而遠之」、「吾不語怪力亂神」，但作爲儒生的沈棠臣卻把希望寄託於鬼神。離開老家十多年，希望考中之後榮歸故里，他甚至向鬼神祈求，願意用減少壽命，來換取考場上的成功。在鬼神靈驗與不靈驗的兩極選擇中，無論哪一種選擇都沉痛到了極點。這段文字很有點契訶夫小說的味道，將小人物的悲涼寫透了。科舉制度對讀書人的戕害到了登峰造極之地步，此種考試制度，究竟還有什麼合理性呢？

章學誠並沒有像曹雪芹在《紅樓夢》中借賈寶玉之口譴責科舉制度，也沒有像蒲松齡在《聊齋志異》中借鬼神之口嘲諷科舉制度，他只是如實地將在科舉制度下掙扎的讀書人的生存狀態寫出來，嚴守史家對真實的追求，「記言記事，必欲適其言、其事，而不可增損」、「記事之法，有損無增，一字之增，是造僞也。」章氏筆下悲劇知識分子的形象，與《紅樓夢》和《儒林外史》相比，同樣具有震撼人心的藝術效果。章氏傳記中的清代士大夫形象，是後人研究清代文人心態的重要資料。

其次，從寫法上來看，章學誠採取了「變體」的寫法。

這些關於老師和朋友的傳記才是章學誠的「性靈之作」，它們不同於官方所修的正史裡的傳記，也不同於死者的子孫們要求名家所寫

37　章學誠，〈庚辛之間亡友列傳〉，《章學誠遺書》（卷十九），頁190。

的主要是為歌功頌德的傳記。章氏認為,自己以前所寫的師友的傳記,主要有兩類:「其有官私師長蒙鑒拔者,余別有知己傳。交遊之中,子孫中具狀請者,又自有專傳。」[38]這兩種傳記的寫作目的,一是表達對師友恩情的感激,二是受人請托、拿人潤筆。因此,多多少少都有「應景」的成分,大多寫得比較莊重,亦多流於俗套。與之相反,章氏在闡明《庚辛之間亡友列傳》的寫法時說:「余撰庚辛亡友列傳,皆無狀志可憑。惟以耳目所及,間涉自敘,參述交誼,以舒哀思,蓋列傳之變體也。」[39]跟寫作正史不同,寫這些「小人物」的傳記,不需做歷史考據、材料甄別的工作,全憑作者的鮮活記憶和第一感受。章學誠強調這是一種「列傳之變體」,這句話的背後隱藏著自覺的文體意識:這不是在用「正體」來寫,而是在用「變體」來寫。

那麼,章學誠為什麼要採用「變體」的寫法呢?仔細分析,主要有兩個原因。

其一,章學誠對《史記》以後人們寫作傳記時輾轉因襲的文風非常不滿。章氏讚賞《史記》之文筆「圓神」,但此後舊志中的傳記往往「其文非敘非論,似散似駢。尺牘溫寒之辭,簿書結勘之語,濫收猥入,無所剪裁。……至於品皆曾史,治盡龔黃,學必漢儒,貞皆姜女。面目如一,情性難求。」[40]他要求正史中的傳記要有作者個人的特色,更不用說正史之外的傳記了。他在這批較為私人化的寫作實踐中尋求「變體」的寫法,力求將每個人物的面目栩栩如生地展現出來。在這種「別傳」的寫作中,文章本身的特性凸顯出來,作者的情感也能較為充分地流露。

其二,這些傳主都是與章學誠長期交往的文人和學者,作者與傳主之間存在著精神上的共通之處,他們都是「卓卓不肯苟同於世之

---

38 章學誠,〈庚辛之間亡友列傳〉,《章學誠遺書》(卷十九),頁195。

39 章學誠,〈庚辛之間亡友列傳〉,《章學誠遺書》(卷十九),頁189。

40 章學誠,〈亳州人物志表例議下〉,《章學誠遺書》(卷十四),頁137。

人」⁴¹。章氏有一段感人至深的議論:「余性僻懶,寡知交。道同藝取,因依習故,蓋皆人生所不能無者。余則何以己也?古云:『不知其人,觀所友。』則方以類聚,豈不如同氣哉?夫人生中年以往,哀樂之故多矣。況余生多迍,人世之崎嶇險阻,亦備嘗之。而其中所與周旋而繫戀者,大抵亦多傷心人也。」⁴²要寫出這群「傷心人」的真性情真面目來,用已經僵化的傳統寫法顯然不行,章學誠便選擇了所謂「變體」的寫法。

正是採用了「變體」,章學誠為後世讀者留下了清代中期一群具有悲劇色彩的讀書人的形象。章氏也是其中一員,他的筆觸深入傳主內心深處。在此意義上,章氏的這一系列傳記堪稱一部「儒林內史」。既然章氏明確提出「變體」的概念,那麼「變體」究竟「變」在何處?

第一,作者主體進入文章之中。修正史的時候,作者往往囿於史官之身分,且面對的大都是前代人物,因此通常採取比較客觀的態度,自己不太可能直接介入到傳記中去。即使是寫作同代人物甚至熟悉人物的傳記,作者也儘量與之保持一定的距離。與正史不同,章學誠的這類傳記作品,並非嚴格意義上的歷史著作,所以他能相對自由地運用「文人之筆」來寫。章氏將自己的情感和價值取向投入其中,這些傳記裡有相當的筆墨涉及到自己。可以說,章氏既是在寫師友的故事,也是在寫自己的經歷。

在《庚辛亡友列傳》中,章氏寫到了亡友侍朝,其中有這樣一段:「余因時時過君……每冬夜過從,輒留止宿。暫罷校課,賓主爭出酒肴款余。劇談淋漓恣肆,極一時之興會。而君善詼諧,往往群哄之中,徐出雋令,則令人曠然而有遐思。」正史中的傳記一般都是舍「小」取「大」,而像侍朝這樣平凡的讀書人,一生中並沒有什麼驚

41 章學誠,〈書庚辛之間亡友傳後〉,《章學誠遺書》(卷十九),頁196。
42 章學誠,〈書庚辛之間亡友傳後〉,《章學誠遺書》(卷十九),頁195。

天動地之事，章學誠便從小處下筆，完全用白描的手法，不加修飾，使得人物情態如在眼前。章氏寫當年賓主歡聚的情景，卻是為了襯托現在對亡友的無限哀思，這就是王國維在《人間詞話》中所說的：「以樂景寫哀景，倍增其哀樂也。」寫到這樣的段落的時候，作者儼然處於此情景之中，與傳主一起歡樂、一起悲傷。於是，這篇傳記有了一種「報告文學」般的「現場感」。

其末尾還有一段閒筆：「猶憶聽方解榜前一日，余走青門，同胡君士震送君歸櫬。至長亭，有衰絰奴子叩頭歧路，曰：『娘子謝勞。』遂分道而去。余詢胡君，知娘子者，君之長女，適人而喪其婿，來依於君，因扶君柩還家。哀哉。」[43]這是一個類似於「長亭外，古道邊」的細節，按照傳記的常例是不會寫這一筆的，因為傳主已經死去，寫這件小事不足以強化對傳主性格的表現。章學誠偏偏這樣寫，且在此場景中充當全知全能的敘述者，目的何在？他寫亡友的女兒，是想從亡友女兒身上尋找到亡友的影子。但亡友之女並未露面，露面的只是前來道謝的僕人。這一場景更給人以「曲終人不見，江上數峰青」的哀傷之感。緊接著通過朋友的講述得知，原來亡友的女兒死了丈夫，前來依附於父親，沒有想到父親也去世了，這是多麼悲慘的遭遇啊。章氏在此想表達的意思是：死者已矣，生者何以堪？活著甚至比死去還要艱難。淡淡的幾筆，極其克制，但每一個字都飽含了作者的沉痛之情，更沉痛的情感還在文字之外。

又如寫亡友錢詔，錢詔是一名對學問有著濃厚興趣的人，但「君資鈍好學，年力長矣。又分心於案牘，不能精也。」儘管如此，錢詔對那些有學問的人十分尊敬，甚至到了「委身以從，奔趨恐後」的地步。章氏寫了一個小小的細節，錢詔「聞余言古文辭，君心醉焉。邀余過飲。君則先日戒庖具，饌豐腆，躬親操割，虔潔若待神明。比

43　章學誠，〈庚辛之間亡友列傳〉，《章學誠遺書》（卷十九），頁190。

至，撟揖上酒者三。」[44]這種對文化和文化人的尊重，讀來讓人感動不已。通過作者本人的介入，形成了作者與傳主之間的「對話」機制。正是這種「對話」，寫活了錢詔這位樸實純真的讀書人。這些情景都是章氏親自經歷的，所以就像是紀錄片的鏡頭一樣讓人感到真實可信。

第二，在這類傳記中，章學誠有意識地探究敘事文的寫法。他認為：「文辭以敘事爲難，今古人才，騁其學力，辭命議論，恢恢有餘，至於敘事，汲汲形其不足……然古文必推敘事，敘事實出史學。」[45]他意識到敘事之文的艱難，即便是韓愈、歐陽修等散文大師，其敘事之文都不見佳。章氏在寫作敘事之文的時候，抓住大量瑣碎的生活細節，甚至是日常生活中無關巨旨的對話。他抓住這些最能表現人物性情的細節，娓娓道來，活靈活現，許多段落倒像是《世說新語》裡的條目，寥寥幾筆即如漫畫大師那樣讓人物活了起來。

例如，在《朱先生別傳》中，章學誠抓住一個有趣的細節來表現朱先生性格的堅忍：「自童子時，母夫人偶召櫛工不至，命伯姊爲諸弟剃短髮。姊不善握刀，諸弟莫不呼痛避去，先生獨欣然就剃。刀誤割膚，血出，先生色不少動。姊慰問之，先生諱曰：『無也。』」[46]朱筠是章學誠的恩師，一般人寫師長均採用仰視的方法，極寫其成年時的豐功偉業。章學誠偏偏從朱筠兒童時代的一件小事寫起，別開生面，細微處乃見真精神。

又如寫亡友樂武：樂武是一個教書先生，很有教學成績。章學誠向周君推薦樂武。周君問：「然其教何以勝人？」章學誠說：「不求勝也。其心有恆，故幼學基焉；其言忠信，故童子喻焉。端嚴出於性情，故拘而不苦也；懇至發於真誠，故交而可久也。」緊接著便揭示

44　章學誠，〈庚辛之間亡友列傳〉，《章學誠遺書》（卷十九），頁191。

45　章學誠，〈上朱大司馬論文〉，《章學誠遺書》（補遺），頁612。

46　章學誠，〈朱先生別傳〉，《章學誠遺書》（卷十八），頁176。

了樂武獨特的教學方法：樂武到周家以後，先放縱小孩三天，然後再樹立老師的威嚴。為什麼要這樣做呢？樂武對東家解釋說：「醫者療病，必洞見其肺腑癥結，而後施功。若遽收之，將有隱疾，伏匿而不可見也。」[47]用醫術來比喻教育，讓人拍案叫絕。可見樂武很懂得教育心理學。本來，教書先生是最難寫的。他們生活單一、經歷平凡，幾乎是千人一面。但章學誠用簡短的幾句話就讓樂武「這一個」教書先生與其他教書先生相比有了不同之處，可謂「畫龍點睛」之筆也。

又如寫亡友羅有高：羅有高是一個看似文弱、實際孔武有力的人。「君貌文弱，而有拳勇，倉猝有變，君鼓臂出，百夫不能當也。」傳記用整整三分之一的篇幅描寫了羅有高的一則趣事。羅有高漫遊浙江東部的叢林，與山中的僧人談禪論佛，沒有人是他的對手。於是，發生了這樣一個天大的誤會：「縣長吏聞之，疑為海寇間諜，遣徒數十人擒君。君揮拳出，數十人皆披靡。則益駭。君乃平步詣縣，與知縣廷辯不屈，卒不自言姓名。知縣益疑之，事且不測。時有部郎憂居林下，聞其狀，曰：『此必羅台山也。』即親赴縣廷察之，果然。因言其故。知縣謝而遣之。」[48]這段情節，與《世說新語》中謝靈運遊山玩水被地方官員誤認為盜匪的故事有近似之處。不過，羅有高的故事更有傳奇色彩，他儼然是武林高手，同時又是儒林中人。縣官的多疑、差役的無能，襯托出羅有高的英姿颯爽。中間還插進一個熟悉羅的部郎，正是此人的出現，才使得故事有了圓滿的結局，真是巧上加巧。這種烘雲托月的寫法，類似於筆記小說。

第三，章學誠在傳記這種純粹敘事性的文體中，還插入抒情性的片斷，使文章更增添參差錯落之美。在「正體」的傳記文中，是很忌諱這樣的寫法的。即使在韓愈以來的「文人傳記」中，這種抒情筆法也不算太多。章學誠本人論文，無論在體裁、法度還是儀例方面，都

47　章學誠，〈庚辛之間亡友列傳〉，《章學誠遺書》（卷十九），頁191。
48　章學誠，〈庚辛之間亡友列傳〉，《章學誠遺書》（卷十九），頁193。

較爲嚴謹苛刻，但在寫作這些傳記的時候，卻突破既有之法度，同時又不顯得有意爲之，將火候、分寸把握得很好。故能情景相融，詩情與畫意共同烘托處於中心位置的「人」。

例如寫樂武的一段：一群文章朋友聚在一起喝酒論文：「時方冬霽，霜月清嚴，街巷明白如畫。夜分歸舍。街柝過三嚴矣。」[49]通共只有二十四個字，前三句如同靜物寫生，不加任何渲染，用「清嚴」二字寫霜月，是前人不曾用過的，乍一看，有點兒硬，仔細揣摩，卻又覺得十分妥貼。既寫出顏色上的白，又寫出溫度上的冷，卻不用「白」和「冷」之類已無新鮮感的字，而選擇「清嚴」二字，背後還有學者特殊的觀察視角，這也是學者或性情長期受書齋薰陶的人才會有的感受。歸家路上的心情隻字不提，僅僅是不動聲色地點明了歸家的時間，卻將生活方式和生活境界表現出來。又如，同一篇文章中寫雪景：「樂翁置酒飲余，時春蔭作雪，坐頃，庭院積素盈寸。」[50]很有些六朝人文章的味道，「春蔭作雪」四個字簡直可以畫出一幅意境悠遠的圖畫來；這四個字中，動詞「作」恰到好處，動感十足，又有擬人效果，閉了眼睛再想第二個字，想不出來。而以「庭院積素盈寸」作結，又讓人回復到靜謐的場景中。

以上從內容與寫法兩個方面分析了章學誠用「變體」寫作的傳記作品。《章氏遺書》中的清代讀書人的群像，在讓人爲之灑一腔同情之淚的同時，更應作此嚴峻之思考：這些文人的不幸命運何以產生？章學誠在冷靜克制的文字中，悄悄地把答案告訴了每一個細心的讀者。

49　章學誠，〈庚辛之間亡友列傳〉，《章學誠遺書》（卷十九），頁191。
50　章學誠，〈庚辛之間亡友列傳〉，《章學誠遺書》（卷十九），頁191。

(三)「毛」與「皮」之間的尷尬
──從章學誠給畢沅的兩封信看章氏對自由的追求

　　身處危機四伏的「乾隆盛世」而被政治世界疏遠的章學誠,「在這個社會中已經不是經世致用的『儒者』了,已變成了在細分化的知識領域中充其量只滿足其求知欲的『學者』。」[51]章學誠一生學術研究的展開,得力於畢沅的大力支持。甚至可以說,沒有畢沅的支持,就沒有章學誠的學術成就。在《章氏遺書》中,保留著兩封章學誠致畢沅的信。這兩封信對章學誠的一生都起了至關重要的作用。細讀這兩封信,能夠體味到章學誠在依附與獨立之間的矛盾心態。這兩封信中充滿了一種苦味和澀味:作為一個大學者,章氏在內心深處有著深切的對自由的渴望,然而,現實條件決定了自由的不可能,他不得不作出一定的妥協。

　　第一封信名為《上畢撫台書》,寫於1787年,這是一封毛遂自薦之信[52]。畢沅貴為封疆大吏,而章學誠則是潦倒的窮書生,兩人之地位有天壤之別。再加上章學誠有求於對方,這封信就很難寫了。既要介紹自己的學術成就,又要突出今後的學術設想;既要使對方對自身艱難的現實生存狀態有所體認,又要維護本人的人格尊嚴;既要與對方保持一定的距離,又要盡力拉近與對方的關係,其間的「度」很難把握。一不小心就寫成訴苦信或者求救信了。

　　開頭幾句是這樣的:「鄙人聞之,物無定品,以少見珍;遇無常期,以知見貴。」起筆就不凡,有高屋建瓴之氣象。章氏避實就虛,

51　山口久和,〈中國近世末期城市知識份子的變貌──探求中國近代學術知識的萌芽〉,見高瑞泉、(日)山口久和主編,《中國的現代性與城市知識份子》,頁18。

52　章學誠,〈上畢撫台書〉,《章學誠遺書》(卷二十一),頁225。

將「遇」提高到相當的高度，也為後文埋下伏筆。然後，他用歐陽修和鄭玄的兩個典故，「昔歐陽子振興古學，亟稱尹師魯文。今觀尹氏之才，未為勝於楊劉，而歐陽重之，以其獨為於舉世不為之日也。康成游馬氏門，三年不見短長。一旦以算術見，始奇其人，卒有道東之歎。非康成鈍於先而敏於後也，前不及知，而後始知也。」正面的例子是說歐陽修對尹洙的推薦和提攜，反面的例子是說馬融對鄭玄的冷淡和忽視，兩個典故一正一反，形成鮮明對比，從而給畢沅形成某種心理壓力。這恰恰是章氏行文的巧妙之處。

下一個層次，筆鋒一轉，對畢沅進行了稱頌：「閣下人文爐冶，當代宗師，鄙人傾佩下風之日久矣。」既然畢沅有此地位，那麼自己的困難處境完全可以因其幫助而改觀：「嘗以私語儕輩，生平尺寸之長，妄訒所得，亦非偶然，不得有力者稍振拔之，卒困於此。」接下來，章氏運用兩個典故：「昔韓昌黎結帶而見王孫，裴晉公撐縑而酬皇甫，其人果不可見信乎？命之窮矣。」章氏以不得賞識的千里馬自居，背後隱含的意思是，希望畢沅能充當伯樂。從識人者來說，須有一雙難得的慧眼；從被識者來說，遇到知音則是命運之轉折。這樣，章氏就很自然地將畢沅與韓愈、裴度等前代賢人大家並列起來：「閣下今日之韓公晉公，而門下從游，視皇甫諸人所遇，殆將過之。蓋二公所得，多才華士，閣下則兼收華實，陶熔成就，遠出古人。」他特意突出畢沅在培養人才上所起到的作用，畢沅確實是一個愛惜人才的大員，時人指出：「一材一技之善，畢公必賞譽之，使之博於衣食之途。朝士之貧者，有待以膏車者焉，至或棄官從之。」[53]章氏之恭維並非誇張之語。

寫到這裡，章氏再次將筆鋒轉到自己身上：「當此之際，而不使鄙人一得置身其側，開口吐其胸中之奇，他日論遇合者，以謂愛才如

53　徐榮慶，〈送邵中翰序〉，轉引自尚小明，《學人遊幕與清代學術》，頁95。

閣下,而不得鄙人過從之蹤;負異如鄙人,而不入閣下裁成之度,其
為闕陷奚翅,如昔人所論莊屈,同孟子時,而不得一見孟子,受其陶
鑄,為可惜哉。」他分別從畢沅的角度和本人的角度出發,進一步探
討「遇」與「不遇」的問題。用莊屈與孟子「不遇」之反例,語氣委
婉,卻綿裡藏針,使對方不得不重視這封信。

下面,章氏再次強調本人的艱難處境:「鄙人職業文墨,碌碌依
人,所為輒躓。巧於遇者,爭非笑之,鄙人不知所悔,以謂世不我
知,無害也。然坐是益困窮甚。家貧累重,僑寓保陽,疾病饑寒,顛
連失措,瀕溝壑者亦幾希矣。豈無他人,恐非真知,易地猶是耳。用
是裹糧跋涉,不遠千里,竊願聽命於下執事。」此段描寫可謂脊樑不
彎而淚水滿襟。為什麼會有這樣的不幸遭遇呢?章氏指出,這是因為
他不願為物質利益而放棄學術獨立,亦不願改變治學路數以迎合當時
之俗學,可謂舉世非之而不為所折。他堅信自己是一塊和氏璧,只是
沒有遇到真正的鑒賞者。此段表白感人至深,如清人俞鍔所論:「古
來士大夫,往往侘傺不偶,潦倒江湖,乃發為悱惻之詞,以寄哀痛,
故其志愈悲,而其文愈佳。」[54]

有了前面的鋪墊,他的請求也就水到渠成了:「閣下引而進之,
察其所長,而試策之。」表面上看姿態很低,其實一點也不低。於對
方而言,是「引而進之」;於自方而言,則首先是有「所長」。最
後,章氏討論了「人」與「文」的關係:我雖然長相醜陋,但希望大
人不要因人廢文。他用了兩個典故:「昔李文饒惡白樂天,緘置其
詩,不以寓目,以謂見詩則愛,恐易初心,是愛其文而不愛其人也;
鄭畋之女,喜頌羅隱之詩,及見隱貌不揚,因不復道,是棄其貌因棄
其才也。鄙人既無白氏之詩,而有羅隱之貌,坐困於世,抑有由
矣。」對於自身的才華和學術,章氏滲透著充沛的自信,處境的艱難

54　俞鍔,〈與柳亞子書〉,見賈文昭編,《中國近代文論類編》,頁701。

並未讓其喪失自信。這也正是章學誠最為可貴的地方。

這封信寄出以後，果然收到了佳音。畢沅立即召章學誠主講歸德府的文正書院，並且主持編纂大型文獻《史籍考》。書院條件優越，章學誠安心於學術研究，事業終於步入正軌，用他的話來說就是「乃如盆魚移置池塘，縱不得江湖浩蕩，亦且免曳尾觸四周矣。」[55]章學誠不入仕，擁有入仕的讀書人所不具備的做學問的自由，但這種自由需要付出昂貴的代價。在清代，真正意義上的「獨立學者」幾乎不存在。學術的生產，必須依附於某些地方大員或者富甲一方的商人。最關鍵的是雙方要尋找一個最佳的契合點，章學誠與畢沅之間就尋找到了這個契合點，即學術上的「欣賞」與「被欣賞」、「尊重」與「被尊重」。

第二封信是《上畢制府書》，寫於1789年[56]。背景是畢沅調離以後，章學誠受到官員們的排擠，致使學術研究無法進行，他再次給畢沅去信，因為兩人已交往了兩年，有了一定的了解，所以這封信寫得比上一封要隨意一些。

章氏首先回顧了當年畢沅的知遇之恩，在「見嗤斥鸚蟺屈窮途」之際，「得一知己，庶以不恨」。他將當年的舊事寫得非常感人。但是，當年賓主交歡的情景，現在已經不再，「閣下移節江漢，學誠欲襆被相從，則妻子無緣寄食，欲仍戀一氈，則東道無人為主。蓋自學誠離左右之後，一時地主面目遽更，造謁難通。疣之贅，尚可言也，毛無附，將焉置此？」章氏揭示了一個無可奈何的真理：作為一無所有的讀書人、作為不諳刑名和錢穀事務的學者型幕府，他與封疆大吏之間只是「毛」與「皮」之關係。章氏是紹興人，「幕府人選的一個特殊集團、一個大有壟斷較低級地方政府幕府的集團，是浙江紹興人。對他們而言，供職幕府是一個時代相傳的職業，一個紹興人供職

---

55 章學誠，〈與洪稚存博士書〉，《章學誠遺書》（卷二十一），頁222。

56 章學誠，〈上畢制府書〉，《章學誠遺書》（補遺），頁611。

幕府，就像一個山西人開錢莊一樣，是自然而然的事情。」[57]但是，章氏與大部分的紹興同鄉不同，也與長期擔任幕府並從事具體行政管理工作的老朋友汪輝祖不同。汪氏曾在十六個知縣手下任職，中舉之後亦曾在多地擔任地方官，並著有《佐治藥言》和《續佐治藥言》等地方官員的「必讀書」。章氏則主要從事學術研究，其研究注重理論建設，「對史學本身及其有關各方面作有系統的哲學性的思考，則兩千餘年來，我們只能舉出章學誠一人，而《文史通義》一書也是惟一的歷史哲學著作」[58]。但是，一般的官僚罕有能意識到章學誠學術研究之價值，章氏也不能像普通的幕府那樣爲官員提供具體的行政意見，他沒有「在撰寫信函的形式、計算的訣竅及賄賂清單諸方面的秘密」，因而對於大多數官員來說，並非那種「若無他們的指導便沒有什麼希望能展開工作」的幕僚[59]。在此價值評判系統中，章學誠的價值顯然比不上汪輝祖，他的地位也沒有汪輝祖那麼穩固。

　　「毛」與「皮」的關係表面上看似親密，實際上有其尷尬的一面。從章學誠與畢沅之間的遇合可以看出，畢沅的去留對章學誠的安危有著決定的作用。畢沅一旦離開，章學誠便很難繼續留在當地研究和寫作，個人生活也迅速發生翻天覆地的變化，正像信中寫到的那樣，「不得已還住亳州，輾轉於當塗懷寧之間，一缽蕭然，沿街乞食，士生天地，無大人先生提攜而主張之，其窮阨也，有如斯矣。」這些描述有稍許誇大之處，憑藉章學誠的聲望和地位，還不至於落到「沿街乞食」之地步。但是，章氏不是一個僅僅要求溫飽生活的人，他還要求爲學術研究提供一定的條件。他的這封信，從表面看是爲畢沅祝壽，實際上是再次向其求援，「今逢閣下六旬初度，懷朱握槧，青衣白面之徒，無不申祝嘏之情。」極寫祝壽人數之多，以此彰揚畢

57　(美)福爾索姆，《朋友·客人·同事——晚清的幕府制度》，頁45。
58　余英時，《論戴震與章學誠》，頁240。
59　(美)福爾索姆，《朋友·客人·同事——晚清的幕府制度》，頁45。

沉之威望。緊接著章氏便談到個人的願望：「倘得馳一介之使，費崇
朝之享，使學誠得治行具安家累，仍充賓從之數，獲成《史籍考》之
考。」這樣的句子讓人心酸。

1798年，章學誠經胡虔和朱珪推薦，入浙江布政使謝啓昆幕府，
繼續《史籍考》的編撰。但是，在章氏到任之後，謝啓昆發覺「章實
齋原來和他的一班賓客或朋友如孫淵如、袁枚等不合，對章氏有了成
見，再加上增訂史考時在意見上發生衝突，因此章氏很難被謝氏重
用」[60]。章氏只好轉入兩淮鹽使曾燠幕府，《史籍考》之編撰改由胡
虔主持。一名學者無法完成心愛的學術事業，該是何等的痛苦。章氏
一生輾轉於從知縣到總督各個幕府，即使處於絕境依然不卑不亢，保
持一介書生之本色，可用「堅韌」一詞形容之。他所處的時代沒有給
他提供一張安靜的書桌，一個藏書豐富的圖書館和一群稱職的助手。
他不得不奔波於山山水水之間，為了獲取這些基本的物質條件而耗費
大量的時間與精力，這是學術和學者的悲哀，也是時代的悲哀。

山口久和指出：「在政治世界中實現儒教正義，是知識分子的義
務和人生理想，是作為教條的儒教信念，這些知識分子雖然滿懷這樣
的信念，可以直接參與政治的機會被無情地抵擋了。清代隨著時代的
後移，在不斷增加的執意於脫政治的知識分子的意識之中，誕生了像
章學誠這樣只對知的理想狀態感興趣的近代意義上的『學者』。」[61]
以章學誠一生所面臨的嚴峻現實可以看出，清代並沒有建立起一套完
善的學術支持和贊助機制來。地方大吏對著名學者的贊助，最常見的
方式是邀請他們擔任管轄地區內的書院主講。這樣，使學者既有豐厚
的經濟收入，又有安定的生活條件。同時，也盡可能地保障學術研究

60　羅炳綿，〈史籍考修撰的探討〉，香港《新亞學報》第6卷第1期。
61　山口久和，〈中國近世末期城市知識份子的變貌——探求中國近代學術知識的
　　萌芽〉，見高瑞泉、（日）山口久和主編，《中國的現代性與城市知識份子》，
　　頁11。

的獨立性。學者擔任書院主講，一般靠地方大吏的賞識。這是一條「單線」的聯繫，沒有制度之保障。從中央和地方都缺乏權威的評議機構，對學者的學術成就作一全面估價，進而根據其成就來實施贊助。那時，沒有現代意義上的大學，也沒有「國家研究基金」，對於「職業」學者來說，最大的理想就是當上書院主講。然而，書院主講的席位並不像今天大學教授那樣穩固，一旦學者所依附的官員離任，在書院裡的席位就可能被取消，繼任者往往會任用他們欣賞的其他學者。學術生產的投入，完全憑藉學術贊助人個人的好惡，並隨著學術資助人政治地位、經濟情況的變化而變化。如畢沅因處理白蓮教事件不力被降職之後，便無暇繼續照顧像章學誠這樣的學者了。在此背景下，學者的治學缺乏穩定的外部條件。這就是章氏所受的時代的限制。

　　清人何紹基曰：「人與文一，是爲人成，是爲詩文之家成。伊古以來，忠臣孝子，高人俠客，雅儒魁士，其人所指，其文所見。」[62] 章學誠的書信可謂「『信』如其人」，文字樸實無華，感情眞摯淳厚，語氣委婉曲折，思路清晰明朗，即便求貴人援助，亦不忘恢弘書生本色。這跟章氏一貫的文章理論相一致。章氏提出「文生於質」的觀點，強調說：「文生於質，視其質之如何而施吾文焉。」[63]在章氏的著作中，多次出現「一往情深」一詞，他認爲無論做學問還是寫文章，都須「一往情深」。只有作者主體深刻介入到創作之中，才可能寫出好的作品，正所謂：「富貴公子，雖醉夢中不能作寒酸乞語；疾痛患難之人，雖置之絲竹華宴之場，不能易其呻吟作歡笑。」[64]章氏確實是在用「心」來寫作，如《紅樓夢》云：「一把辛酸淚，誰解其中味？」章學誠以「學者」的身分寫文章，即便是學術研究之外的

62　何紹基，〈使黔草自序〉，見賈文昭編，《中國近代文論類編》，頁666。
63　章學誠，《文史通義》(內篇三)，《章學誠遺書》(卷三)，頁21。
64　章學誠，《文史通義》(內篇二)，《章學誠遺書》(卷二)，頁10。

「業餘」文章，亦以相當嚴肅的態度來創作，而杜絕了文章之「遊戲性」。無論是傳記還是書信，無論是墓誌還是遊記，可圈可點之處頗多。章學誠的這些「業餘」文章，與他的「業內」之學術一樣，值得後世讀者給予更多的關注。

———1998年初稿，北京大學圖書館

2005年5月定稿，京東有光居

棋局已殘，吾人將老
——論劉鶚之《老殘遊記》

　　在所謂「晚清四大譴責小說」中，《老殘遊記》是最特別的一部
作品。說它「特別」，首先是因為它的藝術成就比其他三部高得多。
胡適在為《老殘遊記》所寫的序文中指出：「《老殘遊記》最擅長的
是描寫的技巧；無論寫人寫景，作者都不肯用套語濫調，總想熔鑄新
詞，作實地的描畫。在這一點上，這本書可算是前無古人了。」[1]諸
如初集中所描繪的黃河打冰、大明湖說書，以及續集中著意刻畫的泰
山尼姑等，均堪稱晚清小說中不可多得的傑出篇章。其次是因為在小
說類型上，《老殘遊記》是最不受「譴責小說」這一類型約束的一部
作品。換言之，它是對「譴責小說」這一小說類型最具有超越性的一
部作品。袁進認為：「小說對『清官』酷吏的揭露，使人們把它歸入
『社會』、『譴責』一類的小說。申子平桃花山之遊，雖在理論、思
想方面與當時改良派革命派的『理想小說』、『政治小說』所宣傳的
主張異趣，但在通過人物對話直接表達作者理想的小說形式上，卻可
以說是如出一轍。老殘私訪破案，無疑是出諸對公案、偵探小說的模
仿。譴責、政治、偵探、公案都是晚清影響最大的小說，以一部小說
而綜括上述諸種小說的形式，在晚清汗牛充棟的小說中，《老殘遊
記》是僅見的。正是這種魄力，顯示出作者的個性和對藝術的理

1　胡適，《亞東版〈老殘遊記〉序》，見台灣桂冠出版公司《老殘遊記》之〈附
　　錄〉（台北：桂冠出版公司，1986）。

解。」[2]第三，劉鶚本人所持的「開放」政策和「變革」思想，與《老殘遊記》中的審美趣味及其背後的價值皈依，並不在同一個水平線上，兩者之間存在著差異和裂隙。如《負暄絮語》談及《老殘遊記》時說：「雖篇幅稍短，而意趣淵厚，取境遙奇，底是作手。雖立言誕怪，不免貽譏，而文字固不以此高下。」[3]而正是這種差異和裂隙，使得整部作品充滿了張力，充滿了懷疑和抵牾，以及由此帶來的長久的藝術魅力。

在世紀之交問世的《老殘遊記》，與同時代其他小說相比具有更為廣闊的闡釋空間。本文試圖從幾個新的視角進入小說文本，進而討論《老殘遊記》在傳統與創新之間所作的繼承、妥協、調整與突破。

(一)政治・寓言・讖緯

夏志清認為，《老殘遊記》開中國近代政治小說之先河。我認為，籠統地說《老殘遊記》是政治小說，尚未凸現其獨特性，也未觸及到其內核。因此，我想從「寓言」和「讖緯」兩方面進一步討論。

余英時在分析《紅樓夢》時曾說過，《紅樓夢》裡創造了兩個鮮明對立的世界，即烏托邦的世界和現實的世界。這兩個世界，落實到《紅樓夢》這部書中，便是大觀園的世界和大觀園以外的世界。「這兩個世界是貫穿全書的一條最主要的線索。把握到這條線索，我們就等於抓住了作者在創作企圖方面的中心意義。」[4]如果用這個思路來剖析《老殘遊記》，也許會有一些新的發現：《老殘遊記》裡其實也

2　袁進，《近代文學的突圍》(上海：上海人民出版社，2001年第1版)，頁287。

3　蔣瑞藻，《小說枝談》卷下引〈負暄絮語〉，轉引自《老殘遊記》之〈附錄・老殘遊記史料〉。

4　余英時，〈《紅樓夢》的兩個世界〉，見《中國思想傳統的現代詮釋》(南京：江蘇人民出版社，1995年第1版)，頁323。

有兩個世界，即現實的世界和寓言的世界。

《老殘遊記》中有三個各自獨立的寓言。

第一個寓言是關於為黃瑞和治病的。劉鶚以黃瑞和隱喻黃河，以老殘替黃瑞和治病隱喻自己曾參與治理黃河[5]。治水是中國自古以來就面臨的一大問題，劉鶚一生最為得意的事情就是在治水上取得一定成績。胡適在評述劉鶚的生平時，稱讚劉鶚一生「有四件大事，一是河工，二是甲骨文字的辨認，三是請開山西的礦，四是賤買太倉的米來賑濟北京的難民」[6]。所以，《老殘遊記》一開篇，劉鶚便情不自禁地向讀者講述這個甚至有點做作的寓言。

第二個寓言是第一回中關於船的。它通過老殘的夢來表達作者對現實中國的體認。該寓言在整部作品中有著重要意義，相當於總綱，起著畫龍點睛的作用。帆船比喻中國，二十三四丈比喻當時的行省數量，管舵四人比喻軍機大臣數量，八個桅杆比喻總督數量，東邊一塊三丈長短比喻東三省，船上的擾亂情景比喻戊戌政變，高談闊論人比喻當時的革命志士，漢奸則比喻劉鶚自己[7]。這個以大海與帆船、滅亡與拯救為中心的故事，深刻表達了近代中國的境遇，如漢學家費約翰所論：「世紀之交過後出版的故事當中，有許多關於覺醒的敘事，它們作為一個整體的民族預告了必將面對的未來。」[8]

5　劉鶚，《老殘遊記》(第一回)(杭州：浙江古籍出版社，1998年第1版)。

6　胡適，《亞東版〈老殘遊記〉序》，見《老殘遊記》之〈附錄〉。

7　劉鶚，《老殘遊記》(第一回)。

8　費約翰指出，世紀之交最受歡迎的兩部小說，都是關於夢寐的敘事，非常鮮明地傳達了發現「出路」這一意思。劉鶚的通俗小說《老殘遊記》在1903-1907年以連載形式出版，其楔子是一個夢，主人公在夢中看見了即將來臨的劫數。老殘夢見一艘輪船和船員正處於沉沒的危險之中，他於是覺悟到一種使命感去校正這艘船。老殘的覺醒，促使他去謀劃一項民族再生的計畫。曾樸那部同樣流行的小說《孽海花》(1905)，呈現給讀者的是一群驕奢淫逸的人，他們醒來後發現，自己寄身的小島正在沉沒。島民的覺醒就是中國即將面臨的命運的瞬間透露，假如故事中所揭示的社會和政治文體不能得到注意和改善的話。參閱費

　　第三個寓言是桃花山、柏樹峪的故事[9]。桃花山與桃花源連名字也相同，這個寓言的思路應當說來自於陶淵明的《桃花源記》。在中國文人心目中，永遠存在著一個桃花源，劉鶚也不例外。他通過虛構一個與外部世界隔絕的像桃花源一樣的地方，並且同時虛構出生活在此地的幾名世外高人，讓他們與來自外部世界的申子平對話、辯論，以此為契機，深入闡述了劉鶚的政治理想。於是，在此四個回目的篇幅中，出現大段大段的議論。惜墨如金的劉鶚不惜用全書近五分之一的篇幅來展開議論，這也證實了夏志清先生對《老殘遊記》的概括是「政治小說」。但是，從小說結構來看，這四回並未成為小說的有機成分。主人公老殘奇怪地在這四個最重要的回目中缺席，而以另一個次要人物申子平來作為事件的親歷者和敘述者，這就大大地破壞了小說的整體性。這一缺陷，可能跟小說在報刊上連載有關。既然是連載，寫作的態度就比此前的小說家閒散和輕鬆，更有一種隨心所欲的心情，不太講究謀篇布局，也不太注意作品的完整性。

　　以上三個寓言，與小說敘事主線之間形成內在張力。寓言與寓言之間既有融合的一面，也有交錯的一面，寓言與現實之間也是如此。

　　以上思路是從現實與寓言之間的關係出發的，而另一思路則是根據小說的敘事進程來考慮的。中間四回老殘的「失蹤」，打斷了小說的敘事進程，將整部作品劈成兩個部分。老殘再次出現，即可看作另一段落之展開，而不是上一段落之承接。漢學家特蘭德・赫利奇指出：「整部小說可以解釋為具有兩個平行故事組成的一個諷喻結構。」[10]劉鶚為什麼要精心安排這樣一種「諷喻結構」呢？

（續）─────────────────

　　　約翰，《喚醒中國──國民革命中的政治、文化和階級》（北京：三聯書店，2004年第1版），頁91-92。

　9　劉鶚，《老殘遊記》（第八至十二回）。

　10　特蘭德・赫利奇，〈〈老殘遊記〉：諷喻敘事〉，見米列娜編《從傳統到現代──世紀轉折時期的中國小說》（北京：北京大學出版社，1991年第1版），

　　如果沿用巴赫金「複調小說」之理論來分析，《老殘遊記》確實存在著某種多元化的「複調結構」。從小說藝術來看，《老殘遊記》中的兩個世界與《紅樓夢》中的兩個世界有著天壤之別。如果說在《紅樓夢》中，現實世界與虛幻世界是對等的，都具備了鮮明的藝術形象；那麼，在《老殘遊記》中，兩個世界卻是不對等的，虛幻世界僅僅靠言論來支撐，顯得過於抽象，因而似乎存在著一定的藝術缺陷性。讀者在閱讀《紅樓夢》的時候，會覺得大觀園內外的世界一樣都寫得精彩紛呈；而在閱讀《老殘遊記》的時候，則會覺得桃花山中的一系列人物都是虛無飄渺的，而不是有血有肉的。也許，《老殘遊記》在小說藝術上的缺陷，更突出了它的寓言化的追求。

　　法國文學評論家羅傑・加洛蒂指出：「人們不能把故事和意義分開，正如作品只是抽象觀念的一套浪漫的服裝，正如境遇只是寓意，而人物則是帶有標語或道德觀念的掛廣告牌的人一樣。作品採取一種象徵的形式，只是因為作者只能表達他要說的東西，這種學問不能脫離他表現的形象。」[11]劉鶚是一個政治意識極為強烈的人，也深入參與了晚清的若干洋務活動。他在《老殘遊記》中安排這些寓言，顯然是為了推廣其政治觀念和改革思想。因此，他並不需要將申子平這樣的人物寫得活靈活現，申子平只是一個「掛廣告牌的人」而已。

　　《老殘遊記》問世以後，立即引起讀者的巨大興趣，劉鶚的兒子劉大紳指出，近三十年來一般人都把《老殘遊記》當作「神秘預言」[12]。中國人閱讀文學作品，有一個強大「讖緯」的傳統。雖然孔子「不語怪力亂神」，但「讖緯」一直是中國文化中重要的一元，尤其在兩漢更是一時之風尚。此後，越是末世，讖緯之風越盛。所謂

（續）————————————

　　　頁155。

　11　（法）羅傑・加洛蒂，《論無邊的現實主義》（天津：百花文藝出版社，1998年
　　　第1版），頁166。

　12　劉大紳〈關於《老殘遊記》〉，見《老殘遊記》之〈附錄〉。

「亂世觀謠」也是這個道理。在晚清的政治動盪之中，人們往往對神秘力量充滿嚮往，恰好《老殘遊記》對此後中國的走向有許多預測，這些預測又有不少靈驗了。所以，讀者特別重視這本小說，把它看作另一版本的「推背圖」。劉大紳對於當時人們閱讀《老殘遊記》的心態有一段生動的描繪，他舉了兩個很有趣的例子：

> 普通讀者中，十之八九具有讖緯思想，以致離奇怪誕之言，百出不已。紳所親遇者：民國二年冬，紳由蘇州赴淮安，在南運河小船中，同艙客有張姓者，閱《老殘遊記》，舉以相詢，問看過此書否？且語眾曰：「做此書人實在了不得，能知天下將大亂，在中國十八省中，各娶一妻生子置產，以備戰後傳嗣。本人曾經人介紹往訪，求爲弟子不得。」云云。又六年五月，紳由上海赴彰德，在平漢火車中，遇一姓于老人，同乘閒談。彼自謂：「學道峨嵋，師一老僧名智元，今奉命下山立功；其同學師兄老殘已下山多年，能知道過去未來，現在遊行各處，曾著有《老殘遊記》一書」云云。當時二人固不知先君歸道山已有數年，亦不知紳爲何人；然在紳聞此漫無倫類之讕語，就先人作品所起感想，直啼笑皆非，固不能贊一詞，亦無從與之辯剖。此外即較有知識人，語荒謬詭怪，紀紽戾張者，亦頗不乏，特不如是之耳。[13]

以上兩例，生動地說明了當時讀者閱讀《老殘遊記》時的奇特心態。這種心態的形成，並不完全是因爲讀者素質低，而有著特殊的時代背景和文化氛圍。如果對晚清人的心理狀態有所把握，便不會如此苛刻地對待此種閱讀習慣。（有意思的是，在20世紀末，有一本名叫

13　劉大紳〈關於《老殘遊記》〉，見《老殘遊記》之〈附錄〉。

《黃禍》的小說廣泛流傳。今人閱讀《黃禍》的心態，與晚清之人閱讀《老殘遊記》的心態十分近似。）落實到作者本人身上，作者在寫《老殘遊記》時便有「讖緯」之考慮。劉鶚精通天文地理，很會算命，對「讖緯」抱欣賞、贊同的態度。在書中他作過一番「夫子自道」：

> 聞人說：《易經》能辟邪，一切妖魔鬼怪見之即走。此卷書亦能辟邪，一切妖魔鬼怪見之亦走。聞人說，《陀羅尼咒》若虔心誦讀，刀兵水火不能相害。此卷書若虔心誦讀，刀兵水火亦不能相害。聞人說，《大洞玉真寶籙》佩在身邊，自有金甲神將暗中保護。此卷書佩在身邊，亦有金甲神將暗中保護。聞人說，通天犀燃著時能洞見鬼物。此卷書讀十遍亦能洞見鬼物。聞人說：洞天石室有綠文金簡天書，凡夫讀之不能解釋，不能信從。此卷凡夫讀之，亦不能解釋，不能信從。[14]

　　從這段話可以看出，劉鶚在寫小說的時候，就企圖讓其成為具有某種神異功能的文字。所以，讀者把《老殘遊記》當作「讖緯」之書來讀，並不完全是一種「誤讀」。劉鶚所生活的時代與他的兒子劉大紳所生活的時代有了很大的不同，後者生活在崇尚科學和進步的民國時代，因此他會對「讖緯」加以否定和嘲笑。

　　在新文學興起以後，倡導新文學的學者，如胡適、鄭振鐸、阿英等人強調《老殘遊記》的成功在於其描寫、敘事等方面的長處以及同新文學的關係，其實這並不符合《老殘遊記》出版之後大受歡迎的實際情況。但是，他們又無法面對《老殘遊記》因讖緯而流行的事實，

14　劉鶚，《老殘遊記》（第十一回）。

這一事實讓他們感到尷尬。而這種尷尬，亦正是社會轉型期最大的特徵。

(二)史傳‧酷吏‧清官

魯迅在《中國小說史略》中介紹《老殘遊記》，集中討論了劉鶚對晚清「清官」的揭露。他專門大段大段地引用第十六回剛弼拷打魏家父女的片斷，可見其對這一情節的重視[15]。劉鶚如是說：「贓官可恨，人人知之；清官尤可恨，人多不知。蓋贓官自知有病，不敢公然爲非；清官則自以爲我不要錢，何所不可，剛愎自用，小則殺人，大則誤國。吾人親目所睹，不知凡幾矣。試觀徐桐、李秉衡，其顯然者也，《二十四史》中指不勝屈。作者苦心願天下清官勿以不要錢便可任性妄爲也。歷來小說皆揭贓官之惡，有揭清官之惡者，自《老殘遊記》始。」[16]劉鶚對「清官可恨」之發現非常得意。不過，「揭露清官之惡者，自《老殘遊記》始」顯然是一種誇張的說法。

對清官和清官形象的懷疑和否定，肇始於明代中葉以後。第一個對清官提出質疑的，是明代思想家李贄。李贄指出：「但知小人之能誤國，不知君子尤能誤國。」他亦注意到清官的剛愎自用，「其膽益壯而志益決，孰能止之」。自以爲壟斷了真理和正義，在此迷狂狀態下治理百姓，對百姓之害往往大過貪官，如李贄所云：「余每云貪官之害小，而清官之害大；貪官之害但及於百姓，清官之害並及於兒孫。」[17]此後，在清代也出現了一些揭露清官的小說、戲曲和筆記文

---

15 魯迅，《中國小說史略》，見《魯迅全集》(9)(北京：人民文學出版社，1981年第1版)，頁289。

16 劉鶚，《老殘遊記》。

17 李贄，《焚書》卷5〈黨籍碑〉、《藏書》卷9〈大臣總論〉(長沙：嶽麓書社，1990年第1版)。

章，如李漁撰《無聲戲》第四回《清官不受扒灰謗，義士難申竊婦冤》、袁枚撰《新齊諧》卷九《眞龍圖變假龍圖》等，「已經對清官的自恃清廉而糊塗斷案，草菅民命的罪惡作了無情鞭撻。這些事實足以說明在《老殘遊記》之前出現了揭露清官之惡的小說，這些小說不管劉鶚是否讀過，但它們起了『導夫先路』的作用是毫無疑義的。」[18]當然，在劉鶚之前就已經出現揭露清官的作品，並不是說《老殘遊記》的意義和價值就消解了，相反，正如論者所說，「它的獨特的思想內容和審美意蘊，不僅大大超越了以前同類題材的小說，而且成爲我國小說史上閃耀異彩的一株奇葩。」[19]

在《老殘遊記》揭露清官可恨的部分章節裡，有完整的、曲折的偵破故事，因此王德威注意到《老殘遊記》與公案小說的關係[20]。但我認爲，老殘的目的並不在此，他對寫作公案或者顛覆公案並沒有太大興趣。「公案」是「表」，「歷史」才是「裡」。《老殘遊記》揭露清官可恨的思路，受到史傳的影響和啓發。第六回中，劉鶚將小說中的酷吏玉賢與《史記・酷吏列傳》中的酷吏們相提並論。在《自敘》中，劉鶚談到八位影響其思想和創作的作家及其作品，其中就提及「《史記》爲太史公之哭泣」，可見其對《史記》的看重。而在以《二十四史》爲主流的史傳中，早就有了對小說中所描繪的此等「清官」的揭露。從這個角度亦可梳理《老殘遊記》與史傳之關係。

早在《史記》中，司馬遷就專門有《酷吏列傳》以記載酷吏們的殘暴行徑。司馬遷筆下的酷吏，大都是心狠手辣、殺人如麻之輩，「皆以酷烈爲聲」。司馬遷認爲，漢代政治的敗壞，很大原因便在酷

18　王立興，〈劉鶚筆下的清官形象平議〉，見《中國近代文學考論》（南京：南京大學出版社，1992年第1版），頁103。

19　王立興，〈劉鶚筆下的清官形象平議〉，見《中國近代文學考論》，頁103。

20　參見王德威，〈《老殘遊記》與公案小說〉，《想像中國的方法》（北京：三聯書店，1998年第1版）。

吏身上,而在背後支持和利用這些酷吏的就是作爲「今上」的漢武帝。《酷吏列傳》中詳細描述了十個酷吏的經歷和事蹟,還在結尾處點出其他若干酷吏的名字,並感歎說酷吏之多「何足數哉!何足數哉!」[21]

到了清代,則更有一從酷吏到清官之重大轉變:酷吏一般是沒有經過儒家文化訓練的「吏」,也就是研究法律條文出身、信奉法家思想的「專業人士」;而清官則是從科舉考試中產生的、具有良好儒家文化修養的士大夫官僚。在司馬遷的時代,「酷吏」外在於儒家文化體系,且被儒家文化所排斥和批判;清官遵循儒家仁政學說,對待百姓尙有同情之心,清官與酷吏是迥然不同的兩類人。當時,「清官」之「名」與「實」,相對來說還較爲一致。宋代以後,隨著科舉制度的逐步完善,「吏」被排斥在官僚體系之外,只能擔任低級職務。到了清代中期,清官與酷吏兩者逐漸合而爲一,出現了「清官的酷吏化」。「清官的酷吏化」是專制主義文化和制度同時出現根本性危機的一大徵兆。

劉鶚對清官的反感,既來自於傳統儒家之「仁者愛人」和佛教之「慈悲爲懷」的思想,也有作者本人深厚的同情心,更多的則是針對當下的現實所作的應對和批判。書中寫老殘聽見鳥雀饑寒鳴叫,便立即有了這樣的聯想:與鳥雀相比,那些受清官虐待的老百姓連鳴叫的權力都被剝奪了,他們比鳥雀更加可憐——

「這些鳥雀雖然凍餓,卻沒有人放槍傷害他,也沒有什麼網羅來捉他,不過暫時饑寒,撐到明年開春,便快活不盡了。若像這曹州百姓呢,近年的年歲也就不好,又有這們一個酷虐的父母官,動不動就捉了去當強盜,用站籠站殺,豈不比

21　司馬遷,《史記‧酷吏列傳》(長沙:嶽麓書社,1988年版),頁887。

這鳥雀還要苦嗎？」老殘想到這裡，不覺落下淚來。[22]

　　讀者讀到此處，也會與作者一樣傷心落淚，作者已經融化到作品之中，正如其自評：「鳥雀饑寒，猶無虞害之心，讀之令人酸鼻。至聞鴉噪，以為有言論自由之樂，以此驕人，是加一倍寫法。」[23]《老殘遊記》中描寫的剛弼、玉賢，係指當時的大臣剛毅、毓賢。《清史稿・毓賢傳》云：「光緒十四年署曹州，善治盜，不憚殺戮。」小說中的「站籠」亦是歷史事實，歷史掌故家許指嚴在筆記中即有記載：

　　清季之酷吏，當以毓賢為舉首。跡其生平無他能，前半生殃民，後半生召侮。蓋自山東知府以至巡撫，以能治盜名，名為治盜，實殃民也；自山東巡撫以致山西巡撫，以能排外，仇教殺人，借殘酷自鳴忠憤，名為排外，實召侮也。……初，毓知山東曹州府。曹多盜，毓至曰：「是易治也。」命木工制大木籠四，高及肩，囊其身於籠，而以木環圍鎖其頸，植木其中，足下初置磚，漸抽去。弱者半日、強者一日夜死矣。籠駢列署門，若儀注然。某君語予，某歲曾以事過曹，甫及境，哄傳「請看毓屠戶捕盜。」出觀之，十餘衛兵縲絏搜一旅邸，得槁項黃馘首者十許人，縲絏牽曳而過。或曰：「是十許人者，不逾一晝夜，俱送入鬼門關矣。」予駭然……逡巡往觀視之。至則太尊高坐堂皇，略問姓名履歷，即厲聲曰：「站！」站者，立入木籠之簡稱也。四大木籠既有人滿之患，其餘可以候補資格，苟延殘喘矣。豈知二門內尚有羅列者六，適符全數。於是，十人之生命一日之間斷送而有餘。予不忍再視，遂闌珊歸寓。明日，往視之，則累累

22　劉鶚《老殘遊記》（第六回）。
23　劉鶚《老殘遊記》（第六回）。

之屍，正如野犬野獸，橫拖倒曳而出，云將投入深谷中。尚
有一二呻吟於籠中，眾咸嘖嘖稱爲好身手也。[24]

以上記載坐實了劉鶚的「小說家言」。劉鶚認爲，酷吏和清官的
出現和氾濫，並非其性格上的殘酷與暴虐，而是由於晚清政治的沉
淪。一個政權只能以恐怖來威脅老百姓，它便已經走到覆滅的邊緣。

《老殘遊記》雖然只涉及地方上清官的「殺人」，但劉鶚更關心
的還是處於中樞的清官的「誤國」。劉鶚本人即飽受這些自詡爲「清
流」者的攻擊，一生事業皆爲其所破壞。劉大紳說：「先君當時因主
張利用外資，開礦築路等事，及言論眼光均與一般人不同，故被目爲
漢奸，且頗有欲得而甘心者。」[25]劉鶚一生行事，注重實際效果，不
顧道德準則和祖宗之法的約束，因此常常被清流所詬病。例如劉鶚希
望通過修築貫穿南北的鐵路來救亡中國，爲了達到此目的，他不惜鋌
而走險向帝師翁同龢行賄，卻遭到對方嚴詞拒絕。翁氏專門在日記中
寫道：「劉鶚者，鎮江同鄉，屢次在督辦處遞說帖，攜銀五萬，至京
打點，營幹辦鐵路，昨竟敢托人以字畫數十件餂余。記之以爲邪蒿之
據。乙未五月廿一，燈下。」[26]此事令劉鶚名聲狼藉。劉鶚晚年在上
海開辦坤興織布廠，在天津開設製造精鹽的海北公司，最後在光緒三
十四年以盜賣太倉米及在浦口爲外國人購地而被彈劾，在南京被捕，
流放新疆而死。此一慘禍的背後雖有諸多原因，但根子還在於「清
流」對所謂「漢奸」的仇恨。

鑑於歷史上清官的行徑和自己在現實生活中的遭際，劉鶚認爲，

---

24 許指嚴，〈毓屠戶〉，《十葉野聞》（太原：山西古籍出版社，1997年第1
　　版），頁188-189。

25 劉大紳，〈關於《老殘遊記》〉，見《老殘遊記》之〈附錄〉。

26 孔祥吉，〈劉鶚史料之新發現〉，見《晚清佚文叢考》（成都：巴蜀書社，
　　1998年出版），頁180。

地方上清官殺人，與中央清官誤國一樣，表面上是出自「正氣」，實際上卻是受一種陰暗心態的驅動——為追求道德上的完美和不朽的聲名而不顧一切，「有才的急於做官，又急於要做大官，所以傷天害理。歷朝國家俱受此等人物之害。」[27]作為熱衷於改革和洋務的新式紳士，劉鶚等人與舊式紳士、官員之間已劃上了一道深深的鴻溝。劉鶚的超前性在於，他不是一味攻擊官僚階層的腐敗與兇殘、社會道德倫理的敗壞與墮落，他注意到了「言論自由」的問題，並深刻揭示了即便是莊果勤這樣禮賢下士的「循吏」，也不得不庇護酷吏玉賢的事實[28]。可見，酷吏和清官的存在與得意，乃是制度性的問題。

德國思想家本雅明指出：「文學是歷史的有機體，而不是史學的素材庫。」[29]在此意義上，劉鶚對清官的批判獨具慧眼。他超越了文學家的身分，體現出史家高屋建瓴的眼光。他用小說完成了同時代史家沒有完成的任務。

(三)遊記‧散文‧小說

劉鶚在《自敘》中說，他創作此書的動因是：

> 靈性生感情，感情生哭泣。……吾人生今之世，有身世之感情，有家國之感情，有社會之感情，有種教之感情。其感情愈深者，其哭泣愈痛：此鴻都百煉生所以有《老殘遊記》之作也。棋局已殘，吾人將老，欲不哭泣也得乎？吾知海內千

---

27 劉鶚，《老殘遊記》（第六回）。
28 劉鶚，《老殘遊記》（第六回）。
29 (德)本雅明，《經驗與貧乏》（天津：百花文藝出版社，1999年第1版），頁251。

芳,人間萬豔,必有與吾同哭同悲者焉![30]

有感情,有哭泣,也就有個性,有激情。因此,《老殘遊記》在晚清譴責小說中最具有「個人主義色彩」[31]。1930-40年代在燕京大學任教的西方學者謝迪克稱讚說:「作者對於描寫自然風景和音樂兩方面,都是極為擅長的,他的描寫打破了中國舊小說的傳統的呆板方式。……作者所用的都是詳細的敘述方法,而摻雜了精闢的譬喻。」[32]至於《老殘遊記》為何能有如此突出之成就,存在多種說法。阿英認為:「劉鐵雲所以有如此的成就,主要的原因決不在(胡適)所說的『實物實景的觀察』和『語言文字上的關係』,而是劉鐵雲頭腦的科學化的結果。」[33]普實克則注意到中國古典詩詞中主觀、印象式的抒情特色「被小說家自由的運用以表達角色真實的感受」,對此王德威認為:「證諸《老殘遊記》中說話人姿態的改變所導生之描述性修辭的推陳出新,我們或許可再思普氏的見解。」[34]

我認為,阿英強調作者「頭腦的科學化」,顯然是受到當時流行的進化論和唯物史觀的影響。以此推之《老殘遊記》是不恰當的,是以一種既成理論去硬套一部具體作品。而普實克注意到古典詩詞對白話小說的影響,強調古典文學中的抒情傳統對近代白話小說的滲透。在文學嬗變的過程中,人們一般關切「舊瓶裝新酒」的創變,而忽略「新瓶裝舊酒」的創變,普實克的觀察發人深省。但是,具體到《老殘遊記》,我認為,與其說其描寫的成功是吸收古典詩詞的因素,不

---

30 劉鶚,《老殘遊記》(自敘)。

31 袁進,《近代文學的突圍》,頁286。

32 謝迪克,〈西洋文人對於《老殘遊記》的印象〉,見《老殘遊記》之〈附錄〉。

33 阿英,《晚清小說史》(北京:東方出版社,1996年版),頁45。

34 王德威,〈「說話」與中國白話小說敘事模式的關係〉,見《想像中國的方法》,頁81。

如說是融化古典散文尤其是遊記類散文的傳統。

袁進認爲：「在清末『譴責小說』『千部一腔』，都在模仿《儒林外史》結構，羅列人物事件的情況下，《老殘遊記》敢於另闢蹊徑，以『遊記』的形式，幾乎兼具了晚清幾種主要小說類型的形式。」[35]此一論述仍是從「小說類型」出發，而未論及遊記本身的特徵。在晚清烽煙四起的大地上，劉鶚是一個「在路上」的行者。從自己的生活經歷出發，自然而然地採取遊記的形式來結構小說。而正因爲其形式是遊記，順理成章地要對古典散文抒情寫景的傳統融會貫通。李冬辰在分析此問題時說：「《老殘遊記》是用遊記的體裁，這種體裁，對於劉鶚的生活來說，是比較適合的。因爲劉鶚的職志並不是想當文學家，他在生活中有了感受，偶然的機會，想把這種感受表達出來，而自己走過的地方很多，也就把自己在各地所見到的，逐地寫出來。這樣，用不著像職業的文學家一樣，在寫一部作品之前，一定得把整部情節，整部人物，整部結構都有一個完整的計畫。他僅是想到哪裡寫到哪裡，篇章的長短絲毫不受限制，這樣，可以儘量發揮他所見所聞。但是，這種寫法，並不是說毫無目的，隨意亂塗，仍然有個中心意識，就是凡與他的民胞物與情感有關的，他就寫，沒有關係的，他就不寫，這樣，才能顯出他的中心思想。」[36]可以說，《老殘遊記》確實是一部寫於「旅途」的小說，而非寫於「書齋」的小說。

就文體來看，與普實克的看法相反，《老殘遊記》對詩詞並不太重視，倒是抱著一種漫不經心的態度。在第九回《一客吟詩負手面壁，三人品茗促膝談心》中，寫到申子平在屋子裡看到北牆上掛著四幅大屏，草書寫得龍飛鳳舞。仔細看去，原來是六首七絕詩，非仙非佛，咀嚼起來，倒也有些意味。於是，申子平便將六首詩全部抄下

---

35 袁進，《近代文學的突圍》，頁287。
36 李冬辰，〈《老殘遊記》的價值〉，見《老殘遊記》之〈附錄〉。

來。在小說中也將全部的詩句附錄在下面。這是此前白話小說中常用的情節,作者的本意是用詩歌來增加小說的文化含金量,提升小說的文化品位,讓讀者對小說也油然而生一種特別的敬意。然而,在《老殘遊記》中,這一思路發生了質的變化。劉鶚在寫申子平抄錄詩歌的時候,有這樣一句似乎毫不經意的話:「遂把幾首詩抄下來,預備帶回衙門去,當新聞紙看。」[37]把詩歌當作「新聞紙」看,這種態度在劉鶚之前的士大夫那裡是不太可能的。詩歌在中國文化中有著崇高的地位,而「新聞紙」即報刊文章,在當時依然是被士大夫最看不起的「低等文類」。劉鶚有意說把詩歌當作新聞紙看,說明在他心目中,文體沒有高低貴賤之分,換言之,文體差異與價值判斷無涉,詩歌與新聞報導在價值上是平等的。這樣,劉鶚在提升報刊文體(包括在報刊上發表的小說)的同時,也就顛覆了詩歌至高無上的地位。

除了故意混淆詩歌與報刊文體的界限以外,劉鶚還故意混淆傳統典籍與小說的界限。老殘與友人談到隨身攜帶的古本《莊子》時,只是淡淡地說:「不過先人遺留下來的幾本破書,賣又不值錢,隨便帶在行篋解解悶兒,當小說書看罷了,何足掛齒。」[38]這段話很有些意思,老殘把《莊子》當小說來看,這是繼承清初文學批評家金聖歎的思路。這裡,老殘所指的「小說」,並不是古代《史記》、《漢書》中所謂之「小說」,而是近代意義上的小說概念。劉鶚已比較明確地意識到小說的意義,當然他不可能像後來的梁啟超那樣提出「小說界革命」的口號,但他把小說置於與古代經典同樣的地位,已經是一種突破性的文體觀了。

劉鶚的小說已經具備若干「新小說」的特徵。費約翰指出:「清末民初的新文學,其情節是累進式展開的。在這一點上,它標誌著一種類似於歐洲文學的轉變,即從古老的史詩形式轉向古典的現代小

37　劉鶚,《老殘遊記》(第九回)。
38　劉鶚,《老殘遊記》(第三回)。

說。」[39]從以上兩個例子可發現，劉鶚心目中已孕育著嶄新的文體觀念。蘊藏在此文體觀念背後的，則可能是一嶄新的文化觀念。因而，他對傳統文化的反諷也就具有了戲劇化效果。

對詩詞的輕視與對散文的重視，是一枚硬幣的兩面。特蘭德‧赫利奇引述胡適和夏志清的觀點，認為劉鶚把散文作了詩意的運用，這樣他就用散文創造了與偉大的詩篇相當的效果：「在中國，這部小說的名聲實際上基於一些選段，首先是預言性的，其次是描寫性的段落……這部作品的各個部分的意義和效果似乎並不依賴於整體。這就暗示了研究這部作品的一種可能的方法：這部作品不是一部小說而是一部選集，它是一位作者用自己時代的各種文體寫作的東西(景物描寫、官場暴露、道家烏托邦、娼妓傳奇)，其意趣與華盛頓‧歐文的《見聞箚記》相似。」[40]他認為《老殘遊記》可以看作一部「箚記」集錦，在此意義上可與西方文學範式完成某種對接。在今天的中學語文課本中，選入《老殘遊記》中的「大明湖說書」等片斷，這些片斷雖歸入「小說」單元，但仍當作「散文」來教學。與之相比，其他節選的長篇小說就無法如此處理。這種分析也可以用來解釋《老殘遊記》在寫景抒情方面與一般小說的區別，胡適曾批評中國的古典小說，「描寫風景的能力簡直沒有」，包括《三國演義》、《水滸傳》、《西遊記》、《紅樓夢》和《儒林外史》等一流的小說都是如此[41]。但是，「作為抒情散文家，劉鶚的傑出無可爭議。」[42]《老殘遊記》亦是抒情之傑作。

39　(澳大利亞)費約翰，《喚醒中國——國民革命中的政治、文化與階級》，頁86。

40　特蘭德‧赫利奇，〈《老殘遊記》：諷喻敘事〉，見米列娜編《從傳統到現代——世紀轉折時期的中國小說》，頁135。

41　胡適，〈亞東版《老殘遊記》序〉，見《老殘遊記》之〈附錄〉。

42　特蘭德‧赫利奇，〈《老殘遊記》：諷喻敘事〉，見米列娜編《從傳統到現代——世紀轉折時期的中國小說》，頁154。

　　劉鶚所運用的寫法，許多確實是作者「自己時代的各種文體」。
但是，我認為特蘭德‧赫利奇忽略了一點，即劉鶚對傳統遊記文體的
繼承和學習。先秦以降，中國文學中山水遊記一直很興盛，在《老殘
遊記》中的那幾個最受推崇的片斷中，讀者能夠體味出六朝山水遊記
的滋味、柳宗元和蘇東坡山水遊記的風格以及晚明小品文的特色來。
劉鶚抒情寫景的成功，是建立在對傳統遊記創造性借鑑的基礎上。此
種努力，他是相當自覺的。劉鶚自己評論說：「第二卷前半，可當
《大明湖記》讀；此卷前半，可當《濟南名泉記》讀。」[43]這裡所說
的「記」，也就是遊記，是中國傳統散文中相當成熟的一個文類。可
見，劉鶚並不是分不清文體的界限，而是有意突破此界限。在對界限
的突破中，完成對傳統遊記散文的消化和改造。

　　在繼承傳統抒情散文長處的同時，劉鶚更吸收了近代以來新式
「遊記」的諸種寫法。近代以來，中西交通頻繁，官員和文人出訪西
方愈來愈多，一種別開生面的文類——海外遊記，也應運而生。中國
人地理觀念改變了，中國人對西方的好奇心也加重了。在短短半個世
紀的時間裡，海外遊記、出使日記等蔚為大觀。劉鶚本人曾多次赴日
本遊歷，或謂其行銷精鹽，或謂其出售古物，未知孰是。在《老殘遊
記》中，時時能發現作者受海外遊記影響的痕跡。無論是主人公的視
角還是場面的呈現，與此前中國傳統的山水遊記相比都有了很大的變
化。在《老殘遊記》裡，時間、空間的結合以及小說家對人物活動的
驅使，在晚清的長篇白話小說中皆有「先鋒」色彩。劉鶚有意把小說
的某些部分當作散文來寫，並且還提醒讀者要把它們當作散文來讀。
但是，像胡適、阿英等倡導新文學的學者，一味強調劉鶚對傳統寫作
方式的突破和顛覆，以此來張揚以白話文為載體的新文學的合理性與
合法性。他們有意無意地忽視或遮掩了劉鶚與傳統文學之間的緊密聯

43　劉鶚，《老殘遊記》（第三回）。

繫。因此，他們的論述有一定的片面性。如果說白話文是一個小孩，那麼它必定孕育於古文這一子宮之內。劉鶚有著深厚的古典文學修養，在古文與白話文的溝通以及小說、散文和詩歌等各種文體的滲透方面，作出了相當的貢獻。

(四)舊情趣與新思維

《老殘遊記》帶有相當強烈的自傳色彩，而自傳貴在真實。漢學家謝迪克指出：「《老殘遊記》裡有許多正當而光明地描寫自己的各種生活經驗的地方。這種坦白的自我描寫，就是在西洋作品中也是比較難得見到的。」[44]劉鶚是一個典型的在傳統與創新之間苦苦掙扎的晚清文人。他雖然沒有科舉功名，但對傳統儒學、新興儒學和道家文化等都有深入研究。在生活方式上，他與古代士大夫別無二致，有狂放的時候，也有苦讀的時候，正如羅振玉在《劉鐵雲傳》中所說：「顧放曠而不守繩墨，而不廢讀書。」[45]另一方面，他又是當時最接近西方的文人，他精通治水，主張修築鐵路、開採礦山、開辦工廠、發展商業，是早期「實業救國」的積極倡導者。他對西方的新知和科學具有強烈的好奇心，也有最大程度的相容力。在《老殘遊記》中，許多細節均展現了動人心弦的舊情趣和啓發智慧的新思維。

關於「舊情趣」，也就是中國文人特有的將日常生活藝術化的生活方式。對中國文人來說，吃穿住行不僅是實用的物質生活，更是傾注豐厚文化內涵的精神生活。在《老殘遊記》中，表現得最突出的有兩個方面。

一是對飲食的高度講究和品味。本來，主人公老殘是一名地位並

44　謝迪克，〈西洋文人對於《老殘遊記》的印象〉，見《老殘遊記》之〈附錄〉。

45　轉印自胡適，〈亞東版《老殘遊記》序〉。

不高、甚至比較低下的游走郎中，是社會的邊緣人。但是，在小說中，老殘卻對飲食具有極高的鑑賞能力。地方官員申東造請老殘吃飯一節，寫得尤其精彩：

> 家人端上山雞片，果然紅中有白，煞是好看。漫著吃，味更香美。東造道：「先生吃得出有點異味嗎？」老殘道：「果然有點清香，是什麼道理？」東造道：「這雞出在肥城縣桃花山裡頭。這山裡松樹極多，這雞專好吃松花松實，所以有點清香，俗名叫做『松花雞』。雖在此地，亦很不容易得的。」[46]

這段文字極能表現中國文人的生活情趣。不僅老殘有著很高的生活品味，就連地方上的中等官員申東造也是一個挺講究的「美食家」。這些生活的情趣，已經內化到中國文人的血液裡，即使在動盪漂泊的生活中，它也會隨時展露出來。

在另一個方面，作者著筆更多，這就是對書籍的愛好。這種愛好已經不是對書籍的內容本身了，而是對書籍的物質型態，即版本、裝幀、印刷等等的愛好，並由此拓展成為苦心的搜集和研究。除了書籍，當然還包括古董、文物等。劉鶚是最早發現並搜集甲骨文的學者。據其姪兒劉大均回憶說，劉鶚搜集了大量的古董，書畫碑帖、鐘鼎彝器、晉磚、漢瓦、泉布、印章、古代樂器以及甲骨、泥封、無不搜羅。在從事實業和商業中，劉鶚獲利頗豐，他在北平、南京、蘇州、上海、淮安等地都購有房屋，分別藏有書畫和書籍。他還曾因為一塊名叫「劉熊碑」的碑石與兩江總督端方發生過爭執[47]。劉鶚有一則很能體現其文化趣味的日記：

46　劉鶚，《老殘遊記》（第六回）。
47　劉大均，〈劉鐵雲先生軼事〉，見《老殘遊記》之〈附錄〉。

壬寅七月廿八日，陰。微雨數陣，鎮日無一事，亦無一人
來，清閒靜逸，於是臨帖數紙，讀書數遍，覺此樂境得未曾
有。蓋人世間高壽不過七八十歲，少年役志於功名，老來耳
目手足俱不適用，中間三四十年，家室之累，衣食之資，日
奔走風塵以求錙銖之利而不可必得，況有餘資搜集古人書籍
文字金石之美，豈不難哉！即有餘資，而此類者非若黃金白
玉越錦吳綾之可立致也。既集之矣，人事之煩擾，家室之叢
雜，自朝至於深夜，又無寸晷之閒俾得而摩挲而把玩之，然
則如今日者，求之於一生之中不知其有幾次也。悲哉！[48]

　　從這則日記中，可以看出劉鶚骨子裡依然是傳統文人。在日常生
活中，他是地地道道的「中國化」而非「洋化」的文人。他雖然熱心
參與實際的洋務操作，並確實具有大部分傳統文人所不具備的實際運
作能力，介入修鐵路、開礦山、辦工廠及管理房地產諸多領域，都體
現出不凡的能力和智慧。但其內心深處依然是對閒散而優雅的生活方
式的強烈渴望。

　　在《老殘遊記》中，寫到老殘愛好書籍、古董的地方比比皆是。
如友人高紹殷來訪，發現老殘書桌上放著一本《莊子》，不看則已，
一看嚇一大跳，居然是宋版張君房刻本的，是一本稀世之寶。友人再
往下一翻，是一本蘇東坡手寫的陶詩，就是毛子晉所仿刻的祖本[49]。
聯繫劉鶚的生平和愛好，可以推測這一情節並無誇張之處：在劉鶚的
行囊中完全可能出現如此珍貴的孤本、珍本書籍。其他如第七回《借
箸代籌一縣策，納楹閑訪百城書》，寫老殘到東昌府訪問柳家之藏

48　原載1935年3月20日《人間世》半月刊第24期，轉引自《老殘遊記》之〈附
　　錄〉。
49　劉鶚，《老殘遊記》（第三回）。

書:一到城裡安置停妥,立刻到街上尋訪書店,與書店老闆談話,他並不想買一般的書,而是想尋找古籍珍本。老殘還向書店老闆打聽當地著名的藏書家柳小惠。從書店老闆處得知,柳小惠已經去世,少爺不是讀書人,將書都裝進幾百個大書箱裡,自己從來不讀,也不讓外人讀。對此,老殘悶悶不樂,提起筆來,在牆上題了一絕。這些細節,將一個愛書人的情態寫得活靈活現。看似閒筆,卻是全書不可或缺的部分[50]。

如果說《老殘遊記》中對主人公舊情趣之描繪,表達了作者對即將逝去的傳統世界的無比眷戀;那麼老殘對日常生活和家國大事所採取的新的思維方式,則體現了作者對已經到來的新世界的主動接納和融合。書中有一處寫老殘觀察濟南金線泉中的金線。剛開始什麼也沒有發現,後來向一個士子討教,彎著身子、側著頭看,終於發現了金線。老殘接著研究其形成原因,這個故事體現出作者本人對新知識孜孜不倦的渴求[51]。這種態度在「四體不勤、五穀不分」的士大夫中並不多見。(蘇東坡寫《石鐘山記》便是此態度,但僅僅是一個特例,並沒有形成強大的傳統。)又如書中寫太谷燈,老殘立即由燈的發明製造聯想到專利的問題:「可惜出在中國,若是出在歐美各國,這第一個造燈的人,各報上定要替他揚名,國家就要給他專利的憑據了。無奈中國無此條例,所以叫這太谷第一個造燈的人,同那壽州第一個造斗的人,雖能使器物利用,名滿天下,而自己的聲名埋沒。雖說擇術不正,可知時會使然。」[52]這種聯想,須有相當的西學背景方能產生。又如老殘在破案的過程中,為鑒定毒藥的來源,向天主堂的神父求教,「那個神甫名叫克扯斯,既精通西醫,又通化學。老殘就把這

50　劉鶚,《老殘遊記》(第七回)。
51　劉鶚,《老殘遊記》(第三回)。
52　劉鶚,《老殘遊記》(第十二回)。

個案子前後情形告訴了克扯斯，並問他是吃什麼藥。」[53]西學最早從傳教士那裡介紹過來，沒有現代法醫學的幫助，老殘這一「神探」也不得不向傳教士尋求幫助。這些細節充分說明了老殘對西學抱著強烈的好奇心和通融的心態。劉鶚與比自己早一代的、主張「中體西用」的洋務派不同，他不再執著於「體」與「用」之區別，新思維與舊情趣一樣內化為他的生活態度。

《老殘遊記》的整個調子是憂傷的，因為一個舊有的世界快要傾覆了。然而，由於作者在文字之中傾注了他的舊情趣和新思維，所以每一個細節都能傳達給讀者一種脈脈之溫情。劉鶚的一生是失敗的，他是一個堂吉訶德式的人物，一個被放逐的「多餘人」。如果說老殘就是劉鶚自己的寫照，那麼他比堂吉訶德和俄國的「多餘人」們還要不幸，堂吉訶德的身邊還有桑丘，「多餘人」們的身邊還有愛他們的貴族女子，而老殘只能一個人孤獨地搖著鈴，在帝國廣袤的土地上晃來晃去。鈴聲與腳步，都在訴說著這個本來入世之心極其熱切的不得志者的無邊寂寞。劉鶚來自於傳統，卻又超越了傳統，他本人是一個「奇人」，他的《老殘遊記》也是一本「奇書」。他是文人，是商人，是資本家，是醫生，是偵探，是藝術家，是官員，是工程師，是鑑賞家，是預言家；因此，與之相對應的，《老殘遊記》亦是一本無法歸類的書，一本作者向自己致敬的書，謝迪克之「旁觀者清」式的評論是意味深長的：「這部小說是劉鶚覺悟之後的表白，並且不知不覺的使他走進了中國作家們傳統的習慣之中，這個習慣最早始於屈原，就是用寫文章的方法來洩露社會和人生的種種苦痛不平的經歷。在作者的自序裡，他以屈原和中國其他的戲劇小說家自況，並且說他流著眼淚寫下這書來表達他終身的憂傷愁苦。不過話雖如此，你倘以為這是一部長篇的訴冤說苦的巨構，那卻是弄錯了。這書的一般的情

53　劉鶚，《老殘遊記》（第十九回）。

調和語氣，是浸在各種生活的溫適情趣之上，而字裡行間卻能夠深深地表現出人類互相間由於不知不覺或沒有思想而遭受到的痛苦。讀過這本書以後，沒有人不會不被他那探索自然奧秘的好奇心，溫和、誠摯、博愛的態度，以及個性之高傲和豐富的幽默感所感動的。」[54]

---

54 謝迪克，〈西洋文人對於《老殘遊記》的印象〉，見《老殘遊記》之〈附錄〉。

何處蒼波問曼殊

——略論蘇曼殊小說《碎簪記》中尷尬的敘述者

魯迅說過：「研究曼殊和尙又確比研究《左傳》、《公羊》更饒有興味。」[1]柳亞子認爲：「沒有蘇曼殊來點綴清末民初的文苑吧，大概會覺得比現在還要寂寞一些。但倘然滿坑滿谷，卻都是曼殊式的文學家，則又未免太煞風景了。總之，他是『不可無一、不可有二』的人物。」[2]現代掌故家陶菊隱亦指出：「蘇曼殊以詩人致力革命，所著詩文小說膾炙人口。擅語言學，梵文及英、日、德、法諸文字，無不精譖。」[3]在清末民初的文學史上，蘇曼殊其人其文均是不可歸類的奇蹟。以其人而言，兼詩人與革命家於一身，以僧侶的身分卻又是出入煙花柳巷的風流才子，恐怕只有李叔同與之相似；以其文而論，他那文言寫成的言情小說，卻成爲「新青年」們案頭枕邊的必讀書，「被譽爲『感傷和浪漫的文學』的蘇曼殊文學，從1920年代後半期到1930年代，對於中國的少男少女來說，是獲得心靈慰藉的道路之一——如果到北京王府井東安市場一帶的古籍書店走一走，隨便就可以發現許多冠以『蘇曼殊』大名的圖書。」[4]這不能不說是一個奇

1　（日）增田涉，《魯迅印象》，《魯迅回憶錄‧專著》（下冊）（北京：北京出版社，1991年第1版），頁1337。

2　柳亞子，〈《蘇曼殊大師紀集》序〉，《蘇曼殊研究》（上海：上海人民出版社，1987年第1版），頁435。

3　陶菊隱，〈蘇曼殊〉，《近代俠聞》（太原：山西古籍出版社，1997年第1版），頁224。

4　（日）中薗英助，《詩僧蘇曼殊》（太原：山西教育出版社，1999年第1版），頁

蹟：蘇曼殊獨樹一幟的文學創作，既未淹沒在鴛鴦蝴蝶派的潮水中，
又未被五四新文化運動所否定，經過五四浪潮的衝擊之後，出人意料
地成為清末文學中仍具有生命力的異數。如藤井省三所論，蘇曼殊的
《斷鴻零雁記》等作品「為不幸的蘇曼殊增添了傳奇色彩，同時獲得
中國青年的狂愛。這也許確實是因為它把從戀愛而生孤獨再到獲得自
我的過程，通過自傳的通俗形式清楚地表現出來的緣故吧。」[5]與此
同時，近代文學研究也興起了持續三十年之久的「曼殊熱」。半個世
紀之後的1990年代，這股熱潮又重新興起。關於蘇曼殊小說的研究，
迄今為止已經取得了豐碩的成果。但是，如何將蘇曼殊的小說文本置
於近代社會東西文化衝突、新舊時代遞嬗的大背景下作立體的觀照，
從宏觀和微觀兩個方面把握蘇曼殊對中國小說現代化所作的突出貢
獻，依然是研究者很感興趣的課題。

　　要從小說史的角度理解蘇曼殊的小說，全面考察它的敘事方式是
一個必要步驟。敘事方式是一組手段和語言方法，它們創造了一個故
事仲介者的形象，即敘事作品中所謂的敘述者。法國文學評論家讓－
伊夫·塔迪埃認為：「敘述者的存在本身就保證了聯繫，他使敘述統
一，因為他既是根源又是主體。」[6]有趣的是，我在蘇曼殊的小說中
屢屢發現極具典型意義的「尷尬」的敘述者的形象。本文擬以蘇曼殊
的短篇小說《碎簪記》為個案，通過對該作品中敘述者尷尬身分的分
析，凸現蘇曼殊小說在敘事模式上特有的承前啓後的意義。《碎簪
記》發表於《新青年》，雖然不是蘇曼殊最傑出的作品，在當時卻也

（續）————————————————————

　　　307。

　5　（日）藤井省三，《魯迅比較研究》，（上海：上海外語教育出版社，1997年第
　　　1版），頁58。

　6　（法）讓－伊夫·塔迪埃，《普魯斯特和小說》（上海：上海譯文出版社，1992
　　　年第1版），頁392。

備受稱讚[7]。

中國古代小說分爲文言與白話兩大系統。「文言小說和白話小說的相對獨立平行發展，是中國小說的一大特色。因而，這兩者在一定程度上的互相對峙、互相影響及其各自消長起伏的趨勢，也就構成了中國小說發展的一個重要側面。」[8]產生於宋元，興盛於明清的白話小說源於俗話和說書；而出現遠遠早於白話小說的文言小說，則深受中國古典文學的兩大傳統即「史傳傳統」與「詩騷傳統」的制約。「史傳傳統」使作者自覺不自覺地以史家的身分作小說，採取紀傳體的敘事技巧和實錄的春秋筆法；「詩騷傳統」則落實在突出想像虛構、敘事中夾雜言志抒情。以後者而論，早在唐傳奇中就有了很強的抒情性，宋人洪邁在論唐人小說時說過：「唐人小說，小小情事，淒惋欲絕，洵有神遇而不自知者，與詩律可稱一代之奇。」[9]清代沈復的《浮生六記》將文言小說傳統中抒情的、內省的第一人稱敘述發揮到了淋漓盡致的地步。沈復運用第一人稱敘述方式，直接傳達自己內心深處的情感和心緒，記述私人的生活、婚姻和感情經歷，就好像一篇自白性的散文，同時又是一篇詩化小說的典範之作。

但是，在《浮生六記》的核心章節中，對外部世界的描寫寥寥無幾。當小說家開始觀察周圍的大千世界、視角由內向轉外向時，這種傳統的第一人稱敘事模式便遇到一系列難以克服的麻煩。

《聊齋志異》代表了文言小說的一個高峰，但也預示了文言小說

7　蘇曼殊曾經給《新青年》的編輯劉半農去信說：「半農先生，收到你過分讚賞的來信，誠惶誠恐之至。作品本是一篇不成形的東西，爲先生所關注眞是不好意思。」參閱(日)中薗英助，《詩僧蘇曼殊》(山西教育出版社，1999年第1版)，頁307。

8　陳平原，〈關於中國古典小說〉，《小說史：理論與實踐》(北京：北京大學出版社，1993年第1版)，頁181。

9　〈唐人說薈·凡例〉，見侯忠義編，《中國文言小說參考資料》(北京：北京大學出版社，1985年第1版)，頁21。

深刻的危機。紀曉嵐在批評《聊齋》時有一段精彩之論：

> 小說既述見聞，即屬敘事，不比戲場關目，隨意裝點。伶玄
> 機之傳，得諸樊嬺，故猥瑣具詳；元稹之記，出於自述，故
> 約略梗概。楊升庵僞撰《秘車》，尚知此意，升庵多見古書
> 故也。今燕昵之詞，蝶狎之態，細微曲折，摹繪如生，使出
> 自言，似無此理；使出作者代言，則何從而聞見之？又所未
> 解也。留仙之才，余誠莫逮其萬一，唯此二事，則夏蟲不免
> 疑冰。[10]

　　這段話一直未受後人應有之重視，因爲《閱微草堂筆記》的藝術
成就遠不如《聊齋志異》，人們便把紀曉嵐的這段話給忽視了。如許
仁圖所著《新編中國文學史》，便將這段話引出來並順便將紀曉嵐譏
諷了一通[11]。實際上，紀曉嵐的這段論述裡包含了好些眞知灼見。中
國傳統批評從未詳細闡述過一種小說理論，因而敘事方法理論在它那
裡成爲空白，紀曉嵐無意中進入這塊空白的領域。確如紀氏所說，作
爲讀者有權利思考小說中的資訊是從何處獲得的：是來自於假定客觀
的敘述者，還是來自於人物的主觀心理？第一人稱敘述者與全知全能
的敘述者之間的區別何在？更爲關鍵的問題是：當傳統抒情式的第一
人稱敘述者無法承擔表現更爲廣闊的社會生活場景的時候，這個敘述
者該作怎樣的調整和轉化？這個問題能否很好的解決，直接關係著文
言小說的興衰成敗。

　　美國學者韓南指出：「小說中的敘事者通常按照其知曉度(全知
的，限知的，外部的，等等)和可信度來界定。單獨從這一角度看，

10　盛時彥，〈姑妄聽之跋〉，見侯忠義編《中國文言小說參考資料》，頁33。
11　許仁圖主編，《新編中國文學史》(台灣復文出版社，下冊)，頁1311。

或多或少，前現代的中國小說必然表現爲靜止的。」[12]他這裡所指的大概是古典文言小說。而相對於文言小說而言，白話小說的自我調整要自覺得多。劉鶚的《老殘遊記》、吳沃堯的《二十年目睹之怪現狀》等作品都吸取了文言小說傳統中的限制性人稱敘事，以補全知全能的「說書人」敘事的不足。例如《老殘遊記》中老殘漫長的遊歷成爲他心靈的歷程，「老殘對各種情境和景致都有反應，但他沒有被它們所改變；他扮演的主要角色是觀察者、傾聽者和評論者，即作爲意識的焦點」[13]。《老殘遊記》成功地以白話散文這個「低下」的媒介來發揮「高級」的文言文學的美學效果，成爲晚清白話小說的第一流作品。

文言小說敘事模式的轉換則要艱難得多。蘇曼殊的《碎簪記》，寫的是莊湜與靈芳、蓮佩之間哀婉淒美的三角戀愛故事，最後以催人淚下的悲劇而告終，三個年青人都早早地了卻了鮮活的生命。這個故事的敘述者是作爲莊湜知己的「余」。「余」目睹了這個戀愛故事的始終，「余」的經驗範圍自然地成爲了視角範圍。但是，在這個新的敘事秩序中，「余」處在一個相當尷尬的位置上。

我們不妨先來看看小說中的一段描寫：

> 明日淩晨，蓮佩約莊湜共余出行草地中，行久之，蓮佩忽以手輕抉莊湜左臂，低首不語，似有倦態，梨渦微泛玫瑰之色，莊湜則面色轉白，但仍順步徐行。
> ……余至客室，則見莊湜猶癡坐梳花椅上，目注地毯，默不

12　(美)韓南，《中國近代小說的興起》(上海：上海教育出版社，2004年第1版)，頁9-10。

13　特蘭德‧赫利奇，〈《老殘遊記》：諷喻敘事〉，見米列娜編，《從傳統到現代：19至20世紀轉折時期的中國小說》(北京：北京大學出版社，1991年第1版)，頁140。

> 發言；蓮佩則偎身莊湜之右，披髮垂於莊湜肩次，哆其櫻
> 唇，睫間有淚痕，雙手將絲巾疊折卷之，此絲巾已爲淚珠濕
> 透。二人各知余至。蓮佩心中似謂：「吾今作是態耳，雖上
> 帝固應默許；吾鍾吾愛，無不可示人者。」莊湜心如冰雪。
> 須知對此傾國弗動其憐愛之心者，心非無因，顧蓮佩芳心不
> 能諒之，讀者亦有以恕蓮佩之處。在莊湜受如許溫存膩態，
> 心中亦何嘗不碎？

　　這段話敘述委婉細膩，可謂「狀難寫之景如在目前，含有盡之意
見於言外」。人物的情態，栩栩如生，動人心弦。「睫間有淚痕」、
「此絲巾己爲淚珠濕透」這樣的細節，只有寫情的大手筆才寫得出。
但文字越高明，漏洞也就越大。我初讀的時候，隱約有一種很不舒服
的感覺，這感覺從何而來呢？原來在戀人旁邊有一個令人討厭的
「余」。這一切情態都是由「余」偷窺而來的。彷彿一隻蒼蠅掉進一
碗美味的湯中，原來美好的感覺蕩然無存了。
　　顯然，作者對此是有所意識的，因此他千方百計地解釋說「無不
可示人者」，但這種解釋正說明兒女情態有其不可示人之處。「余」
的出場對整個情境造成了破壞，但「余」不出場，這個情節又從何而
來？表面上看，這段敘述由第一人稱敘述者支撐，實際上又出現全知
全能敘述者。「讀者亦有以恕蓮佩之處」，很明顯，這是話本小說中
常用的「看官」的口吻。這說明晚清白話小說的敘事模式已滲透到文
言小說中，但還沒有被文言小說作者很好地消化。這樣，小說的視角
自然就陷入混亂中：「余」可以揣度出莊湜和蓮佩的心理活動，即敘
述者大於人物，屬「後視角」，而「後視角」要求全知全能的、無人
稱的敘述，不允許第一人稱的「余」的出現。於是，「余」便處在這
樣一種有也不是，無也不是的深刻悖論中。讓—伊夫·塔迪埃曾經指
出：「敘述者是進行內心分析的最好手段，特別是對稟賦的分析。在

尊重眞實性的同時，他也能容納最廣闊的場景，但他必須使自己具有雙重性，他既是材料又是形式，也變成了作品的形式和材料。而對於讀者來說，他是強制性的通道。」[14]顯然，蘇曼殊並沒有能夠嫻熟地運用這種「強制性的通道」，他陷入了某種困境之中。

學者盧博爾·多烈采爾通過對大量小說的研究，歸納出六種主要的敘事方式[15]：

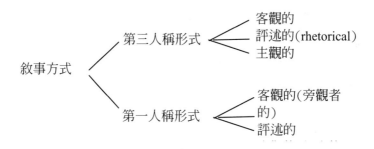

用以上所歸納的敘事方式來衡量，《碎簪記》中的「余」處於什麼樣的身分呢？在我看來，他就像一個鐘擺一樣，不斷地搖擺於客觀的、評述的、主觀的三種形式之間，時而與主人公莊湜一樣是多愁善感的有情人，時而是參透人生眞諦、充滿智慧的高人，時而又是不動聲色、冷靜清醒的旁觀者。

下面，我想集中分析小說中的幾處細緻的心理描寫，進一步挖掘敘事者身分的內在矛盾。

故事一開始，寫西湖邊上一名妙齡女子向「余」打聽友人莊湜的消息。女子走後，「余」因此思慮紛紛：

14　(法)讓—伊夫·塔迪埃，《普魯斯特和小說》，頁18。

15　參閱米列娜，〈晚清小說的敘事模式〉，見米列娜編，《從傳統到現代：19至20世紀轉折時期的中國小說》(北京：北京大學出版社，1991年第1版)，頁55。

> 余此際神經，頗爲此女所擾，此何故哉？一者，吾友莊湜恭
> 愼好學，向未聞與女子交遊，此女子胡爲乎來？二者，吾與
> 此女無一面之雅，何由知吾名姓？又知莊湜同來？三者，此
> 女正當綺齡，而私約莊湜於逆旅，此何等事？若謂平康挾瑟
> 者流，則其人儀態萬方，非也；若謂莊湜世交，何以獨來訪
> 問，不畏多言耶？

這裡，「余」是故事的旁觀者，而不是當事人。但在這段描寫
中，「余」的心理活動紛繁複雜，比當事人還要著急。讀者不禁想
問：干卿何事？簡直有點「杞人憂天」的味道。而隨著情節的發展，
「余」介入事件的程度也愈來愈深，並不亞於主人公莊湜。再看下面
一段：

> 余心至煩亂，不知所以慰之，惟有強之就榻安眠，實則莊湜
> 果能眠否，余不知之，以余此夜亦似睡非睡也。
> 翌朝，余見莊湜面灰白，雙目微紅，食不下嚥，其心似曰：
> 「吾幽狀正有艾，吾殆無機復吾常態，與畏友論湖山風月
> 矣。」

「余」這位「畏友」的表現，已經遠遠超過了畏友的身分。「心
至煩亂」、「強之就榻安眠」、「似睡非睡」反應之強烈，大悖於常
理。因爲「余」並非主人公，過多地寫「余」的心理活動等於隔靴撓
癢，很難觸及核心。但是，在「余」是敘述者的前提下，如何寫當事
人的心理活動呢？不得已，只得「以意逆志」，將心比心，以己意度
彼意。

小說近代化的標誌之一是由外部世界轉入人物內心。福柯指出：
「人們從愛講或愛聽聖人、勇士所經受的考驗與英雄傳奇，轉向用文

字無休止地探求個人內心眞實的文學。」[16]這裡所謂的「探求個人內心眞實的文學」，並不是中國文言小說中的「獨抒性靈」，而是對小說中人物的心理進行體貼入微的揣摩，將心理描寫作爲塑造人物形象的重要手段之一。同時，作家也必須「一直對讀者保持優勢」，如讓—伊夫·塔迪埃所論：「這借助於一種奇特的『預見』技巧：醞釀、預示、突然拐彎、空缺(原先期待其中有事件和發展)、發展(原先不期待有任何東西)、故事的逐漸啓示(而讀者幾乎不知道何所指)，以及掩蓋眞實情節的虛假情節(愛情故事)。」[17]

在中國古代的文言小說中，這種通過心理描寫的技巧來統馭讀者閱讀心態的手法運用得並不多。蘇曼殊開始意識到心理描寫的重要性，但在一個舊有的敘事模式中，要實現人物的心理描寫還面臨著許多障礙。因此，敘事者便冒著極大的危險「代人立言」。這種方法，頗類於唐宋五代以下詩詞中普遍存在的「模擬閨閣心態」的創作方法。可見文化傳統對作家有難以擺脫的制約作用。對這種寫法的弊端，作者亦有清醒的認識：

> 吾老於憂患矣，無端爲莊湜動我纏綿悱惻之感，何哉？
> 余視莊湜愁潮稍退，漸歸平靜之境，然在莊湜弱不勝衣。如在大病之後。余則如舟泛大海中，但望海不揚波，則吾友人之心庶可以收拾。

「無端」二字道盡作者的困惑。「余」的處境就像大海中的小舟一樣，隨時都可能顛覆。「余」承擔了其力所不能及的職能，作爲觀察者看到的是「海不揚波」，而大海深處的洶湧澎湃卻不能爲我所

16　轉引自徐賁，〈人文科學的批判哲學——邁克爾·福柯和他的話語理論〉，美國《知識份子》1988年春季卷。

17　(法)讓—伊夫·塔迪埃，《普魯斯特和小說》，頁370。

知。再看小說寫莊湜、靈芳兩人第一次見面後，「余」的感想：

> 余復思靈芳與莊湜晉接時，雖寥寥數語，然吾窺伺此女無限
> 情波，實在此寥寥數語之外；余又忽憶彼與余握別之際，其
> 手心熱度頗高，此證靈芳之愛莊湜亦眞矣。

韓南引用傑拉・熱奈特的理論分析說，敘事者負責將整個作品傳遞給讀者或者聽眾，並具有兩種特性，一是在「聲口」之下，而另一種是在「透視」之下。亦可歸結爲兩個問題：「誰表述」（聲口）和「誰看見」（視點）。[18]這裡，蘇曼殊遭遇到了「誰表述」和「誰看見」之間的矛盾。「窺伺」二字於無意之間暴露了「余」的處境。這個詞含有明顯的貶義色彩，觀察者躲藏起來，觀看他不該看的東西才謂之「窺伺」。用心理分析的理論來看，作者無意中使用這個詞，正說明他在潛意識裡，也對「余」的處境有所不滿。蘇曼殊寫情頗有獨到之處，例如此處「手心熱度」的細節，正可見與一般愛情小說家差距。但是，這個細節的感知者和體驗者並非男主人公莊湜，而是置身事外的「余」。通過「余」的感知與推理，將「手心熱度」與「眞愛」連結在因果鏈條兩端。不知不覺間，「余」超出了自己的職能範圍，搶占了眞正的主人公莊湜的地位。對這種明顯的「侵權行爲」，作者立刻作了補救：

> 既而余愈思愈見無謂，須知此乃莊湜之情關玉局，並非屬我
> 之事也，又奚可以我之理想，漫測他情態哉？

即使「我」是莊湜的好友，但在愛情這樣的事情上，「我」也不

18　(美)韓南，《中國近代小說的興起》，頁10。

可能全然了解莊湜的心態。當事人有太多的情態「不足爲外人道
也」。因此「余」即便絞盡腦汁，也只能得出「無謂」的結果。仔細
推敲這兩句話，不正把前面幾段逼眞的細節描寫都給推翻了嗎？

　　「余」是第一人稱敘述者，負擔著推動小說情節進展的責任。每
個情節都必須有「余」的在場。「余」若不在場，情節也就成了空中
樓閣、海外仙山，不可能給讀者「眞實」的感受。

　　小說在寫莊湜與靈芳的初次會面時，可謂煞費苦心。本來，一對
戀人的會面不應有第三者的在場；但是，假如沒有「余」的在場，
「余」又如何能描述這一場面呢？於是，作者便爲「余」在場尋找理
由，借莊湜之口說出了三個理由：

> 此子君曾於湖上見之，於吾爲第一見，故吾求君陪我，若吾
> 辭不達意者，君須助我。君爲吾至親至愛之友，此子亦爲吾
> 至親至愛之友，顧此子向未謀面，今夕相逢，得君一證吾心
> 跡，一證彼爲德容俱備之人。異日或能爲我求於叔父，於事
> 滋佳。

　　挖空心思找出的三個理由，乍一看冠冕堂皇，但仔細推敲都站不
住腳。其一，情人之間，若眞心相愛，自然是「心有靈犀一點通」，
旁人又能插上什麼話呢？莊湜即使是「辭不達意」，「余」也不可能
給他什麼幫助。其二，既然「余」是莊湜的至親至愛之友，應該極爲
了解莊湜的爲人，莊湜也沒有多大的必要向「余」一證心跡。其三，
至於讓「余」遊說莊之叔父，莊自己早已知道不可能。下文中有莊湜
所說的一段話：「特以此以屬自由舉動，吾叔故謂蠻夷之風，不可學
也。」說明這一理由也純屬子虛烏有。可見，「余」的在場既不合乎
情，也不合乎理，僅僅是由敘事策略所決定的。在下文中，更可發現
「余」與會面的整個氣氛是格格不入的：

少間，女郎已至，駐足室外。莊湜略起，肅之入。余鞠躬與
之爲禮。莊湜肅然，曰：「吾心慕君，爲日匪淺，今日始親
芳澤，幸何如也！」此際女子雙頰爲酡，羞赧不知所對。莊
湜復曰：「在座者，即吾至友曼殊君，性至仁愛，幸勿以禮
防爲隔也。」

　　「肅然」二字值得反復玩味。莊湜對意中人說的全是卿卿我我的
情話，但表達方式卻是「肅然」。這肅然便多多少少有些做作，大概
是第三者在場而不得不做出的姿態。「勿以禮防爲隔」更有些莫名其
妙：兩情相悅之時男女構成的是一個自足的兩人世界。這個兩人世界
天生就有排他性，又怎麼能把「隔」的原因推到「禮防」身上呢？
　　在《碎簪記》中，作爲敘述者的「余」與作爲主人公的莊湜之間
存在著既對立又統一的關係。兩者之間的對立關係，體現在：「余」
過強的主觀性侵擾了主人公莊湜所享有的時空。當時的小說理論，對
敘事的主觀、客觀的區別已有涉及。成之的《小說叢話》中有這樣比
較清晰的論述：「小說之敘事，有主、客觀之殊。主觀的者，書中所
敘之事，均作爲主人翁所述，著書者即書中之主人翁；或雖系旁觀，
而持爲書中之主人翁作記錄者也。西洋小說，多屬此種。客觀的者，
主人翁置身事外，從旁觀察書中人之行爲，而加以記述者也。中國小
說，多屬此種。要之主觀的，著書之人，恒在書中；客觀的，則著書
之人，恒在書外，故亦可謂之自敘式（Auto－biographic）及他敘式
（Biographic）。」[19] 理論上一刀切開，分爲「自敘式」和「他敘
式」，倒是一清二楚，明明白白，但用以闡釋具體作品則出現了問
題。例如《碎簪記》究竟是「自敘式」還是「他敘式」呢？著書之人
「余」自然在書中，但「余」既不是主人公，也不僅僅是旁觀者。因

19　成之，《小說叢話》，見陳平原、夏曉虹編，《20世紀中國小說理論資料‧第
　　一卷》（北京：北京大學出版社，1989年第1版），頁418。

此，以上兩種模式都不足以概括《碎簪記》。這也正說明《碎簪記》
在繼承傳統、學習西方上的實驗性。

在閱讀的過程中，我發現莊湜是個扁平化人物，由於「余」掌握
了敘事權力，他的性格未能充分展開。他那些靠「余」來傳達的內心
隱痛，宛如水中月鏡中花。同時，莊湜也是一個靜態人物，他對時空
失去了控制能力，他經歷著故事中不斷變化的環境而不去適應他們，
所以最終只能走向毀滅。相反，「余」既是圓形人物也是動態人物，
「余」掌握了敘事權，就像木偶戲背後的操縱者。我們來看兩段
「余」穿插在小說中的議論：

> 夫天下唯難解決之事，惟情耳。……昔人有言：「一絲既
> 定，萬死不更。」莊湜有焉。今探問莊湜者，竟有二美。則
> 莊湜之不幸，可想而知。哀哉！
>
> 余平心而論，彼負抑塞磊落之才，生於今日，言不救世，學
> 不匡時，念天地之悠悠，惟有強顏歡笑，情鬱於中，而外貌
> 矯為樂觀，跡彼心跡，苟謂諸國老獨能關心國計民生，則亦
> 未也。

第一段議論圍繞小說中心情節展開，倒還與整個小說的意境水乳
交融。但第二段議論則完全游離於小說基本情節之外，議論固然精
采，但我閱讀時總覺得像眼睛裡掉進一粒沙子一樣格格不入。為什麼
會出現這樣的段落呢？一是由於文言小說泛政治化、好大發議論的風
氣的影響；二是因為「余」的敘事權力無限膨脹，使得「這個人物的
存在原因不僅僅是完成情節布局所需，他或她也『活動』在其他一些
領域，而不是僅在我們正在閱讀的領域之內。」[20]在整個敘事系統

---

20 (美)華萊士·馬丁，《當代敘事學》(北京：北京大學出版社，1990)，頁143-
144。

中，「余」對莊湜具有一種壓倒性的優勢。

另一方面，「余」與莊湜又有同一關係。蘇曼殊的一系列小說，都有自傳性的色彩。《斷鴻零雁記》尤爲典型。以致有學者據此考證蘇曼殊的身世。但是寫自傳性小說，容易產生如郁達夫所說的毛病：「有許多地方不自然，太不寫實，做作得太過。」[21]爲了克服「過於矯情」的毛病，蘇曼殊便嘗試不再講述「我」的故事，而開始講述「他者」的故事。但這個「他者」仍然是「我」的「鏡中之像」，使人想起賈寶玉／甄寶玉、孫悟空／六耳彌猴的關係來。陳獨秀敏銳地發現了《絳紗記》中主人公夢珠與作者本人(《絳紗記》發表時署名曇鸞)之間的相似性：「曇鸞與其友夢珠行事絕相類。莊周夢蝴蝶，蝴蝶化莊周，予亦不暇別其名實。曇鸞存而五姑歿，夢珠歿而秋雲存，一歿一存，而肉薄乎死與愛也各造其極。」[22]

這段論述極爲精采。若移到《碎簪記》中，可不可以說「余」與莊湜之間也是這樣的一種關係呢？接著來看小說的結尾。法國學者勒內‧基拉爾說過：「小說作品的終結對應著當代敘事作品的無終結，這種無終結在當代最優秀的敘事作品中不是一種曇花一現的方式，而是反映著一種特殊的歷史和哲學情境。」[23]在小說《碎簪記》中也是如此：結尾是一個古典式的悲劇，蓮佩「以小刃自斷其喉部」，莊湜憂病而死，靈芳自縊而死。重病中的莊湜，雖蓮佩先他而去也不知道，更不用說後他而去的靈芳了。「余」則親歷事件的全過程，最後聽到靈芳的死訊時：「余聞此語，傷心之處，不啻莊湜親聞之也。」逝者已矣，此地空餘黃鶴樓，「余」終於取其而代之，在故事即將結

21　郁達夫，〈雜評曼殊作品〉，轉引自《近代文學研究鳥瞰‧蘇曼殊研究》(天津教育出版社)，頁461。

22　陳獨秀，〈《絳紗記》序〉，陳平原、夏曉虹編，《20世紀中國小說理論資料》(第一卷)，頁514。

23　(法)勒內‧基拉爾，《浪漫的謊言與小說的眞實》(北京：三聯書店，1998年第1版)，頁326。

尾的片刻，將敘述者和主人公的身分統攝於一身。

「余」作爲敘述者的尷尬身分，一方面使小說文本產生了不少裂隙，另一方面也給小說文本帶來不少新質。無論是裂隙還是新質，都是轉型期小說的特徵。處在轉型期的小說就像是「一個巨大的坩鍋，傳統敘事手段與試驗性的革新手段在此熔爲一體。」[24]

以上分析是「余」在敘事上的尷尬。實際上，「余」的尷尬還有另一個層面——觀念上的尷尬。要分析「余」在觀念上的尷尬，應當將其置於清末民初中國社會的複雜性、多樣性和不確定性的大背景下來考察。

小說中有一段有趣的夢境的描寫：

> 余乃解衣而睡，遂入夢境。顧夢境之事，似與眞境無有差別。但以我私心而論，夢境之味，實長於眞境滋多，今茲請言吾夢：
> 夢偕莊湜、靈芳、蓮佩三子，從錦帶橋泛棹西湖，見四周荷葉已殘破不堪，猶自戰風不己，時或瀉其淚珠，一似哀訴造物。余憐而顧之。有一葉搖其首而對余曰：「吾非乞憐於爾，爾何不思之甚也？」
> 將至西泠橋下，靈芳指水邊語蓮佩曰：「此數片小花，作金魚紅色者，亦楚楚可人，先吾親見之而開，今吾復親見之而謝，此何花也？」
> 蓮佩曰：「吾未識之，非蘋花耶？」
> 莊湜轉以問余。余曰：「此與蘋同種而異類，俗名『鬼燈籠』，可爲藥料者也。」
> 言時，已過西泠橋。靈芳、蓮佩忽同聲歌曰：「同攜女伴踏

24　米列娜，《從傳統到現代：19至20世紀轉折時期的中國小說·導言》，頁9。

青去,不上道旁蘇小墳。」

俄而歌聲已杳,余獨臥胡床之上,窗外晨曦在樹,曉風新
夢,令人惘然。

　　我在閱讀清末民初的小說時,發現了這樣一個有趣的現象:這一
時期的小說家特別偏愛寫夢境。我以為原因之一是當時政治制度和文
化都處在劇烈轉型中,中西文明的激烈衝突為千年未有局面。在強大
壓力下,精英階層的精神世界極度焦灼。原來認為不成其問題的「如
何表述自己」,現在卻成為首當其衝的難題。《老殘遊記》中老殘的
夢境,以航船隱喻危機中的國家,深刻地反映了知識者在歷史進程中
的挫折感和無力感[25]。劉鶚筆下的夢境,有極明顯的意識型態色彩,
而蘇曼殊筆下的夢境,則詩意盎然,營造一個個人化的世界。《紅樓
夢》中寫賈寶玉進入太虛幻境,見到「假作真時真亦假,無為有處有
還無」的對聯,《碎簪記》在寫夢境前卻先發了一通感慨:「夢境之
味,實長於真境滋多。」藤井省三認為,蘇曼殊作為在「愛」中完成
的內面世界的發現者,其作品顯示出了「幻想小說的本質」[26]。

　　如果說《斷鴻零雁記》「尋求榮格心理學所說的生命、徬徨於海
陸各自所象徵的聖與俗的世界中的少年的故事」[27],那麼《碎簪記》
則是一個有了愛的對象卻始終沒有尋找到愛的本質的迷宮。從《碎簪
記》的故事中,可以看出作者無力把握變化多端的現實,並對現實持
高度的不信任感;而只有在夢境中,「余」的主體性才終於得以實
現。荷葉是對「余」講話,而不是對三個主人公說話,可見「余」處
於中心位置。這次出遊,首先是「余」偕三人,一個「偕」字,使
「余」獲得全面的支配權,人與物都得受其調遣。「顧而憐之」的感

25　參閱《老殘遊記》第一回(上海:上海古籍出版社,1991年第1版),頁26。
26　藤井省三,《魯迅比較研究》,頁57。
27　藤井省三,《魯迅比較研究》,頁57。

覺純粹是我自己的、只能由我來表達。這是第一人稱敍述者理應遵循的敍述原則。當荷葉把三個主人公撇在一邊，單單對「余」說話的時候，這個第一人稱敍述者的形象便無限膨脹了。以下一個細節更能說明問題：水邊小花的名字，靈芳不知道，問蓮佩，蓮佩也不知道；莊湜則「轉以問余」。「余」便徐徐道之，迎刃而解。在這裡，「余」的潛意識便是充當啓悟者的角色，讓溺於情海的三個男女清醒過來。

殊不知，這樣的設置使「余」的形象鮮明起來，卻令三個主人公的形象受到損害。在這段夢境的描述裡，因蘇曼殊有一支生花妙筆，營造出一個煙霞滿紙的意境，「情在辭外，狀溢目前」，所以讀者很容易忽略一些觀念性的東西。實際上，觀念已悄悄侵入小說敍述裡。

柳亞子在談到蘇曼殊的時候有這樣一段中肯之論：「他少年時本是極熱心，中年後悲觀極深。他的行爲雖是落拓，卻並非不羈；意志雖極冷，而心腸卻是極熱。」[28]那麼，這種內外失衡的狀況是如何造成的呢？

首先是因爲近代中國社會的不穩定性。在「變」的大背景下，人們很難保持昔日的單純、自足。蘇曼殊與革命黨風雲人物均有交往，曾爲革命活動出了不少力。但辛亥革命的成功並沒有解決中國的矛盾，反而加劇了矛盾。《劍橋中國晚清史》中這樣評述辛亥革命：「1911年的中國表現了一個逐漸喪失靈魂和精神而存留下來的社會空殼，是包不住這個新生命的。但當時被人們稱呼的少年中國，對自己的特性心中無數……辛亥革命作爲一次城市起義，被視爲鴉片戰爭之後社會發生空前變化的產物，被看作是那些背棄古老的農業帝國而轉向西方以尋求建立政治組織和發展經濟的技術的城市精英人士腦力勞動的成果。」[29]無疑，蘇曼殊屬於城市「精英人士」之一。他一方面

28　柳亞子，〈蘇曼殊雜談〉，《蘇曼殊研究》，頁328。
29　(美)費正清主編，《劍橋中國晚清史·下卷》(北京：中國社會科學出版社，1985年第1版)，頁686-678。

積極參予社會變革，另一方面對社會進程深感困惑。他清楚地知道必須衝破專制的羅網，但他並不曉得嶄新的中國是什麼模樣。

其次，與社會轉型相伴隨的是文化轉型。蘇曼殊個人的悲劇是文化衝突所造成的。他從小在日本長大，深受日本文化的薰陶。而日本文化本來就是「四不像」。既有中華文明的悠遠，也有西方文明的鮮活。此後，蘇曼殊的足跡遍及中國大陸、東南亞、南亞，對印度教、中國儒教均有體悟。這樣龐雜的文化背景，使他受到多種文化的擠壓遠遠超乎常人：「他真誠地、卓有成效地繼承中國傳統文化，同時又真誠地、卓有成效地接受西方文明。兩者在他頭腦中無法融爲一有機的整體。有時吵鬧打架，搞得他心神不安，坐臥不寧。這是轉折時代先行者必然遭受的痛苦。……先行者既要埋葬舊時代的斜陽，又要迎接新時代的曙光，而這種『斜陽』與『曙光』往往同時存在於先行者心中。」[30]作爲文化轉型期的知識分子，蘇曼殊不可能持有一套完整的、嚴密的思想體系，只可能擁有豐富的、相互衝突的多種觀念。

第三，蘇曼殊特立獨行的個性既是他思想矛盾的外化，同時也反過來加劇了思想的矛盾。關於蘇曼殊充滿傳奇色彩的一生，早已爲人們津津樂道。時人有筆記記載說：

> 蘇曼殊，字玄瑛，幼隨母河合氏，適嶺南商人蘇翁，時蘇經商東瀛也。未幾，蘇翁歸國，河合氏亦攜曼殊同返廣州，而大婦奇悍，遇河合氏尤爲嚴酷。逾數年，蘇翁歿，河合氏不得於其大婦，隻身復回日本，遺曼殊於蘇翁之家，年僅十一二耳。托足慧龍寺中，祝髮爲僧。長老某，喜其慧，梵唄之餘，課之讀，並使其習英吉利文字。數年，學大進，中西文字，均斐然可觀。初，蘇翁在時，曾爲曼殊訂婚某氏，巨室

30　陳平原，〈論蘇曼殊、許地山小說的宗教色彩〉，《在東西方文化的碰撞中》（杭州：浙江文藝出版社，1987年第1版），頁14。

也，女賢而才，自蘇翁歿後，兩家之消息隔絕矣。

曼殊居寺數年，所往來者，惟一老媼之子，時爲存問，蓋媼曾爲曼殊乳母，又受河合氏之恩惠最深也。曼殊年十五六，學成，辭寺長老東渡省母，苦乏資斧，隨媼子販花廣州市中，方擬集資之日本。一日，過某巨室側，適婢購花，識曼殊，訝曰：「得非蘇郎乎？何爲至是耶？」陰喚女至，曼殊以笠自掩，且泣曰：「慘遭家變，吾已無意人世事矣。」並告知出家爲僧及東渡省母之故，勸女另字名門，無以爲念。女聞之泣下，誓曰：「是何説也，決守眞以待君耳。」解所佩碧玉以贈，善沽之，當可東渡將母。曼殊遂以其碧玉易資赴日本。比還國，聞女以憂愁逝世。曼殊既悼女亡，復悲身世，愴感萬端。……其所爲《絳紗》等記，皆是時之所作也。作時伏枕急書，未數行，則已雙淚承睫。

……迨後臥病寶隆醫院，致書廣州胡展堂，另附一紙，爲轉交紉秋者，僅書一雞心，旁綴一行，爲「不要雞心式」五字而已，眾皆莫解所謂。蕭嘿然久之，曰：「蘇和尚殆將不起已，豈囑予代購碧玉一塊，攜以見其地下未婚夫人乎？」即在市購方行碧玉一塊，由徐季龍帶滬。季龍抵岸，趨寶隆醫院，則曼殊病已危殆。三日不飲食，瞑目僵臥，若有所俟也。醫院護士近前高之，並云廣州蕭某托帶碧玉至也。曼殊啓目，強以手承玉，而使護士扶手以唇親玉，欣然一笑而逝。[31]

蘇氏的生命似小說，蘇氏亦在用生命寫小說。小說中的「碎簪」與生活中的「碧玉」何其相似也。可以說，蘇曼殊的每一篇小說都帶

---

[31] 劉成禺，〈蘇曼殊之哀史〉，《世載堂雜憶》（太原：山西古籍出版社，1997年第1版），頁178-180。

有濃郁的自傳色彩，《碎簪記》也是如此。《碎簪記》中痛苦的戀愛
即是蘇曼殊個體悲情的投射，《碎簪記》中尷尬的敘事者亦意味著蘇
曼殊本人的尷尬。

以上分析了蘇曼殊觀念上的衝突和選擇上的困惑的形成。下面具
體看看如何體現在《碎簪記》裡。

仔細分析，三個主人公的戀愛並沒有形成眞正意義上的「三角戀
愛」。眞正的「三角戀愛」必有激烈的對立、衝突和爭奪，而小說中
卻看不到一點情場的硝煙。反倒給人一種「這裡的黎明靜悄悄」的感
覺。莊湜眞的愛靈芳嗎？我看未必。莊湜在解釋爲何「先覿面者爲蓮
佩，而先屬意者爲靈芳」時，理由極爲牽強。他身陷牢獄，友人杜靈
遠「鼎力解免」，而後：

> 靈運將行，余與之同攝一小影，爲他日相逢之券。積日靈運
> 微示其賢妹之情，拊余肩而問曰：「亦有意乎？」吾感激幾
> 於泣下，其時吾心許之。顧雖未見其妹之面，而吾寸心註
> 定，萬劫不能移也！

「愛情神話」被這段敘述無情地否決掉了。莊湜連靈芳的面都未
見過，「愛」從何而來？他的愛不過是對其兄長的感激而己。「靈運
情誼，余無時不深念之。」一語道破天機，是其兄長的「情義」遠遠
勝過了對靈芳本人的感情。這難道不是另一種形式的包辦婚姻嗎？其
實質與叔父叔母替他物色蓮佩又有什麼區別呢？莊湜之所以不愛靈
芳，原因是「吾深恨相逢太早，致反不願見之，嗟乎，命也！」自己
也沒辦法自圓其說，只好用宿命論來解釋了。

有人認爲《碎簪記》的主旨是反封建思想：「小說寫男主人公莊
湜與二位癡情女子靈芳、蓮佩三角相愛的故事……故事本身缺乏深刻
的社會內涵，但它揭示封建倫理道德給人沉重的枷鎖，表現了一定的

認識價值」[32]。但據我的閱讀體會，所謂「反封建」的意識並不明顯。小說中莊湜的叔父叔母和藹可親、溫文爾雅，「其叔嬸遇余，一切殷渥，心甚感之」。作者並沒有將莊湜的叔嬸作為控訴的對象，作者也無意充當法官的角色，小說並不是一個法庭。小說實際上要表達的是一種選擇上的困惑和觀念上的尷尬，新舊兩種女性他都無法認同，兩者身上都有欣賞之處，也都有排斥的地方。這是一個人類共有的哈姆萊特式的難題。莊湜是一個哈姆萊特式的人物，無所適從地面對外部世界。「余」何嘗又不是呢？一開始，「余」勸莊湜選擇蓮佩：

> 以常理度之，令叔嬸必為子安排妥當，子雖初心不轉，而蓮佩必終屬子。子若能急反其所為，收其向靈芳之心，移向蓮佩，則此情場易作歸宿，而靈芳亦必有諒子之一日。不然者，異日或有無窮悲慨，子雖入山，悔將何及？

後來，「余」反向靈芳傾斜：

> 子勿戚戚弗寧，容日吾代子陳情於令叔，或有轉機，亦未可料。
> 余即時請謁其叔，語以莊湜病症頗危，而稍稍道及靈芳之事，冀有助莊湜於毫末。

「余」作這樣的搖擺是可以理解的。其實，蓮佩與靈芳並不是兩種截然不同的女子。如果勉強說靈芳代表古德幽光的東方女子，那麼她獨身與莊湜會面，不是犯了自由化的大禁麼？如果把蓮佩當作文明

32　《中國近代文學作品選·〈碎簪記〉說明》，頁425-426。

開通的洋化女子，那麼她又何必遵循長輩之命，癡戀莊湜，從一而終呢？所以，她們都是「東中有西，西中有東」，讓人如何選擇呢？處在魚和熊掌間的作者，正如陳平原所論：「這種文化選擇中的若有所悟而又無所適從的心態，在世紀初的中國文人中是相當普遍的。只不過大部份人習慣把問題給『解決』了，給出一個明確的答案；而很少像蘇曼殊那樣，把這種困惑與煩惱真誠地暴露出來。」[33]

小說中所表現出來的「余」的女性觀矛盾重重。女性解放是近代中國思想解放的重要部分。李璜在《學鈍室回憶錄》中寫道：「光宣之際，及其以後，中國婦女的解放，實爲中國社會變革及其人文價值轉向的一大動因，因它直接動搖到民族社會的基礎，家庭及民族主義，有如西方文藝復興開始發現『人』而逐漸放棄了社會規範。」[34]作爲晚清文人典型代表的蘇曼殊，繼承了《紅樓夢》中「女兒是水做的骨肉」的觀點，用深情的筆致描寫作品中的女主人公，帶著欣賞和傾慕的心態塑造出一系列楚楚動人的女性形象。且看兩段寫靈芳與蓮佩的文字：

> 余忽見楊縷毵毵之下，碧水紅菱之間，有扁舟徐徐而至，更視舟中，乃一淡裝女郎。心謂此女遊興不淺，何以獨無伴侶？移時，舟停於石步，此女風致，果如仙人也。
> 蓮佩待余兩人歸原座，乃斂裙坐於爐次，蓋服西裝也，上衣爲雪白毛絨所織，披其領角。束桃紅領帶，狀若垂巾。其短裙以墨綠色絲絨織之。著黑長襪。履18世紀流行之舄，乃玄色天鵝絨所制，尖處結桃紅Ribbon(緞帶)。不冠，但虛鬖其

---

33 陳平原，《20世紀中國小說史‧第一卷》(北京：北京大學出版社，1989年第1版)，頁224。

34 轉引自袁進，《中國小說的近代變革》(北京：中國社會科學出版社，1992年第1版)。

髮。兩耳鑽石作光,正如烏雲中有金星出焉。

前一段寫靈芳的文字,得中國詩詞之意境,以景襯人,以虛寫實,給讀者以無窮的想像空間。後一段寫蓮佩的文字,則以觀察者的角度如實寫來,細緻逼真,顯然受西方小說的影響,為中國文言小說中所不多見。兩段的相通之處是:字字含情。

然而,「余」在小說中卻兩次長歎:「天下女人,皆禍水也!」並大發一通議論:

> 方今時移俗易,長婦婭女,皆竟侈邪,心醉自由之風,其實假自由之名而行越貨,亦猶男子借愛國主義而謀利祿。自由之女,愛國之士,曾游女、市儈之不若,誠不知彼輩性靈果安在也!

此議論大倒讀者的胃口。令人懷疑,寫出那麼多有情文字的蘇曼殊,竟作如此陳腐不堪的說教?當然,他也有借題發揮,譏諷偽愛國主義者的目的,但他在議論中對女性的憎惡與蔑視則是顯見的。為什麼會出現這樣的反差呢?楊義認為:「這是因為他往往在失去愛情、被玩弄的時候,反而痛恨女性,他往往用痛恨來表達自己的愛慕之情。」[35]這就有一點以小人之心度君子之腹的味道了,強詞奪理,難以切中肯綮。柳亞子則認為:「頗近叔本華的女性憎惡論,其實是他做戀愛小說的反面文章而已。」[36]說得更近一步,但還未觸及實質。

我認為,「蘇曼殊多情人故作絕情語」的主要原因是他佛教的思想背景。他的佛教的思想背景造成了靈與肉的分離和對立,也使「多

35　楊義,《小說衝突與審美選擇》(北京:人民文學出版社,1988年第1版),頁38。

36　柳亞子,〈蘇和尚雜談〉,《蘇曼殊研究》,頁287。

情」與「絕情」奇妙地統一在一人身上。

「契闊死生君莫問，行去流水一孤僧。無端狂笑無端哭，縱有歡腸已似冰。」(蘇曼殊《過若松町有感示仲兄》)這位與精神折磨相抗爭的奇才，無時無刻不受著理性與感性的雙重煎熬。他在談論英國兩個著名詩人拜輪(拜倫)與師梨(雪萊)時，分別把兩人當作理性與感性的代表。拜輪代表著洶湧澎湃的感性的力量：「拜輪爲著戀愛，並且在戀愛中找著動作。」[37]相反，師梨代表著靜穆深沉的理性：「師梨是審愼有深思，他爲著戀愛的熱忱從未在任何剛猛爆烈出的表示內顯現著，他是一個『哲學家的戀愛者』。」[38]在性情上，蘇曼殊是拜倫式的人物；但在觀念上，他卻向雪萊靠攏。兩者之間的巨大張力，使《碎簪記》中尷尬的敘述者陷身於不可自拔的「前不見古人，後不見來者」的境地之中，眞個是「上窮碧落下黃泉，兩處茫茫皆不見」。我們很難用今天的新潮文藝理論去概括和分析蘇曼殊那獨特的作品，柳亞子對此早有認識：「曼殊的小說，想把現代小說作法的論理去批評他，自然經不起批評，也好似莎士比亞的劇本，原不能把三一律的論理相範圍。」[39]我想，是不是可以這樣說，《碎簪記》的矛盾與缺陷，恰恰正是它的價值所在？《碎簪記》的敘述者，正因爲其尷尬的處境而在小說史上空前絕後？

如曼殊所云：「欲覘一國之風俗，及國民之程度，與夫社會風潮之所趨，莫雄於小說。蓋小說者，乃民族之最精確、最公平之調查錄也。」[40]在我看來，《碎簪記》是一部中國版的《少年維特之煩惱》。它的價值不在於本身的藝術性和思想性，而在於作者在新趨勢

---

37 蘇曼殊，〈潮音內序〉，轉引自《蘇曼殊研究》，頁332。

38 蘇曼殊，〈潮音內序〉，轉引自《蘇曼殊研究》，頁332。

39 柳亞子，〈蘇和尚雜談〉，《蘇曼殊研究》，頁340。

40 曼殊，〈小說叢談〉，轉引自賈文昭編，《中國近代文論類編》(合肥：黃山書社，1991年第1版)，頁380。

與舊慣性的動態張力中所作的鬥爭。米蘭·昆德拉說過：「在我看來，偉大的作品只能誕生於它們的藝術歷史之中，並通過參與這一歷史而實現。只有在歷史內我們才能把握什麼是新的，什麼是重複性的，什麼是被發現的，什麼是摹仿的。換言之，只有在歷史之內，一部作品才可以作為價值而存在，而被發現，而被評價。」[41]用這種歷史性的眼光來觀照蘇曼殊其人其文，方能擺脫個人的好惡和成見，還其本真狀態。蘇曼殊的小說創作，恰恰處於這樣一個重要的歷史轉型期，「在危機年代，人們期望一個小說家拋開舊有的與消遣小說相關聯的不具人格的敘事者，而『用自己的聲口』說話，實際上採用了某種非小說文類的自我指涉的特徵。人們也會期望這樣一個小說家解釋清楚他———一個個人———是怎樣以及為什麼寫這部小說的。」[42]因而也就成為轉型期文化矛盾與文化衝突的絕好見證。

在此意義上，「尷尬」確實是理解蘇曼殊個人痛苦的絕好視角，他的尷尬既是傳統與現代之間的，又是中國與西方之間的；既是天理與人欲之間的，也是出世與入世之間的，正如陳平原所指出的那樣：「蘇曼殊的痛苦確實比一般的宗教徒或才子佳人深刻。其中一個重要原因便是其『以情求道』之虛妄，以及在東西方文化衝突中的尷尬。」[43]同樣，「尷尬」也是理解蘇曼殊小說價值的絕好視角，蘇曼殊的小說上承《聊齋志異》、《紅樓夢》等古典小說的優秀傳統，旁參《茶花女》、《悲慘世界》等西方小說的嶄新質地，下啓「五四」新文學中浪漫派的先河，確可看作中國小說由古典形態向現代形態進化的中轉站。屬於那個時代的「尷尬」，是一種令人懷念的尷尬，因

41　(捷克)米蘭·昆德拉，《被背叛的遺囑》(牛津大學出版社、上海人民出版社，1995年第1版)，頁16。

42　(美)韓南，《中國近代小說的興起》，頁38。

43　陳平原，〈《蘇曼殊小說全編》前言〉，見《學者的人間情懷》(南昌：珠海出版社，1995年第1版)，頁243。

為：「也許，在中國，再也不會有那樣毫不做作的『不僧不俗，亦僧亦俗』的奇人；即使有這樣的奇人，也不會有那樣絢爛瑰麗的『不僧不俗，亦僧亦俗』的作品；即使有這樣的作品，也不會再有那樣熱情眞摯的『不僧不俗，亦僧亦俗』的讀者！」[44]

——1996年6月15日夜初稿，北京大學圖書館

2005年6月定稿，京東有光居

附記：本文為作者大學三年級時之學年論文，在陳平原教授指導下完成。

44　陳平原，〈論蘇曼殊、許地山小說的宗教色彩〉，《在東西方文化碰撞中》。

狂飆中的拜倫之歌
——以梁啓超、蘇曼殊、魯迅爲中心探討清末民初 文人的拜倫觀

　　晚清以降的中國思想文化，與急劇變動的社會政治交相呼應，呈現出潮起潮落、亂石穿空、驚濤拍岸的勢態，可用「狂飆」一詞形容之。新一代知識分子對嶄新的宇宙觀、生命觀、社會觀及文藝觀的渴求與本土資源的匱乏形成巨大反差，迫使他們迅速地「求新聲於異邦」。於是，此一時期對西洋文學的翻譯和介紹蔚爲大觀，數量之多，前無古人。而在西洋各國中，國力強盛的英、法、德等國尤爲國人所看重。在英國文學中，19世紀浪漫派詩人的作品頗受關注。而在英國浪漫派詩人中，對拜倫、雪萊等人作品的翻譯介紹，更是重中之重。

　　丹麥文學史家勃蘭兌斯將拜倫的詩歌視作「自然主義的登峰造極」，他在其名著《19世紀文學主流》第四分冊「英國的自然主義」中，竟然用整整七章的篇幅來評論拜倫其人其詩，占了全書近三分之一。勃蘭兌斯斷言：「拜倫的名聲已經傳播於全世界，並不取決於英國的貶責或是希臘的讚揚。」他甚至認爲，19世紀歐洲的轉折，「從文學觀點上看，它就是拜倫之死；從政治觀點上看，它就是希臘的解放戰爭；拜倫就死在這場戰爭中。這兩個事件開闢了歐洲大陸精神生活和文學的新時代。」[1]法國作家安德列·莫洛亞也指出：「拜倫以奇妙的方式反映了19世紀初的精神。這種精神這樣習慣於大革命和拿

1　勃蘭兌斯，《19世紀文學主流》（六）（北京：人民文學出版社，1984年第1　　版），頁453。

破崙戰爭的熾烈的情感,以致正如斯丹達爾所說的『它總是追求熾烈的情感』。」[2]勃蘭兌斯和安德列・莫洛亞也許都未能料到,在遙遠的東方古國的中國,拜倫竟然被青年一代如醉如癡地熱愛和傳頌。處在政治動盪和文化更迭中的中國人對拜倫的迷狂程度,比起昔日的歐洲人來有過之而無不及,「在清末,蘇曼殊、魯迅、陳獨秀、馬君武等都熱衷於拜倫和雪萊作品的譯介,這是清末的『拜倫現象』,是清末革命知識分子追求革命浪漫和個性解放的表徵,這也是近代文學性情思的表徵」[3]。從1902年梁啓超最早譯介拜倫的詩篇到1924年《小說月報》雜誌出版「詩人拜倫的百年祭」專號,二十多年間,拜倫熱持續升溫。拜倫成爲中國青年的精神偶像,拜倫的詩篇在中國青年的口頭詠唱、在中國青年的心中銘記。

　　英國人心目中的拜倫與歐陸人心目中的拜倫差異頗大。同樣,中國人心目中的拜倫也迥異於英倫與歐陸。拜倫傳記的研究者倪正芳指出:「自從拜倫生前好友、愛爾蘭作家莫爾1832年爲詩人作傳以來,一百多年裡,拜倫的傳記可謂層出不窮。這也正常。因爲傳主畢竟是一位曾經名聲顯赫、影響與拿破崙並肩、生活創作及社會實踐都特立獨行的大詩人。而考據材料的增加,觀照方式的轉向,寫作技術的更新,讀者閱讀情趣的改變,都賦予新傳記寫作以充分的理由。但中國社會與民眾的品味未必與世界同步。」[4]正像語言學家指出的那樣,不同的語言包含著不同的世界觀,翻譯的過程不可避免存在不同程度的篡改,「翻譯的實質是闡釋」[5]。如果再將聚焦鏡頭轉向中國文人

2　安德列・莫洛亞,〈拜倫書信集緒言〉,《拜倫書信集》(天津:百花文藝出版社,1992年第1版),頁4。

3　陳萬雄,《五四新文化的源流》(北京:三聯書店,1997年第1版),頁168。

4　倪正芳,〈拜倫的五副中國面孔——中譯拜倫傳記掃描〉,見《博覽群書》2007年第4期,頁92。

5　參閱愛德華・薩丕爾,《語言論》,第十章〈語言、種族和文化〉(北京:商務印書館,1985年第1版)。

內部，他們各自所理解的拜倫，在具備某些相同點的前提下，又呈現
犬牙交錯的千姿百態。清末民初文人不同的拜倫觀，為後人提供了一
個角度，一個觀察世紀初中國風起雲湧的文化思潮的角度。在不同的
拜倫觀背後，隱藏著不同的價值取向、文化趣味、個人性格及時代氛
圍。辛棄疾《賀新郎》有云：「我見青山多嫵媚，料青山見我應如
是」；既然當年文人們都曾眉飛色舞地談論拜倫，今天拿著放大鏡探
尋昔日的蛛絲馬跡，未嘗不是一件有趣的事情。

　　20世紀之初的中國文學家中，翻譯介紹拜倫最得力者有三人：梁
啟超、蘇曼殊和魯迅。梁啟超開啟風氣，蘇曼殊系統翻譯，魯迅理論
闡發。在具體操作過程中，各自的側重點同中有異、異中有同。
「同」的是：通過對拜倫的認識來發現近代意義上的「個人」；不同
的是：梁啟超強調「民族」的個人，蘇曼殊強調「浪漫」的個人，魯
迅強調「現代」的個人。這堪稱近代中國知識分子「人的覺醒」的三
部曲。

(一)梁啟超：「民族」的個人

　　梁啟超主持的《新小說》於1902年11月在東京出版。梁氏在《三
十自述》中說：「惟於今春為《新民叢報》，冬間復創刊《新小
說》，述其所學所懷抱者，以質於當世達人志士，冀以為中國國民遒
鐸之一助。嗚呼，國家多難，歲月如流，眇眇之身，力小任重。……
此後所以報國民之恩者，未知何如？每一念及，未嘗不驚心動魄，抑
塞而誰語也。」[6]處在流亡生涯中的梁啟超，心境焦慮、緊張而鬱
悶。巨大的精神壓力若能得以釋放，則為磅礴之激情。這一時期，梁
啟超雖身處海外，卻成為對國內影響最大的政論家和報人，其文字的

　　6　梁啟超，《三十自述》，《飲冰室合集》文集之十一(北京：商務印書館，
　　　　1989年第1版)，頁19。

感染力也進入顛峰狀態,正如黃遵憲所稱讚的那樣:「驚心動魄,一字千金,人人筆下所無,卻爲人人意中所有,雖鐵人亦應感動,從古至今文字之力之大,無過於此者矣。羅浮山洞中一猴,一出而逞妖作怪,東遊而後,又變爲《西遊記》之孫行者,七十二變,愈出愈奇。」[7]

黃遵憲用「奇」來概括梁啓超此一時期的創作,「奇」不僅在於梁氏之「新民體」逐漸成形,亦在於梁氏同時開始嘗試其他文體的寫作——他寫出了一生中唯一的一部政治小說《新中國未來記》,並發表於《新小說》第三期,這是梁啓超筆耕生涯中的一大異數。「奇」還在於:在《新中國未來記》第四回中,梁氏夾進大段的譯詩,此譯詩恰恰是拜倫的名作《哀希臘》。由此可見,梁啓超在1902年11月之前就已經對拜倫其人其詩有了較爲充分的了解,並十分欣賞。於是,在自己首先品嘗之後,他把這盤佳餚端到國人的桌子上——

小說主人公黃李二人在旅順口的旅店中,聽見隔壁有人用英國話在「蒼涼雄渾」地歌唱:「蔥蔥猗,鬱鬱猗,海岸之景物猗,嗚嗚,此希臘之山河猗!嗚嗚,如錦如茶之希臘,今在何猗?……」這兩人聽了便海闊天空地談論起來。李君道:「這不是唱擺倫那《渣阿亞》的詩篇麼?」黃君道:「正是。擺倫最愛自由主義,兼以文學的精神,和希臘好像有夙緣一般。後來因爲幫助希臘獨立,竟自從軍而死。眞可稱文界裡頭一位大豪傑。他這詩歌,正是用來激勵希臘人而作,但我們今日聽來,倒像有幾分是爲中國說法哩!」後來,又聽到歌唱拜倫詩歌《端志安》:「瑪拉頓後啊山容縹緲,瑪拉頓前啊海門環繞。如此好河山,也應有自由回照。我向那波斯軍墓門憑眺,難道我爲奴爲隸,今生便了?不信我爲奴爲隸,今生便了!」兩人又談論

7　黃遵憲,〈致飲冰室主人書〉,轉引自丁文江、趙豐田編《梁啓超年譜長編》(上海:上海人民出版社,1983年第1版),頁274。

道：「這詩雖是亡國之音，卻是雄壯憤激，叫人讀來精神百倍。」[8]

小說中引用的拜倫的詩篇，為梁啟超本人所翻譯，在正文之下有一段「著者按」云：「翻譯本屬至難之業，翻譯詩歌，尤屬難中之難。本篇以中國調譯外國意，填譜選韻，在在室礙，萬不能盡如原意。刻盡無鹽，唐突西子，自知罪過不小，讀者但看西文原本，方知其妙。」[9]此段解釋雖不乏自嘲之語，卻也表明梁氏對翻譯之難深有體會。因此，明知讀者中精通英文者不多，梁氏仍然將拜倫詩歌的英文原文直接抄錄在小說之中。

拜倫的一生，表現為詩歌創作與政治活動並重，兩者相輔相成，澎湃洶湧，激蕩往復。對於熱衷於參與政治運作的梁啟超來說，更關心的是後者——他心目中的拜倫，是為了幫助弱小民族獲得解放的英雄與戰士的拜倫，而不是作為詩人和情人的拜倫。儘管梁啟超是晚清詩界革命的倡導者之一，但他對小說和政論的重視顯然遠遠超過詩歌[10]。他把小說和政論推到至高無上的地位，而將詩歌拉下其在傳統文學等級秩序裡的寶座[11]。梁啟超所倡導的「詩界革命」，重點在於「革命」而非「詩界」。所以，在詩歌領域收穫的成果不如預期的時候，他便把目光轉向「小說界革命」。這樣，不難理解梁氏為何將

8　梁啟超，《新中國未來記》，《梁啟超全集》之「戲劇小說卷」（北京：北京出版社，1999年第1版），頁5629-5631。

9　梁啟超，《新中國未來記》，《梁啟超全集》之「戲劇小說卷」，頁5631。

10　梁啟超在《飲冰室詩話》中說：「余向不能為詩。自戊戌東徂以來，始強學爾。然作之甚艱辛，往往為近體律絕一二章，所費時日與撰《新民叢報》數千言論說相等。故間有得一二句頗自喜而不能終篇者，非志行薄弱，不能貫徹始終也。」文學史家陳子展評論說：「梁啟超文名滿天下，卻不曾以詩鳴於時。……他在新詩派詩人中頗有別創新體的傾向。只因為他不肯向這方面努力，所以他的成就止此。」在梁氏的辯解背後，實際上還有一種功利主義的文學觀在支配著他的選擇，即政論和小說比詩歌更能夠迅速實現啟蒙的功效。參閱陳子展，《最近三十年中國文學史》（上海：上海古籍出版社，2000年第1版），頁164-166。

11　梁啟超，《論小說與群治之關係》，《飲冰室合集》文集之十，頁6。

譯詩夾在小說中——他想通過文體的轉換來提升拜倫詩歌的宣傳力量。假如僅僅是一首孤零零的詩歌，人們的關注會少得多；而如果將詩歌放在小說中，讀者會成倍增加，詩歌的意義才能被連帶著凸顯出來。

梁啓超創作《新中國未來記》的時候，也正是他撰寫《新民說》的時候。在《新民說》中，梁氏用「群」的概念來明確指稱民族國家的思想。早在1900年前後，梁啓超的民族國家主義思想已在醞釀之中，他撰寫相關文章，比陳天華、鄒容、楊守仁等新興革命家早了二、三年。作爲小說的《新中國未來記》、作爲政論的《新民說》和作爲學術著作的《新史學》，共同構成了梁啓超的「民族國家主義宣言書」。梁氏是用這樣的思路來「網羅」拜倫的：雖然最先申明「拜倫最愛自由主義」，實際上卻將「自由主義」的拜倫輕輕放過，筆鋒一轉，立刻大肆讚美拜倫參與希臘解放戰爭的政治行動。拜倫的內心世界是怎樣的呢？在梁氏這裡出現了耐人尋味的空白。

日本學者藤井省三認爲，拜倫參加希臘獨立戰爭的背景中，有著希臘對西歐所具有的文化意義。戈列克納將拜倫詩歌的主題解釋成「喪失了樂園的時間地獄中人類的世界苦」，拜倫的希臘觀是「傳說中人類最能接近歡樂狀態的國家」[12]。而梁啓超是以一種較爲實用的眼光來看待拜倫的，所以在其實用主義視野中，當然不可能出現拜倫內心深處「形而上學的不安」。勃蘭兌斯在談及拜倫的影響時說：「在俄國和波蘭、西班牙和義大利、法國和德國這些國家的精神生活中，他如此慷慨地到處播下的種子都開花結果了——從種下龍的牙齒的地方躍出了披盔戴甲的武士。」[13]勃氏特別強調拜倫對斯拉夫國家的影響，拜倫是以一名無私的朋友的身分出現的：「斯拉夫國家的民

---

12 轉引自〈魯迅與拜倫〉，藤井省三，《魯迅比較研究》（上海：上海外語教育出版社，1997年第1版），頁5。

13 勃蘭兌斯，《19世紀文學主流》（四），頁453。

眾，由於他們一直在暴政的統治下呻吟，天性就趨向於多愁善感，同時他們的歷史又使他們養成了反抗的本能，因此他們如饑似渴地抓住拜倫的作品不放。」[14]飽受列強凌辱的東南歐各國，從19世紀下半葉到20世紀上半葉的命運，與遠在東方的中國「無獨而有偶」。勃氏的這段話，用在中國身上也恰如其分。

在這一背景下，梁啓超在眾多西方文豪中發現拜倫，一方面由於梁氏本人是流亡於海外的弱國子民，受到歧視後愛國心強烈反彈，因而對拜倫產生特殊的親近感；另一方面則透露出梁氏對國內同胞持較爲悲觀的看法，他殷切希望有一位像拜倫這樣的「他者」來拯救同胞於苦難之中，進而建構一個新型的民族國家。1902年，在梁啓超的諸多著述中，僅外國名人傳記即有《近世第一女傑羅蘭夫人傳》、《義大利建國三傑傳》、《匈牙利愛國者葛蘇士傳》等，中國名人傳記則有《張博望侯班定遠合傳》、《黃帝以後第一偉人趙武靈王傳》等[15]。外國名人，要麼是爲民主革命犧牲的女豪傑，要麼是爲民族解放奮鬥的愛國者；中國名人，要麼是勇於冒險的邊疆的開拓者，要麼是倡導改革的政治家。梁啓超推舉這批人物，有著明確的現實針對性。在梁氏眼裡，拜倫也可以歸入以上這類人物的行列。《新中國未來記》中有這樣一個細節：晚上，主人公黃李二人在餐廳發現那歌唱的人「原來是二十來歲一個少年中國的美少年」。此人名叫陳猛，畢業於湖北武備學堂，卻奔走於江湖，有志於拯救國民於水火之中。陳氏最愛讀彌兒敦和擺倫兩部詩集，「因爲彌兒敦贊助克林威爾，做英國革命的大事業；擺倫入義大利秘密黨，爲著希臘獨立，捨身幫他，這種人格，眞是值得崇拜，不單以文學見長哩。」[16]這樣，作爲

14　勃蘭兌斯，《19世紀文學主流》（四），頁453。

15　參見丁文江、趙豐田編，《梁啓超年譜長編》，頁309。

16　梁啓超，《新中國未來記》，《梁啓超全集》之「戲劇小說卷」，頁5629-5634。

「自由人」和「愛情人」的拜倫消失了——梁啓超有意遮蔽了拜倫浪漫主義的一面；而只剩下作爲國家民族主義表徵的「革命者」和「解放者」的拜倫——這樣的人物正可「引進」到中國來成爲新的偶像。

梁啓超的拜倫觀，充分表露出其思想觀念中民族國家主義與個人主義的矛盾和衝突。這一矛盾衝突將愈來愈劇烈地體現在此後幾代中國知識分子身上，並將延續整個20世紀。

梁啓超是近代較早關注個人的人格獨立和精神自由的啓蒙思想家。他在世紀之交就指出：「人之奴隸我，不足畏也，而莫痛於自奴隸於人；自奴隸於人，猶不足畏也，而莫慘於我奴隸於我。莊子曰：『哀莫大於心死，而身死次之。』吾亦曰：辱莫大於心奴，而身奴斯爲末矣。」[17]本來梁氏可以在此問題上作更爲深入的闡發，但由於其迫切的強國願望，導致思路很快發生飛速跳躍——由對個體的關注轉向對集體的崇拜，「自由云者，團體之自由，非個人之自由也。野蠻時代，個人之自由勝，而團體之自由亡；文明之時代，團體之自由強，而個人之自由減。」[18]梁氏的認識恰恰與世界文明演進的歷史錯位。梁氏真正關注的還是宏大的民族與國家問題。在《新民說》中，即使是對個人權利所作的激動人心的辯護，也帶有一種強烈的集體主義色彩。他將對個人權利的確認作爲實現國家權利的重要步驟，「新民」是手段，「新國」才是目的。「新民云者，非新者一人，而新之者又一人也，則在吾民之各自新而已。孟子曰：『子力行之，亦以新子之國。』自新之謂也，新民之謂也。」[19]梁氏將民族主義當作一劑救國藥方，而「新民」只是這劑藥方中的一種重要藥材。「今日欲抵當列強之民族帝國主義，以挽浩劫而拯生靈，惟我實行民族主義之一

17　梁啓超，《新民說·論自由》，《飲冰室合集》專集之四，頁47。

18　梁啓超，《新民說·論自由》，《飲冰室合集》專集之四，頁44。

19　梁啓超，《新民說·論新民爲今日中國第一急務》，《飲冰室合集》專集之四，頁3。

策。而欲實行民族主義於中國，舍新民末由。」[20]

梁啓超所處的時代，確實是「圖窮匕見」的時代。清王朝的衰朽、外部勢力的威逼、傳統觀念的崩解，使這一代思想者開始思想的時候，不可能擁有從容不迫的心境，不可能進行康德式的形而上的玄思。他們必須提出可以操作的救國方案來。此時，如何建構民族國家顯然比如何「立人」更重要。換句話說，假如國家亡了，整個民族受到外族的奴役，「人的覺醒」還有什麼意義呢？

梁啓超透徹地知道拜倫是徹頭徹尾的自由主義者和個人主義者，但鑑於以上原因，他不願在這方面深入論述。自由主義對於匱乏自由主義思想背景的梁啓超和缺乏產生自由主義政治土壤的中國而言，如同無本之木、無源之水。張灝對此有精彩的闡發：「當梁啓超倡議將自由主義價值觀作為公德的一個組成部分的時候，他關注的焦點是『群』這一集體主義概念，它幾乎不可避免地妨礙他對這些自由主義價值觀的某些實質內容的領會。因此，毫無疑問，梁啓超在《新民說》中最終提出的那些理想，歸根到底很難稱作自由主義。」[21]梁啓超竭力塑造的拜倫形象，是一位為群體利益犧牲個體生命的英雄。這已然離真實的拜倫很遠很遠了。

梁啓超敏銳地感受到拜倫的個性魅力，但在將拜倫放置在自己的思想體系之中時，他自覺地放逐了「私人」的拜倫，而弘揚「公眾」的拜倫。梁氏認為，拜倫的《哀希臘》「正是用來激勵希臘人而作」，這與他本人的功用主義文藝觀是一致的。梁啓超較為成功地將拜倫改造成為「民族主義的個人」。李澤厚稱梁啓超「是當時最有影

---

20 梁啓超，《新民說·論新民為今日中國第一急務》，《飲冰室合集》專集之四，頁4。

21 張灝，《梁啓超與中國思想的過渡(1890-1907)》（北京：江蘇人民出版社，1995年第1版），頁137。

響的資產階級宣傳家」[22]，作為宣傳家，就必須敏感地捕捉到時代的脈絡，為青年一代提供精神食糧，指引他們往前走。僅僅從對拜倫的「引進」來看，梁啓超確實是一位傑出的鼓動者和宣傳家。

1920年代，魯迅回憶說：「那時Byron之所以比較的為中國人所知，還有別一原因，就是他的助希臘獨立。時當清的末年，在一部分中國青年心中，革命思潮正盛，凡有叫喊復仇和反抗的，便容易惹起感應。」[23]細細咀嚼這段話，它提供了兩個重要的資訊。

第一，自梁啓超以來的對拜倫的譯介中，始終存在著一個盲點，即拜倫對母國的態度。終其一生，拜倫與英國都處於尖銳對立的狀態。英國公眾和輿論對拜倫恨之入骨，甚至將亂倫的惡行安置在拜倫身上。拜倫則對同胞無比輕蔑，他決絕地說過：「假如人們嘰嘰喳喳地議論著和咕噥著的一切全是真事的話，我就不配住在英國；假如這些全是造謠中傷的話，英國就不配讓我居住。」[24]1816年4月25日，拜倫乘船離開故土，活著的時候再也沒有回去。死後，英國教士仍然拒絕在威斯敏斯特大教堂的詩人區給其一席之地[25]。對拜倫的生平情況，想必梁啓超是大致了解的，但他有意回避之。因為若涉及到此處，那麼魯迅所說的「復仇和反抗」就無從談起——拜倫並非奮起反抗他國對自己祖國的侵略，土耳其對希臘的占領也未並對拜倫本人造成直接的凌辱。其實，拜倫不僅不是民族主義者，反倒更接近所謂的國際主義者與世界主義者，正如鶴見佑輔所說：「拜倫能夠像變更19世紀歐洲地理的力量一樣，震撼了仁人志士的心魄，就因為他的聲音是天的聲音，他的感覺是全人類的感覺。所以，他是超越時間和空

---

22 李澤厚，《中國近代思想史論》(北京：人民出版社，1979年第1版)，頁435。

23 魯迅，《墳‧雜憶》，《魯迅全集》第1卷(北京：人民文學出版社，1980年第1版)，頁220。

24 轉引自勃蘭兌斯，《19世紀文學主流》(四)，頁358。

25 參閱(日)鶴見佑輔，《明月中天——拜倫傳》(長沙：湖南文藝出版社，1995年第1版)。

間，跳出人種和國界的一大存在。」[26]與梁啓超不同，這位日本傳記作家強調拜倫精神上的超越性，尤其是對種族和國家觀念的超越。當然，兩種不同的「拜倫觀」，是因爲兩位學者的接受背景不同：梁啓超是弱國的子民，而鶴見卻生活在日益強大的日本。弱國之人容易接受民族主義，強國之人則比較傾向於國際主義。鶴見高度評價了拜倫的時代意義：「19世紀中葉歐洲的民眾運動，幾乎可以說是從他所鼓吹、所刺激的熱情裡面噴湧出來的。」[27]在這裡，鶴見所使用的概念是「民眾運動」，這個概念顯然更加切合拜倫的實際情況。

第二，梁啓超用拜倫來印證的民族國家主義思想，跟當時力主排滿的革命黨人相比，更爲寬泛和靈活。過去人們指責世紀之交的梁氏不能與滿清斬斷關係，主張保皇，日趨落伍，這種批評是不公正的。實際上，梁啓超已經看到了所謂「種族革命」的內在矛盾，這一矛盾無法形成建構現代民族國家的理論資源。在此意義上，梁啓超比章太炎、鄒容等高度情緒化的革命黨人看得更加深遠。民國元年，梁啓超曾經在一次演講中回顧說：「見乎無限制之自由平等說，流弊無窮，惴惴然懼。……而現在西藏、蒙古離畔分攜之噩耗，又當時所日夜念及，而引以爲戚。自此種思想來往於胸中，於是極端之破壞不敢主張矣。」[28]梁氏既認識到中國是多民族國家的歷史與現實，又發現了中國民族主義產生和發展的動力來自外來帝國主義，因此他很快放棄了反滿的主張。張灝認爲，反滿僅僅是革命黨使用的一個政治上有利的、暫時的戰鬥口號，與之相比，梁啓超的主張「無疑代表了中國民族主義的主流」。梁啓超經常使用「國家主義」這一詞語，他的民族國家主義思想包括如下顯著特徵：它是對組織鬆散和缺乏活力的社會

26　(日)鶴見佑輔，《明月中天——拜倫傳·序》，頁17。

27　(日)鶴見佑輔，《明月中天——拜倫傳·序》，頁17。

28　梁啓超，〈蒞臨報界歡迎會演說詞〉，轉引自，丁文江、趙豐田編，《梁啓超年譜長編》，頁298。

的一個反動，在這個社會裡人們沒有公民感和組成統一的民族共同體所必需的團結一致的協作精神；它包括一個民族國家的民主化；它的產生最初主要是對外來帝國主義的一種回應[29]。從這個角度理解梁啓超對拜倫的發現，自然水到渠成——梁啓超將國家的自由和獨立放置在個人的自由和獨立之上，難怪他會情不自禁地在小說《新中國未來記》中跳出來大聲說，拜倫的詩歌《哀希臘》「倒有幾分像是爲中國人說法呢！」

(二)蘇曼殊：「浪漫」的個人

蘇曼殊傳記的作者中薗英助這樣形容蘇曼殊：「一個文學青年，標榜禁欲主義，性情易變，多愁善感，神經過敏，但又思想活躍，直率露骨，信馬由韁，深受朋友喜愛；不斷有奇言奇行，是爲了保住易受傷害的純潔的少年心地；似革命的同路人，又似革命的多餘者。惟其如此，才被譽爲『近代文學史上的一顆彗星』。儘管蘇曼殊給我們留下的詩文爲數不多，但仍然可以認爲，他的價值，不在於他繼承了中國感天動地的詩文傳統，而在於他的自立性和先驅性，在於他獨步文學的政治領域，以其特有的視角，把辛亥革命及其相關事件變成一首首組曲。」[30]柳無忌指出：「蘇曼殊不僅是一般人心目中的浪漫詩僧；他在現代中國文壇的貢獻，在於他是一位有革命情緒的愛國主義者，以愛情爲主題，型塑了特出女性的小說家，稟賦靈性、多情善感的詩人。也是一位中西文化交流、翻譯界的先知先覺。」[31]李歐梵認

29　張灝，《梁啓超與中國思想的過渡(1890-1907)》，頁118。

30　(日)中薗英助，《詩僧蘇曼殊》，(太原：山西教育出版社，1999年第1版)，頁309。

31　柳無忌，〈蘇曼殊研究的三個階段〉，見《柳亞子文集》之《蘇曼殊研究‧附錄》(上海：上海人民出版社，1987年第1版)，頁535。

為，蘇曼殊因其特殊的知識和教育背景，「將中國古老的文學傳統與西方鮮活而鼓舞人心的浪漫主義進行了完美的融和」[32]。這幾段話大致能夠概括蘇曼殊的文化成就。蘇曼殊對西洋文學及印度文學的翻譯在當時堪稱獨步，他也是中國最早翻譯拜倫和雪萊並介紹歐洲浪漫派的人之一。作為清末著名的翻譯家，蘇曼殊最突出的兩大成就在於譯雨果之《慘世界》和拜倫之《哀希臘》。他所翻譯的《拜倫詩選》，包括《哀希臘》、《贊大海》、《去國行》等四十多首抒情詩傑作，在當時確實是石破天驚的創舉[33]。

　　蘇曼殊譯拜倫詩，始於1906年(光緒三十二年，丙午)[34]。〈拜倫詩選自序〉云：「今譯是篇，按文切理，語無增飾，陳義悱惻，事辭相稱。」[35]蘇曼殊的譯作打上了鮮明的個人烙印，此種創造性的翻譯

32　轉引自楊聯芬，《晚清至五四：中國文學現代性的發生》(北京：北京大學出版社，2003年第1版)，頁225。

33　魯迅雖然在1907年寫下了〈摩羅詩力說〉和〈文化偏至論〉，但當時未能得到廣泛傳播，因此「五四浪漫派對拜倫的接受，不是從魯迅那裡、而是從蘇曼殊的翻譯開始的」。參閱楊聯芬，《晚清至五四：中國文學現代性的發生》，頁226。

34　柳亞子認為，曼殊所云「光緒三十二年」當係「宣統元年」之誤，《拜倫詩選》成書於己酉(1909年)而非丙午(1906年)和戊申(1908年)。他舉曼殊《與劉三書》證之：「前譯拜倫詩，恨不隨吾兄左右，得聆教益，今蒙末居士為我改正，亦幸甚矣。」此信為己酉四月廿日所作。柳亞子云：「但不知玄瑛於此書編成及出版之年歲，何以一誤再誤，殊不可解，豈此中別有玄虛耶？恨不能起地下問之矣。」細讀曼殊〈自序〉，可知1906年他已譯出〈去國行〉、〈贊大海〉、〈哀希臘〉等詩作，卻缺少成書時最後一首短詩〈星耶峰耶俱無生〉。此細節為柳亞子所忽略，而它恰恰是一團亂麻的關鍵所在。曼殊再粗心也不可能將「宣統元年」誤為「光緒三十二年」。在光緒三十二年(1906年)，他已經譯出拜倫的四首長詩，並寫完自序，後來又增補進短詩〈星耶峰耶俱無生〉，時間大約在1906-1908年之間。而正式出版則延遲到1909年。「戊申」係「己酉」之誤完全可能，出現一年的誤差不足為怪。柳亞子忽略了成書所需要的「過程」以及成書與出版之間的間隔，將成書與出版的時間都輕率地定在1909年，並因此更改蘇曼殊其他活動和著述的時間，這是有違歷史真實的。

35　蘇曼殊，《蘇曼殊全集》(一)(北京：中國書店，1985年第1版)，頁223。

帶有極大的「再創作」的色彩,可以說「前無古人,後無來者」。在
〈燕影劇談〉一文中,蘇氏曾談及翻譯工作的艱難,他以日本文學大
師坪內逍遙譯莎士比亞爲例:「夫以博學多情如坪內,尚不能如松雪
畫馬,得其神駿,遑論淺嘗者哉?」[36]在〈致高天梅書〉中又引歌德
事:「昔瞿德逢人,必勸之治英文,此語專爲治拜倫之詩而發。夫以
瞿德之才,豈未能譯拜倫之詩,以其非本眞耳。太白復生,不易吾
言。」[37]翻譯之難,甚至難於創作。蘇曼殊進而批評前人的譯作:
「友人君武譯擺倫哀希臘詩,亦宛轉不離原意,惟稍遜新小說所載二
章,蓋稍失毫耳。」[38]如是,蘇曼殊將自己的翻譯標準定在一個極高
的水平上。他要求翻譯不僅要得西人之意,而且很重視重現中國古典
詩詞的意境。翻譯不僅是語言活動,而且是審美活動。他認爲:「夫
文章構造,各自含英,有如吾粵木綿素馨,遷地弗爲良。況歌詩之
美,在乎節族長短之間,處非譯者所能盡也。」[39]這裡涉及到翻譯中
內容與形式、意境與音節完美統一的問題。所以,翻譯是一種「知其
不可爲而爲之」的工作。

　　林靜華在〈蘇曼殊的拜倫之歌〉一文中,精闢地分析了蘇曼殊所
譯拜倫詩的獨特之處:「以《哀希臘》一詩爲例:梁啓超《新中國未
來記》以戲曲曲牌《如夢憶桃源》合之,馬君武的前譯則以七言詩互
換,但到了蘇曼殊手上,大概認爲六行四音步的英文原詩,用中國的
五言古體較合適,遂改爲每節八行的古詩形態。這種譯法,必然會遇
到困難,不過效果似乎甚佳。」[40]這樣翻譯,無異於「自討苦吃」,
蘇曼殊卻「一意孤行」。對於這種譯法所遇到的困難,柳無忌作過具

36　蘇曼殊,《蘇曼殊全集》(一),頁169。

37　蘇曼殊,《蘇曼殊全集》(一),頁225。

38　蘇曼殊,《文學因緣・自序》,《蘇曼殊全集》(一),頁122。

39　蘇曼殊,《文學因緣・自序》,《蘇曼殊全集》(一),頁121。

40　見台灣《當代》雜誌第37期(1989年5月號),《西潮狂飆與五四文人專輯》。

體而細緻的論述:「以中文的五言譯英詩的四音步,一行對一行,尚不難安排,但把原來的六行英文詩,譯成八行中文詩,卻需要巧妙地截長補短,尤其需要填襯得當,以安置多出的兩行中文詩。」[41]在這一點上,蘇曼殊「改造得天衣無縫」。可以說,天才與時代的劇烈撞擊,誕生了曼殊的譯詩。

蘇曼殊的翻譯,一半是翻譯,一半是創作。這是時代風氣使然。胡適不了解當時的文化背景,因此在辛亥革命之後白話文興起的氛圍中批評前輩的翻譯,認為「曼殊失之晦」。胡適所處之「大氣候」已經發生了巨大變化,他卻用新時代的標準來要求蘇曼殊的譯筆,未免太強人所難。其實,胡適自己「以四小時之力譯之,既成復改削數月」的翻譯,既「失真」又「不達」,詩味全無。關於馬譯、蘇譯和胡譯的優劣,當時專譯法國詩歌的李思純有一段比較中肯的論述:「近人譯詩有三式:一曰馬君武式,以格律謹嚴之近體譯之,如馬氏譯囂俄詩曰,『此是青年紅葉書,而今重展淚盈裾』是也;二曰蘇玄瑛式,以格律較粗疏之古體譯之,如蘇所為《文學因緣》、《漢詩三昧集》是也;三曰胡適式,則以白話直譯,盡弛格律是也。余於三式皆無成見爭辯是非,特斯集所譯悉遵蘇玄瑛式者:蓋以馬氏過重漢文格律,而輕視歐文辭義;胡氏過重歐文辭義,而輕視漢文格律;唯蘇式譯詩,格律較疏,則原作之辭義皆達,五七成體,則漢詩之形貌不失,然斯固偏見所及,未敢云當。」[42]李氏對蘇曼殊的翻譯作品評價最高,亦表示要效法其翻譯方法。

蘇曼殊耗費巨大的心血來翻譯拜倫作品,其直接原因乃是自己的

---

41 柳無忌,〈蘇曼殊與拜倫〈哀希臘〉詩〉,《佛山師專學報》,1985年第1期。

42 李思純,《仙河集·自序》,轉引自陳子展《最近三十年中國文學史》,頁150。後人對不同的譯文亦有另外的評價,如文學史家陳子展即認為:「馬君武譯拜輪的〈哀希臘〉,係用七言古詩體譯的,蘇曼殊譯此詩則用五言古詩體,胡適之譯此詩則用〈離騷〉體。但我還是最愛讀馬君武的譯文,以為他的氣魄譯此詩最為相稱。」參閱陳子展《中國近代文學之變遷》,頁88。

一段傷心情事。曼殊《題拜倫集》云:「秋風海上已黃昏,獨向遺編
吊拜倫。詞客飄蓬君與我,可能異域爲招魂。」[43]詩前有一段小注:
「西班牙雪鴻女詩人過病榻,親持玉照一幅,拜倫遺集一卷,曼陀羅
花共含羞草一束見貽,且殷殷勸歸計。嗟乎,予早歲披髮,學道無
成,思維身世,有難言之恫!爰扶病書二十八字於拜倫卷首,此意惟
雪鴻大家心知耳。」[44]這就是小說《斷鴻零雁記》的本事。翻譯拜
倫,是爲了紀念一段悵惘的戀情和一位受到自己傷害的女子。蘇曼殊
首先是從愛情詩人的角度接近拜倫的,「正如拜倫與雪萊,愛情與自
由,就是蘇曼殊全部精神的實質。它們造就了曼殊獨特的氣質,也註
定了他的悲劇體驗。」[45]

　　當然,還有更加深層的原因。蘇曼殊與梁啓超一樣有著相同的
「家國之痛」。拜倫不把自己當作職業作家來看待,他所期許的是
「各種偉大的創造性的事業」,他渴望「生活在一種更加清潔的氛圍
中」。拜倫深深地同情希臘和愛爾蘭人民尋求獨立的鬥爭,並不惜成
爲祖國的敵人[46]。作爲傳奇式的「革命沙門」,蘇曼殊對政治有濃厚
的興趣,雖然遁入空門,仍然積極參與到時代政治的漩渦中。曼殊在
《拜倫詩選自序》中說:「拜倫以詩人去國之憂,寄之吟詠,謀人家
國,功成不居,雖與日月爭光,可也!」[47]在1913年所寫的《討袁宣
言》中,他也以拜倫爲榜樣:「昔者,希臘獨立戰爭時,英吉利詩人

43　1900年秋,蘇曼殊在由日本經新加坡去爪哇的船上,接受友人贈送的英文版拜
　　倫詩集,於是寫下此詩。「詩是中國固有的絕句形式,然而宏闊的意境,慷慨
　　的情懷,熱烈而悲壯的情緒,實在是出自他本人與拜倫生命的短促,乃至對自
　　己命運的一種感傷之情。」參閱楊聯芬,《晚清至五四:中國文學現代性的發
　　生》,頁227。
44　蘇曼殊,《蘇曼殊全集》(一),頁53。
45　楊聯芬,《晚清至五四:中國文學現代性的發生》,頁232。
46　拜倫,〈致湯瑪斯・莫爾〉,《拜倫書信集》,頁284。
47　蘇曼殊,《蘇曼殊全集》(一),頁125。

拜倫投身戎行以屬之,復從而吊之。……獨夫袁氏作孽作惡,迄今一年。……普國之內,同起伐罪之師。衲等雖托身世外,豈無責耶?」[48]蘇曼殊儼然以中國的拜倫自比,正如文學史家陳子展所感歎的那樣:「拜倫有去國之憂,他又何嘗沒有去國之憂。但他畢竟愛中國,他曾作《嗚呼廣東人》一文。痛罵廣東人中的洋奴;他真不愧做愛中國的中國人呀!」[49]

但是,蘇曼殊的拜倫觀不止於此。如果說梁啓超發現拜倫是出於政治考慮,那麼蘇曼殊對拜倫的欣賞則是一種聲氣相投。梁啓超所持的是一種「宣傳啓蒙」的拜倫觀,「是以一種思想家、政治家的眼光看待外國文學的,而不是以文學家的眼光判斷外國文學高低是非的,看重的是文學的宣傳性而不是文學的文學性。」[50]重視政治啓蒙的梁啓超發現的是作爲政治家的拜倫,是民族國家主義的個體;而重視心靈世界的蘇曼殊發現的卻是作爲藝術家和浪漫主義者的拜倫,是自由的、感性的、審美的個體,這種深沉的感傷主義與蘇曼殊的氣質乃是一種骨子裡的相通。郁達夫說過:「我所說的他(蘇曼殊)在文學史上不朽的成績,是指他的浪漫氣質,繼承拜倫那一個時代的浪漫氣質而言,並非是指他哪一首詩,或哪一篇小說。籠統講起來,他的譯詩,比他自作的詩好,他的詩比他的畫好,他的畫比他的小說好,而他的浪漫氣質,由這一種浪漫氣質而來的行動風度,比他的一切都好。」[51]郁達夫也是同樣氣質的文學家,故能作如此貼心之論。郁達夫雖然批評蘇曼殊的作品「缺少獨創性,缺少雄偉氣」,但是他和五四之後整整一代的浪漫主義作家們的作品何嘗又不是如此呢?

48 蘇曼殊,〈討袁宣言〉,轉引自林靜華〈蘇曼殊的拜倫之歌〉,台灣《當代》雜誌第37期(1989年5月號)。
49 陳子展,《最近三十年中國文學史》,頁170。
50 湯哲聲,《中國文學現代化的轉型》(南京:南京大學出版社,1995年第1版),頁35。
51 郁達夫,〈雜評曼殊的作品〉,見《蘇曼殊全集》(五),頁115。

　　除了翻譯《拜倫詩選》以外，蘇曼殊在自己的詩文小說中亦多次提及拜倫的人與詩。如：《本事詩十章之三》：「丹唐拜倫是我師，才如江海命如絲。朱弦休爲佳人絕，孤憤酸情欲語誰。」[52]〈與鄧孟達書〉：「歐洲大亂平定之後，吾當振錫西巡，一吊拜倫之墓。」[53] 而蘇曼殊的好友、僧人飛錫生動地描述了曼殊偕母居子櫻山時的情形：某日「夜月照積雪，泛舟中禪寺湖」，乃「歌拜倫《哀希臘》之篇。歌已哭，哭復歌，抗者與潮水相應」[54]。這一親身經歷，在曼殊的小說《碎簪記》中有生動的描述[55]。

　　拜倫在蘇曼殊心目中的崇高地位，可以從《斷鴻零雁記》的一段表述中看出。曼殊借書中主人公之口比較中西文學家：「拜倫猶中土李白，天才也。莎士比亞猶中土杜甫，仙才也；師梨猶中土李賀，鬼才也。」[56]在《與高天梅書》（屈子沉江前三日）中，曼殊進一步深入論述說：「衲嘗謂拜倫足以貫靈筠、太白，師梨足以合義山、長吉。而莎士比亞、彌爾頓，以及美之朗弗勞諸子，只可與杜甫爭高下，此其所以爲國家詩人，非所語於靈界詩翁也。」[57]這裡，蘇曼殊將詩人分爲兩類，一是靈界詩翁，二是國家詩人。屈原、李白、拜倫屬於前者，莎士比亞、彌爾頓、杜甫屬於後者。蘇曼殊明確地剝離了拜倫身上的政治色彩。如果說梁啓超譯介拜倫是在政治觀念駕馭文學藝術的狀態下完成的，那麼蘇曼殊在譯介拜倫時，拜倫已經成爲一匹馱載著曼殊個人眞誠而複雜的情感四處奔逸的野馬。文學創作的雛形是神話、傳奇、民歌，文學原本是人類幻想之力、獵奇心性及情感外泄的產物。隨著與人類社會的同步發展，文學開始與以國家利益、社會利

52　蘇曼殊，《蘇曼殊全集》（一），頁45。
53　蘇曼殊，《蘇曼殊全集》（一），頁303。
54　飛錫，《潮音跋》，《蘇曼殊全集》（四），頁41。
55　參閱蘇曼殊《碎簪記》，《蘇曼殊全集》（三）。
56　蘇曼殊，《蘇曼殊全集》（三）。
57　蘇曼殊，《蘇曼殊全集》（二），頁225。

益為核心的觀念、理性掛鉤，同時也就離真切的人生狀態越來越遠。
拜倫的文學創作，是一種「逆向」的運動，由政治人生回歸感性人
生、由群體回歸個體。所以，蘇曼殊對拜倫的譯介，也是一個自我
「求真」的過程。

何謂「靈界詩翁」？仔細揣摩拜倫與蘇曼殊共同的性格、氣質，
不難得出大致的定義。學者邵迎武概括二氏之「同點」，即是「靈界
詩翁」之特質：「第一，崇尚真實，嫉恨虛偽；第二，傾向感情用
事，常耽於幻想而缺乏一種深入的理論思索的能力；第三，他們的性
格時而堅強，時而脆弱，他們的感情時而激憤，時而低沉。在他們身
上還有一種一以貫之的氣質，就是狷介孤高，憂鬱纖敏，卑己自牧，
憤世嫉俗。」[58]以上這些氣質，無不深深打上「現代」的烙印。曼殊
用中土古典詩人屈原、李白來類比拜倫的時候，無意地忽略了拜倫身
上的時代風貌。同樣，蘇曼殊自己也不可能重返傳統中國，重返古典
文學，成為屈原、李白式的詩人。1898年的戊戌變法、1900年的庚子
事變、1905年的廢除科舉，是中國19、20世紀之交的三件大事。它們
標誌著傳統世界的終結。然而，新的世界卻又遲遲沒有誕生。這樣，
近代中國便進入了一個東方專制主義全面失序的時期。也只有這樣的
時代，才會孕育出蘇曼殊這樣「披髮長歌覽大荒」的自由詩人。從某
種意義上說，蘇曼殊發現了拜倫，也就發現了一個放大的「自我」。

蘇曼殊對其拜倫觀作了全面的闡釋：「拜倫生長教養於繁華、富
庶、自由的生活中，他是個熱情真誠的自由信仰者；——他敢於要求
每件事物的自由——大的小的，社會的或政治的。他不知道怎樣或哪
裡是到了極端。拜倫底詩像種有奮激性的酒料，人喝了愈多，愈覺著
甜蜜的魔力。它們通篇中充滿了神迷、美魔與真實。在情感、熱誠和
自白的用字內，拜倫底詩是不可及的。他是個坦白而高尚的人。當正

58　邵迎武，〈蘇曼殊與拜倫〉，《天津師大學報》，1989年第3期。

從事於一件偉大的事業,他就到了末日。他去過希臘,在那裡曾助著
幾個為自由而奮鬥的愛國者。他一生的生活、境遇,與著作,都纏結
在戀愛和自由之中。」[59]蘇氏準確地把握了拜倫精神的真髓。在梁啓
超那裡,拜倫還只是「他山之石,可以攻玉」;而在蘇曼殊這裡,拜
倫則如同鹽遇到水一樣溶化了。蘇曼殊眼中的拜倫,是一個感性的、
浪漫的生命個體。這一生命個體包含以下三個層次:

第一層是自由情懷。脫離自由二字,即脫離了拜倫的靈魂。勃蘭
兌斯將拜倫看作「當時歐洲熱愛自由的最優秀分子的代言人」,[60]在
世道淪喪、到處是一片渾渾噩噩和營營苟苟之際,在歐洲君主專制制
度尚十分強大的時候,拜倫好似鶴立雞群,高呼自由之可貴,他像阿
波羅那樣美麗,他如阿奇里斯那樣勇敢。為了捍衛自由,他不惜與他
的祖國和他的時代決裂,他在給朋友的書信中寫道:「我的最大的期
望或希望就是在《大不列顛名人傳》中或許能寫上我曾是一個詩人,
如果我繼續寫下去並且有所改進的話。我的一大安慰是我從世界得來
的一時的名聲抵住了各種輿論和偏見。我沒有奉承過任何政治勢力;
我從未隱藏過一種曾引誘過我的思想。他們不能說我屈從於時代,也
不能說我投合眾之所好,我所獲得的一切是由於盡可能多的個人偏愛
的結果;因為我確信沒有任何一個詩人比我更不受歡迎的了。」[61]而
作為「行雲流水一孤僧」的蘇曼殊,暢飲西域現代文化中自由主義的
瓊漿,將其作為「活的資源」。蘇氏對「自由」之義,雖未能從理論
上闡發之,但卻能以心靈體味之。在此意義上,蘇曼殊與拜倫建立起
了一種「自由共同體」之奇妙關係。這種「精神共鳴」雖然無法推廣
之,但在文學史上,不同時空中的「這一個」與「那一個」的心心相
印卻彌足珍貴。

---

59 柳無忌,〈譯蘇曼殊《潮音內序》〉,《蘇曼殊全集》(四),頁35。
60 勃蘭兌斯,《19世紀文學主流》(四),頁443。
61 拜倫,〈致湯瑪斯‧莫爾〉,《拜倫書信集》,頁108。

　　第二層是浪漫主義。拜倫的浪漫主義體現為「有情」與「無情」的交錯。所謂「有情」，在拜倫是追求「大愛」，在曼殊則是「人謂衲天生情種，實則別有傷心之處耳」。拜倫詩集中有《留別雅典女郎》四章，幽豔入骨，為抒情詩之傑作；而蘇曼殊《燕子龕詩》中也有數首是為「調箏人」作的，寫得「一往深情」[62]。所謂「無情」，正如納蘭性德所云：「人到情多情轉薄」。因為太多情，才導致了對情的恐懼、疏離與厭惡。拜倫乾脆將女性作為縱樂玩耍的伴侶，短暫的一生裡傷害了無數女性。他的作品中缺乏真實感人的女性形象。而蘇曼殊受到佛教的影響，持「紅粉骷髏」之說。陳獨秀評價其「有情以至於生死戀，無情以至於當和尚」。不管有情還是無情，「情」的發現與張揚，在近代中國都是一件值得大書特書的事。蘇曼殊文字的迷人之處，不在於「佛心」而在於「情心」。這顆「情心」，不僅風靡了一代苦悶青年，更直接影響了五四時代郭沫若、郁達夫等新一代作家。

　　第三層是悲劇精神。悲劇的產生，一是緣於詩性生存與世俗生存之間的矛盾，二是緣於領先的天才與滯後的時代之間的矛盾。一旦想在現實世界裡實踐高遠的理想，拜倫很快就「到了末日」。基於同樣的原因，「貴種流離」的蘇曼殊從革命的怒潮中抽身而出，最後竟以暴飲暴食的方式摧殘身體，以求早死。在信奉「好死不如賴活」之原則的中國人心中，悲劇精神一直缺席。蘇曼殊的拜倫觀，是一種帶有現代意識的悲劇觀，此種悲劇精神給他的作品增添了特殊的文化價值。中國的傳統小說，除了《紅樓夢》等少數幾部以外，多受「樂感文化」的支配，以「大團圓」為結尾。而蘇曼殊的小說，幾乎全是以悲劇收場。在悲劇精神的浸染之下，蘇氏成為中國現代悲劇文學的第一人。

62　熊潤桐，〈蘇曼殊及其燕子龕詩〉，見《蘇曼殊全集》(四)，頁243。

　　蘇曼殊與拜倫的相遇，宛如漆黑的夜空中兩顆行星的相遇。評論家張定璜認爲，蘇曼殊對拜倫的介紹「引導了我們去進入一個另外的新世界」[63]。張定璜獨具慧眼，在有人批評蘇曼殊的譯詩「晦澀」時，挺身爲之辯護：「若談晦澀，曼殊的時代是個晦澀的時代。」這是一種「理解的同情」。他把蘇曼殊對拜倫的翻譯從「介紹」提升到「創造」的高度：「拜倫詩畢竟只有曼殊可以譯。翻譯是沒有的事，除非有兩個完全相同，至少也差不多同樣是天才的藝術家。那時已經不是一個藝術家翻譯別的一個藝術家，反是一個藝術家那瞬間和別的一個藝術家過同一個生活，用種形式，在那兒創造。唯有曼殊可以創造拜倫詩。他們前後所處的舊制度雖失了精神但還存軀殼，新生活剛有了萌芽但還沒有蕊花的時代，他們的多難的境遇，他們爲自由而戰的熱情，他們那浪漫飄蕩的詩思，最後他們那悲慘的結尾：這些都令人想到，唯曼殊可以創造拜倫詩。」[64]張氏進而論述蘇曼殊翻譯作品的歷史價值，這些作品已經成爲文學史的一部分，定格了近代中國文人與歐洲文學的第一次親密接觸：「在曼殊之後不必說，在曼殊前儘管也有曾經談歐洲文學的人，我要說的只是，唯有曼殊才眞正教了我們不但知道並且會晤，第一次會晤，非此地原有的，異鄉的風味。晦澀也好，疏漏也好，《去國行》和《哀希臘》的香味永遠在那裡，因此我們感謝，我們滿足。」[65]難怪到了1920年代，翻譯家楊鴻烈仍然鄭重地指出：「我希望大家在譯詩上面都要以曼殊的信條爲信條。」[66]蘇曼殊不僅是在翻譯拜倫的詩歌，而且親自參與了拜倫的精神歷程，與拜倫一起歌哭，與拜倫一起跋涉。正是通過以拜倫爲代表的英國浪漫派文學，通過這一共同的偶像，蘇曼殊與十多年之後的五四之

63　張定璜，〈蘇曼殊與Byron及Shelley〉，《蘇曼殊全集》（四），頁227。
64　張定璜，〈蘇曼殊與Byron及Shelley〉，《蘇曼殊全集》（四），頁227。
65　張定璜，〈蘇曼殊與Byron及Shelley〉，《蘇曼殊全集》（四），頁227。
66　楊鴻烈，《蘇曼殊傳》，《蘇曼殊全集》（四），頁194。

間具有了某種神秘的聯繫。

(三)魯迅:「現代」的個人

佐藤春夫說過:「假如把魯迅比作杜甫,那麼曼殊或許就像李賀。」[67]蘇曼殊比魯迅小三歲,《拜倫詩選》也比〈摩羅詩力說〉晚半年出版。藤井省三認為:「魯迅籌備《新生》雜誌是在1907年夏天,蘇曼殊就是同人之一。蘇曼殊從這時開始耽讀拜倫的作品,大概是受了魯迅的影響。翌年9月,他在東京籌備了漢譯《拜倫詩選》。這似乎正是與魯迅在〈摩羅詩力說〉中評論拜倫相呼應。」[68]藤井進而推測說:「也許在前一年的《新生》編輯會議上聽了魯迅的拜倫論,引起蘇曼殊對拜倫的興趣吧?當時,周作人寫的與〈摩羅詩力說〉相似的幾篇文章,都發表在劉師培夫婦編輯的《天義》上,據周作人說,發表〈摩羅詩力說〉的《河南》也是劉編輯的,劉與章炳麟一起,在《梵文典》上寫了序。無政府主義者、劉師培的妻子何震,因敬重曼殊,想出版《曼殊畫譜》,曾在1907年9月的《天義》上發表了曼殊母親和章炳麟的序,以及自己的後序。由這樣密切的朋友編輯的雜誌所發表的論述拜倫等人的有力論文,曼殊如不讀是不可思議的。」[69]

藤井的推論,我認為可能顛倒了本末。蘇曼殊早在〈摩羅詩力說〉發表前兩三年就開始閱讀並翻譯拜倫作品,他雖然比魯迅年輕,但成名遠遠早於魯迅。1907年前後,蘇曼殊已經是留日先生社群中的風雲人物,而魯迅還是默默無聞的新面孔。所以,不僅魯迅影響蘇曼殊無從談起,反倒是蘇曼殊影響了魯迅。魯迅在《雜憶》中說過:

67 轉引自(日)中薗英助,《詩僧蘇曼殊》,頁9。

68 (日)藤井省三,〈魯迅與安德列夫〉,《魯迅比較研究》,頁55。

69 (日)藤井省三,〈魯迅與拜倫〉,《魯迅比較研究》,頁10。

「可惜我不懂英文，所看的(拜倫詩)都是譯本。……蘇曼殊先生也譯過幾首，那時他還沒有做詩『寄調箏人』，因此與Byron也還有緣。」[70]儘管魯迅對蘇曼殊之翻譯評價略顯嚴苛，認為「譯文古奧得很，也許經過章太炎先生潤色的罷，所以真像古詩，可是流傳倒並不廣」[71]，但由此可知，蘇曼殊是魯迅發現拜倫的仲介之一。即使後來蘇曼殊可能讀到魯迅之〈摩羅詩力說〉，但當時藉藉無名的魯迅很難對其產生決定性影響，因為蘇曼殊已經形成了自己的拜倫觀。

〈摩羅詩力說〉是魯迅早期最重要的論文之一。對於該文的寫作背景，周作人回憶說：「他那時佩服拜倫，其次是匈牙利、俄國、波蘭的愛國詩人。波蘭在英國被稱為撒但派詩人，也即是惡魔派，不過魔字起於梁武帝，以前只用音譯摩羅，這便是題目的由來。」[72]魯迅對拜倫的接受，一開始跟梁啟超是同一個視角，即：民族國家主義的拜倫。作為留學生在日本所受的屈辱，使魯迅對拜倫格外有好感。所以，多年以後，魯迅還回憶說：「有人說C・Byron的詩多為青年所愛讀，我覺得這話很有幾分真。就自己而論，也還記得怎樣讀了他的詩而心神俱旺；尤其是看見他那花布裹頭，去助希臘獨立時候的肖像。」[73]

1903年，魯迅作《斯巴達之魂》。這是一部拜倫式的作品。當時留日學生的精神狀貌是「當時的風氣，要激昂慷慨，頓挫抑揚，才能被稱為好文章，我還記得『披髮大叫，搶書獨行，無淚可揮，大風滅燭』是大家傳誦的警句」。在這樣的時代氛圍下，描寫斯巴達抗擊土耳其的《斯巴達之魂》應運而生。在渲染悲壯的溫泉關之戰後，作者

70　魯迅，《墳・雜憶》，《魯迅全集》第1卷，頁220。
71　魯迅，《墳・雜憶》，《魯迅全集》第1卷，頁220。
72　周作人，〈《河南》雜誌〉，見《關於魯迅》(烏魯木齊：新疆人民出版社，1997年第1版)，頁162。
73　魯迅，《墳・雜憶》，《魯迅全集》第1卷，頁220。

歎息道：「我今掇其逸事，貽我青年。嗚呼！也有不甘自下於巾幗之男子乎？必有擲筆而起者矣。」[74]有研究者敏銳地發現，魯迅在小說中所塑造的捨身殺敵的希臘婦女的形象，「與拜倫《查爾德‧哈羅爾德遊記》中所創造的一位薩拉哥拉女遊擊隊員的形象遙相映照」[75]。其時，魯迅是一名心靈受到創傷的弱國青年，又深受章太炎國粹思想的影響，所以民族主義情緒高漲，與梁啓超所呼籲的「勸少年同胞，聽雞起舞，休把此生誤」[76]如出一轍。

但是，魯迅很快便走出他人思想的籠罩，開始了獨立的思考。梁啓超的「拜倫」和蘇曼殊的「拜倫」迅速隱退，魯迅自己的「拜倫」逐漸光彩奪目。魯迅既不同於梁啓超那樣力圖書寫宏大的民族進化與競爭史，也不同於蘇曼殊那樣致力於表現個人靈魂創傷和整合的歷程，而是在兩者的巨大張力之間發現「現代」的若干矛盾。魯迅義無反顧地背叛了傳統，卻又在「現代」的門檻上舉步不前。魯迅的拜倫觀，是魯迅式思維最早出頭的一個「尖尖角」。

蘇曼殊在發現拜倫的同時，也發現了雪萊，發現了雪萊式的愛；魯迅在發現拜倫的同時，卻發現了安德列夫，發現了安德列夫式的恐懼不安。在19世紀歐洲浪漫主義傳統中，魯迅遠離與正統較近的司各特、湖畔詩人，而更喜歡非正統的以撒旦自居的拜倫。他甚至將「善之精魂」雪萊，也改寫成與拜倫相似的惡魔。[77]魯迅與蘇曼殊的差別由此展開，藤井省三抓住此一細微之處分析說：「〈摩羅詩力說〉與《潮音》英文自序的差別也許在於：魯迅詳述追求自由、反抗世俗的

74　魯迅，《斯巴達之魂》，《魯迅全集》第7卷，頁9。

75　陳鳴樹，〈魯迅與拜倫〉，見《魯迅與中外文化的比較研究》（社科院文研所編，中國文聯出版社，1986年第1版）。

76　梁啓超，〈十五小豪傑〉前《摸魚兒詞》，《飲冰室合集》專集九十四，第1頁。

77　高旭東，〈重估魯迅〉，高旭東編，《世紀末的魯迅論爭》（北京：東方出版社，2001年第1版），頁315。

拜倫精神的同時,分析了孤獨的自我;而蘇曼殊看到雪萊的詩表達的契機是『創作中的崇高感情——愛』,並進而發現了內面世界。」[78]

由此,便可走近魯迅心中的拜倫——一個「現代」意義上的個人。所謂「現代人」,包含了三個層面:反抗者、孤獨者、知識者。

魯迅是用「摩羅」來指稱以拜倫為代表的浪漫派第一人。這一指稱意味著,魯迅首先把拜倫作為反抗者來看待。反抗的對象,不僅是國家、社群、民族壓迫,更重要的是看不見、摸不著,卻更加殘暴的所謂「歷史」、「道德」等「大詞」。魯迅指的反抗,更多的是形而上的、對生命本身的反抗。「摩羅」一詞來自梵語,是梵語的古漢語音譯。魏晉六朝佛學東漸,這一語詞才在漢語中出現。據《說文新附考》卷四載,《正字通》引《譯經論》中說:「魔,古從石作磨,梁武帝改從鬼。」《眾經音義》卷二十一上說:「魔,書無此字,譯人義作,則不始自梁武。鈕氏云後魏武定六年,造像頌云:『群魔稽首』,時已有魔字。」[79]魯迅說:「摩羅之言,假自天竺,此云天魔,歐人謂之撒旦,人本以目裴倫。」[80]他並不在意印度教教義與基督教教義的區別,而是著眼於這一指稱背後精神內涵的一致性。凡立意在反抗,旨歸在動作,而為世所不甚愉悅者悉入之,為傳其言行思維,流別影響,始宗主裴倫,終以摩迦文士。」[81]很明顯,魯迅毫不猶豫地將拜倫看作是一名「精神界之戰士」。所謂「精神界」,指的是與具體實在的國家、民族觀念迥異的思想文化和精神信仰之領域。「立意」與「旨歸」兩者相輔相成,共同構成了對「使人靜」的傳統

78 (日)藤井省三,〈魯迅與安德列夫〉,《魯迅比較研究》,頁57。

79 轉引自趙端蕖,《魯迅〈摩羅詩力說〉注釋·今譯·解說》(天津:天津人民出版社,1982年第1版),頁16。

80 魯迅,《摩羅詩力說》,《魯迅全集》第1卷,頁66。

81 魯迅,《摩羅詩力說》,《魯迅全集》第1卷,頁66。

的顛覆。作爲精神界之戰士，他力圖在行動中貫徹一種執拗的反叛熱
情。

　　直面漫長的「非反抗」的歷史，魯迅將「反抗」和「復仇」作爲
思考的起點與終點。正如李歐梵所說，魯迅張揚「精神界戰士」的原
因在於：「他們奮力抗拒庸俗，他們的聲音是改變歷史模式的預言。
這些孤獨的個人主義者通過反對大衆的物質欲望，推動著『文化偏
至』的歷史擺錘。」[82]魯迅比他的同代人更早地發現了「不抵抗主
義」的無比危險性。魯迅曾經尖銳地批評列夫‧托爾斯泰「和平論」
的脫離現實：「其所言爲理想誠善，而見諸事實，乃戾初志遠矣。」
正是在此思想維度上，他將拜倫放在托爾斯泰的對立面。與拜倫激烈
批判自己的同胞一樣，魯迅也視國人是「不爭之民」，一再指責國民
性的「卑懦儉嗇，退讓畏葸」，並「哀其不幸，怒其不爭」。談及拜
倫的「最後之時」，他用了一段充滿深情的話：「尊俠尚義，扶弱者
而平不平，顛撲有力之蠢愚，雖獲罪於全群無懼。」[83]這裡，他試圖
將拜倫與中國古代遊俠的傳統聯繫起來。表面上看，這段文字像是司
馬遷的《遊俠列傳》，實際上他看中的是拜倫身上所具有的「現代」
氣質。因爲只有現代意義上的「個體」，才能與傳統中極其強大的
「全群」構成對峙。魯迅對拜倫一生經歷所作的總結是：「其平生，
如狂濤如厲風，舉一切僞飾陋習，悉與蕩滌……」[84]拜倫所追求的
「獨立自由人道」，恰恰是中國文化傳統中沒有的因素，它純粹是近
代以來西方對「人」的重新發現後才產生的理念。正是在此處，他顯
示了思想家所具有的超凡的思想力度，這種思想力度是作爲宣傳家的
梁啓超和作爲文學家的蘇曼殊所不具備的。

82　李歐梵，〈魯迅的小說──孤獨者與大衆〉，見樂黛雲編，《當代英語世界魯
　　迅研究》（南昌：江西人民出版社，1993年第1版），頁2。

83　魯迅，《摩羅詩力說》，《魯迅全集》第1卷，頁79。

84　魯迅，《摩羅詩力說》，《魯迅全集》第1卷，頁81。

當蘇曼殊沉溺在「內面世界」的「愛」裡的時候，魯迅卻「將自由與反抗的拜倫精神作爲其自身而提出來」[85]。如果說蘇曼殊的拜倫過多浸染了孤獨憂傷的情調，那麼魯迅的拜倫則充滿了「剛毅雄大」的氣魄。拜倫式的反抗成爲延續生命的一種方式，成爲生命的本體性存在。「其生乎，如狂濤如厲風，舉一切僞飾陋習，悉與蕩滌，瞻顧前後，素所不知；精神郁勃，莫可制抑，力戰而斃，亦必自救其精神；不克厥敵，戰則不止。」[86]終魯迅一生，難道不也是反抗的一生嗎？1920年代以後，他談及拜倫的時候並不多，但拜倫精神早已融入其內在的精神氣質之中。在小說《長明燈》裡，他塑造了一個「倨傲縱逸，破壞復仇」的瘋子形象。這一形象反復在魯迅各種文體的作品中出現，成爲一個豐富的「類型」。1936年9月5日，魯迅在重病中寫下雜感〈死〉，文章末尾說：「我的怨敵可謂多矣，倘有新式的人問起我來，怎麼回答呢？我想一想，決定的是：讓他們怨恨去，我一個都不寬恕。」[87]他還說：「我只要戰鬥，到死才完了，在未死之前，其不管將來，先非撲死你不可。」[88] 9月20日，魯迅寫下了一生中最後一篇完整的雜文〈女吊〉，介紹紹興戲劇裡一種有特色的鬼，即「帶有復仇性的，比別的一切鬼魂更美、更強的鬼魂」。他表面上是在談戲劇中的女鬼，實際上還是在談〈摩羅詩力說〉中的「摩羅」。鬼也好，魔也好，最後還是回到「人」上面。

第二個層面是「孤獨者」。「反抗」必然走向「孤獨」，「反抗者」必然走向「孤獨者」。魯迅在分析拜倫所處的環境時說：「蓋英倫爾時，虛僞滿於社會，以虛文縟禮爲眞道德，有秉自由思想而探究

---

85 藤井省三，〈魯迅與拜倫〉，《魯迅比較研究》，頁12。

86 魯迅，〈摩羅詩力說〉，《魯迅全集》第1卷，頁81-82。

87 魯迅，〈死〉，《魯迅全集》第6卷，頁608。

88 〈關於魯迅的生活〉，轉引自蒙樹宏，《魯迅年譜稿》（桂林：廣西師大出版社，1988年第1版），頁375。

者，世輒謂之惡人。」[89]拜倫「不容於英倫，終放浪顛沛而死異域」
的悲劇命運，深爲魯迅所同情。反抗者們面臨這樣的困境：「眞」屬
於少數的「個人」，「僞」屬於多數的「群體」。當兩者尖銳對立之
時，「僞」的人群必然會把「眞」的個人指斥爲「惡人」。「惡魔
者，說眞理者也。」因此，言說眞理也就意味著選擇孤獨。

〈摩羅詩力說〉是一部孤獨者的系列傳記。對天才的迫害、打擊
和報復，是一種普遍的歷史現象。魯迅認識到，這種情況在任何文化
環境和任何歷史時期，都在不斷地上演著。「顧瘁戮天才，殄人群恒
狀，滔滔皆是，甯止英倫。」中國的歷史不也一樣嗎？中國的歷史不
更嚴酷嗎？「中國自漢晉以來，凡負文名者，多受謗毀。」在揭示了
此一歷史「普遍性」之後，他繼續挖掘拜倫成爲孤獨者的「特殊
性」。勃蘭兌斯記載了關於拜倫的一個小故事：「據說，有一天在斯
達爾夫人家裡，當通報拜倫來訪的時候，一位虔誠的英國老太太，小
說家赫維爾夫人聽到這個名字竟然嚇得暈過去了，好像——用拜倫的
話來說——『魔鬼陛下』本身就要來臨一樣。」[90]對於「虛僞者」來
說，「孤獨者」確實是可怕的，「虛僞者」有的時候只好「暈過去」
了——孤獨者身上蘊含著巨大的顛覆現存秩序的力量。魯迅既看到拜
倫身上的強悍的個人主義，「地球上至強之人，至獨立者也」[91]；又
辨析出拜倫所獨有的「厭倦感」。這種「厭倦感」爲易卜生、尼采一
脈的「超人」哲學所排斥，它卻天然地鍥合了魯迅留學日本時期從事
文學活動遭受失敗之後的灰暗心態。

拜倫的「孤獨」是一種浸染了現代精神的情緒，與19世紀之前歐
洲文人的孤獨迥異，也與中國古代文人的孤獨迥異。這種孤獨感的產
生和強化，以「人的覺醒」爲背景。魯迅意識到「近世」是產生「孤

89　魯迅，〈摩羅詩力說〉，《魯迅全集》第1卷，頁82。
90　勃蘭兌斯，《19世紀文學主流‧四》，頁376。
91　魯迅，〈摩羅詩力說〉，《魯迅全集》第1卷，頁79。

獨」的時代，他明晰地分辨出「近世」與古代的差異。他從「孤獨者」的角度進入對現代社會的反思，從而與那些同輩的、無條件地擁抱現代的思想家之間劃上了一道深刻的鴻溝。此前，沒有人「將孤獨者與大眾進行並置」[92]。僅此而言，魯迅一開始便達到了一個罕見的思想高度。

魯迅最推崇的拜倫作品是「裴倫在異域所爲文，有《哈洛爾特遊草》之續，《堂祥》之詩，及三傳奇稱最偉。」[93]這一系列作品中所塑造的主人公，都是孤獨、傲慢、憤世嫉俗、反抗舊傳統、敢於向黑暗挑戰、爲自由和愛情而鬥爭的人物。他們告別了舊世界，又拒斥新世界。而在魯迅的文學創作裡，「孤獨者」是一個貫穿始終的主題，「孤獨者」幾乎全都宿命般地走向悲劇性的滅亡的命運。李歐梵認爲：「孤獨者只有成爲一個『烈士』般的人物，他使大眾無法把他的犧牲變成一個看客們的聚集地。他使他們無法從觀眾看他的犧牲中獲得虐待狂式的歡樂，從而對他們進行了他的『復仇』，孤獨者或者成爲一個不屈不撓的戰士，同大眾進行永不停息戰鬥，直至死亡。不論戰鬥還是靜止不動，孤獨者永遠是爲了迫害他的大眾而死。」[94]正如拜倫先爲其同胞所棄，再受不悟的希臘民眾之欺，最後義憤而死，魯迅在故鄉和異土，在南方和北方，同樣都受到「無物之陣」的傷害。《狂人日記》中的狂人，可以看作摩羅詩人的直系後裔。在這裡，他已經清醒地認識到，思想啓蒙之於孤獨者而言，乃是毫無希望地「反抗絕望」。當孤獨者被圈入「瘋子」的行列時，大眾就完成了對其漫長的幽閉。這樣，他得出西西弗斯式的結論，啓蒙永遠是不可能的——

92　李歐梵，〈《野草》：希望與絕望之間的絕境〉，樂黛雲編，《當代英語世界·魯迅研究》，頁208。

93　魯迅，〈摩羅詩力說〉，《魯迅全集》第1卷，頁77。

94　李歐梵，〈《野草》：希望與絕望之間的絕境〉，見樂黛雲編，《當代英語世界·魯迅研究》，頁208。

——因爲「一個孤獨者越是富有洞察力，他的行動和言談就越受限制，他也就越不可能改變大眾的思想。相反，狂人的啓蒙變成了對他們自己生存的詛咒，造成了他的悖論式的異化狀態——他就被大眾所拋棄，而他本來是試圖改變大眾思想的。」[95]

魯迅所體認的拜倫的第三個層面是：「攖人心」的現代知識者、爲人道和自由而奮鬥的「精神界戰士」。從政治宣傳、個人情感的角度轉換與深入到精神、心理層面。這本身就是近代思想者思想歷程的重大進展。魯迅的「攖人心」觀與那個時代普遍的「喚起民眾」在本質上有一定的共通性，但他最關心的是民眾的精神狀態以及心理感知力問題。他知道在精神萎頓、感知愚鈍、神情麻木、「心不受攖」的庸眾面前，再先進的思想和再高尚的情感也難以發生效力。正像研究者所說的那樣：「作爲文學家的當務之急，不是代替政治鼓動家、宣傳家去進行一般的開發民智，而是用藝術去深深刺痛他們麻木的神經。」[96]

因此，對「精神界戰士」的呼喚成爲〈摩羅詩力說〉中的最強音。這裡的「精神界戰士」，已經明顯地不同於龔自珍所指的「我勸天公重抖擻，不拘一格降人才」中的「人才」。龔自珍心目中的「人才」，是治國安邦平天下的人才，重在人才的社會功用上，始終未能擺脫儒家傳統的影響。而魯迅所說的「精神界戰士」，則是現代意義上的、肩負啓蒙使命的、具備獨立人格的知識者。「無不剛健不撓，抱誠守眞；不敢媚於群，以順舊俗；發爲雄聲，以起其國人之新生，而大其國於天下。」[97]能否成爲發出「新聲」的「眞的人」，是他衡

95　李歐梵，〈魯迅的小說——孤獨者與大眾〉，見樂黛雲編，《當代英語世界魯迅研究》，頁3。

96　朱壽桐，《中國新文學的現代化》（南京：南京大學出版社，1992年第1版），頁92。

97　魯迅，〈摩羅詩力說〉，《魯迅全集》第1卷，頁99。

量「精神界戰士」的首要標準。他強調「摩羅」的「人間性」，用意
在於將此類知識者從西土引入東土。「凡其同人，實亦不必曰摩羅
宗，苟在人間，必有如是。此蓋聆熱誠之聲而頓覺者也，此蓋同懷熱
誠而互契者也。」[98]他拉近了「摩羅」與「華土」的距離，使「摩
羅」不再像海市蜃樓遙不可及，「摩羅」就在中國。用拜倫的話來
說——這句話可以說明拜倫的種種所作所為，而且還可以說明他的幾
乎全部的悲劇：「生活的偉大的目的就是感覺——感覺我們的生存，
即使是在痛苦中生存。正是這種『不甘寂寞』驅使生命去賭博——去
戰鬥——去旅行——去充分而敏銳地感覺各種各樣的追求，其中引人
入勝的主要之處是同這種追求的成就不可分割的『內心激動』的情
狀。」[99]

　　詩人是精神創造的先驅，詩人是心靈的解放者，「蓋詩人者，攖
人心者也。」魯迅所指的「詩人」，不單純是文學家，更是精神上的
啟蒙者。誕生「完全的人」、「真的人」，就要靠這樣的「攖人心
者」。寫於跟〈摩羅詩力說〉差不多同時的〈文化偏至論〉和〈破惡
聲論〉，申明了一個相同的主題：立人。藤井省三論述說：「魯迅引
進了由反抗而喚醒民族精神的詩人之聲——文學的根本作用，從而扭
轉了民族與個人的位置。」[100]魯迅在「人國」與「國人」這組概念
中，更看重「國人」。因為有了真正意義上的「國人」的國家，才堪
稱「人國」。他比梁啟超大大地前進了一步。他與蘇曼殊一樣，發現
中國人「最缺乏的東西是誠和愛，——換句話說，便是深中了詐偽無
恥和猜疑相賊的毛病。」[101]他所面臨的任務是，通過思想和精神上

98　魯迅，〈摩羅詩力說〉，《魯迅全集》第1卷，頁99-100。

99　安德列‧莫洛亞，〈拜倫書信集緒言〉，《拜倫書信集》，頁4。

100　(日)藤井省三，〈魯迅與拜倫〉，《魯迅比較研究》，頁19。

101　許壽裳，《我所認識的魯迅》(北京：人民文學出版社，1952年第1版)，頁
　　18。

的啓蒙療救國民靈魂深處的疾病。蘇曼殊放棄了「肩住閘門」的使命，而魯迅不抱任何希望地肩起了這道黑暗的閘門。

肩起閘門的，是精神界的戰士。「今索諸中國，為精神界之戰士者安在？有作至誠之聲，致吾人於善美剛健者乎？有作溫煦之聲，援吾人出於荒寒者乎？」[102]在此種悲觀情緒的籠罩下，魯迅依然選擇啓蒙者這一歷史角色。在他的理解中，這也是一門醫學——它相當於社會的精神醫生。從寫作〈摩羅詩力說〉的時候起，他已然走上一條漫漫不歸路，直到生命的終了。正如林毓生所論：「在不斷的挫折和深刻的絕望中，堅定不移地獻身於改造中國的事業，這是他進行在此時此地探求生活意義的實踐的一部分，表現了真正的現代知識分子的良知。」[103]魯迅顯示了其思想的「世界性」與「世紀性」，以「獨特的符號系統和人格踐履」，回應了中國歷史之交的思想文化衝突[104]。

拜倫在魯迅的心目中，是集反抗者、孤獨者與知識者於一身的「現代」的個人。理解魯迅的拜倫觀，對於理解其「立人」思想、理解他對傳統與現代的複雜態度以及他的整個文化立場，都是一個極好的角度。「魯迅化」的拜倫，真正成為現代中國的思想資源。

1920年代以後，中國文學界對拜倫的翻譯更加系統。邱從乙和邵洵美翻譯了《拜倫政治諷刺詩》，楊德豫翻譯了《拜倫抒情詩七十首》、查良錚翻譯了《拜倫詩選》。1924年4月10日出版的《小說月報》十五卷第四號，即為「紀念拜倫專號」。此專號集中發表了當時文壇的一流人物，如鄭振鐸、沈雁冰、王統照、趙景深、徐志摩等人

---

102 魯迅，〈摩羅詩力說〉，《魯迅全集》第1卷，頁100。

103 林毓生，〈關於知識份子魯迅的思考〉，見樂黛雲編，《當代英語世界魯迅研究》，頁222。

104 參閱錢理群，〈中國現代思想的歷史形態——魯迅思想論〉，《精神的煉獄》（南寧：廣西教育出版社，1996年第1版），頁32。

的論文與譯作。當然，1920年代的重視文學本身價值的作家們對拜倫作品的認識和取捨，與世紀之初的梁啓超、蘇曼殊與魯迅相比，又有了絕大的不同。

　　無論怎樣，梁啓超、蘇曼殊和魯迅對拜倫的引入和闡釋，已經成爲一種「先在」的文化成果，不斷地被後人所體味、所咀嚼。當然，他們各自之間立場的衝突以及自身思維的矛盾，永遠是無法避免的。魯迅清醒地認識到了拜倫自我交戰的宿命「壓制與反抗，兼以一人矣」，但他也極具洞見地指出了最終的出路「自由在是，人道亦在是」，而19、20世紀之交的中國近代文學、文化與思想的魅力，不也在於此嗎？

——1998年春初稿，北京大學圖書館

2008年3月定稿，佛吉尼亞

肺病患者的生命意識
——魯迅與卡繆之比較研究

　　一個作家的創作永遠不可能脫離其生命體驗。作家寫得最多的人物通常就是他自己的投影。寫作是對身體和心靈的雙重消耗，這種消耗一直將持續到作家本人生命力乾涸爲止。寫作對作家的傷害與肺結核這種慢性疾病十分相似：肺結核是一種消耗性的疾病，患者往往食欲不振，體重降低，全身乏力，因而精神萎靡、病態傷感。根據美國文學批評家蘇珊・桑塔格的說法：「肺結核的發燒是身體內部燃燒的標誌：結核病人是一個被熱情『消耗』的人，熱情銷蝕了他的身體。」[1]那麼，如果一個執著的、投入的作家同時又患上了嚴重的結核病，對他來說無異於雪上加霜，他的生命就好像一張繃得太緊的弦，隨時都可能斷裂。

　　在人類歷史中一段相當漫長的時間裡——直至1954年特效藥鏈黴素的發明，肺病是癌症和愛滋病出現之前最可怕的一種「不治之症」。與「黑死病」相對應，它被視爲「白色瘟疫」，一旦患上肺結核，便被籠罩在死亡的陰影之下。另一方面，肺結核又有它的獨特之處。天花、霍亂、鼠疫等急性傳染病，使患者顧不上甚至來不及關心和思考自己的身體和生活。而慢性的肺結核病人，如果經濟上允許，

1　蘇珊・桑塔格考證說，「消耗」一詞最早被當作肺結核同義詞使用的時間，可追溯到1389年。「結核病是分解性的，發熱性的和流失性的。」見(美)蘇珊・桑塔格，《疾病的隱喻》(上海：上海譯文出版社，2003年第1版)，頁13、20。

則可以有充裕的時間在優越的條件下整天躺臥在病榻之上沉思默想。多數的病症,都不可能與「美」結緣,而總是跟形體的損傷和醜陋相聯繫,肺結核卻能夠帶來身材的消瘦、臉孔的白皙以及行為舉止的溫文爾雅。因此,肺結核被賦予某種浪漫主義的色彩。「肺結核是藝術家的疾病」這一看法,最初由於音樂家和文學家這類人中患結核病的特別多的事實引起人們的注意,它似乎只是根據統計學而產生的猜測。20世紀以來,有關專家從心理素質方面研究,特別指出患這種疾病的人大多智力聰慧,富有才華,而且多情善感,感情強烈而纖細,甚至到了過於敏感、過於脆弱的地步,於是終於得出和同意加拿大學者卡爾‧艾博特的結論:「肺結核與天才的創造力之間有某種關係。」[2]

在中外文學史上,具有肺病患者這一特殊身分的作家可以說數不勝數,在歐美作家中有拜倫、濟慈、史蒂文生、福樓拜、契訶夫、普魯斯特、陀思妥耶夫斯基、卡夫卡、勞倫斯、奧尼爾、梭羅、卡繆等人,在中國現代作家中有巴金、郁達夫、柔石、蕭紅、曹禺、魯迅等人。嚴重的肺病深刻地影響了他們的日常生活和創作方式,也使得他們擁有了一種極端化的生命體驗,並在不同程度上改變著他們的人生觀和價值觀。作為肺病患者,這些作家加劇了他們與各自的時代和國族之間本來就已經相當緊張的關係,他們被放逐或自我放逐,他們被隔離或自我隔離,他們是沒有故鄉的孤獨者。值得注意的是,在他們的筆下出現了若干肺病患者的人物形象,這些人物或多或少地投射了作家本人的傷痛與苦澀、希望與絕望。

如果未能與心儀的作家生活在同一時代,那麼讀者可以通過其日記、書信、傳記以及他所創作的文學作品,來重現他所經歷的痛苦與掙扎。無疑,在若干患肺病的作家中,魯迅與卡繆承擔了最多的肉體

2　余鳳高,《呻吟聲中的思索——人類疾病的背景文化》(濟南:山東畫報出版社,1999年第1版),頁40。

與精神的痛苦，取得了卓越的文學成就，並對自己的疾病最富於形而上的哲學思考。1936年5月底，在許廣平眼中的魯迅「成天靠著藤躺椅，不言不食，隨便什麼東西，勉強呷一口就不要了，這就是所謂『無欲望狀態』的時期罷。鐵青的肉色，一動也不願動，看了真叫人難受。」[3] 與此相似，1942年1月底，口吐鮮血的卡繆把妻子嚇壞了——他躺在床上，聲音微弱地對妻子說：「我還以為自己完了。」[4] 儘管「魯迅對傳統道德和民眾的奴性的批判及他對個人自主的鼓勵，成為了富有浪漫色彩的個人主義和反權威主義這些基本思想的信條，在五四時期中國的年輕知識分子以飽滿的宗教般的熱情到處傳播這些思想信條」[5]；儘管「沒有哪一位作家能比卡繆更能給法國青年人帶來希望」、即便其論敵薩特也認為「卡繆懷著頑強、嚴格、純潔、肅穆、熱情的人道精神，向當今世界的種種粗俗醜陋發起勝負未卜的宣戰」[6]；但是，魯迅最終還是被肺病奪去了生命，年僅55歲；卡繆則意外地死於一場車禍，以這種方式逃脫了病魔的追捕，他更年輕，只有47歲。死亡過早地終止了他們的創作、思考和戰鬥。

他們的作品卻存留下來，成為各自國族甚至全人類的文化財富。致命的肺病給魯迅和卡繆的作品蒙上了濃重的荒謬感與悲劇色彩，使他們與同時代的知識分子中的「大人物」們區隔開來。魯迅與胡適的差異，就如同卡繆與薩特的差異一樣巨大。疾病讓魯迅與卡繆習慣於離群索居，疾病讓他們先在地反對權力與暴力，以及烏托邦和政治正確的意識型態。因此，探究「肺病患者」的「生命意識」，探究他們對疾病的自我療救和對死亡的超越，也許是對魯迅與卡繆進行比較研

3　〈許廣平憶魯迅〉，轉引自蒙樹宏，《魯迅年譜稿》（桂林：廣西師大出版社，1988年第1版），頁366。

4　(美)洛特曼，《卡繆傳》（桂林：灕江出版社，1999年第1版），頁290。

5　(澳)馬波・李，〈從莊子到尼采：論魯迅的個人主義〉，樂黛雲編，《當代英語世界魯迅研究》（南昌：江西人民出版社，1993年第1版），頁236-237。

6　(美)洛特曼，《卡繆傳》，頁728。

究的一個有意味的視角。

(一)肉體與精神的疼痛

　　致力於研究作家的疾病與其創作風格及思維方式的關係的蘇珊‧桑塔格曾經指出：「疾病是生命的陰面，是一種更麻煩的公民身分。每個降臨世間的人都擁有雙重公民身分，其一屬於健康王國，另一則屬於疾病王國。儘管我們都只樂於使用健康王國的護照，但或遲或早，至少會有那麼一段時間，我們每個人都被迫承認我們也是另一王國的公民。」[7]疾病是所有人都無法擺脫的命運：魯迅與卡繆都是結核病患者，都是疾病王國的公民，都被迫終生承受無所不在的疼痛感，並與這種「不可能治癒」的疾病作絕望的鬥爭。

　　對於19世紀的浪漫派文學家來說，他們總是「以一種新的方式通過結核病導致的死亡來賦予死亡以道德色彩，認為這樣的死消解了粗俗的肉身，使人格變得空靈，使人大澈大悟」[8]。拜倫望著鏡子中的自己說：「我看上去病了，我寧願死於癆病。因為夫人們會說：『瞧那個可憐的拜倫，垂死之時也是那麼的好看啊！』」[9]也是患肺結核的梭羅則這樣寫道：「死亡與疾病常常是美麗的，如……癆病產生的熱量。」[10]這樣一種似乎有些矯情的「疾病審美」，在富於現實主義取向和悲劇審美精神的魯迅和卡繆那裡已經蕩然無存。魯迅在《無常》中寫道：「想到生的樂趣，生固然可以留戀；但想到生的苦趣，無常也不一定是惡客。無論貴賤，無論貧富，其時都是『一雙空手見

7　(美)蘇珊‧桑塔格，《疾病的隱喻》，頁5。

8　(美)蘇珊‧桑塔格，《疾病的隱喻》，頁19。

9　轉引自余鳳高，《呻吟聲中的思索——人類疾病的背景文化》，頁48

10　轉引自(美)蘇珊‧桑塔格《疾病的隱喻》，頁19。

閻王』，有冤的得伸，有罪的就得罰。」[11]卡繆在《正面與反面》中則這樣寫道，這場疾病只是「在我已面臨的障礙上增添了別種障礙，而且是最艱難的障礙」、「死亡是一種具有深刻意義的感情」[12]。無法治癒的肺病讓他們赤裸裸地面對死亡，勇敢而誠實；也讓他們在絕境中尋覓希望的可能性，嚴重而艱難。

魯迅與卡繆有著同樣不幸的童年——喪父的童年、窘迫的童年、備受歧視和漠視的童年——愛是那樣的稀缺。

童年的魯迅生活在由稀奇古怪的失意儒生、鴉片癮君子、爭風吃醋的家庭婦女和放蕩奢侈的子孫組成的龐大家族裡，在祖父企圖向主持科舉的考官行賄而被捕入獄之後，這個曾經富有而顯赫的家族頓時土崩瓦解了，很多大家族都以不同的方式走向相同的衰亡之路，用其傳記作者賴爾的話來說，魯迅的家庭環境「立刻顯得有趣（瘋人院是有趣的）而黑暗（瘋人院是黑暗的）。它是一個令人無法滿意的環境。無論何處都可看到衰朽的生命……」[13]魯迅的肺病大概是從父親那裡傳染而來，他的父親盛年時便死於肺結核[14]。在孩子看來，父親死於疾病，也死於庸醫。輾轉於藥典與當鋪之間的生活，給少年周樹人以深深的刺激，亦成為他此後選擇東渡日本學醫的原始動因。然而，這個性格內向的少年不知道，肺病讓他的父親苦不堪言，肺病也已經與他本人如影隨形。父親已然死去，而肺病依舊存在，這成為魯迅不得

11　魯迅，《無常》，《魯迅全集》（第二卷）（北京：人民文學出版社，1981年第1版），頁270。

12　（法）羅歇·格勒尼埃，《陽光與陰影——阿爾貝·卡繆傳》（北京：北京大學出版社，1997年第1版），頁3。

13　（美）格里德爾，《知識份子與現代中國》（天津：南開大學出版社，2002年第1版），頁314。

14　周作人回憶說：「（父親）突然吐血，一般說是肺癰，即是現今所謂肺結核，後來雙腳發腫，逐漸脹至肚腹，醫生又認為膨脹，在肺癰與膨脹兩樣的治療之下拖了兩年，終於不治。」周作人，《回憶魯迅》（烏魯木齊：新疆人民出版社，1991年第1版），頁413。

不接受的宿命，比母親強迫他迎娶朱安還要蠻不講理。

　　而童年的卡繆則生活在法屬殖民地阿爾及爾的貧民區，他們的房間裡甚至沒有電力和自來水的供應。父親在第一次世界大戰中喪生，家庭的悲劇成爲卡繆描寫苦難生活的素材，在《第一個人》中的這段描寫具有相當程度的寫實性：「他們繼續過著艱苦的日子，雖然對生活充滿疑惑，但逆來順受，像動物一樣愛著生活。憑著自身的經歷，他們知道生活往往不露聲色，令人猝不及防地將它所孕育的不幸降臨人間。」[15]剛剛17歲的時候，肺病就已經在卡繆的身體裡肆虐了。當時普遍認爲肺結核和胸膜炎這兩種傳染病的起因是受涼。卡繆的好幾位朋友都認爲他的病是一場大雨中的比賽造成的，或是因爲他守門時受了衝撞引起的。實際上，肺結核決不可能因著涼或劇烈運動而染上，但完全可能由此引發，更有可能是生活條件惡劣、營養不良而引起的[16]。肺病讓卡繆比同齡人更早地咀嚼到了什麼叫荒謬：「他開始咳血。告別了，足球。在莫達發醫院──他在青年時代的作品裡稱之爲『貧民區醫院』──診斷的結果是右肺乾酪樣結核。在當時及後來相當長時間中，這種病意味著不治之症，這對他的哲學思想產生了影響。一個酷愛生活的人眼看著自己被莫名其妙地剝奪生命，這就是荒謬的最初表現之一。」[17]初步檢查之後，醫生對卡繆當肉店老闆的舅舅說：「只有你才能救活這個小男孩。」舅舅阿庫家比較富有，有經濟能力讓外甥多吃點肉，那時候，人們認爲多吃肉有助於肺結核病人的康復。

　　兩位患慢性肺病的作家，意志力都很堅強。在疾病面前，魯迅表現出了忍受疼痛的持久耐力。1936年5月31日下午，史沫特萊和茅盾

15　卡繆，〈第一個人〉，見《卡繆文集》（南京：譯林出版社，1999年第1版），頁91。
16　(美)洛特曼，《卡繆傳》，頁43。
17　(法)羅歇‧格勒尼埃，《陽光與陰影──阿爾貝‧卡繆傳》，頁3。

引美國醫生鄧恩來診。鄧恩是在上海的唯一的西方肺病專家，「經過打診、聽診之後，雖然譽我爲最能抵抗疾病的典型的中國人，然而也宣告了我的就要死亡；並且說，倘是歐洲人，則在五年前就已經死掉。這判決使善感的朋友們下淚。我也沒有請他開方，因爲我想，他的醫學從歐洲學來，一定沒有學過給死了五年的病人開方的法子。然而D醫生的診斷卻實在是極準確的。後來我照了一張X光透視的胸像，所見的景象，竟大抵和他的診斷相同。」[18]這是精神對肉體的最大限度的戰勝，強悍的魯迅從死神那裡奪回了五年的時間。此時此刻，魯迅平靜地接受了這可怕的結論，置身事外般地談論著自己的死亡。在給楊霽雲的信中，魯迅無比冷靜地寫道：「我這次所生的，的確是肺病，而且是大家所畏懼的肺結核，我們結交至少已經有二十多年了，其間發過四五回，但我不大喜歡嚷病，也頗漠視生命，淡然處之，所以也幾乎沒有人知道。這一回，是爲了年齡關係，沒有先前的容易制止和恢復了，又加以肋膜病，遂至纏綿了三個多月，還不能停止服藥。」[19]魯迅就像在談論發生在別人身上的事情一樣，長期染病使他把疾病當作了一位不能拒絕的朋友——這個朋友一直都在毫不留情地折磨著他。許壽裳來，看見魯迅「神色極憊，不願動彈，兩脛瘦得像敗落的絲瓜」[20]。在同樣患有肺病的蕭紅眼裡，「魯迅先生在無欲望狀態中，什麼也不吃，什麼也不想，睡覺是似睡非睡的」[21]。朋友們眼中倍受疾病折磨的晚年魯迅，確實讓人心痛不已，而他自己竭力做出無所謂的模樣來，爲的是讓親人得到安慰，他不喜歡別人爲他悲哀。

18 魯迅，〈死〉，《魯迅全集》（第六卷），頁608。

19 魯迅，〈致楊霽雲〉（1936年8月28日），《魯迅全集》（第十三卷），頁415-416。

20 許壽裳，〈亡友魯迅印象記〉，《魯迅回憶錄》（專著上冊）（北京：北京出版社，1999年第1版），頁297。

21 蕭紅，〈回憶魯迅先生〉，《魯迅回憶錄》（散篇中冊），頁733。

卡繆的情況也好不到哪裡去。成名之後的卡繆雖然得以擺脫貧困，享受到了較好的醫療條件，但他無法超越自己所生活時代的醫療水平的限制：當時，給病人惟一的治療就是做人工氣胸[22]。1940年，在每10萬名法國人中，就有140人死於肺結核。在鏈黴素發明之後，肺結核的死亡率迅速降下來，在生命的最後十年裡，卡繆得以享受醫學上的這一發現，但他的肺已經糟透了——而換肺的手術至今仍是一個醫學難題。在剛剛患病之後，少年卡繆給導師讓·格勒尼埃寫信說：「一個年輕人不可能完全自暴自棄。各種各樣的厭倦情緒並不會使他喪失自身擁有的不斷振作起來的力量。……我覺得我具有抵抗力、毅力和意志。除此之外，還有如此美好的良辰和親切的友人。」[23]此後，卡繆一直都是肺病不屈服的抵抗者。卡繆對紀德有過親近，也有過諷刺，但紀德在安詳中去世卻激起了他的敬仰——「紀德的秘密在於他從不曾在懷疑中失去做人的驕傲。死亡是他願意承受到底的這種命運的一部分。」[24]與其說他是在談論紀德的命運，不如說他是在用「紀德的態度」來勉勵自己——如何對待肺病、如何對待死亡，如何保持「做人的驕傲」。直到死神突然以一種意想不到的方式降臨的那一刻，卡繆都是這樣生活的。

魯迅本來就有過一段學醫的經歷，在疾病孕育和發展的每一個階段，他都深切地知道自己的身體狀況，以及死神究竟離自己還有多遠。他甚至拒絕那位權威醫生的用藥，他知道無論什麼藥品都已經無能為力了。卡繆也是「久病成醫」，他在日記中有一段關於用藥的詳細記載：11月6日至12月5日，40克鏈黴素；11月13日至次年1月2日，

22 所謂人工氣胸，即往胸腔裡注氣，壓迫肺部，使結核處固定。在卡繆的生命里程中，他多次做過人工氣胸。1942年，當卡繆的另一葉肺也患結核時，他只得再一次接受定期的胸腔內注氣治療。(美)洛特曼，《卡繆傳》，頁43。

23 (法)羅歇·格勒尼埃，《陽光與陰影——阿爾貝·卡繆傳》，頁3。

24 (法)羅歇·格勒尼埃，《陽光與陰影——阿爾貝·卡繆傳》，頁280。

360克對氨基水楊酸，再加用40克鏈黴素[25]。就像是一張醫生開出的處方般精確。1957年的最後一周，卡繆與老熟人羅布萊斯相約一起吃飯，卻遲遲未到。後來，卡繆來到飯店，說話的聲音都變了，好像被人卡住脖子似的。他說，在尋找計程車時，忽然喘不過氣來，最後總算請過路人送他上車；他拿出保健醫生的地址，十萬火急地趕去，差點誤了吸氧氣。卡繆如實相告，說自己如此不堪一擊，心裡感到可笑，並說類似事件已不止一次發生[26]。由此不難推測，即便在那場意外的車禍中倖免於難，卡繆的生命也難以長期持續下去。

肺病給予魯迅和卡繆的，不僅是肉體的折磨，更是精神上的考驗。長期纏身的疾病左右了他們的性格和情緒。從某種程度上來說，他們都是輕微的精神疾病的患者[27]，他們對自己的生命抱有某種虛無主義的態度，魯迅在給許廣平的信中說：「有時竟因爲希望生命從速消磨，所以故意拼命的做。」[28]而卡繆訪美時的女助手布拉克也發現：「卡繆對未來的態度就是一個不準備活得太久的男人特有的那種態度。」[29]他們都具有某種「自我虐待」的傾向。魯迅身邊的很多朋友都觀察到了他的偏執，按照老朋友錢玄同直率的說法，魯迅的短處有多疑、輕信和遷怒三點[30]。文學史家夏濟安認爲，魯迅的天才有著病態的一面，「使他看起來更像卡夫卡的同代人而不是雨果的同代

---

25 （美）洛特曼，《卡繆傳》，頁522。

26 （美）洛特曼，《卡繆傳》，頁675。

27 如蘇珊‧桑塔格所論述的那樣：「像精神錯亂一樣，結核病被理解成一種偏執：是意志的失敗，或是情感過於強烈。不過，不管結核病如何令人望而生畏，它總能喚起同情。就像當今的心理疾病患者一樣，結核病患者被認爲是十分脆弱、充滿自暴自棄的衝動的人。」（美）蘇珊‧桑塔格，《疾病的隱喻》，頁58。

28 魯迅，〈兩地書‧二十四〉，《魯迅全集》（第11卷），頁79。

29 （美）洛特曼，《卡繆傳》，頁431。

30 錢玄同，〈我對周豫才（即魯迅）君之追憶與略評〉，《魯迅回憶錄》（散篇上冊）），頁97。

人」,「魯迅確實是一個喜怒無常的人,他可以時而陰鬱,時而歡快,時而怪癖,時而易怒,時而輕鬆愉快,時而冷酷無情。」[31]疾病導致了其精神的高度緊張,而這種緊張狀態恰好是適宜於文學家的。魯迅早期最重要的一篇文言論文即是〈文化偏至論〉,在他剛剛開始文學生涯的時候,他就對「偏至」這個概念有著異乎尋常的迷戀和偏愛。「偏至」對應著支配傳統中國兩千年之久的「中庸」,換言之,即是個人主義對集體主義的顛覆。魯迅在這篇文章中提及了尼采、叔本華、齊克果、易卜生等西方思想家的觀點,陳述「有人寶守真理,不阿世媚俗,而不見容於人群」的歷史事實,強調「內部之生活強,則人生之意義愈邃,個人尊嚴之旨趣亦愈明,二十世紀之新精神,殆將立狂風怒浪之間,恃意力以辟生路也」的現代思想[32]。由「偏至」走向「瘋狂」其實只有一步之遙,持守個人價值的「先知」必然迎來「孤獨者」的命運——魯迅隨即在《狂人日記》中塑造了「狂人」的形象,「狂人」又何嘗不是其夫子自道呢?

相比之下,卡繆的精神疼痛同樣十分嚴重。卡繆多次將思考的痛苦與疾病所帶來的肉體的痛苦相提並論,這兩者共同導致了他那鬱鬱寡歡的個性。他是一個待人真誠的、卻並不好相處的人。獲得諾貝爾文學獎之後,他名氣如日中天卻更加害怕別人的接近、簇擁。在光環閃閃的那些日子裡,除了找以往的保健醫生之外,他還找精神科醫生求醫。他說自己行動受到「局限」,幽閉恐怖症甚至使他不能坐地鐵[33]。1949年10月底,卡繆在日記中寫下了有關這次發病的思考:「這麼長時間以來總以為已經治癒,這次復發定會把我壓垮,事實上已經壓得我不堪重負。不過,經歷了持續不斷的病痛折磨,倒使我能

---

31 夏濟安,〈魯迅作品的黑暗面〉,樂黛雲編,《國外魯迅研究論集》(北京:北京大學出版社,1981年第1版),頁381。

32 魯迅,〈文化偏至論〉,《魯迅全集》(第一卷),頁55-56。

33 (美)洛特曼,《卡繆傳》,頁675。

夠笑對病魔。我終於解脫了，發瘋也是一種解脫。」[34]他把「發瘋」
當作一種「解脫」，以某種脫離常規的生活方式來與疾病賭博。卡繆
的許多優秀作品，也正是在此種精神狀態下得以完成的。這次結核病
的復發，從一切症狀來看，情況可能更糟。他的私生活——這種動盪
不定的生活，不能與自己喜歡的人一起想度過多久就多久的現實——
已經同疾病一樣壓得他喘不過氣來。由於處於精神疲憊狀態，他沒有
一夜能睡上一個安穩覺。正是在這種高度的緊張感中，他發現了世界
對他的全部敵意，卻依然微笑著面對之：「即使世上所有的人都一致
反對我，我也不會有任何自衛。」[35]卡繆全部的作品都是生活的眞實
見證，他把尼采的這句話當作自己的座右銘：「任何苦難都無法，而
且永遠無法讓我對我所認識的生活作僞證。」在這個意義上，他脫離
了死亡和疾病的捆綁。

　　既然疾病不僅是生理上的，同時又是心理上的；那麼，疼痛感也
不僅是肉體上的，同時又是精神上的。疾病以一種無法擺脫的方式全
面地影響著作家的日常生活、創作和思考，正如斯‧茨威格在試圖了
解陀思妥耶夫斯基藝術語言深處的奧秘時，將注意力集中在那被稱爲
神秘之症的癲癇病上一樣（陀思妥耶夫斯基除了癲癇病之外，也患有
嚴重的結核病），茨威格發現疾病伴隨陀思妥耶夫斯基一生，帶給他
數十年的痛苦，也帶給他短暫的天惠的美好瞬間。「他把經常威脅他
生命的癲癇變成自己藝術最珍貴的秘密：他從這種狀態中吸取難以言
傳的神秘的美、在模糊的預感的頃刻間奇異地形成的神迷幻態。死亡
以神奇速度在生命內部被體驗著，而在每次發生於死亡之前的瞬
間，——是最強烈的、令人陶醉的生活之精汁。」[36]同樣的道理，如

34　(美)洛特曼，《卡繆傳》，頁522。

35　卡繆，〈紐約的雨〉，轉引自(法)羅歇‧格勒尼埃，《陽光與陰影——阿爾
　　貝‧卡繆傳》，頁141。

36　轉引自沃‧卡札克，〈德語作家眼中的陀思妥耶夫斯基——論歐洲文化的源頭

果不關注魯迅和卡繆因爲肺病導致的「精神殘疾」或「極端體驗」，
讀者便無法進入其作品最深層的內核。

正是有了這樣一種肉體和精神上雙重的疼痛體驗，魯迅和卡繆才
站在純粹個人主義的立場上，產生了「標示」人類整體性的精神痼疾
的願望——請注意，僅僅是「標示」而非「療救」[37]。他們比健康人
更清晰地意識到了人類已然陷入某種「無藥可救」的境地。既然人類
的命運不容樂觀，那麼新興的民族主義和國家主義的思想便很難對他
們產生吸引力。對於自己的國族，魯迅和卡繆都是最爲刻薄的批評
者。「肺病患者」這一身分之於魯迅的意義，遠遠大於「中國人」或
「漢人」的命名——無論是種族、政治還是文化的定義。投水自盡的
王國維，被陳寅恪視爲「殉文化」而仰之如泰山，但這樣的行爲在魯
迅眼中也許一錢不值。魯迅的「國民性批判」的思想的展開，其前提
是黃金世界的不存在[38]。這種悲觀的思想集中表現在《吶喊・自序》
中所寫的主人公與友人「金心異」的那段關於「鐵屋子」的有名的對
話中：無論是否喚醒鐵屋子中沉睡的人們，他們都只能接受死亡的宿
命。

(續)————

　　問題〉，《陀思妥耶夫斯基的上帝》(北京：社會科學文獻出版社，1999年第1
　　版)，頁193-194。
37 有學者指出：「疾病帶來的痛苦的經驗已在作家心理行爲上留下深刻的痕跡。
　　所以他們由對人的生理疾病聯想到人的精神疾病。因此從原來的治療人的生理
　　疾病轉變到對人的精神疾病的治療。」但是，我認爲，如果説作家確實存在著
　　治療生理疾病的願望(用魯迅的話來説就是，通過學醫「救治像我父親似的被誤
　　的病的疾苦」)，那麼作家對治療精神疾病則並無野心，他們已清醒地意識到自
　　己所能做的只是「標示」而已(用魯迅的話來説就是，「揭出病苦，引起療救的
　　注意」)。參閲車紅梅，〈中國現代文學中的『疾病情結』〉，《文藝爭鳴》，
　　2005年第1期。
38 林毓生指出：「魯迅有著多疑善感的氣質，他竟走向懷疑中國國民性的病是否
　　已深得無可醫治，它的傳統是否已腐化到了不可清除。這種懷疑因他那時憂鬱
　　沮喪的情緒而更加加深。」林毓生，〈魯迅的複雜意識〉，樂黛雲編，《國外
　　魯迅研究論集》，頁51。

卡繆也一樣，他雖然積極參與納粹占領時期法國的地下抵抗運動，卻始終不具有法蘭西人特有的民族自豪感，他是「外省人中的外省人」、是「黑腳法國人」、是「殖民地的異質者」。在殘酷的二戰之前，卡繆便對法國乃至整個歐洲的精神取向徹底失望，正是由於疼痛的個體性及其帶來的個體與外界的藩籬，他從來不曾被類似於「愛國主義」的「大詞」及「宏大敘事」所俘獲，相反他在法國的殖民地看到了「異族的自負」[39]。1939年9月7日，卡繆在日記中寫道：「野獸統治的時代開始了，我們已經感覺到人類身上增長的仇恨和暴力。在他們身上已不存在任何純潔的東西……我們所遇到的都是獸類，是那些歐洲人野獸般的嘴臉。」[40]在此意義上，作為最重要的因素，疼痛彰顯了魯迅與卡繆生命的存在，疼痛彰顯了魯迅與卡繆思想的穿透力。

(二)被隔離的「局外人」與回不去的「故鄉」

正像有學者所分析的那樣：「『疾病情結』來源於作家人生體驗和個體的痛切感受，創作與一系列的精神創傷和心理經驗有關。對社會壓抑的宣洩是作家的心靈歷程中的內在需要決定的。不可否認，生病也是一種生命體驗，或者是一次特殊的精神漫遊，它給了作家一次探索人物的內心隱秘世界的機會。」[41]對於魯迅和卡繆來說，由於他們所患的結核病具有不可阻止的「傳染性」，他們不得不主動或被動地處於某種「隔離」的狀態。「隔離」導致了孤獨感的瀰漫，「隔離」導致了「局外人」氣質的誕生。如果「結核病人或許可能是一個

39　(美)羅奈爾得‧阿隆森，《卡繆和薩特──一段傳奇友誼及其崩解》(上海：華東師範大學出版社，2005年4月第1版)，頁265。

40　(美)洛特曼，《卡繆傳》，頁237。

41　車紅梅，〈中國現代文學中的『疾病情結』〉，《文藝爭鳴》，2005年第1期。

反叛者或一個不適應社會的人」[42]這種說法成立的話，那麼魯迅和卡繆都屬於是「不適應的反叛者」。

　　辛亥革命成功之後，全國上下一度處於「被解放」的「興奮期」，在精英階層中普遍以爲苦難結束了，幸福即將來臨。魯迅卻獨自蟄居在寂寞蕭瑟的北京城的一角抄古碑，他沒有跟他們一起「歡呼」。魯迅刻了一方石章，曰「竢堂」；又給自己選了一個號，叫做「俟堂」。筆劃雖不同，意思是一個，就是「待死堂」。等待死亡並不意味著他已被疾病所征服，那時肺病在他的身體中還只是時隱時現。那麼，是他自己選擇了在「文化無人區」中獨自生活。如果不是自我隔離，他怎麼會有這樣灰暗的心態呢——「他竟會取這樣的名號，刻這樣的印章，就是再粗心的人，也不難想見他的心情，一種對於社會和個人的深刻的悲觀，一種對於歷史和將來的淒苦的絕望，正交織成他這時候的基本心態。」[43]隨著肺部功能的日漸喪失，魯迅精神上的虛無感也在日益加劇，懷疑則成爲一種「魯迅式」的思想方法。魯迅這樣說過：「我的心也曾充滿過血腥的歌聲：血和淚，火焰和毒，恢復和復仇。而忽而這些都空虛了，但有時故意地填以沒奈何的自欺的希望，用這希望的盾，抵抗那空虛中的暗夜的襲來。雖然盾後面也依然是空虛中的暗夜。」[44]他清楚地知道，這樣冰冷的色調、這樣「自以爲苦的寂寞」並不適合於「正做著好夢的新青年們」。他卻確定了這樣的精神底色。

　　魯迅是革命的局外人，也是新文化的局外人——他參與革命和新文化的方式，不同於所有與之同代的知識分子們。從一開始起，「他的陰鬱的眼光，簡練的嘲諷才能掩飾的辛辣，使他與滿懷自信、溫文

42　(美)蘇珊・桑塔格，《疾病的隱喻》，頁46。
43　王曉明，《無法直面的人生——魯迅傳》(上海：上海文藝出版社，2001年第2版)，頁48。
44　魯迅，〈希望〉，《魯迅全集》(第二卷)，頁177。

爾雅、心平氣和的新文化精英小圈子日益疏遠」[45]。即便是當時知識
分子們趨之若鶩的所謂「北大派」，魯迅也不屑於如此自稱。陳獨秀
的剛烈、胡適之的輕快、周作人的淡泊、蔡元培的寬容、李大釗的質
樸，如果沒有魯迅的虛無來對照，恐怕魅力都會減少幾分吧。魯迅以
一種「局外人」的「零度思考」，對那個時代作出了最準確的觀察。
他既批評右派也不信任左派，既痛恨北方政府也嘲諷南方的革命黨，
既看不起國粹派也不贊同假洋鬼子們。於是，他「吶喊衝鋒了三十
年，百戰瘡痍，還是醒不了沉沉的大夢，掃不清千年淤積的淫坑。所
謂右的固然靠不住，自命為左的也未必靠得住，老的固然靠不住，青
年們又何嘗靠得住。」[46]他幾乎沒有朋友，堪稱站在五四之外的五四
人，所有的苦難都只能一個人扛著。雖然一再宣稱是死亡的「隨便
黨」，把死亡描寫成「生命的飛揚與極致的大歡喜」，但魯迅仍然不
能解脫於時間像沙漏中的沙子一樣流逝所造成的心理壓力[47]。

作為「局外人」這一生存方式的發現者和實踐者，長期以來卡繆
都被世人深深地誤解了。卡繆既是局外人，又不是局外人。這句話可
以如此來理解：所謂「是局外人」，這種處境與疾病有關，肺結核將
他驅逐出健康人的行列，他只能處於「正常的生活」之外。卡繆曾在
日記中寫道：「並不是我拋棄了人類和世事（我做不到這一點），而是
人類和世事拋棄了我。我的青春正離我而去，這就是疾病。」[48]在與
疾病的戰鬥中，卡繆從「那些生活在紙張中的知識分子」當中脫穎而
出。與那些「站在棺材上從高處說話的人」相比，他勇敢地將自己置

45　（美）格里德爾，《知識份子與現代中國》，頁318。

46　許壽裳，〈我所認識的魯迅〉，《魯迅回憶錄》（專著上冊），頁446-447。

47　去世前夕，魯迅曾在信中談及瞿秋白譯著《海上述林》的出版事宜：「翻譯的
　　人老早就死了，著作者高爾基也於最近去了世，編輯者的我，如今也快要死
　　了。雖然如此，但書還沒有校完。原來你們是在等候著讀者的死亡的嗎！」由
　　此可見其對時間的焦慮。轉引自蒙樹宏，《魯迅年譜稿》，頁374。

48　（美）洛特曼，《卡繆傳》，頁297。

身於棺材之中。卡繆曾借《貧民區醫院》中病人之口說：「結核病是人們唯一能治癒的疾病，只是需要時間。」時間的延宕、遲遲未出現的死神，讓他的生活處於高度的「不由自主」的狀態[49]。由於時常發病及必要的長時間的療養，長期以來卡繆都被迫約束自己的生活，並不得不放棄旅遊或其他活動。他還得定期到山區氣候乾燥的療養院去休養，巴黎的陰暗和潮濕是不適宜肺病患者的。

　　與世隔絕的「療養院」是卡繆經常使用的一個時空概念——就好像湯瑪斯・曼的「魔山」一樣，卡繆似乎從來就沒有喜歡過各式各樣的療養院。少年時代戛然而止——自那時起，即使他沒有流露，但當他看到人們在踢球，在太陽底下奔跑時，苦澀的心情始終陪伴著他，因為他也曾經和這些人一樣[50]。但是，疾病也帶來了一種無比真實的「自由」，「這場病終究使我獲得了這種內心的自由，得以對人類的私利保持一定的距離，正是這種距離使我免遭怨恨。」[51]儘管「免遭怨恨」只是卡繆一廂情願的想像，但「隔絕」或「拋棄」的狀態確實使他能對那個時代最為火熱的事件保持觀察、思考和判斷所必須的距離。卡繆當然對資本主義及其畸型狀態法西斯主義不會有任何好感，同時他也是戰後最早質疑史達林式共產主義意識型態的思想家之一。在左右兩大陣營激烈論戰的時候，他選擇了最為困難的「左右開弓」——這意味著同時成為兩方的敵人，但他在鋪天蓋地的侮辱和攻擊之下堅持住了本人的立場：「我無法加入兩個極端陣營中的任何一個，而第三陣營也逐漸消失，只有在那兒人們依然能夠保持頭腦冷靜。」為此，比卡繆更為富有的薩特甚至不惜用「有產者」這樣詆毀

49　肺結核困擾卡繆的一生。他因此沒有考取教師資格——不然的話，他應能獲得的——和在大戰中免除服兵役。從總體上說，這兩件事並沒有造成完全消極的後果。(美)洛特曼，《卡繆傳》，頁35。

50　(美)洛特曼，《卡繆傳》，頁45。

51　卡繆，〈正面與反面〉，轉引自(法)羅歇・格勒尼埃《陽光與陰影——阿爾貝・卡繆傳》，頁3。

來攻擊他[52]。

所謂「不是局外人」，卡繆一直都強調「與世界不分離」。他在日記和文章中多次說道：「把生命置於陽光之中，一生就不會一事無成。不管處在何種境地，遇到何種不幸與失望，我的所有努力便是重新去尋找接觸。」「我們必須為公平而盡責，因為我們的境況有欠公允；我們必須增添幸福和快樂，因為這個世界多災多難……」[53]他對於20世紀重大的政治命題——「以歷史的名義為罪惡和奴役正名」、「把所有人都變成工具」——進行了最為堅定的反抗和批判[54]。在與薩特的論戰中，他這樣寫道：「我不明白，在今天，一名知識分子要證明他的特長，除了冒著風險為爭取工作與文化的自由而鬥爭，他還有其他選擇。」[55]在卡繆看來，以「自己的方式」參與鬥爭，是避免淪為被奴役狀態的前提。他深切地知道自己處於一個必須在劊子手和受害者之間作選擇的世界裡，他的答案與眾不同：既不做劊子手，也不做受害者。雖然他說「我不適合搞政治」，但他仍然挺身而出，無條件地反對一切形式的專制主義。雖然暴力是不可避免、不可論證的，但他拒絕任何將暴力合法化的企圖。

卡繆舉了一個將暴力合法化的典型案例來說明此的觀點，即集中營和利用政治犯勞動——在德國，集中營是國家機器的一部分；在蘇聯，集中營也是國家機器的一部分。在後者那裡，集中營這一手段被歷史的必然性加以合法化，高爾基、薩特、羅曼‧羅蘭等人或多或少地默許了這種極權哲學。卡繆在《反抗者》中指出：「打著自由旗號的奴隸集中營，以人類之愛的名義進行的屠殺，或是追求超人狀態，

---

52 （法）羅歇‧格勒尼埃，《陽光與陰影——阿爾貝‧卡繆傳》，頁175。
53 （美）洛特曼，《卡繆傳》，頁391。
54 （法）羅歇‧格勒尼埃，《陽光與陰影——阿爾貝‧卡繆傳》，頁165。
55 （美）洛特曼，《卡繆傳》，頁597。

這在某種意義上使我們無法作出判斷。」[56]當「我們」被某種光鮮的意識型態俘虜的時候，卡繆卻身處「我們」之外，並未被「用無辜的外衣裝飾自己的罪惡」所迷惑。他堅信，世界上沒有任何理由讓人接受集中營這個事實，應該拒絕把集中營作為統治手段[57]。為此，他毅然與曾經同道的優秀人物們分道揚鑣。卡繆比紀德更加鮮明地否定了蘇聯的制度和文化型態，成為20世紀中期左傾色彩濃烈的法國知識界中的異數。

魯迅和卡繆的生命穿越在激情與孤獨之間，他們是矛盾的綜合體──他們的自戀與自卑都突破了平衡狀態[58]。由於激情，也由於孤獨，他們始終維持著「外來人」或「流動人口」的感覺，無比厭惡各自所生活的都市(北京、上海和巴黎)，同時無比熱愛各自昔日的故鄉，但是那個想像中的「故鄉」已回不去了。

魯迅說過：「我有一時，曾經屢次憶起兒時在故鄉所吃的蔬果：菱角，羅漢豆，茭白，香瓜。凡這些，都是極其鮮美可口的；都曾是使我思鄉的蠱惑。後來，我在久別之後嘗到了，也不過如此；惟獨在記憶上，還有舊來的意味存留。他們也許要哄騙我一生，使我時時反顧。」[59]在他的想像裡，多年沒有回去的「故鄉」有兩重涵義。首先，故鄉是閏土們至今仍然在生活著的土地，故鄉是他大部分小說的舞台。他作品裡的故鄉充滿了詩意，他往往又在同一篇作品中自我顛覆了這種詩意。於是，在魯迅的筆下，故鄉瀰漫著淡淡的詩意和死亡

56 卡繆，〈反抗者〉，轉引自(法)羅歇·格勒尼埃，《陽光與陰影──阿爾貝·卡繆傳》，頁165。

57 張容，《形而上的反抗──卡繆思想研究》(北京：社會科學文獻出版社，1998年第1版)，頁196-197。

58 如蘇珊·桑塔格所指出的那樣，那種易患結核病的性格類型「是一種由兩種不同的幻相混合而成的混合體：這種類型的人既充滿激情，又感到孤獨。」《疾病的隱喻》，頁37。

59 魯迅，《朝花夕拾·小引》，《魯迅全集》(第二卷)，頁229-230。

的氣息，故鄉意味著一個即將消亡的傳統世界，故鄉正在被時代急速的車輪席捲而去，就好像正在被病菌吞噬的肺部一樣。故鄉的人們在他的筆下「都有著那樣一種蒼白的色調，呆滯的目光，緩慢而靜悄悄的動作，以致在死亡完全抓住他們以前，他們就已經有點像死屍了」[60]。

其次，魯迅的故鄉紹興「乃報仇雪恥之鄉，非藏汙納垢之地」，「海岳精液，善生俊異」，這裡的民間文化中有社戲，有「帶復仇性的，比別的一切鬼魂更美，更強的鬼魂」的「女吊」的傳統。在這篇寫於逝世前夕的文章中，魯迅有意將具有「女吊」傳統的紹興與他晚年所處的環境日益惡劣的上海對立起來，換言之，他從「女吊」的身上尋找對抗「吸血吃肉的兇手或其幫閒們」的力量[61]。這種存在於故鄉的、被主流文化遮蔽的傳統，成爲魯迅與疾病及一切黑暗物戰鬥的精神資源。

卡繆的故鄉也是回不去的，「不該再去自己年輕時候呆過的地方。這是過去的往事。從前認識的婦女已發福，成了孩子的媽媽。男人都不在。茴香酒太凶，等等。還有，這座對於我來說曾是充滿樂趣的城市已成了一座虔誠的城市。……卡夫卡說得好：好，有時太令人憂傷。」[62]對於卡繆這位有西班牙血統的、出生在北非的法國人來說，故鄉也存在著雙重的涵義。

首先，故鄉是籠罩在血與火的「骨肉相殘的戰爭」之中的阿爾及利亞，他必須面對那裡發生的非正義的事件[63]。卡繆甚至逾越常理地

60　夏濟安，〈魯迅作品的黑暗面〉，樂黛雲編，《國外魯迅研究論集》，頁373。

61　魯迅，〈女吊〉，《魯迅全集》（第六卷），頁614。

62　（法）羅歇・格勒尼埃，《陽光與陰影——阿爾貝・卡繆傳》，頁200。

63　在卡繆之前，已有其他一些知名作家在殖民地作過調研，並揭露過流弊和非正義：紀德在黑非洲，馬爾羅在印度支那作過調查。但在他們和卡繆之間存在著巨大差異。卡繆不得不面對他去訪問的國家所面臨的問題，但他的身分又不是

說，他覺得對「一個阿拉伯農民、一個卡比利亞羊倌，比對我們北方城市裡的一名商人」更有親近感[64]。二戰之後阿爾及利亞繼續承受的殺戮與痛苦，刺傷了他的心——「此刻，我若對你說我為阿爾及利亞而痛苦，就像別人感到肺部痛苦那樣，你一定會深信不疑的。」1955年，卡繆寫信給伊斯蘭社會主義者阿齊茲·凱蘇時這麼說道[65]。這裡的「別人」其實不妨改為「我」——那時，卡繆「正在」經歷肺部的痛苦，阿爾及利亞的血腥事件無疑讓他雪上加霜。

在恐怖主義和軍事鎮壓之間，卡繆斷然拒絕非此即彼的選擇；在巴黎人的愛國主義和阿爾及爾人的愛國主義之間，他仍然拒絕非此即彼的選擇。卡繆把〈阿爾及利亞在1958年〉作為《時文集之三》的結束語，卻不知道這篇文章竟成了他的遺囑。戰爭在他死亡之後兩年才結束，故鄉再也回不去了——在殖民者的傲慢與解放者的狂暴之中，卡繆無法繼續保持「法國人」和「阿爾及利亞人」的雙重身分，於是單槍匹馬地宣稱：「我站在受苦難的人們一邊，不管是法國人還是阿拉伯人。」即使最後人們以流血行為來表達自己的思想，他也不願意支持任何暴力行為，當卡繆申明反對一切形式的暴力時，甚至有選擇暴力作為走向獨立的途徑的阿爾及利亞人威脅要殺死他[66]。

其次，故鄉是地中海的陽光和苦難，是卡繆不斷頌揚的大海、大地和沙漠，是卡繆親手製造的、仍在公開場所鼓吹的神話，「荒漠自身也有了意義，人們又為它增添了一份詩意」。卡繆曾經在一張紙上寫下了他愛用的詞語：「世界，痛苦，大地，母親，人們，荒漠，榮

（續）————

調研者，而這個國家卻是他的故土。值得注意的一個題外話：法國對非洲和亞洲的前殖民地長期實施暴虐的統治，在法國撤離之後，這些地區無一建立起民主制度。此一現象與英國殖民地形成鮮明對比，亦可作為比較英法文化、政治的一個要點。

64　(美)羅奈爾得·阿隆森，《卡繆和薩特——一段傳奇友誼及其崩解》，頁261。
65　(法)羅歌·格勒尼埃，《陽光與陰影——阿爾貝·卡繆傳》，頁248。
66　(法)羅歌·格勒尼埃，《陽光與陰影——阿爾貝·卡繆傳》，頁256。

譽，貧困，夏天，海洋。」這些詞語都與故鄉有關。[67]如同魯迅不喜歡上海和北京一樣，卡繆從來也沒有喜歡過巴黎，他對法國的其他地方也沒有表現出特別的熱情。他的心在遠方，「大海，陽光，一張張臉龐，猶如一道道看不見的柵欄把我們隔開了，它們使我們越來越遠，卻始終使我們著迷。」[68]這是一個「形而上」意義的故鄉、一個存在於想像中的「彼岸的故鄉」，它純潔而完美，它輝煌而燦爛，它永遠為卡繆提供走向自由的動力源泉。

與「故鄉」聯繫最為緊密的另一個意象便是「母親」——魯迅與卡繆都是由寡母養大的孩子。對於含辛茹苦的、在某種程度上扮演嚴父角色的寡母，魯迅與卡繆都有一種特殊而複雜的感情，這種感情夾雜著尊重、敬畏與冷淡。正因為母親的不可依戀，故鄉才變得徹底無法回歸。魯迅深愛可憐又可畏的寡母，專門為母親購買她愛讀的張恨水的小說。但他又自稱在婚姻大事上飲用了「慈母……誤進的毒藥」，有一次母親為家用向他抱怨，他竟用相當激烈的口氣回信說：「其實以現在生活之艱難，家中歷來之生活法，也還要算是中上，倘還不能相諒，大驚小怪，那真是使人為難了。」在《偽自由書》的前言裡，他重提「失母並非壞事」的老話：「我向來的意見，是以為倘有慈母，或者幸福，然若生而失去母，卻也並非完全的不幸，他也許倒成為更加勇猛，更無掛礙的男兒的。」[69]他又說：「我以為母愛的偉大真可怕，差不多盲目的。」在以孝道為制度和文化根基的中國，這樣的表達有點駭人聽聞的味道。

而在卡繆筆下，母親是沈默的存在，是「那位不思考的女人」，「有這樣一位婦女，她丈夫的去世使得她和兩個孩子生活在貧窮中。她住到她母親家中，母親也很貧窮。……每次回到家中，就回到了貧

67　（法）羅歇・格勒尼埃，《陽光與陰影——阿爾貝・卡繆傳》，頁183。

68　（法）羅歇・格勒尼埃，《陽光與陰影——阿爾貝・卡繆傳》，頁5。

69　魯迅，《偽自由書・前記》，《魯迅全集》（第五卷），頁4。

窮、骯髒、令人厭惡的地方，外祖母不善良，溫柔的好母親卻不知道
怎樣愛孩子，結果也麻木不仁……」[70]專橫的外婆曾強迫孩子當著客
人的面表示，在母親與外婆之間更愛外婆。孩子在「內心感到對這位
默不作聲的母親懷有一股巨大的愛的激情」；母親卻「什麼也不
想」、「她的生活，她的利益，她的孩子就在眼前，這是很自然的，
以至她毫無感覺。她是位殘缺不全的人，思維遲鈍。」但是，沈默的
母親與患病隨時可能死去的兒子之間卻有一種奇特的感情，「在這兩
人之間，似乎存在著這種造成死亡的具有全部深刻含義的感情……一
種如此強烈的依戀，以至沈默都無法打破。」[71]他還在〈正面與反
面〉中充滿悽楚地寫道：「孩子這時回來了，他看到她瘦弱的影子，
骨頭突出的肩膀，他停了下來，因爲他怕……他憐憫他的母親，這是
對她的愛嗎？她從未與他親熱過，因爲她不能跟他親熱。於是他長
時間地站著看她。由於感到自己是個局外人，他意識到了她的艱
辛。」[72]在這對母與子的世界裡，幸福僅僅只是那種「同情我們不幸
的感情」。沈默而苦痛的寡母與敏感而內向的孩子，這是一種怎樣的
對峙啊。

　　被「隔離」的現實生活與回不去的「故鄉」，使魯迅與卡繆都成
爲「被流放者」，像卡夫卡小說的主人公一樣生活在地圖上沒有標識
的「流放地」。如魯迅筆下那個「吾行太遠，孑然失其侶，……吾見
放於父母之邦矣！」的「過客」，「我就在這麼走，要走到一個地方
去，這地方就在前面。」[73]如卡繆在《鼠疫》中借小說人物達魯之口
所說：「對於像我這樣的人來說，死算不了什麼。這是說明他們有理

70　(美)洛特曼，《卡繆傳》，頁17。

71　卡繆，〈是與非之間〉，轉引自(法)羅歇‧格勒尼埃《陽光與陰影——阿爾
　　貝‧卡繆傳》，頁5。

72　卡繆，〈正面與反面〉，轉引自(美)洛特曼《卡繆傳》，頁26。

73　魯迅，〈過客〉，《魯迅全集》(第二卷)，頁190。

的一件事。」在疾病與死亡造就的深淵中,「健康、廉正、純潔,這些是意志的反映,這種意志將永不會終止。」[74]結核病讓他們深深地陷入了被隔離的命運,而正是這種被隔離的命運成就了他們的文學與思想。回不去的故鄉和無法接近的母親,則讓他們在激情與理性的張力中把握了愛的眞諦。

(三)「肩住閘門」與「推石頭上山」

按照蘇珊·桑塔格的說法:「從隱喻的角度說,肺病是一種靈魂病。」[75]魯迅與卡繆都將疾病帶來的疼痛提升爲形而上的思索。魯迅在《墓碣文》中寫道:「於浩歌狂熱之際中寒;於天上看見深淵。於一切眼中看見無所有;於無所希望中得救。」[76]這純然就是肺病患者眞實無比的感覺,而經過魯迅哲理式的提煉,它即成爲對人類命運的嚴峻思考。卡繆更是把肺結核看作是一種純粹形而上的疾病,他在病痛中發現了一種哲學上的共鳴,並在湯瑪斯·曼的《魔山》中找到了印證,書中的主人公,也是敘事者,對疾病表露出病態的迷戀。因爲疾病把病人推向死亡,也使病人更貼近生活——它給病人寫作的時間。疾病和即將迫近的死亡促使他們直面此問題:人該如何生活,或者更準確地說,「我」將如何生活?

很多人都發現了這樣一個可怕的事實:「像任何一種極端的處境一樣,令人恐懼的疾病也把人的好品性和壞品性統統都暴露出來了。」[77]日本友人增田涉將重病的魯迅形容爲「受傷的狼」,他發現了魯迅隱藏在強悍的外表背後的「可憐」,這一發現也許更爲迫近眞

74　(法)羅歇·格勒尼埃,《陽光與陰影——阿爾貝·卡繆傳》,頁128。

75　(美)蘇珊·桑塔格,《疾病的隱喻》,頁18。

76　魯迅,《墓碣文》,《魯迅全集》(第二卷),頁202。

77　(美)蘇珊·桑塔格,《疾病的隱喻》,頁38。

實的魯迅:「隔了五年重見時,他已經是躺在病床上的人,風貌變得
非常險峻,神氣自然是凜烈的,儘管是非常戰鬥的卻顯得很可憐,像
『受傷的狼』的樣子了。我認為這是由於疾病的侵犯和環境的困難增
加所致。……我看著他的後影,感傷地目送著他。同時心裡想:先生
已經沒有希望了。」[78]而卡繆在〈是與非之間〉的草稿中,以第三
人稱這樣描述自己:「醫生在他病情最嚴重時婉轉地宣判了他的死
刑。對此沒有任何懷疑。此外,對死亡的恐懼始終縈繞在他的腦海
中。」[79]一個年輕人「從不曾琢磨過死亡或虛空的意義,然而,他卻
嘗到了它帶來的可怖滋味」。除非,他病倒了。「在這方面,沒有比
疾病更可鄙的東西了。這是對付死亡的良藥,它為死亡作著準備。它
創造了一種見習的過程,在這種見習的初步階段要學會自憐自憫。它
支持著人為擺脫必死無疑的命運所作出不懈的努力。」[80]那麼,病入
膏肓的身體,還有沒有獲得拯救的可能?

　　疾病賦予魯迅作品以濃重的黑暗底色,或者說,疾病使得魯迅擁
有了一副觀察世界的「有色眼鏡」和「第二視力」[81]。魯迅意識到了
自己生活在一個敵對自己的世界裡,「四面都是敵意,可悲憫的,可
詛咒的。」[82]於是,喪儀、墳墓、死刑,特別是殺頭,還有病痛,這
些題目都吸引著他創造性的想像,在他的作品中反復出現和得以渲
染,各種形式的死亡的陰影爬滿魯迅的著作[83]。因此,魯迅的寫作乃

78　增田涉指出:「周圍是黑暗的洞穴,在黑暗的洞穴裡繼續地碰著鼻子走路——
　　這是把他的生活原樣巧妙地比喻的說法。人們說他的文學陰暗,那不外由於他
　　的周圍是黑暗的洞穴。不從那黑暗的洞穴脫身逃出,一面碰著壁,一面從內面
　　搗毀著它前進。這可以說就是他的生活罷。」增田涉,〈魯迅的印象〉,《魯
　　迅回憶錄》(專著下冊),頁1364。

79　(美)洛特曼,《卡繆傳》,頁45。

80　卡繆,〈婚禮〉,轉引自(法)《陽光與陰影——阿爾貝・卡繆傳》,頁3。

81　增田涉,〈魯迅的印象〉,《魯迅回憶錄》(專著中冊),頁1347。

82　魯迅,〈復仇〉(其二),《魯迅全集》(第二卷),頁174。

83　夏濟安寫道:「有的出於一種難以捉摸的威脅,如《狂人日記》中狂人對死的

是一種「黑色寫作」，或者說「死亡寫作」。魯迅在若干舊體詩歌中
也表達了這種黑暗體驗，如其摯友許壽裳所說：「試讀他的『兩間餘
一卒，荷戟獨彷徨』，『慣於長夜過春時』，就可想見其內心含著無
限的痛苦！又讀他去年的一首《殘秋偶作》：『曾驚秋肅臨天下，敢
遣春溫上筆端。塵海蒼茫沉百感，金風蕭瑟走千官。老婦大澤菰蒲
盡，夢墜空雲齒發寒。悚聽荒雞偏閴寂，起看星斗正闌干。』俯仰身
世，天地可棲，是何等的悲涼孤寂！」[84]魯迅從帝王將相的家譜中發
現了「吃人」的眞相，這眞相讓他更加喘不過氣來。

　　疾病賦予卡繆的則是對地中海陽光的渴望。與魯迅所欣賞的虛無
主義傳統不同，卡繆生長在基督教文化背景下，他的一生都在思考耶
穌基督的愛，儘管與那些虔誠的信徒相比，他不時陷入困惑和質疑之
中，但他始終沒有放棄對信仰生活的渴求。雖然在《幸福的死亡》
中，主人公默爾索最終死於胸膜炎，但卡繆依然相信陽光具有永恆的
價值——從形而下的意義上來說，肺病患者最需要的就是陽光，陽光
乃是最佳的藥物；從形而上的意義上來說，作爲黑暗的對立面的光，
乃是信仰的體現，乃是愛的力量。在致勒內・夏爾的信中，卡繆這樣
寫道：「在他最後的短暫的一天，他加熱、發光、筆直地衝向死亡。
他隨風播撒，被風摧毀，像轉瞬即逝的種子，然而又是造物的太陽，
這就是人，面對浪漫無窮的世紀，自豪地度過片刻時光。」[85]在他心
中，陽光意味著對歷史和時間、對苦難與貧窮的超越。對於陽光，他

（續）───────────────────────────

　　　　想像的恐懼；有的表現爲一種悄然消逝，如《祝福》中的祥林嫂；有的是源於
　　　　恐怖的現實，如《藥》中被殺頭的殉道者和肺病病人；還有《白光》中追求虛
　　　　幻的「白光」，終於淹死在湖裡的老秀才；《孤獨者》中臉上留著冰冷微笑的
　　　　死屍；至於《阿Q正傳》中的『大團圓』，對一個無知的村民來說，死亡的來
　　　　臨或者倒有其幸運的一面。」參閱夏濟安，〈魯迅作品的黑暗面〉，樂黛雲
　　　　編，《國外魯迅研究論集》，頁373。

84　許壽裳，〈我所認識的魯迅〉，《魯迅回憶錄》（專著上冊），頁446-447。

85　(美)洛特曼，《卡繆傳》，頁701。

有一種理想化的表述:「爲糾正自然產生的麻木不仁,我把自己置身
於貧窮與陽光之間。」[86]早在青年時代,卡繆就爲老師讓‧格勒尼埃
的作品《克爾葛蘭島》所打動,尤其是書中的這樣一段話:「人們對
落在我們身上的許多疾病和意外感到驚訝。這是因爲人們厭倦了日常
生活,只在疾病中找到可憐的躲藏之處,以拯救他僅存的靈魂。疾病
對一個窮人來說,等同於以此旅行,住院相當於過宮殿的生活。」[87]
這一姿態又印證了蘇珊‧桑塔格的說法:「結核病既帶來『精神麻
痹』,又帶來更高尚情感的充盈,既是一種描繪感觀享受、張揚情欲
的方式,同時又是一種描繪壓抑、宣揚昇華的方式。」[88]

　　「黑暗」與「陽光」都還只是主人公登場的背景。魯迅和卡繆各
自創造了在文學史和思想史上具有劃時代意義的典型形象──在魯迅
那裡,是「肩著黑暗的閘門」的巨人;在卡繆那裡,則是陽光下「推
石頭上山」的西西弗。「肩住閘門」的英雄的原型,來自於中國古典
演義小說《說唐》;而「推石頭上山」的西西弗的故事,則來自於古
希臘的神話。魯迅和卡繆從各自的文化傳統之中找到了一個能夠裝入
他們自己的「新酒」的「舊瓶子」。

　　魯迅在〈我們現在怎樣做父親〉中寫道:「沒有法,便只能先從
覺醒的人開手,各自解放了自己的孩子。自己背著因襲的重擔,肩住
黑暗的閘門,放他們到寬闊光明的地方去;此後幸福的度日,合理的
做人。」[89]在那部關於隋朝末年好漢們逐鹿中原、問鼎天下的小說
中,隋煬帝設置了一個巨大的演武廳,企圖讓英雄豪傑們在其中自相
殘殺,大門上還安排了將其一網打盡的千斤閘。出乎其意料的是,一
名像參孫一樣的大力士、號稱「天下第四條好漢」的雄闊海,在閘門

86　(法)羅歇‧格勒尼埃,《陽光與陰影──阿爾貝‧卡繆傳》,頁1。

87　(美)洛特曼,《卡繆傳》,頁52。

88　(美)蘇珊‧桑塔格,《疾病的隱喻》,頁24。

89　魯迅,〈我們現在怎樣做父親〉,《魯迅全集》(第一卷),頁130。

落下的一瞬間將其扛住，從而將身處險境的英雄們統統放走。由於疲勞和饑渴，由於沒有其他人來分擔此一重軛，雄闊海最終被閘門壓死。在演義小說中，這位無私的英雄只是微不足道的配角、沒有鮮明的形象的「單向度的人物」。

魯迅一貫不喜歡像《說唐》這樣滿足老百姓的「英雄夢」的演義小說，更是對所謂的「英雄」及後來在馬克思主義史學中被正名爲「農民起義領袖」的主人公們充滿了厭惡感。但是，魯迅在此破天荒地沿用了這個經典的情節與意象，並使之脫胎換骨成爲中國現代文學序列中罕見的悲劇形象。魯迅將雄闊海的名字以及所有的歷史背景統統隱去，而將「肩住閘門」的動作定格爲新舊時代轉捩點上一個不朽的象徵。這是一種失敗者的無向光榮——「他的英雄姿態暗含著失敗的意味，他爲自己選擇的地位差不多是悲劇的，傳說中英雄被壓死這個典故本身就暗示著魯迅意識到自己對黑暗無能爲力而自願接受犧牲。正是這種意識賦予魯迅主要作品以那種標誌著他的天才的悲哀。」[90]這甚至是古代中國走向現代中國不得不付出的犧牲和代價。在此意義上，魯迅就是現代的「雄闊海」，魯迅就是自己把自己擺上祭壇的獻祭。

魯迅確實肩住了閘門，他從遠方來，還沒有歇口氣便站在城門前。他不是巨人，而只是一名身材矮小的慢性肺病患者，去世時體重只有普通人的一半。《說唐》中的雄闊海是因爲太老實才去扛閘門的，是「缺心眼」；而魯迅則經過了深思熟慮、徬徨與躊躇，最後才決定把自己的身體填了進去。「魯迅是處於一個艱難的時代，他個人敏銳的感受性並未被他中國的追隨者和解釋者所充分賞識。他們作爲

---

90 根據夏濟安的分析，「黑暗的閘門」對魯迅來說，其重量來自兩個方面。一方面是中國傳統的文學和文化，另一方面是作者煩擾的內心。魯迅敏銳地感到這兩種力量壓迫著，瀰漫著，無法避免。夏濟安，〈魯迅作品的黑暗面〉，樂黛雲編，《國外魯迅研究論集》，頁372。

後一輩反抗者也許眞的認爲他們所享受的陽光，都得歸功於魯迅以他巨人般的威力肩住了黑暗的閘門。」[91]可是，中國近代以來歷史事實是：陽光仍未灑進來，孩子們仍未跑到光明的地方去，那種所謂的「陽光」仍是黑暗施加的詭計。這種結局就賦予了悲劇以更大的悲劇性。與「肩住閘門」的意象互爲參照的，還有魯迅另外一篇重要的小說《藥》。《藥》的主人公夏瑜也是一位肩住閘門的先驅者，但沒有人能認識到這一行動的眞正價值——惟有「人血饅頭」對大眾具有強烈的吸引力[92]。這樣的結局魯迅早已預料到，他並不爲此而感到大驚小怪或大失所望。

魯迅沒有「肩不動，便放下」，他認爲「肩住閘門」的價值在於行動本身而非其導致何種結果。魯迅在《華蓋集》的「題記」中寫道：「我的生命，至少是一部分的生命，已經耗費在寫這些無聊的東西中，而我所獲得的，乃是我自己的靈魂的荒涼和粗糙。但是我並不懍懍這些，而且實在有些愛他們了，因爲這是我轉輾而生活於風沙中的瘢痕。」[93]這種肩住閘門的行動，讓魯迅本人超越了疾病和死亡，

91　夏濟安，〈魯迅作品的黑暗面〉，樂黛雲編，《國外魯迅研究論集》，頁380。

92　編輯了魯迅的許多文章的編輯家孫伏園回憶說：「魯迅先生和我說過，在西洋文藝中，也有和《藥》相類的作品，例如俄國的安特來夫，有一篇《齒痛》，描寫耶穌在各各他釘在十字架上的那一天，各各他附近有一個商人患著齒痛。他也和老栓小栓們一樣，覺得自己的疾病，比起一個革命者的冤死來，重要得多多。還有俄國的屠格涅夫五十首散文詩中有一首《工人和白手的人》，用意也是彷彿的。白手的人是一個爲工人的利益而奮鬥至於犧牲的人。他的手因爲帶了過時的刑具，沒有血色了，所以成了白手。他是往刑場上去被絞死的。可是俄國鄉間有一種迷信，以爲絞死的人的繩子可以治病，正如經興有一種迷信，以爲人血饅頭可以治肺癆病一樣，所以有的工人跟著白手的人到刑場去，想得到一截繩子來治病。不知不覺中，革命者爲了群眾的幸福而犧牲，而愚昧的群眾卻享用這犧牲牲了。」孫伏園，〈魯迅先生二三事·〈藥〉〉，《魯迅回憶錄》（專著上冊），頁80-81。

93　魯迅，《華蓋集·題記》，《魯迅全集》（第三卷），頁4-5。

也使其作品超越了時代和國族,「遠離希望又不停地與絕望的孤獨作
鬥爭,……也許正是這種情緒使他的作品具有了超越其特定時空的力
量,使他記述評論的人類悲劇吸引了更廣泛的讀者。在他的筆下,中
國傳統社會崩潰過程中個人狹隘的人生經歷,變成了他對普遍的人類
意義和重要性的陳述。」[94]

西西弗是希臘神話中的邊緣人物,就好像雄闊海在中國古典演義
和戲曲系統裡的次要位置一樣。《西西弗神話》是卡繆長期醞釀的結
果,它的主題是「荒謬」,更是「自由」。卡繆的老師讓·格勒尼埃
曾經在《論正統思想》中指出:「人們總談到普羅米休斯的神話,卻
忘記提及他的結局,這才是神話的主要部分。人們從不談西西
弗。」[95]從某種意義上來說,是卡繆復活了西西弗,或者說是卡繆讓
西西弗成為一位現代世界的英雄。

歷史學家彭布羅克在談論希臘神話的時候指出:「古典時期的希
臘神話絲毫沒有表現為另一個時代的殘餘,相反,一直處在一個不斷
成長和適應的過程中,因此為希臘的文學和藝術傑作提供了一個天然
的焦點。早期希臘哲學的興起經常被認為是體現了和傳統思維方式的
決裂,不過亞里斯多德有一封信卻並沒有反映出這樣的衝突,反而使
我們有機會一瞥哲人的恬適心情:『我支配的時間越多,我越欣賞神
話。』」[96]其實,希臘神話不僅為希臘文學、藝術和哲學提供了天然
的焦點,而且成為人類文明的財富。它本身的開放性和鮮活性就為卡
繆對西西弗的故事進行「創造性的轉化」提供了寬闊的可能性。借助
這個簡單的故事,卡繆基本的哲學思考已在此展開:「對事件感到絕

94　(美)格里德爾,《知識份子與現代中國》,頁313。

95　(法)羅歇·格勒尼埃,《陽光與陰影——阿爾貝·卡繆傳》,頁82。

96　(英)芬利主編,《希臘的遺產》(上海:上海人民出版社,2004年第1版),頁
　　339。

266 ◎ 彷徨英雄路──轉型時代知識分子的心靈史

望的是懦夫，可對人類境遇抱有希望的是瘋子。」[97]那麼，在一個荒
謬占據統治地位的世界上，人的高貴和人的偉大何以實現？人以什麼
樣的方式來實現幸福？

在寫作這篇論文的同時，卡繆在研究美國作家梅維爾。顯然，
《白鯨》中無望地搏鬥的主人公阿沙船長就是一個西西弗式的人物。
卡繆故意說這篇論文討論的是「中世紀中撲朔迷離的荒謬情感」，而
不是「當代還沒有認識到的嚴格意義上的荒謬哲學」，但這也許是作
者的障眼法──卡繆關心的肯定是後者，是生活在當代世界的阿沙船
長們。這篇論文以對西西弗這位「荒謬英雄」的讚美而展開：「我們
已經明白，西西弗是個荒謬的英雄。他之所以是荒謬的英雄，還因為
他的激情和他所經受的磨難。他藐視神明，仇恨死亡，對生活充滿激
情，這必然使他受到難以用言語盡述的非人折磨；他以自己的整個身
心致力於一種沒有效果的事業。而這是為了對大地的無限熱愛必須付
出的代價。」[98]這些文字是卡繆在向蓬附近的家庭旅館和農場裡完成
的，他在《記事》中寫道：「溪水在我身邊潺潺流著，穿過灑滿陽光
的草地，它離我更近了，不久，這水聲進入我身體，溪水流入我心
田，這聲音將伴我思考，這就是流逝。」[99]這是他一生中少有的幸福
恬美的時刻，於是關於西西弗的故事如溪水一樣在他筆下流淌──他
如此細緻而深情地描繪了西西弗推石頭上山的整個過程：「這一張飽
受磨難近似石頭般堅硬的面孔已經自己化成了石頭！我看到這個人以
沉重而均勻的腳步走向那無窮的苦難。這個時刻就像一次呼吸那樣短
促，它的到來與西西弗的不幸一樣是確定無疑的，這個時刻就是意識
的時刻。在每一個這樣的時刻中，他離開山頂並且逐漸地深入到諸神
的巢穴中去，他超出了他自己的命運。他比他搬動的石頭還要堅

97　（美）洛特曼，《卡繆傳》，頁322。
98　卡繆，〈西西弗的神話〉，《卡繆文集》，頁706。
99　（法）羅歇‧格勒尼埃，《陽光與陰影──阿爾貝‧卡繆傳》，頁78。

硬。」[100]

卡繆在西西弗身上發現了「令人羨慕而憂傷」的美德、尊嚴、樸實和崇高。如同自己必須每時每刻面對的肺病一樣，西西弗有一個他必須搬動的石頭。肺部會被病菌所摧毀，而心靈不會。石頭會繼續從山頂滾下去，但搬動石頭的行爲已經賦予了生命以意義。「若無生之絕望便無對生活的愛」，卡繆認爲，在與諸神的戰鬥中，西西弗不是失敗者而是勝利者，不是受懲罰者而是自由人，「造成西西弗痛苦的清醒意識同時也造就了他的勝利。不存在不通過蔑視而自我超越的命運。」[101]正像魯迅將肩住黑暗的閘門的雄闊海作爲自己的榜樣，卡繆也在對推著石頭上山的西西弗的仰望中實現了對幸福與自由的追求。

在卡繆的其他作品中，也出現過一些與西西弗類似的形象。在〈淫婦〉中，他寫道：「在這遼闊國土的被榨乾的乾旱土地上，幾個男人永不停息地向前走著，他們一無所有，但也不爲任何人效勞，他們是古怪王國裡的貧苦而自由的領主。」[102]在《第一個人》的結尾處，他寫道：「他就像一個總是顫抖著的單面刀片，註定會一下子被折斷，並且，徹底的死亡與想要活下去的純粹的熱忱是永遠對立的，他今天終於體會到生活、青春、生命從身邊溜走，這一切他絲毫無法挽留，只有放棄它們，在盲目的期待之中，這麼多年來，這種隱約的力量一直讓他支撐著度日，永不枯竭，同樣，它也在他最艱難的情況下，向他伸出援助之手，以同樣無盡的慷慨給了他活下去的理由，更給他平靜地面對衰老和死亡的理由。」[103]人可以蔑視疾病，可以超越死亡。沒有任何一種命運是對人的懲罰，只要竭盡全力去窮盡它就

100　卡繆，〈西西弗的神話〉，《卡繆文集》，頁707。
101　卡繆，〈西西弗的神話〉，《卡繆文集》，頁707。
102　（法）羅歇・格勒尼埃，《陽光與陰影──阿爾貝・卡繆傳》，頁54。
103　卡繆，〈第一個人〉，《卡繆文集》，頁189。

應該是幸福的，正如他在《給里夏爾‧馬蓋的序言》中所說的那樣：
「一個瘋狂的社會留給他的時間，被他用來熱愛生活；他以自己的方
式去愛樸素而熱烈的生活。」[104]

在大眾的眼中，魯迅和卡繆都是「有病的人」——不僅僅是肺
病，而是指他們與大眾之間精神上的鴻溝。克萊恩‧布林頓曾指出，
某些社會會阻礙它們當中更富有創造性的人們的前進步伐，從而使知
識分子產生異化。魯迅和卡繆都是「異化者」，也是靈魂層面上的
「革命者」——「對於革命者來說，在一種特定的方式下充分利用痛
苦是一種非常重要的能力，並且它甚至還有助於一個人在痛苦中獲得
愉悅之情。……進一步說，僅僅是痛苦本身還不足以構成他們獲得成
功的充分動力。肯定還存在著另外的某種正面的動機，這樣的動機驅
使他們甘願冒著生命的危險和忍受可能出現的痛苦——儘管他們從痛
苦本身中感受不到什麼吸引力——去完成某件事情或者去創造某項事
業。」[105]

是的，在與疾病、虛無和荒謬的戰鬥中，魯迅和卡繆都經歷了極
其慘痛的失敗，也取得了極其輝煌的勝利。兩位「肩住閘門」和「推
石頭上山」的主人公以及創造他們的作者都成為千瘡百孔的現代文明
中史詩般的英雄，這兩種舉動也成為人類從墮落中復興、從絕望中獲
救的驚心動魄的嘗試——這就是疾病與隱喻之間的關係。誠然，肺病
讓魯迅和卡繆的身體和精神無比痛苦、剝奪了他們的健康也縮短了他
們的壽命，然而他們又是那麼深切地體驗到了偉大和充沛的幸福感—
—反抗、自由與激情。在這樣偉大而充沛的幸福感面前，肺結核這種
致命的疾病頓時顯得無足輕重了。他們憑藉著各自的精神創造而讓被
疾病所終止的生命得以延續。那麼，就用卡繆熱情似火的召喚作為本

---

104 （美）洛特曼，《卡繆傳》，頁727。

105 （美）布蘭察德，《革命道德——關於革命者的精神分析》（北京：中央編譯出
    版社，2004年第1版），頁317-318。

文的結束吧：「我把西西弗留在山腳下！我們總是看到他身上的重
負。而西西弗告訴我們，最高的虔誠是否認諸神並且搬掉石頭。他也
認為自己是幸福的。這個從此沒有主宰的世界對他來講既不是荒漠，
也不是沃土。這塊巨石上的每一顆粒，這黑黝黝的高山上的每一顆礦
砂惟有對西西弗才形成一個世界。他爬上山頂所要進行的鬥爭本身就
足以使一個人心裡感到充實。應該認為，西西弗是幸福的。」[106]

——2005年3月初稿，7月定稿

106 卡繆，〈西西弗的神話〉，《卡繆文集》，頁708-709。

下卷

《知新報》研究

提要

　　戊戌變法前後，近代中國的新聞業出現了第一個黃金時代。報刊的大量湧現，說明維新派知識分子已明確意識到，必須通過報刊來實現知識傳播和思想啓蒙。維新人士中的一部分優秀人物開始把創辦和經營報刊作爲重要使命，並爲之傾注無數心血。報刊的出現，使得晚清時代知識更新與文體變遷的步伐大大加快。

　　首先，在辦報辦刊的過程中，戊戌變法一代人經歷著由傳統文人士大夫到現代知識者的身分轉變。先驅者們發現了正在萌芽之中的「公共空間」，亦開始具備較爲明確的「媒體意識」。其次，舊有的知識結構不足以讓其支撐現代意義上的報刊，他們不得不對自身的文化和知識結構進行較大規模的更新與調整。國學與西學的調劑、融合，頗爲引人注目。一種新的知識體系正在形成之中。第三，由於報刊具有啓蒙、傳播、普及等性質，故而要求一種新的語言、新的文體及新的表達方式。在戊戌變法前後，中國的報刊文體進一步完善和發展。

　　在舊有的關於近現代文學史乃至文化史的敘述中，一般突出五四前夕白話文運動的歷史貢獻，強調其「劃時代性」。但是，這種敘述框架也帶來一定的歷史誤差，即厚「此」（五四一代人）薄「彼」（戊戌一代人）。研究者在進入這段瞬息萬變的歷史時，如果首先閱讀既有的文學史和文化史著作，往往會得出如下結論：彷彿胡適、陳獨秀等人完全是橫空出世，前者發表〈文學改良芻議〉，後者發表〈文學革命論〉，幾乎通過兩篇文章便扭轉了整個乾坤。我們固然不能否認兩位先行者及其同代人的功績和貢獻，但在表彰他們的同時，也應清楚地意識到：早在五四一代人宣言式的文章發表之前的二十年，戊戌一代人就已經在同一個領域做了許多過渡性甚至開拓性的工作。在此

意義上，五四一代人推動白話文運動的想法不是從石頭裡蹦出來的，而是繼承和發展戊戌一代人已有觀念之雛形。雖然戊戌一代人並沒有明確提出從語言形式到文化內核進行全面更替的革命性理論，但他們通過豐富的報刊寫作的實踐，已經積累了相當豐厚的文化成果。

作者認為，如果充分敘述和展現19、20世紀之交中國所經歷的知識更新和文體嬗變，將有助於今人全面認識百年前那場文化轉型的意義。從某種程度來說，五四運動是那場漫長而複雜的文化轉型運動的最高潮，是若干次波濤洶湧所醞釀而成的新一輪的驚濤拍岸，而不是一場嶄新的文藝復興的發端。如果這樣來理解戊戌變法與五四運動之關係，後人將獲得某些長期被遮蔽的真相。

本文以康梁在澳門創辦的《知新報》為研究個案，試圖探討戊戌變法前後中國的知識階層、中國的知識、中國的文體所經歷的轉變，以及此一轉變過程中的得與失、經驗與教訓。戊戌變法時期的報刊文體，是現代白話文萌芽的一個重要階段，因此本文希望通過對此段歷史的梳理，更加深入地理解現代白話文之形成與發展歷程。而近代報刊的出現，又為傳統士大夫轉變為近代知識分子提供了可能，因此本文試圖勾勒維新派報人自身定位的變化和生存方式的變化，以及由此帶來的寫作方式的變化。本文分為三個部分：第一部分梳理《知新報》本身的問題，如《知新報》與澳門的關係，《知新報》的緣起、發行、報刊意識及其影響力等；第二部分討論《知新報》的主要創辦者和撰稿人，尤其是康有為、梁啓超及其他康門諸弟子的寫作狀況；第三部分為全文之重點，以《知新報》上發表的論說文和詩歌這兩種文體為例子，闡釋這一時期文體的繼承、變遷與更新。

關鍵字：報刊熱、報刊意識、澳門、思想傳播、啓蒙、身分轉變、自由撰稿人、康門弟子、康有為文章、梁啓超文章、論說、詩歌、文體嬗變、知識更新。

第一章
晚清報刊熱中的《知新報》

第一節　晚清的報刊熱與《知新報》的創辦

近代報刊傳入中國始於19世紀初。

「官報」在中國古已有之，但其性質與近代意義上的報刊迥然不同。中國人比西方人早幾百年發明了印刷術，也比西方人早幾百年利用印刷術印刷一種「宮廷公報」式的文件，定期發表政府命令和其他官方文書。《唐詩話》云：「韓翃家居，有人叩門賀曰：『邸報制誥闕中人書薦君名，除駕部郎中知制誥。』」《靖康要錄》云：「靖康二年二月十三日凌晨有賣朝報者，並所在各有大榜揭於通衢云。金人許推擇趙氏賢者，其實奸偽之徒，假此以結百官使畢集。」、「太宰徐處仁劄子，臣伏睹街市印賣文字，有太學正吳若所上書，言臣嘗以十事留蔡京。」此宋代之報紙也。張穆《顧亭林先生年譜》引先生與公肅甥書云：「憶昔時邸報至崇禎十一年方有活版，自是以前並是寫本。」康熙五十年三月三日，左都御史揆敘疏言：「近聞各省提塘及刷寫報文者，除科抄外，將大小事件采聽寫錄，名曰『小報』。任意捏造，駭人耳目，請嚴行禁止。」雍正四年五月初九上諭云：「報房捏造小鈔刊刻散播，以無為有，著兵刑二部詳悉審訊，務究根源。」[1]可見，所謂「邸報」、「朝報」原為官方公布的方針政策和

1　近代掌故史家瞿兌之認為，從宋朝起便已出現民間私自印行的朝報，「宋朝的朝報，就是現在的新聞紙，是私人辦的。其投機造謠之伎倆，也與後來不相上

人事調整的資訊，後來民間有人自行編印類似的資料散布，其消息許多並不可靠。統治者爲維護其權威，立即對此行爲進行清理和鎮壓。

古代中國並無新聞自由的意識，一般儒生也沒有對新聞的需求。新聞史家戈公振在對比中西報刊發展的不同路向時指出：「我國之有官報，在世界上爲最早，何以獨不發達？其故蓋西人之官報乃與民閱，而我國乃與官閱也。『民可使由，不可使知』，乃儒家執政之秘訣；階級上之隔閡，不期然而養成。故官報從政治上言之，固可收行政統一之效；但從文化上言之，可謂毫無影響，其最佳結果，亦不過視若掌故，如顧黃二氏之所爲耳。進一步言之，官報之唯一目的，爲遏止人民干預國政，遂造成人民間一種『不識不知順帝之則』之心理；於是中國之文化，不能不因此而入於黑暗狀態矣。」[2]正是在這樣的歷史背景和文化傳統之下，中國固有之「官報」遲遲未能轉化爲近代意義上的「民報」。

當近代報刊剛剛進入中國的時候，許多人未能認識到兩者之區別，仍以「官報末流」之眼光來看待「新報」。新聞史家戈公振引《上海閒話》中的材料來說明此種誤會的存在：19世紀中後期，世人公然蔑視報人，以之爲「莠民賤業」。即便當時頗有見識的左宗棠也刻薄地說：「江浙無賴文人，以報館主筆爲之末路。」這種價值評判的出現，其根源即在於「京報」與「新報」之混淆，戈氏指出：「其輕視報界爲如何！惟當時並不以左氏之詆斥爲非者。蓋社會普通心理，認報館爲朝報之變相，發行報紙爲賣朝報之一類(賣朝報爲塘驛雜役之專業，就邸鈔另印以出售於人，售時必以鑼隨行，其舉動頗猥

(續)

下。」但古代之朝報，即便是民間自行編印的，其內容也只是局限於朝廷事務，是政治鬥爭的手段之一，不能由此即等同於現代新聞報刊。以上資料轉引自瞿兌之，《人物風俗制度叢談》之「古報紙」、「朝報」二則(太原：山西古籍出版社，1997年第1版)，頁109-111、298。

2 戈公振，《中國報學史》(上海：上海古籍出版社，2003年第1版)，頁71。

鄙，而所傳消息，亦不盡可信，故社會輕之，今鄉僻尚有此等人），故一報社之主筆訪員，均爲不名譽之職業。不僅官場仇視之，即社會亦以搬弄是非輕薄之。」[3]

　　其實，與刊載政府公告和官場變動爲主的「官報」全然不同，所謂「新報」是指具有一定新聞性、時事性或專業性、學術性的報刊，它純粹是近代化之產物。按照戈公振的說法，這種近代化的報刊具有以下四個特點：第一，報刊具有公共性，是一種公眾刊行物；第二，報刊具有定期性，是一種定期發行物；第三，報刊的內容具有時宜性；第四，報刊內容還有一般性。[4]

　　這類報刊最早是由在中國的西方傳教士創辦的。1815年8月5日，英國傳教士馬禮遜與米憐在麻六甲創辦《察世俗每月統計傳》，這是第一份具有近代意義的中文期刊。1833年8月1日，普魯士傳教士郭士禮在廣州創辦《東西洋考每月統計傳》，這是第一份在中國本土出版的中文期刊。鴉片戰爭之前，在南洋、澳門及中國本土出版的中文報刊，絕大多數都是傳教士出版和主持的。[5]這些報刊「雖然有時追求文化上的廣度，但其內容大部分都局限在宗教方面，幾乎沒有作爲一般消息來源的價值，更缺乏『新聞』。」它們對廣泛意義上的讀者也難以產生積極影響，因爲「這些早期刊物最終只能被識字人口中極少數人得到，而且理所當然大都落入了那些只能堅定不移地捍衛其文化內容的人手中。」[6]

　　經過兩次鴉片戰爭的刺激，中國進入以「自強」爲標榜的洋務運動時期。外國人在華辦報亦形成第一個高潮。在香港、上海和天津等

3　戈公振，《中國報學史》，頁123。

4　戈公振，《中國報學史》，頁8。

5　王林，《西學與變法──萬國公報研究》（濟南：齊魯書社，2004年第1版），頁1。

6　(美)格里德爾，《知識份子與現代中國》（天津：南開大學出版社，2002年第1版），頁106。

地,好幾份在近代史上有重要地位的報刊相繼創辦發行。如:1845年
《中國郵報》創刊於香港;1850年《北華捷報》創刊於上海,當時上
海的外國人社會還不足兩百人,它作爲英國商界在華利益的喉舌,存
在了一個世紀;1864年《字林西報》創刊於上海,並附有一個中文副
刊《上海新報》,其發布的商業和海運資訊在華商中頗受歡迎;1872
年《申報》創刊於上海,1890年代中期發行量即達到15,000份,在相
當長的一段時間裡是發行量最大的、商業性的中文報紙;1886年《時
報》創刊於天津,得到直隸總督李鴻章的支持,仍由外國人編輯;
1893年《新聞報》創刊於上海。從1840到1890年代這半個世紀裡,外
國人先後創辦了一百七十多種中外文報刊。

　　在這批報刊中,前身爲《教會新報》的《萬國公報》,以時間
長、內容多、影響大而著稱。作爲傳教士在華的最大文化機構——廣
學會的「機關報」,它的實際發行時間長達三十五年,成爲1880-
1890年代西學東漸的重要媒體,亦成爲維新變法的思想催化劑。在
《教會新報》第一期,傳教士林樂知即明確指出報刊的重要性:「新
聞一事,外國通行有年,如士農工商四等之人皆有新報,即博學之輩
亦於新報講究無窮學問。」[7]他強調,「《萬國公報》要努力傳播地
理、歷史、文明、宗教、科學、藝術、工業和西方國家普遍進步的知
識。」該報還發表針對中國事務的社論,對中日甲午戰爭的報導尤爲
詳盡。其發行量很快上升到1,800份,讀者中有幾位總督、巡撫和中
央級的高級官員,總理衙門訂閱該報,醇親王曾閱讀之,「高級官員
們還經常就刊物中所討論的問題發表意見」。[8]1882年康有爲途經上
海時曾經得到該報的一筆贊助。「整個1890年代,《萬國公報》在宣

7　《教會新報》1868年9月5日,轉引自顧長聲,《傳教士與近代中國》(上海:
　　上海人民出版社,2004年第1版),頁152。

8　同文書會年報,1891年,轉引自王立新,《民國傳教士與晚清中國》(天津:
　　天津人民出版社,1997年第1版),頁427。

傳中外改良派思想中起了重要作用，成了當代事件的編年史。」[9]

　　一篇寫於1870年代中期的《紐約時報》的報導，已經敏銳地觀察到了當時中文報紙在上海的發行量穩步上升：「令人滿意的是，由外國人贊助在上海出版的中文報紙的發行量和影響力都在穩步增長，清國人對它發布的消息和抨擊官僚的議論已經顯示出了濃厚的興趣。報紙的發行量已上升到每天6,000份，價格是10個銅板，相當半個便士。目前，經營者正努力使報紙印得更小些，力圖把價格再降低一半，以使下層人民也能夠讀到。一個清國勞工曾說，念過兩年書的人就能讀一些淺顯易懂的消息。」[10]報刊的編輯和發行者已經在努力降低價格，使之能夠爲那些經濟並不寬裕的普通階層所購買。如此，方能突破文化精英階層對新聞和資訊的壟斷，達到廣泛的啓蒙的目的。

　　中國人大規模地加入近代報刊行業，比外來的西方人晚了30-50年左右。在1895年以前，外國人辦的報刊占有絕對的優勢，華人自辦的報刊較少，比較著名的有11種：（見下頁表）

　　這些報刊的創辦者，多爲亦官亦商的人物。他們既與地方開明官僚建立起了密切的關係，又與外國人有較多合作。由於缺乏新聞自由的法律保障，他們不得不依靠官僚和外國人的庇護。這些報刊可以看作由洋務派控制或影響的報刊。在萌生階段，其生存亦有相當的難處，存在時間大都不長[11]。從社會環境來看，它們多受到政府的干涉

9　(美)格里德爾，《知識份子與現代中國》，頁107。

10　《紐約時報》1876年6月12日報導「中文報紙在上海的發行量穩步上升」，見鄭曦原編《帝國的回憶——〈紐約時報〉晚清觀察記》（北京：三聯書店，2001年第1版），頁102-103。

11　有研究者認爲：「這些報刊由於遭到清朝政府的壓迫、打擊和外國人所辦的報刊的排擠、壓制，處境艱難，競爭無力，很難長期維持下去，但爲華人報刊的興起奠定了基礎。」參閱徐松榮，《維新派與近代報刊》（太原：山西古籍出版社，1998年第1版），頁20。

報刊名稱	創辦時間	創辦地點
《羊城采新實》	1872年	廣州
《昭文新報》	1873年	漢口
《迴圈日報》	1874年	香港
《彙報》	1874年	上海
《華字新聞	1875年	福州
《新報》	1876年	上海
《維新日報》	1879年	香港
《新報》	1879年	廈門
《述報》	1884年	廣州
《粵報》	1885年	香港
《廣報》	1886年	廣州

和官員的制約，言論自由的空間十分有限；從經濟運作來看，它們基本上沒有進入良性迴圈的狀態，影響範圍也頗有限[12]。

1894年，中日甲午戰爭爆發，中國的慘敗既在意料之外，又在意

12　例如：《彙報》，於同治十三年五月初創刊於上海，爲中國第一留學生容閎所
　　發起。集股萬兩，投資者多爲粵人，招商局總辦唐景星實助成之。然又以文字
　　易於賈禍，乃延英人萬理爲總主筆，黃子韓、賈季良等爲編輯。新聞中時涉及
　　官事，股東不以爲然。至七月二十一日，有萬理出面承頂，易名《彙報》，延
　　管才叔爲主筆。以《申報》爲外人所設，遇有當時以爲不利中國之事，即與之
　　筆戰。但營業不佳，乃清理賬目，加入新股，於光緒元年六月十四日，易名
　　《易報》，延朱蓮生爲主筆。至是年十一月初七，朱氏辭職，斯報遂廢。此三
　　報以爲時勢所限，致難銷行。又如：《廣報》，於光緒十二年五月二十三日創
　　刊於廣州，爲鄺其照所發起。延吳大猷、林翰瀛爲主筆。其形式與《申報》
　　同。當道以報館之館字不妥，令改爲局字。光緒十七年，以事觸怒粵督李小
　　泉，令番南兩縣封閉，不准復開。有「辯言亂政，法所不容。廣報局妄談時
　　事，淆亂是非，膽堪妄爲，實堪痛恨，亟應嚴行查禁，以免淆亂人心」等語。
　　該報不得已，乃邊沙面租界，請英商必文出面，改名《中西日報》，繼續出
　　版。後有易名《越嶠紀聞》，但不久亦停。參閱戈公振，《中國報學史》，頁
　　153-154。

料之中。1895年，中日兩國簽訂《馬關條約》，此約與此前中國同外
國簽訂的所有條約相比條件最爲苛刻。甲午戰敗給清廷和士大夫的心
理造成從所未有的打擊[13]。洋務派的理論與實踐均由此一戰而灰飛煙
滅。這樣，維新派便取代洋務派登上歷史舞台，「變法」也取代「自
強」成爲新的時代思潮[14]。

　　早期談變法的如鄭觀應、嚴復等人，已經在著作中主張開報館以
益民智。在1895年的「公車上書」中，康有爲也提出設立報館的建
議。爲了宣傳維新思想、營造變法輿論，維新派人士積極投入報刊的
運作。美國學者保羅・科恩認爲：「(維新派)成立各種變法團體和利
用定期刊物以喚起人們對於變法維新的興趣和支持，這些做法如果不
是受到傳教士榜樣的直接鼓舞，至少也是受到它們的強烈影響。」[15]
正是因爲康有爲等人「深悉西方傳教士在中國辦報紙、組學會所發生
的影響力，當他用傳統的上書方法受阻，而受阻的原因不在皇帝而在
一般守舊的士大夫時，他想到了一種開通風氣，結合同志的辦法，此
即《中外紀聞》和強學會所由來。」[16]1895年7月，康有爲在北京發

13　近代史專家郭廷以指出：「經過甲午戰爭的慘敗，及繼之而起的列強攘奪，改
　　革運動，入了另一階段。四十年來的自強事業，二十年來的海軍建設，一旦付
　　諸東流，陸軍望風而走，艦隊於不足四小時內損失殆盡，終至殲滅，割地賠
　　款。數月之間，沿海良港全失，整個中國瓜分豆剖，成爲俄英德法日的勢力範
　　圍，國防、財政、經濟命脈握於外人之手，民族的顏面更不必談。以往我們是
　　敗於西洋，現在是見辱於素所輕視的蕞爾東方島夷；以往我們尚不失其東方大
　　國地位，現在成了旦夕不保之局。稍有血氣心肝與國家民族意識的人，當作何
　　感？致成此危機的原因何在？將如何挽救？」參閱郭廷以，〈近代西洋化之輸
　　入及其認識〉，見《近代中國的變局》(台北：聯經出版公司，民國76年第1
　　版)，頁42-43。

14　維新派的登場與甲午戰爭的關係，參見石泉，《甲午戰爭前後之晚清政局》
　　(北京：三聯書店，1997年第1版)。

15　(美)費正清主編，《劍橋中國晚清史》(北京：中國社會科學出版社，1985年
　　第1版)，頁649。

16　張玉法，《清季的立憲團體》(台北：中央研究院近代史研究所，1971年出

起成立強學會,並發行一份與傳教士報紙同名的日報《萬國公報》（後改名爲《中外紀聞》）。該報由梁啓超、汪大燮任主筆,日刊2,000份,隨著政府的京報附送各王公大臣。同年9月,上海強學會成立,11月底發行《強學報》。但是,《中外紀聞》和《強學報》還算不上真正近代意義的報刊。首先,它們以贈送的方式傳播和流通,並不依賴於商業渠道來銷售。其次,它們針對的讀者是數量相當有限的中高級官僚和知識精英群體,而沒有進入更廣泛的閱讀群體之中。

1896年8月9日,汪康年、梁啓超、黃遵憲、吳德瀟、鄒凌瀚等五人在上海創辦《時務報》,由梁啓超擔任主筆。《時務報》既未托庇於洋人,又非官設,用張之洞的話來說,就是「系中國紳宦主持,不假外人」[17]。「紳」指汪康年、梁啓超、鄒凌瀚三人;「宦」則指吳德瀟和黃遵憲,其時吳被放到浙江任知縣,黃則爲兩江總督屬下的蘇州開埠事宜委員,但吳、黃二人都是以個人身分參與創辦。因此,「《時務報》是一份屬於中國士大夫的民辦報刊」[18]。該報議論新穎,文筆優美,很受新學士子的歡迎,梁啓超後來談到《時務報》風靡一時的情形時說:「甲午挫後,《時務報》起,一時風靡海內,數月之間銷行至萬餘份,爲中國有報紙以來所未有,舉國趨之,如飲狂泉。」[19]這段話生動地說明了當時《時務報》站在時代的風口浪尖上,激勵人心,開啓民智,充當著輿論先鋒的角色。

《時務報》的出現,「意味著汪康年、康有爲系和曾任駐外使節、呼籲變法的清帝國內部官員的聯合;意味著變法理論家和實幹家

(續)————————————

　　版),頁178。

17 〈鄂督張飭行全省官銷《時務報》箚〉,《時務報》第6冊。

18 廖梅,《汪康年:從民權論到文化保守主義》(上海:上海古籍出版社,2001年第1版),頁46。

19 梁啓超,〈《清議報》一百冊祝辭並論報館之責任及本館之經歷〉,《飲冰室合集》文集之六(北京:中華書局,1989年第1版),頁52。

的聯合；意味著江南、兩湖士大夫維新群體和原先在京師活動的維新群體的聯合」[20]。《時務報》的成功，使梁汪的人生軌跡均發生根本性的變化，「從此，年輕的主筆梁啓超從乃師背後走了出來，開始了波瀾壯闊的政治生涯；汪康年也由一名新派大員手下默默無聞、毫不出眾的文教人員，一躍而爲滬上維新派中的重要實幹家、全國士大夫矚目的濤頭弄潮兒。」[21]《時務報》超強的撰稿和編輯隊伍，標誌著維新派精英人士眞正介入近代報刊。至此，維新派明確認識到一條變法的捷徑：先辦報刊影響輿論，然後再從上層突破。即便是反對變法的觀察者也不得不承認此一策略的成功：「有爲雖名詭譎，其藉以煽動流俗，不外勸請揭，結社黨，卒亦無他能。其徒梁啓超者，……與浙人汪康年，改設時務報館。甲午款夷後，朝政多苟且，上下皆知其弊，以本朝文禁嚴，屢興大獄，無敢輕掉筆墨譏時政者。至時務報出，每旬一冊，每冊數千言，張目大罵，如人人意所欲云；江淮河漢之間，愛其文字奇詭，爭傳誦至，行銷至萬七千餘冊。由是康門之焰張，而羽翼成，黨禍伏矣。」[22]

　　1897年，隨著變法思想的發酵，出現了維新派辦報刊的熱潮。這一輪報刊熱，是19世紀末中國最後的、也是最大規模的一輪報刊熱。在短短一兩年時間裡，它不僅席捲東南沿海的各大城市，還輻射到更加廣大的內陸地區。在地域範圍上，它大大超越了此前的報刊熱潮，第一次具有了全國性的輻射力；在思想傾向上，它集中地體現了維新派在政治、經濟和文化各方面的主張。今人對近代中國的這一傳媒熱有充分的評價：「直到維新運動興起，大眾傳媒製造鼓吹變法革新的

20　廖梅，《汪康年：從民權論到文化保守主義》，頁50。

21　廖梅，《汪康年：從民權論到文化保守主義》，頁50-51。

22　胡思敬，《戊戌履霜錄》（卷二），轉引自中國史學會主編，《中國近代史資料叢刊‧戊戌變法》（一）（上海：上海人民出版社、上海書店出版社，2000年第1版），頁372。

興論，成爲舉世矚目的熱點，加上廣告訊息在逐漸轉型的經濟和都市生活中作用日益重要，終於掀起近代報業擴展的熱潮。從戊戌一直持續到1921年，華文報刊由百餘種增至五百餘種，連同斷續刊行者，共有七八百種之多。」[23]在這次報刊熱中誕生的較有影響的報刊，多達數十種。其中，比較重要的報刊有：[24]（見下頁表）

這些如同雨後春筍般湧現的報刊，一般都是由維新人士或者思想比較接近維新派的開明士紳所主持。例如辦《求是報》的曾仰東、陳壽彭，辦《嶺學報》的潘衍桐、黎國廉，辦《蜀學報》的宋育仁、吳之英，辦《渝報》的宋育仁、潘清蔭，大都學養頗深，傾向維新[25]。因此，這一輪的報刊熱被打上了維新派的烙印。維新派報刊如雨後春筍般出現，大大地推動了中國社會近代化的進程。而維新派人士也正是通過對報刊的控制，取得了原來被洋務派所掌握的左右興論的權力。

近代新聞業就像紐帶一樣，聯繫著知識精英與普通民眾，同時它也參與著對鬆散的中國傳統社會之整合，美國學者黎安友切中肯綮地指出：「中國從官僚的帝國演進到全民動員的社會，在這個快速發展的運動中，新聞界扮演了十分重要的角色。」[26]在社會變遷方面，近代報刊發揮了多方面的作用：首先，它改變了舊有的文化傳播形式，擴大了受眾的空間分布和社會層面。近代報刊打破以理學爲正統文化

23　章開沅、羅福惠主編，《比較中的審視：中國早期現代化研究》（杭州：浙江人民出版社，1993年第1版），頁566。

24　此名單參見呂士朋，〈戊戌百日維新的教育改革及其影響〉，見（台灣中華文化復興運動推行委員會主編，臺灣商務印書館發行）《中國近代現代史論集》之第十二編《戊戌變法》，頁285。

25　周蔥秀、涂明，《中國近現代文化期刊史》（太原：山西教育出版社，1999年第1版），頁12。

26　轉引自張力，〈近代中國新聞事業史的研究〉，見《六十年來的中國近代史研究》（台北：中央研究院近代史研究所，1988年第1版），頁685。

報刊名	創刊地	創刊時間
《蘇報》	上海	1896年
《知新報》	澳門	1897年
《通學報》	上海	1897年
《湘學新報》	長沙	1897年
《湘報》	長沙	1897年
《廣仁報》	桂林	1897年
《農學報》	上海	1897年
《算學報》	上海	1897年
《經世報》	杭州	1897年
《新學報》	上海	1897年
《集成報》	上海	1897年
《實學報》	上海	1897年
《萃報》	上海	1897年
《求是報》	上海	1897年
《譯書公會報》	上海	1897年
《國聞報》	天津	1897年
《渝報》	重慶	1897年
《蒙學報》	上海	1897年
《演義報》	上海	1897年
《蘇海彙報》	上海	1897年
《求我報》	上海	1898年
《格致新報》	上海	1898年
《青年報》	上海	1898年
《蜀學報》	成都	1898年
《時務日報》	上海	1898年
《無錫白話報》	無錫	1898年

的壟斷局面，促進各種社會思潮公開並存、互相競爭，這無疑有助於確立思想先驅和革新勢力的社會引導地位。其次，傳媒的民間化，還促使知識群體擺脫對專制皇權的依附狀態和向心運動，改變士人所謂「內方外圓」的畸形性格，重新確立其作為社會良心載體的地位。第三，報刊逐漸形成權力的制衡環節，通過公開報導政府的諸多決策，成為監督政府的重要工具和強大力量。

報刊業的突然興起，大部分文人顯然並未作好充分準備。當時，無論從形式上還是從內容上來看，編輯人員對報紙和刊物缺乏比較明確的界定，常常處於報、刊不分的情形。報和刊，對於許多主持者而言差不多就是一體的。諸多名義上的「報」，用今天的眼光來看，更像是刊物。戈公振在《中國報紙進化之概觀》一文中指出：「自報紙外觀上言之，最初報紙之形式，無論每日出版或兩日以上，幾一致為書本式，即以大張發行者，亦分頁可以裁訂。至光緒末葉，日報尚多如此，蓋當時報紙之內容，新聞少而文藝多，直與書籍無異。」[27]戈氏界定報紙和期刊，主要標誌為：它在內容方面究竟是偏重「新聞」還是偏重「評論」或「文藝」，「報紙以報告新聞為主，而雜誌以揭載評論為主，且材料之選擇，報紙是一般的，而雜誌是比較特殊的。」[28]以及它在形式上是否接近書本、是否可以裁訂。

可以說，《知新報》就是這樣一份雜誌化的「報」，戈公振將此一時期的《時務報》和《知新報》等都歸入「雜誌」的類別[29]。說《知新報》是一本期刊雜誌，首先，它是可以進行裁剪和裝訂的，時人多稱之為「冊」；其次，從出版週期而論，它先後以五日刊、十日刊、半月刊的形式出版，既非日報，亦非週報，其出版週期近似於刊物；第三，它具備了近代期刊最大的特點即綜合性：報紙的特色在於

---

27 《中國近代報刊史參考資料》，中國人民大學新聞系內部資料（1982年印刷），頁5。
28 戈公振，《中國報學史》，頁6。
29 戈公振，《中國報學史》，頁159。

率先刊登重大新聞事件，而期刊並不以新聞報導見長，期刊「不僅刊
登各類新聞報導，而且刊登各類文章，以刊登各類文章爲主，分類編
輯，形式介於報紙與書籍之間，小於報紙而大於書籍」[30]。因此，在
編輯體例、出版週期、傳播方式和編輯方式等方面，《知新報》雖名
曰「報」，卻更「像」、或者說根本就「是」一本「刊」。

　　《知新報》正式創刊於1897年2月22日，其緣起卻可上溯到前一
年秋天。1896年下半年，康梁先後到達澳門。康有爲是最早的倡導
者，據《康南海自編年譜》記載：「七月，與幼博游羅浮。八月，遊
香港。十月，至澳門，與何君穗田創辦《知新報》。將遊南洋，不
果。穗田慷慨好義，力任報事，後還省城。」[31]由此可見，《知新
報》的創辦經過了相當一段時間的醞釀，康有爲是最早的發起人之
一。就在康有爲到澳門訪問期間，梁啓超也於10月至12月回到廣東探
親。受康有爲之邀請，梁啓超專程赴澳門與何廷光(穗田)、康廣仁等
人商量在澳門創辦新報刊的事宜。有了梁啓超這位「近代報業第一
人」的加入，《知新報》的創刊進入實際運作階段[32]。

　　剛開始，何廷光和康有爲都希望由梁啓超親自主持《知新報》。
因爲梁啓超擔任過《中外紀聞》的主筆並正在擔任《時務報》的主
筆，積累了豐富的辦報經驗，同時他的言論通過報紙迅速傳播，獲得
了他人難以企及的名望，如時人所云：「當《時務報》盛行，啓超名
重一時，士大夫愛其語言筆箚之妙，爭禮下之。上自通邑大都，下至
僻壤窮陬，無不知有新會梁氏者。」[33]若有梁啓超的加盟，這份創辦
於澳門的報紙則有希望追趕《時務報》。但是，由於汪康年不願放

30　周蔥秀、涂明，《中國近現代文化期刊史》，頁17。

31　康有爲，《康南海自編年譜》(北京：中華書局，1992年第1版)，頁32。

32　丁文江、趙豐田編，《梁啓超年譜長編》(上海：上海人民出版社，1983年第1
　　版)，頁63。

33　胡思敬，〈黨人列傳〉，《戊戌履霜錄》卷四，轉引自黃敏蘭《中國知識份子
　　第一人：梁啓超》(武漢：湖北教育出版社，1999年第1版)，頁45。

人，梁啓超無暇分身主持一份遠在澳門的新報紙，他便向康有爲表示，自己只能擔任新報紙的撰稿人，編務最多只能在上海「遙領」。在給汪康年的信中，梁氏談到有關情況：「久不歸者，澳人苦留，澳報欲助我張目，弟速行則事慮不成故也。」[34]

那麼，康梁爲何選擇在華南一隅的澳門創辦一份新的報紙呢？

原因大致有以下幾個：

首先，康梁將新報紙辦在華南，是爲了改變南北輿論的不對等狀況。

雖然《時務報》創刊於上海，但主要讀者對象卻是北方的政府官員和士大夫。這一「思想北伐」的設想很快就實現了：不到一年時間，《時務報》即成爲維新派之輿論重鎮，「《時務報》創造了當時中國新聞出版史上的奇蹟，以最短的時間、最快的速度，攀上了報刊發行量的最高峰。其銷量，不僅民辦或官辦的報紙不能望其項背，就是傳教士主持的歷史悠久的《萬國公報》也一度落在後面。」[35]維新派利用這一傳播渠道，普及維新思想，喚醒沉睡的國民，並組織和團結一大批維新知識分子和開明官僚，群相呼應，使之成爲戊戌變法的中堅力量。有了《時務報》的成功經驗，康梁便考慮在華南創建一與之遙相呼應的報刊。有了《時務報》，理所當然還應該有「《時務報》第二」，因爲「廣廈萬間，眾檠非一木之任；畛途千里，致遠非跬步宜勞。孤掌不能獨鳴，隻輪未能併發」，再加之「群獨之勢殊，南北之卿睽」，所以《知新報》的創辦，乃是「以繼上海而應之也」[36]。以中國之大，再有數十份類似的報刊都不爲多。

廣東是康梁的家鄉，19世紀中葉以來廣東受對外貿易的刺激，經濟發展極爲迅猛。即珠江三角洲而言，無論在經濟上還是在文化、學

---

34 《汪康年師友書箚》(二)(上海：上海古籍出版社，1986年第1版)，頁1845。

35 廖梅，《汪康年：從民權論到文化保守主義》，頁78。

36 吳恒煒，〈《知新報》緣起〉，見《知新報》第3冊，影印本頁18。

術上，都已經具備了支撐一份一流報刊的條件，「閩粵沿岸，尤其是珠江三角洲，久爲國際通商往來之地，閩粵子弟爲海商者亦多，故得風氣之先。澳門與香港分爲葡、英所據，亦是中西交彙之輻輳，與三角洲腹地往來亦稱便捷。何啓與胡禮垣即生長於香港。然而珠江三角洲亦是國學茂盛之地，自宋以還，名家輩出。當嘉道之世，阮元任兩江總督時，創有學海書院，極有名聲。」[37]康梁出自廣東，深知廣東的現狀：首先，廣東經濟比較發達，民間積蓄了龐大的資金，這些資金可以運動來支持報刊事業；其次，廣東從清代中期以來學術、教育長足發展，已非昔日蠻荒之嶺南，廣東本地已經擁有一定數量的長期閱讀報刊的讀者群體；再次，當時廣東本地的報刊，水平比之上海、天津、北京偏低，不能滿足新式學人渴求新知之需要。關於這一狀況，吳恒煒在〈《知新報》緣起〉一文中論述說：

> 今維粵省，泰西之孔途，嶺南之重鎮，中原之外府也。人民之庶，戶口之衆，商賈之富，市廛之盛，甲他州矣。十餘年來報館之設，不爲少矣；報張之銷，不爲罕也。第宗旨既乖……混淆是非，指鹿以爲之馬；豔說駢鹿，購櫝而遺其珠；徒陷人心，徒墮風化，徒害政術，徒蕪教學，徒褻國體。[38]

　　雖不無誇張之語，但亦可想見當時粵省報刊水準之低劣。正是在這一背景下，在廣東創辦一份水準較高的、宣傳變法思想的報刊，具

37　汪榮祖，〈晚清變法思想之淵源與發展〉，見《中國近代現代史論集》之第十二編《戊戌變法》（台灣中華文化復興運動推行委員會主編，臺灣商務印書館發行），頁17。

38　《知新報》第3冊，影印本頁18（澳門基金會、上海社會科學院出版社聯合出版，1996年第1版）。本文所引用《知新報》原文均見於該影印本。

有相當的緊迫性和必要性。

其次，康梁爲何不選擇廣州或香港，而選擇頗爲局促的澳門呢？

就辦報刊環境而言，澳門不僅優於廣州，也優於香港。

若與廣州相比，廣州直接處於滿清王朝的統治之下，文網嚴密。一旦報刊上出現比較激烈的言論，官方就可立刻將其查封或強迫其改變風格。當時主政廣東的大員兩廣總督譚鍾麟、廣東巡撫許振禕因循守舊、打壓維新，梁啓超對此深爲憂慮：「近日報務日興，吾道不孤，眞強人意。惟廣東督撫，於『洋務』二字深惡痛絕，不能暢行於粵耳。」[39] 而澳門是葡萄牙殖民地，這一特殊地位使得清王朝無法直接干涉澳門的具體事務。如果在澳門展開維新活動，特別是像創辦報刊這類事業，便享有內地不可能具備的較寬鬆的空間和較大的迴旋餘地，正如湯志鈞所論：「清政府不能在澳門行使國家主權，澳葡當局對不危害其統治的活動也不多加干涉，維新運動時期澳門的禁纏足、戒鴉片以至報刊的宣傳改革，『義學』的相繼成立，使位處特殊地區的澳門，日益令人矚目。」[40]

與同爲殖民地的香港相比，澳門也有其優勢。雖然香港與澳門同是殖民地，但當時香港已經擁有了爲數不少的中英文報刊，且有雄厚的外資支持。香港的報業競爭比較激烈，就激烈程度而言僅次於上海。而澳門雖然曾經創辦過幾份報刊，但或者已經停刊、或者遠遠沒有形成規模和影響[41]。另外，葡萄牙在澳門的統治也沒有英國在香港

39　《汪康年師友書箚》（二），頁1846。

40　湯志鈞，〈維新變法與澳門〉，見王曉秋主編，《戊戌維新與近代中國的改革——戊戌維新一百周年國際學術討論會論文集》（北京：社會科學文獻出版社，2000年第1版），頁366。

41　澳門在鴉片戰爭前便出現了一些葡文報紙，如《蜜蜂華報》、《澳門鈔報》、《帝國澳門人》、《大西洋國》、《眞愛國者》、《澳門政府公報》等，但基本讀者爲居住在澳門的葡萄牙人，與中國社會關係不大。不過，中國少數開明的官員和士大夫已經開始注意到這些報紙，如魏源《海國圖志》所載之《夷情

的統治那麼嚴格和有效率。所以，若能在澳門辦報刊，以康梁等人在當時一呼百應的號召力，定可達到「一枝獨秀」的地位。

通過澳門與廣州、香港情況的比較，康梁得出如下之結論：在澳門創辦一份新刊物，在政治上既可享有較大的言論自由度，在商業上又不會有太大的競爭壓力。同時，澳門與香港隔海相望，是中西貿易和文化交彙的重要地區，在澳門創辦的報刊能夠輻射珠江三角洲乃至整個東南沿海地區[42]。

第三個原因，也是其中最為重要的原因，就是澳門富商何廷光的大力支持。《知新報》在澳門立足，固然離不開康梁等外來人才的張羅籌畫，同樣離不開作為本地名流的何廷光的大力支持。

何廷光，字穗田，廣東香山人，澳門鉅賈。其人思想開明，傾向維新，汪康年之友人鄒代鈞認為：「何穗田，虬髯之流亞也。」[43]1892年，何曾經資助孫中山在澳門開業行醫。1896年，康有為來澳，何與之見面，大為傾倒，積極贊助並親身參與若干維新事業。何氏投入鉅

(續)————————

備采》，大都譯自上述各報。而《知新報》之前澳門本地的中文報刊，最重要的是《鏡海叢報》。該報由孫中山與澳門葡萄牙商人法連斯哥·飛南第合作創辦，創刊於1893年7月18日，為週刊。飛南第主辦兼督任，孫中山主理報務。《鏡海叢報》分中文、葡文兩種文字發行，內容為目錄與社論、國內新聞、廣東及香港新聞、澳門及香山新聞、雜俎與廣告等。從1895年6月起，專出中文版，對宣傳西學、倡導維新改革作出過一定的貢獻。該報於1895年12月25日停刊。在《知新報》之後，維新派又在澳門創辦了《澳報》和《濠鏡報》。《澳報》創辦於1899年，為日刊，由李應庚、吳瑞年等擔任主筆。《濠鏡報》大約創辦於1901年，也是維新派、保皇會在澳門的言論機關。由此可見，在1897年初《知新報》創刊之時，澳門的新聞業幾乎是一片空白。

42　報業競爭問題，當時已顯現出來。當然，像《知新報》這樣的報刊，其發行並不主要針對總部所在地，而是希望向海內外輻射。但是，本地如果已經存在著比較激烈的競爭，對於創辦者來說，也會有著較大的心理壓力。所以，本埠的報業狀況，也會在創辦者們的考慮之中。

43　鄒代均，〈致汪康年書〉，光緒二十二年十二月二十五日。《汪康年師友書箚》。

資創辦《知新報》，親自出任「總理」，並幫助康有爲的弟子陳子褒等人在澳門設立學校，培養維新人才。戊戌政變以後，爲了緩解清王朝的壓力，何廷光退到幕後，改由葡萄牙人非難地伯爵擔任《知新報》總理，並以非難地的名義刊登「告白」，以示該報爲葡萄牙人所有。此後，何廷光依然積極參與維新活動，擔任保皇會澳門分會會長兼財政部長，又創辦東文學校，培養人才。直至1902年，梁啓超仍與何有書信往來，探討暗殺清廷官員及在廣東創辦學堂等事務[44]。自立軍起義失敗之後，康黨內部的紛爭和侵吞華僑捐款等內幕浮出水面[45]，何廷光深感失望，遂脫離維新派轉而支持革命派[46]。

　　基於以上三個原因，使得《知新報》終於創刊於澳門。歷史的契機造就了《知新報》的輝煌——它成爲戊戌變法前後維新派重要的喉舌之一，也是變法失敗以後長達兩年多時間裡維新派重要的言論陣地；歷史的契機也造就了澳門的光榮——《知新報》在澳門誕生，使澳門成爲維新派活動的舞台，像《知新報》這樣立足澳門且擁有輻射全國之能力的報刊，在澳門的歷史上堪稱是「前無古人，後無來者」。姜義華在爲《知新報》影印本所寫的序文中指出：「值得特別注意的是《知新報》創辦於澳門，以及葡籍澳人熱心提供資金支援《知新報》，顯示了澳門當時在中國尤其是在中國南方特殊的地位。」[47]也正像梁啓超在〈《知新報》敘例〉中所指出的那樣：「去年結集同志，設館海上，……濠鏡海隅，通商最早，中西孔道，起點

44　梁啓超1902年7月10日〈致何穗田〉，《梁啓超全集》之「書信集」（北京：北京出版社，1999年第1版），頁5939。

45　詳情參閱桑兵，《清末新知識界的社團與活動》，第二章「保皇會庚子勤王謀略及其失敗」和第三章「勤王運動中各政治團體的關係」（北京：三聯書店，1995年第1版）。

46　關於何廷光生平，參見《廣東近現代人物辭典》（廣州：廣東科技出版社，1992年第1版），頁212。

47　《知新報》影印本之姜義華〈序〉。

於斯，二三豪俊，繼倡此舉。」[48]梁啓超所說的「中西孔道，起點於斯」這八個字，精闢地概括了近代以來澳門學術文化發展的特點。

經過緊張的籌備工作，《知新報》於1897年2月22日（光緒二十三年正月二十一日）正式創刊。剛開始爲五日刊，從同年5月31日出版的第二十冊開始，改爲十日刊，篇幅較前增加一倍。從1900年2月14日出版的第一百二十冊起，又改爲半月刊，之後又堅持出版了十多冊，1901年初停刊。

第二節　《知新報》的命名、發行與報頭變化

《知新報》的命名經歷了一個比較曲折的過程。

一份報刊究竟取一個什麼樣的名字，起決定作用的是其宗旨。1896年11月30日，康廣仁在給汪康年的一封信中談到：「比在澳門成一報館。……夫學校未興，雖海艦倍於英，鐵路多於美，陸軍強於德，亦將以窮其民，而敗其國而已。蓋船則駕駛無人，路則工料俱乏，軍則教習器械具仰外國，日逐其末，當事者昧之。今日之報將以啓其智識，亦學校之一端乎？足下開之於先，此間啓之於後，聊盡所知而立言。」[49]康廣仁將報刊與學校並列，著眼於其「啓其智識」的意義和功用。維新派人士辦報刊，目的是通過報刊對民眾實現思想文化的啓蒙。他們有著較強的功利主義和實用主義色彩，用當時的話來說就是講求「時務」。

就宗旨而言，新辦的報刊與《時務報》是完全一致的。由於《時務報》已經名噪一時，澳門新報刊的創辦者們便試圖借其名聲，讓讀者知道新報刊與《時務報》之間具有某種密切聯繫。1896年11月17日，梁啓超在致汪康年、汪詒年的信中說：

48　《知新報》第1冊，影印本頁3。
49　《汪康年師友書箚》（二），頁1669-1770。

> 澳門頃新開一報館，集款萬金，亦欲仿《時務報》之例，十
> 日一出，其處人必欲得弟兼爲主筆。弟告以到滬後，看事忙
> 否再定。而澳人必欲弟到澳一行，擬日內出城即到澳，亦數
> 日即返，仍不逾四十日之約。[50]

雖然是商量的口氣，但梁啓超內心是願意兼任主筆的。11月25
日，梁啓超在給汪康年的信中提出了將新報刊命名爲《廣時務報》的
設想：

> 頃偸閒到澳門數日。澳報已成，集股萬元，而股商必欲得弟
> 爲主筆。……此間人皆欲依附《時務報》以自立，頃爲取名
> 曰《廣時務報》。中含二義：一、推廣之意；一、謂廣東之
> 《時務報》也。其廣之法，約有數端：一、多譯格致各
> 書、各報，以續《格致彙編》；二、多載京師各省近事，爲
> 《時務報》所不敢言者；三、報末附譯本年之列國歲記政
> 要。其格式，一依《時務報》，惟派往廣東各埠者，則五日
> 一本，十五葉，派往外省者，則兩本合訂一本，去其上諭、
> 轅報各條。似此，體例亦尚完善。公謂可以否？至其股東，
> 則皆葡之世爵，澳之議員，擁數十萬者也(有一曹姓者，伯
> 爵也；一何姓者，子爵也。皆華人而兼西籍者)。此事，欲
> 以全力助成之，令彼知我實能辦事，則它日用之之處尚多
> 也。惟將來銷報，仍借《時務報》爲之代理，但使能得三千
> 份即可支援，公量其情況能否？[51]

50　此信無年月，經湯志鈞考證，應爲1896年11月17日(光緒二十二年十月十三
　　日)。參閱湯志鈞、湯仁澤著，《維新‧保皇‧知新報》(上海：上海社會科學
　　出版社，2000年第1版)，頁57。

51　《汪康年師友書箚》(二)，頁1846。

　　梁啓超將新報刊取名為《廣時務報》，顯然有借《時務報》之名吸引讀者的意圖。「廣」有「推廣《時務報》」和「廣東的《時務報》」的雙重涵義。這樣，在《時務報》第十五冊很快就刊登出了〈廣時務報公啓〉，也就是即將創刊的《廣時務報》的廣告。該《公啓》指出，「《時務報》之設，所以開風氣，廣見聞」，但還不能「厭眾聽」，於是「在澳門另辟新館」。當時，梁啓超對實際主持《時務報》的汪康年所持的編輯方針已有所不滿，認為汪過於保守持重。梁氏批評《時務報》「不臧否人物」，並對「京師及各省近事，有耳聞目見，不容已於言者，抉擇多裁」[52]。隱含之意便是：新的報刊與《時務報》之間最大的不同在於，它將更加貼近時事，言辭及思想都將更加尖銳和激烈。

　　梁啓超擬將新報刊定名為《廣時務報》，他身邊的一些朋友均有所知悉。如譚嗣同在給汪康年的兩封信中先後提及：「卓如兄聞當辦《廣報》，則近日必仍未返海上。我公為調伏，成就一切眾生，故獨力撐持，賢勞如何！報館若需人者，弟前云之唐生紱丞，其文筆敏速，精力充滿，實不多見；至若學識宏通，品行卓越，尤在洞鑑之中，無俟鄙人之瑣瑣。」[53]又說：「《農學報》出時，務乞見寄，《廣時務報》亦希寄託。」[54]可見譚氏相當關注此報的動態，並積極為之推薦人才，譚氏為之推薦文學才華及組織能力皆優異的唐才常，表明將此報刊當作維新事業的重鎮。而在此報刊醞釀之初，維新人士內部已經將它的名字「內定」為《廣時務報》了。

　　但是，梁啓超將新報命名為《廣時務報》的想法最後並未真正得

52　《時務報》第15冊，轉引自湯志鈞，《戊戌變法史》（北京：人民出版社，1984年第1版），頁209。

53　譚嗣同，〈致汪康年·二〉，《譚嗣同全集》（北京：中華書局，1981年第1版），頁491-492。

54　譚嗣同，〈致汪康年·三〉，《譚嗣同全集》，頁494。

以實現。在汪記所作之《梁任公傳略》中記載了這一變故：

> 二十三年丁酉正月，設《知新報》於澳門。是初名《廣時務
> 報》，旋改名《知新報》，以何君易一、徐君君勉主其事，
> 而任公遙領之。略如彼時傅蘭雅所主辦之《格致彙編》之
> 例，專譯西國農礦、工藝、格致等報，而以言政治之報輔
> 之，亦間載重要之時事。[55]

　　汪記的這一說法，對《知新報》內容之界定並不準確。雖然新報
刊中有大量篇幅是介紹「農礦、工藝、格致」的，但並非以此部分內
容爲主、而以政論爲輔。相反，梁啟超等人所設想的新報刊，是以介
紹西方各國的政治、文化爲重點。這也恰好是以康梁爲代表的維新派
與以曾左李爲代表的洋務派之間的根本區別。船堅炮利是自強運動的
主要目標，當時製造局所翻譯之西書達98種，其中自然科學占47種，
工藝軍事類占45種。在此期間所認識、所輸入的西洋文化，是「兵工
文化」[56]。到了康梁的時代，則已經認識到政教層面的問題，非變政
教不足以救中國，故梁啟超多次強調維新變法的實質在於「養一國之
才，更一國之政，采一國之意，辦一國之事」[57]。

　　儘管如此，汪記的這段敘述中揭示了一個重要細節：由《廣時務
報》變爲《知新報》，並不是梁啟超有意爲之，而是突然之間作出的
決定。沒有親身參與其事的朋友，均茫然不知此變故是如何產生的。
如譚嗣同在看到《申報》上有關澳門《知新報》創刊的廣告時，感到

55　汪記，《梁任公傳略》，轉引自丁文江、趙豐田編《梁啟超年譜長編》，頁
　　69。

56　郭廷以，〈近代西洋化之輸入及其認識〉，見《近代中國的變局》，頁36-
　　37。

57　梁啟超，《南海康先生傳》，《飲冰室合集》文集之六，頁63。

迷惑不解，立即給汪康年去信詢問：「頃見《申報》載澳門《知新報》告白，莫是《廣時務報》改名否？」[58]那麼，倉猝改名的背後，究竟有什麼隱秘呢？

導致新刊物改名的關鍵人物是汪康年。

主持《時務報》的汪康年並不同意梁啟超的命名方式。與梁啟超的激進相比，汪康年較為穩健，與官方的關係也更為緊密[59]。因此，梁啟超信中所云，醞釀中的《廣時務報》將「言《時務報》所不敢言」，使汪康年陷入擔憂之中。而在澳門辦這份新報刊的人物幾乎全都是康門弟子，他們非汪所能控制，更讓汪有「畏禍」之感。一開始，汪尚未直接反對梁的建議，因此《時務報》上仍然刊出了《廣時務報》的告白，但汪的若干朋友和幕僚紛紛向其建言，指出這份新報刊可能會刊登一些「大振腦筋之語」，如是將危及到《時務報》自身的生存，使得「《時務報》必任其咎也」。因此，汪康年及其同僚便向梁啟超提出強硬的反對意見，迫使其更改在澳門的新報刊的報名，不得沿用《時務報》之名，待新名確定之後另登公啟，以免「兩敗」[60]。

58　不過，譚嗣同的看法也與汪康年一致，他認為：「貴館不當與《廣時務報》粘連一片，恐一被彈而兩俱廢也。此其關鍵，甚微而甚大，高明宜早籌之。」譚嗣同不了解存在於澳門的報刊可不受清廷控制，《知新報》即便言論出格亦不致因為被彈劾而被關閉。但他所指出的《時務報》有可能被牽連的處境則足以引起汪康年的深思。譚嗣同，〈致汪康年・四〉，《譚嗣同全集》，頁495-496。

59　汪康年為張之洞的幕僚，長期得到張的支持。關於汪張關係，參閱廖梅，《汪康年：從民權論到文化保守主義》，頁50。

60　例如，《時務報》創始人之一的吳德瀟便不同意梁啟超「兼領澳報」，在給汪氏的信中表示：「粵館主筆，似可兼領，但須坐鎮上海」，「以卓如之才兼領，數筆當可橫掃，惟本館乃中國館祖，公與卓如為祖館之主，萬不可降他適耳。」（吳德瀟〈致汪康年書〉，光緒二十二年十二月十六日。）鄒代鈞則認為：「卓如在澳門，大有陰謀。」（鄒代鈞〈致汪康年書〉，光緒二十二年十二月二十五日。）吳樵也指出，雖然新報在澳門，不受官府的控制，但一旦有事，

在汪系人馬的堅持下，梁啓超最後被迫將這份澳報改名爲《知新報》，並在《時務報》第十九冊重新刊登《本館告白》，含糊地說明了改名的緣由：「澳門知新報館本擬正月十一日出版，因草創伊始，須斟酌盡善，故出報稍遲，約俟二月中旬，始克隨同本館分送。」[61]而在《知新報》第一冊的《本館告白》中，梁啓超用了一種比較委婉的方式，就改名一事對讀者作如下之交代：「本館原擬名《廣時務報》，蓋以示推廣上海《時務報》之意也。惟是報主維新，無取複遝，故更名《知新報》。」[62]從《廣時務報》到《知新報》，刊物命名之爭，已經隱隱顯示出梁啓超與汪康年兩人的差異和對立。這裡面，既有觀念上的不同，也有人事方面的糾紛。

同時，汪康年希望梁啓超能一心一意於《時務報》之報務，不願他爲其他報刊工作、分心[63]。梁則十分看重這份澳門的新報刊，願爲其盡心盡力，希望能在上海「遙領」該報主筆。在另一封給汪康年的信中，梁氏感歎說：「《知新報》無可附麗，其勢不能不寄跡《時務》。而《知新》無人總持，實屬不便。」[64]並與之商討《知新報》的諸多事宜。由此可見，是只重《時務報》還是《時務報》、《知新報》並重，也造成了汪、梁之間的分歧。1897年7月，已經穩步成長的《知新報》計畫派遣龍澤厚駐《時務報》報館辦理《知新報》之

（續）————————

必然牽連到在上海的《時務報》：「《廣時務報》辭法極好，（能言《時務報》所不敢言也。惟其能言《時務報》所不敢言，尤不可不知也。）惟有一層，極不妥，斷不宜與《時務報》相連。……卓如亦不宜兼銜」。（吳樵〈致汪康年書〉，光緒二十二年十二月二十九日。）參閱《汪康年師友書箚》（二）。

61 《時務報》第19冊，轉引自湯志鈞，《戊戌變法史》。

62 《知新報》第1冊，影印本頁8。

63 梁啓超忙於《知新報》事務，確實影響了爲《時務報》撰稿。在赴廣東旅行途中，梁氏無暇著文，甚至拿了同門麥孟華的文字寄往《時務報》湊數。參閱廖梅，《汪康年：從民權論到文化保守主義》，頁186。

64 《汪康年師友書箚》（二），頁1859。

事。而此前黃遵憲亦提議由作爲康門弟子的龍澤厚出任《時務報》總理。此事讓汪深受刺激，外間亦傳言報館將「盡逐浙人，而用粤人」，於是汪梁之關係進一步惡化，最終在各自控制的報刊上口誅筆伐。[65]汪梁交惡成爲近代報業史上的一大遺憾，亦顯示出維新士人群體內部思想、學術與政治取向的複雜性。

　　幾經周折，《知新報》終於創立。以「知新」命名，表明清末維新派士人清晰的價值立場，如王爾敏所云：「就向前向新的趨向而言，清季知識分子亦達成了思想與知識創新的始基。他們的覺醒，予中國知識界帶來了幾個開朗的發展方向。其一是擴大求知領域，形成無限界擴張的趨勢，而突破觀念認識狹隘的束縛。其二是慕新趨新的動向，而形成強烈的吸取新知之要求。其三是打破一尊之教化，打破正統觀念，以及思想之統制蔽錮。其四是開拓了學術自由思想自由的美好天地。」[66]可以說，這就是《知新報》的宗旨所在。

　　草創之初，雖不失簡陋，但編輯部諸人信心十足、激情滿懷。梁啓超描述了草創時期的一些情況：

> 此間飲食起居，一切皆省於上海，翻譯人乃自行報效，領薪水極薄，主筆亦不必從豐，故易易也。館設於大井頭第四號洋樓，其地之大，彷彿鴛湖金公館，而租錢僅十五元，令我妒殺。[67]

　　澳門的運作成本大大低於上海，也讓梁對《知新報》的未來充滿了希望。梁啓超在文章和日記中沒有關於《知新報》「編輯部的故

65　廖梅，《汪康年：從民權論到文化保守主義》，頁188。

66　王爾敏，〈清季知識份子的自覺〉，《中國近代思想史論》（北京：社會科學文獻出版社，2003年第1版），頁131。

67　《汪康年師友書翰》（二），頁1846。

事」的更為詳細之描寫，也沒有談及報紙的印刷過程。但是，根據同時代外國觀察家對上海其他中文報刊的描寫，情況大致是這樣的：編輯部裡「每一個辦公室裡雇有兩個伙夫，四個僕人，他們忙於做飯，上茶，飲料用於消除緊張疲勞。」而印刷廠裡「中國排字工人在鉛字分格盤前取活字的時候不像國外總保持站立的姿勢，他必須手腳並用，並不時地向後邁步，韻律十足。如果哪位編輯辭彙十分豐富的話，就需要活梯了，每個字都有一個囊。一般的報紙需要大約四千個漢字的量，裝這些活字的空間足可住下一個排字工。……每間辦公室都有鑄字車間，有兩人幹活，一個人忙於製字模，另一人則盡力使模軟化，並取模壓印。排字工每製一個新字就得多製一個囊袋。他們的記憶需又快又準，否則將為一篇文章費盡心機，耗時而不成。因為鉛字很軟不好拿，且易損，當活字變得無用時，只有將它扔進鍋裡重新鑄造。一間排字房裡有十二個人，包括排字工和修理工，因為還有更多的工作在印刷間，那個工作需相當謹慎，因為使用的是非常薄的紙張，所以你需注意每一次印刷，以使印刷工能將它們對齊。」[68]這就是那個時代報刊從編輯到印刷的各個工序，《知新報》的規模可能略小些罷了。

一個新的報刊誕生了，它要存在下去，便離不開讀者。《知新報》的讀者究竟是哪些人呢？

美國漢學家黎安友曾論及近代中國報業的商業角色、傳播媒介和宣傳工具的發展，並用人口、報刊的發行量、郵政投遞數及士紳數量等四種視角，來估計晚清報刊的讀者究竟有多少。黎安友得出的結論是：晚清的報刊讀者大約為總人口的百分之一。在我看來，這一數字太過龐大(約400萬人)，這種統計方法是按照西方模式設計的，針對

---

68 《晚清報業見聞》，參閱鄭曦原編《帝國的回憶——「紐約時報」晚清觀察記》，頁111-118。

近代中國的特殊情況，可能並不恰當[69]。

與之相比，我認為更為準確的數字是：英國傳教士李提摩太在主持同文書會期間，曾對中國上層社會究竟有多少人可以作為讀者對象進行過調查，他對中央和地方的高級文武官員、府學以上的禮部官員、舉人以上的在職官吏和在野的士大夫以及全國的秀才和應試的書生，作了如下的統計：

類　　　別	人數
縣級和縣級以上的主要文官	2289人
營級和營級以上的主要武官	1987人
府視學及其以上的教育官員	1760人
大學堂教習	約2000人
派駐各個省城的高級候補官員(當他們為省級政府的顧問和用各種方法協助工作的時候，有些類似英國議院的議員)	2000人
文人中以百分之五計算：(在北京考取進士的，在二十行省考取舉人的，在二百五十三個府和州考取秀才的合計約五十萬到一百萬人，姑且以六十萬人計算)	30000人
經過挑選的官吏與文人家裡的婦女和兒童，以百分之十計算	4000人
共計	44036人

以上之統計，大約就是當時中國受過良好教育的知識階層。這些人不是粗通文墨，而是擁有閱讀古代之文史經典的能力，自然他們也就能閱讀經過翻譯的西書和「新聞紙」。李提摩太認為，這四萬四千餘名上層人士，「雖然似乎是我們所要接觸到的一個大數目，但我們

69　轉引自張力，〈近代中國新聞事業史的研究〉，見《六十年來的中國近代史研究》。

考慮到領土的遼闊，那它只是我們具有迅速成功的合理希望所能達到的極小數目。因爲從整個帝國來說，平均每個縣僅有三十個人」。因此，李氏聲稱：「我們建議，要把這批人作爲我們的學生，我們將把有關對中國最重要的知識系統地教育他們，直到教他們懂得有必要爲他們苦難的國家採用更好的方法爲止。」[70]換言之，這四萬多人大致構成了晚清報刊的讀者主體，也就是啓蒙的對象。

那麼，當時《知新報》究竟發行了多少份？《知新報》的讀者究竟有多少人？迄今爲止，並無詳細的史料顯示《知新報》的印刷數量及訂閱和購買人數。在當事人的日記、書信和文章中，也未發現確切的資料。不獨《知新報》如此，晚清大部分報刊發行量，目前也都只能作粗略推算。按照梁啓超致汪康年信中的說法，只要發行數量達到3,000份，就能保證報刊的正常運轉。而梁啓超在〈創辦《時務報》源委記〉中又說，《時務報》需發行4,000份才可以維持報館的正常運轉。此數量高於《知新報》，也許因爲上海運作成本高於澳門[71]。但是，梁氏沒有料到，後來當《時務報》發行超過一萬份的時候，卻依然處於虧本狀態。其原因在於出現了大量讀者拖欠報款的現象。於是，銷量越大，欠款越多，報館虧損越高[72]。由此可見，晚清報刊的發行數量與其盈利狀況之間並無必然聯繫。

因此，我們不得不換一個視角來推算《知新報》的發行量和讀者數量。由康門弟子直接控制或參與編輯的報刊，特別是梁啓超主持的報刊，發行狀況一般都比較良好[73]。有學者曾經對這批報刊的發行情

---

70 1891年《同文書會年報》（第四號），轉引自顧衛民，《基督教與近代中國社會》（上海：上海人民出版社，1996年第1版），頁284-285。

71 《知新報》第66冊，影印本頁901。

72 例如，1897年是《時務報》發行量最高的年份，亦是其虧損最嚴重，乃至「幾於不能度歲」的程度。相反，1898年報紙銷路下降，欠款降低，報館反倒出現了首次盈利。參閱廖梅，《汪康年：從民權論到文化保守主義》，頁65。

73 參閱張朋園，《梁啓超與清季革命》（台北：中央研究院近代史研究所，1982年

況作如下之估計[74]：

報刊	發行人	發行數量	讀者人數（以5倍於發行數計算）
《中外紀聞》	梁啓超、麥孟華	3000	15000
《時務報》	汪康年、梁啓超	12000	60000
《清議報》	梁啓超、麥孟華、陳國鏞	4000	20000
《新民叢報》	梁啓超、陳國鏞	9000	45000
《新小說》	梁啓超	4500	22500
《商報》	徐勤、伍憲子	5000	25000
《政論》	梁啓超	2000	10000
《國風報》	梁啓超	3000	15000

　　梁啓超在給汪康年的信中曾提及，《知新報》的發行情況較爲良好。因此，汪甚至擔心《知新報》的迅速發展可能會衝擊《時務報》之發行。梁氏認爲並無此種可能，他特意解釋說：「《知新》銷行雖極旺，於《時務》必無妨害，欲求其兩報並閱耳。若舍《時務》而閱《知新》，恐天下必無此人也。弟豈肯爲此？」[75]

　　《知新報》存在了至少四年之久的事實，表明其內部經營狀況不會太糟糕。在戊戌變法失敗以後，康梁等維新人士在海外創辦保皇

（續）

　　第3版）。

74　此資料參閱蘇雲峰，〈康有爲主持下的萬木草堂〉，見《中國近代現代史論集》之第十二編《戊戌變法》，頁340。以及張朋園，《言論界的驕子——從報章發售數字看梁啓超言論的時代性影響》（南昌：百花洲文藝出版社，2002年4月第1版），頁396。張氏將讀者人數按照發行量的十倍計算，我個人認爲此計算方法偏高，若按照五倍計算或許更切合實際。

75　《汪康年師友書翰》（二），頁1863。

會，並在澳門設立保皇會總會。總會支援內地的「勤王」事業，其經
費除了海外華僑的捐款之外，還有一部分來自於《清議報》、《知新
報》等報刊的經營收入[76]。

根據以上材料可以推測，《知新報》的發行數量至少在三四千份
以上。因此，《知新報》的讀者數量，下限約爲三四千人，上限約爲
兩三萬人(假設一份報紙爲五六人所閱讀)。這部分讀者，大都包括在
李提摩太所粗略統計的數字之中。

在一段時期內，《知新報》與《時務報》互爲兄弟報紙，《時務
報》爲大哥哥，《知新報》爲小弟弟。其表現之一，《知新報》在創
刊之時採取隨著《時務報》附送的方式吸引讀者，後來才收費訂閱。
譚嗣同在信件中提及此種情況：

> 《知新報》交售貴報處所代售，價值間有不同，亦應專立章
> 程與之。至於該報既聲明凡閱《時務報》者，概送一冊。今
> 又加紅戳云：如不閱報，下次取回。已屬舉棋不定，且既經
> 送去，誰肯交回者？是不如直說送一次之爲感情矣。[77]

表現之二，《知新報》在創刊初期利用《時務報》已有的郵寄路
線，經由上海再寄往全國各地。有時需幾個月時間，「新聞」已變成
「舊聞」，許多讀者均對此感到不滿。同時，還造成郵寄的疏漏或重
複，譚嗣同亦有相關之記載：

> 收到前寄《知新報》四五、六七、八九三本。原説即在繆小
> 翁處領取，尊處不必再寄，故有兩冊，繆已送來，茲又重
> 複。若繆仍代辦《知新報》事，尊處即不必寄，否再函索。

76　參見桑兵，《清末新知識界的社團與活動》。
77　譚嗣同〈致汪康年‧五〉，《譚嗣同全集》，頁498。

現存重複之本，四月親赴上海繳還。[78]

　　萬事開頭難。幾個月以後，《知新報》逐漸擺脫了對《時務報》的依附，建立起獨立的發行渠道。在每期《知新報》正文之前或者之後，都附有其在全國各地的零售和郵購地點的名單。當時的報刊一般都自辦發行，有學者指出：「由於郵政業務落後，難以建立統一穩定的訂購發行系統，各報遂自設代售處，組成獨立的發行網。……各地兼營代售處的主要是：進步人士、學堂、報館、閱報所、書局、書社、書坊、書室、會館、公司、民間新式社團以及總派報處。」[79]郵政落後固然不利於報刊的發行，另一方面卻使得各報刊自辦發行具有相當的空間。當時，報刊的發行、銷售，在政治及經濟上都處於某種被官方暫時忽略的「空白」狀況。如果有充足的財力支持，報刊的發行幾乎可在全國各地伸縮自如——「各報均以出版地為中心向外輻射，銷點多達百處，少亦二十餘處，不僅伸向國內各大中城市及海外華人聚居各埠，而且深入縣城鄉鎮。發行網的伸縮是報刊經營狀況的重要指標。這些銷售點分別與各報館發生業務聯繫，並不自成系統，因此各報發行網呈交錯重疊狀，某一點出現故障，全網仍可照常運行。報館作為中樞，主管編輯、經營、發行各項業務，既可避開官府的直接干預以及享有特許權的行商壟斷視線的間接控制，又有助於穩定擴大銷量，鞏固其獨立地位。」[80]通過觀察《知新報》發行和銷售地點之名單的變化，即可推知它在不同時期的發行狀況。

　　在《知新報》第一冊中，所謂「本館代派報處」集中在澳門、香港和廣州三地：「本澳在本館；香港代派處：上環海傍和昌隆、中環維盛、西營盤博濟堂、中環聚珍；省城代派處：龍藏北約九經書坊、

78　譚嗣同〈致汪康年‧六〉，《譚嗣同全集》，頁499。

79　章開沅、羅福惠主編，《比較中的審視：中國早期現代化研究》，頁568。

80　章開沅、羅福惠主編，《比較中的審視：中國早期現代化研究》，頁569。

永清直街怡安紙店、第七甫博聞紙、油欄門鴻安棧、米埠寬信、十三行同昌紙店、新基正中約協茂昌信館。」另外,在廣州還設有12處掛號郵寄的代辦處[81]。

到了第二十冊,發行範圍除了澳門、香港、廣州三地以外,還擴大到廣東省其他城市、省外城市以及海外。本省各埠:佛山潘湧一品升、石岐十八間華璋、大良碧鑑街華經堂。外省的城市則有上海、梧州和桂林。海外有三藩市、檀香山、悉尼等7個城市[82]。

到了第六十冊,覆蓋城市已經有了相當規模。能夠代派報紙的城市計有:北京、天津、保定、煙台、太原、開封、西安、成都、貴陽、武昌、漢口、長沙、南昌、九江、安慶、壽州、南京、淮安、揚州、蘇州、無錫、上海、常熟、常州、杭州、寧波、紹興、溫州、瑞安、台州、福州、建甯、桂林、梧州、廣州、佛山、香山、潮州、肇慶、香港、三藩市、海防、東京、橫濱、神戶、新加坡等。[83]除香港、澳門外,覆蓋的國內城市共有39個,主要集中在南方,也深入到北方、長江流域和西部地區。這樣的發行網路,即使在今天看來依然是相當龐大。今天某一地方報刊的發行,也很少能夠達到這樣的規模。

在戊戌政變發生之前,刊登有「本報代派處」名單的是第六十五冊。比起第六十冊的名單來,此名單中又增加了以下幾個城市:海參灣、鎮江、泉州[84]。這樣,大陸地區所覆蓋的城市就已達到42個。這一網路大致覆蓋了沿海地區的大中城市和內陸地區的大城市。其中,廣東、福建、江蘇、浙江四省最為密集,這四省也正是當時中國經濟和文化都最發達的地區。同時,像江西、貴州等相對偏僻、貧窮的省

---

81 《知新報》第1冊,影印本頁8。
82 《知新報》第20冊,影印本頁168。
83 《知新報》第60冊,影印本頁816。
84 《知新報》第65冊,影印本頁897。

份，《知新報》也像釘子一樣嵌了進去，並深受當地人士的喜愛。這樣，這張發行網路既有「點」又有「面」，既突出重點又考慮到了廣度，足見發行人員煞費苦心。當時郵政條件相當落後，《知新報》通過種種方式自辦發行，儘量滿足讀者的願望，讓各地的讀者都能順利閱讀到。雖然在時間上無法保證，但就刊物所能到達地方之廣大而言，亦屬難能可貴。

戊戌變法的失敗，也是《知新報》命運的轉捩點。儘管《知新報》利用自身位於澳門、清王朝無法干涉的特殊地位，堅持編輯和發行，但內地市場已在急劇萎縮中。在政變之後最早出現「本館派送處」名單的第八十二冊中，出現的內地城市有：天津、常熟、蘇州、杭州、無錫、漢口、福州、鎮江、九江、上海、汕頭、廣州、佛山等13個。城市數量從第六十五冊的42個跌落到13個，顯然並非經營方面的原因，完全是因為戊戌變法失敗之後全國的政治氣候發生了翻天覆地的轉變，這才導致《知新報》由被吹捧變成被冷落甚至被查禁。

時人記載說：「戊戌政變，黨錮案興，邏騎四出，禁會封報，道路以目，至不敢偶語，舉世奄奄無生氣矣。」[85]10月9日，清廷即下令全國報館一律停辦，並捉拿各報主筆，上諭稱：「莠言亂政，最為生民之害，前經降旨，將官報《時務報》一律停止。近聞天津、上海、漢口各處，仍復報館林立，肆口逞說，捏造謠言，惑世誣民，罔知顧忌，亟應設法禁止。著各該督撫，飭屬認真查禁。其館中主筆之人，皆斯文敗類，不顧廉恥，即飭地方官嚴行訪拿，從重懲治，以息邪說而靖人心。」[86]清廷對內地的控制尚有效，但在沿海各地則處於半失效狀態，康梁在海外出版的報刊仍然流入沿海城市。因此，不久

85　湯壽潛，〈戊戌上書記書後〉，轉引自中國史學會主編《中國近代史資料叢刊》（二），頁224。

86　《德宗皇帝實錄》卷428，轉引自陳玉申，《晚清報業史》（濟南：山東畫報出版社，2003年第1版），頁114。

之後,清廷又專門發布上諭稱:「該逆等(康梁)狼子野心,仍在沿海一帶,煽誘華民,並開設報館,肆行簧鼓,種種背逆情形,殊堪髮指。至該逆犯等開設報館,發賣報章,必在華界,但使購閱無人,該逆等自無所施其伎倆。著各該省督撫逐處嚴查,如有購閱前項報章者,一體嚴拿懲辦。此外如尚有該逆等從前所著各逆書,並著嚴查銷毀,以伸國法而靖人心。」[87]在這樣的壓力下,即便是一度傾向於維新的張之洞,亦下令查禁與康梁有關的報刊,「一體禁止購閱,並禁止代為寄送」[88]。清廷對維新派報刊以及康梁譚等人著作的禁令,表面上看一直持續到1911年帝制終結前夕一個月,但在實際運作上從1900年便開始失去效果,康梁在日本創辦的《清議報》、《新民叢報》等仍然源源不斷地運進國內,不過那時《知新報》已經停刊了。

對面臨戊戌變法之後國內全面查禁維新報刊的艱難處境,《知新報》同仁採取「以外補內」的運營方針,加大在日本、南洋等地的發行力度[89]。在停刊前的第一百三十三冊中,《知新報》在大陸的「代派處」僅剩上海、福州和天津三個城市。海外的發行點雖然擴大到十多個城市,但依然無法彌補大陸市場的喪失,總體上來看已是慘澹經營[90]。可以說,戊戌變法的失敗,便已經註定了《知新報》停刊的命運,它能繼續掙扎著存在兩年之久,繼續在海外鼓吹變法、揭露以慈禧為代表的保守派之暴虐,已經是一個奇跡。《知新報》停刊的直接原因究竟是什麼,諸多當事人當時均無明確的說法,事後也沒有蛛絲馬跡的回憶文字。直至今日,仍然是一個謎。《知新報》影印本的發起人費成康,在談及其停刊原因時推測說:「目前所能見到的《知新

---

87 《德宗皇帝實錄》卷458,轉引自陳正宏、談蓓芳,《中國禁書簡史》(上海:學林出版社,2004年第1版),頁255。

88 張之洞,〈翁江漢關道查禁悖逆報章〉,轉引自中國史學會主編,《中國近代史資料叢刊》(二),頁621-623。

89 《知新報》第82冊,影印本頁1173。

90 《知新報》第133冊,影印本頁2077。

報》止於第一百三十四冊。這一冊的《知新報》內容充實，也未見登
出停刊的啓事，可見編輯者們在此時並無終結此刊的意圖。……假
如這確是事實，那就應該研究該報突然終刊的原因。這究竟是《知
新報》的編輯、出版者內部發生了糾紛，還是因爲該報的經濟支柱
何廷光家境突然中落，抑或是清政府促使葡萄牙當局干預該報的出
版。」[91]

《知新報》是否僅有一百三十四冊，目前還不能完全確定，但其
停刊時間肯定是在1901年初[92]。費成康提出，其停刊的原因可能是何
廷光的家道中落。然而，這個說法恐怕是靠不住的。因爲1899年《澳
報》創刊和1901年《濠鏡報》創刊，何廷光依然是它們最主要贊助
人，而1901年正是《知新報》停刊之時[93]。至於滿清王朝是否對澳門
當局施加了直接或間接之壓力，因爲沒有發現比較確鑿的證據，目前
還很難判斷。但是，不管怎麼說，由於戊戌變法的失敗所引起的廣大
內地市場喪失，導致經營狀況惡化，以及康梁流亡日本，轉而將日本
作爲對國內宣傳的基地，很可能是《知新報》停刊的原因。《知新
報》的停刊，表面上是經濟原因，深層次的則是政治原因。在這一特
定時期，兩個原因糾結在了一起。

從創刊到停刊，《知新報》的報頭經歷了若干次變化。從報頭的
變化中，亦可透視主辦者思路的變化和拓展。剛剛創刊的時候，《知

---

91 費成康，〈編後記〉，《知新報》影印本，頁2088。

92 在據推測可能是梁啓超所寫的《中國各報存佚表》(1901年)一文中，明確指出
當時《知新報》已經停刊。同是在1901年所寫的〈《清議報》一百冊祝辭並論
報館之責任及本館之經歷〉一文中也提及《知新報》的停刊情況：「《知新
報》僻在貧島，靈光巋然者，凡四年有餘，出報至一百三十餘冊，旬報之持久
者，以此爲最。」如果出版時間爲1901年1月21日的第133冊爲最後一冊，則從
1897年2月22日創刊到1901年1月21日停刊，其存在時間將近四年。

93 關於何廷光支持創辦《澳報》和《濠鏡報》的情況，可參見黃漢強、吳志良主
編，《澳門總覽》「中文報紙」一節(澳門基金會，1993年出版)，頁415。

新報》的報頭爲：中間豎排「知新報」三個楷體大字。右邊楷體小字
注明日期，如第一期時間爲「光緒二十三年正月二十一日第一」；左
邊有價格和報社地址「每冊取費一毫，閱一月者五毫，全年先交費者
四圓半，結完者五圓算，南洋八圓，美洲十圓。本館在澳門大井頭第
四號。」[94]整個設計顯得樸素大方，簡潔明快。

　　到了第十冊，「知新報」三字變成古雅的篆書，右邊的日期依然
保留，左邊的價格和地址卻消失了。在底部出現了它的英文名字
「THE REFORMER CHINA」[95]。一方面中文字體趨向於復古，另一
方面卻開始使用英文名字，可以看出編輯人員希望《知新報》走向世
界、引起西方關注的願望(如果被西方引用，則有固定的譯名)。這種
做法也可以說是「與國際接軌」。

　　到了第三十七冊，報頭又有重要變化。「知新報」三字的字體變
爲隸書，且「知新」二字靠右豎排，「報」一字放在左邊，「報」字
之下爲日期。中間增添了分爲東西兩個半球的世界地圖，地圖下是英
文名字[96]。世界地圖的增加顯示了晚清維新人士對地理的重視。有學
者指出，維新派報刊「大多闢有《地理》欄目，翻譯介紹西方的地理
學知識和思想學說，有些雖未闢專門的欄目，但也經常刊登一些介紹
西方近代地理學知識的文章。」[97]《知新報》在這方面表現得比較突
出，經常刊登介紹地理知識的文章，雖然沒有專門設置一個名爲「地
理」的欄目，但在「格致」、「農事」、「商事」、「工事」、「礦
事」等欄目及國別新聞中，有不少內容都與地理有關。若干地理問題
都涉及政治問題。

94　《知新報》第1冊，影印本頁1。

95　《知新報》第10冊，影印本頁73。

96　《知新報》第37冊，影印本頁427。

97　參閱郭雙林，《西潮激盪下的晚清地理學》(北京：北京大學出版社，2000年
　　　第1版)，頁22。

在晚清，地理不僅是純粹的科學問題，更是深刻的思想觀念和意
識型態問題。意識到中國僅僅是世界的一部分、中國處於世界的東方
而不是中心，對於幾千年以來一直認定自己是「中國」——中央之
國——的國民、尤其是長期受儒家文化薰陶的士大夫而言，肯定會經
歷一個極其痛苦的感情與理性蛻變的歷程。這一歷程從鴉片戰爭之後
就展開了。到了19世紀末期，這種蛻變在上層文化人中基本完成。研
究地理及國際政治，成為救國的重要方略，如王韜為《瀛寰志略》所
寫之跋語所云，作者乃是「內感於時變，外切於邊防」而作此書，以
達成「域外之山川道里，皆能一一詳其遠近夷險」之目的。[98]大至地
理觀念的轉變，小至測繪技藝的提高，均成為當時知識精英不可忽視
的問題，如汪康年在筆記中所載：

> 光緒中會典館開，徵各省輿圖。張文襄督湖廣，以此事委新
> 化鄒令帆大令。時余亦適至鄂，得與鄒君訂交。鄒為叔績先
> 生孫，世為地輿學，後為劉星使隨員，專學測繪，彼時吾國
> 人至歐美能留意學問，殆惟鄒君一人。既承文襄委，因開局
> 延人，至各府測量。然以時迫而款絀，故各處不能一律。[99]

由此可見，中國傳統的「地輿之學」已受到近代西方地理科學的
猛烈衝擊，許多開明學者甚至最高統治者本人都開始接受近代西方的
地理學術。戊戌變法期間，光緒皇帝因為身邊沒有合適可用的世界地
圖，還專門電令辦事幹練的上海道蔡鈞為其搜尋及製作[100]。但是，

---

98 王韜，〈《瀛寰志略》跋〉，見《弢園文新編》（北京：三聯書店，1998年第1
版），頁138-139。

99 汪康年，《汪穰卿筆記》（上海；上海書店出版社，1997年第1版），頁188。

100 光緒皇帝下令製作隨時可以查看、比較詳細的世界地圖。蔡鈞多次請示總理衙
門，要求對地圖及其木架的具體尺寸作出指示。當地圖製作完成送到北京時，
已經是戊戌變法之後的第二年了，儘管這些地圖的裱製及木架的製作十分精

如果地理背後的文化觀念沒有轉換，認識世界就頗爲困難。更爲重要
的是，普通民眾對於世界大勢仍然處於茫昧狀態，他們迫切需要獲得
一種基礎性的「地理啓蒙」。是故，維新派人士在其報刊中大量介紹
西方最新的地理知識、宣揚西方航海家冒險家們的事蹟，其目的便是
讓這種文化觀念乃至生活方式的轉化，一點點地從文化精英那裡滲透
到民間大眾的生活之中。在《知新報》中，可以發現地理類的文章所
占的比例很大。

奇怪的是，到了第四十三冊，地圖又從報頭上消失，整體設計恢
復到第十冊的狀態，只是隸書字體顯得更爲渾厚[101]。之後，除了第
八十五冊刊名的字體略有變化外，刊頭的基本面貌一直保持到停刊之
時。字體發生變化，可能是因爲題字人的原因，但《知新報》並未公
布爲刊頭題字的究竟是何許人也。

《知新報》刊頭大大小小的五次變化，每次都有頗值玩味之處。
這種變化爲後人提供了豐富的歷史文化資訊。

第三節　《知新報》的「報刊意識」

在鴉片戰爭之後，諸多有識之士已經開始認識到，西方報刊在整
個政治與文化生活中占有突出地位，設立報館是中國實施變革的不可
或缺的舉措[102]。作爲從舊式文人向近代報人過渡時期的一個典型，

(續)────────────
　　良，耗銀達一千六百餘兩，但對於已經被幽禁的光緒皇帝而言，意義已經不大
　　了。由此一細節可以看出，滿清政權的官僚體制已經極其僵化，即便是辦事幹
　　練的上海道蔡鈞，爲光緒定購一批地圖亦需要通過若干複雜程式，耗時一年
　　多，耗資巨大。讓後人感歎，一艘過於龐大的船要調頭何其困難。參閱茅海
　　建，〈戊戌期間光緒帝對外觀念的調適〉，見《戊戌變法史事考》(北京：三
　　聯書店，2005年第1版)，頁435-437。
101　《知新報》第43冊，影印本頁525。
102　例如，郭嵩燾、劉錫鴻、宋育仁等人都曾經討論到西方的「新聞紙」和報館，

王韜對報刊的價值有著超乎時代的洞察，亦對自己報人之身分與所作之報刊文章有著充分的自信，以詩言志云：「千古文章自心得，五洲形勢掌中收。頭銜何必勞人問，一笑功名付馬牛。」[103]太平天國時期，具有變革思想的洪仁玕在《資政新篇》中已經提出：「要自大至小，由上而下，權歸於一，內外適均而敷於眾也。又由眾下而達於上位，則上下情通，中無壅塞異弊者，莫善於賣新聞紙。」他力主「設新聞館以收民心公議」，「上覽之得以資治術，士覽之得以識變通，商農覽之得以通有無。昭法律，別善惡，勵廉恥，表忠孝，皆借此以行其教也」[104]。到了康梁這一代士人，對作為新興媒介的報刊在整個維新運動中的作用已有相當自覺的體認。他們強烈的「報刊意識」，也在《知新報》的有關文章中有清晰的體現。

《知新報》的報刊意識體現在四個方面：第一，報刊能夠開啟民智、實現啟蒙；第二，報刊是現代社會權力體系中不可缺少的一維，對政府實施監督並充當政府的智庫；第三，報刊與工業、商業等實業一樣，能夠富國強兵；第四，報刊是公民實現言論自由的外在形式。

首先，維新派人士認識到，報刊在當時中國的首要意義是開啟民智、實現啟蒙。長期以來，中國的弊病在於「民之所欲，上未必知之而與之也。民之所惡，上未必察之而勿施也。」因此，「中國欲謀富強，固不必別求他術也。能通上下之情，則能地有餘利，民有餘力，閭閻自饒，盡藏庫帑無虞匱也。由是而制器則各呈其巧，練兵則各盡其材。上下同心，相與戮力，又安見邦本既固而國勢不日隆

（續）
　　參見郭嵩燾等著，《郭嵩燾等使西記六種》（北京：三聯書店，1998年第1版）。
103　轉引自朱維錚為《鄭國文新編》所作〈導言〉，頁138-139。
104　轉引自袁進，〈文學社會運行機制的變化〉，見《近代文學的突圍》（上海：上海人民出版社，2001年第1版），頁51。

者哉！」[105]而要做到「達民情」，渠道有二：開議院、設報館。

維新派明確提出將報刊作爲政府、士大夫與民間社會之間溝通的仲介，作爲啓蒙最爲有效的工具與手段。〈論中國官吏禁報事〉一文認爲：

> 報章能開發智識，通達上下，其益甚多。夫人能言，各國皆重視之。維新之機，大半由此。中國近數十年，始有報館，然尚未充盛，南北數所，蓋寥寥如晨星。……說者謂各國維新，皆有大賴於報章，竟有彼中最出名大報，如英之《泰晤士》者，國家政治，民間風氣，大半視爲準繩，而與之轉移焉。今中國貧弱不振，由於積弊之太深，而二百萬方里之大，數萬萬人民之眾，散漫錮蔽，即有千百日報，爲之扶別而詳言之……。[106]

文章指出，報刊乃是維新的先導。如果沒有報刊，新知識、新思想的傳播無從談起——依賴舊有的書院等文化傳播體系已經不再可能。在文化轉型期，舊有的媒介已然失效或者嚴重削弱，作爲新的媒介——報刊的地位自然就凸顯出來。類似的思路，在其他維新人士那裡也普遍存在，如何啓、胡禮垣亦認爲：「人之才識得諸見聞，若閉其見聞，則與塞其靈明無以異，蓋見聞不廣，則思慮不長；思慮不長，則謀猷必隘。以無思慮之人，而與有思慮之人較，則有思慮者勝矣；以思慮短之人，與思慮長之人較，則思慮長者勝矣。而思慮俱從見聞生，見聞多由日報而出。夫古典雖多，不合當今之務，舊聞莫馨，難爲用世之資，則欲長人之見聞，莫如宏開日報也。」[107]在開

---

105 王韜，〈達民情〉，《弢園文新編》，頁138-139。
106 《知新報》第115冊，影印本頁1706。該文題目之下注明「錄同文滬報」。
107 何啓、胡禮垣，〈新政論議〉，《新政眞詮》(瀋陽：遼寧人民出版社，1994

啓民智的層面上，一些維新派人士甚至認爲報刊的地位重於經典。

其次，維新派認爲，報刊是現代社會權力體系中的不可缺少一維，報刊既是政府的監督，又是政府的智庫。

發達的報刊和充分輿論，能對政府起到監督和制約的作用。這種監督和制約的作用，在具有悠久的專制主義傳統的中國尤其必要。《知新報》的編輯們認識到，報刊在現代政治體系中是「第四種權力」。有了報刊，無限之君權方能變爲有限；有了報刊，民意方能顯示出不可輕視的力量。報刊的力量越大，專制政府的力量就越弱。判斷一個國家民主化的程度，其報刊的存在狀況乃是顯著的指標。汪康年在其筆記中記載說：

> 近來報界中人，每舉拿破崙「不畏三千支毛瑟槍，但畏一紙日報」之語以張其軍。不知拿破崙所指的報紙，必其勢力實有過於三千毛瑟槍者，一言襃貶則有萬國之向背隨之，如此始能使拿破崙生畏。如今之喋喋者，自問能抵三千毛瑟槍歟？恐只能抵竹杠一支而已！[108]

以西方報界之威力對照中國報界之無能，其中亦含有無限之期許。與汪氏的記載相對應，在《知新報》第二十五冊中有「報館大益」一則新聞，引用英國公爵文慎在巴黎商務局關於「報刊有助於國家政治」的演說，強調報刊輿論監督的價值。該英國政治家在演講中指出：「報紙實有助於國家政治。觀今報館論事，每能開誠布公，不若前代之報，猶避權貴，用能規及執政之人，不至迷於偏斷也。」隨著民主制度的建立，新聞自由制度的確立，近代之報紙不再像專制時

（續）────────────

　　年第1版），頁145。

　108 汪康年，《汪穰卿筆記》，頁160。

代那樣畏懼權貴,而能「開誠布公」,揭示社會眞相。

這則新聞報導又列舉英國政府因爲報紙輿論而撤換駐華公使的事例:「英相沙士勃雷侯所以能革除前二任北京公使,而另派伯爵麥當路以充之者,在英字報詳論所任非人之後,英倫之報館與中國之英字報同聲排論。……今麥伯到中國,能與各口岸並香港之商人常通消息,以求洞悉商情,而不敢稍自暇逸者,亦英字報之力也。」[109]這一事例生動地說明:報紙「有進賢退不肖之功」,它在監督權力運作之同時,也深刻地介入其中,爲政府提供豐富的資訊,成爲政府的思想庫。當然,這些功效的實現,其前提必須是此報刊獨立於政權和財閥,眞正代表「公意」。

該報導接著談到中國國內的情況,認爲正是政府認可了報紙的監督作用,才導致最近一段時期以來中國的政治氛圍出現了變通:「今政府亦明認報紙爲出納王命、聯屬上下之一大關鍵。往者國事諱莫如深,官政不肯泄於報館;今則舉朝之機務,均藉報紙導揚。前隱之者,私也;今揚之者,公也。」[110]

未署名的〈論中國官吏禁報事〉一文,則從反面論述了只有強大的輿論監督,政府才能作出正確決策。一個缺乏監督、拒絕批評的政府,必然是一個專制、愚昧、不斷出現失誤的政府。這篇文章把報刊喻爲醫生,把政府喻爲病人。病人若諱疾忌醫,最終傷害的還是自己;政府若箝制輿論,最終將導致民心喪失:

> 去臘立嗣事起,各報益復縱論,相折衷於是非之公。官吏恨之乃愈甚,久欲得而甘心,徒以洋商牌號之故,不能興文字之獄。其怒無所洩,如北京、天津、鄂、湘各處,其官吏恨之最切者。於是有議禁其下屬官民閱報,且有派員暗查之

109 《知新報》第25冊,影印本頁240-241。
110 《知新報》第25冊,影印本頁240-241。

舉。然公道自在人心，禁者自禁，閱者自閱，或其較舊更增焉。則彼不惟不能殺報之勢，反不啻助報之焰。[111]

這裡直接評論了戊戌政變之後宮廷政治中最爲隱秘的「立嗣」之事。若無近代傳媒，此事乃是皇室之「家事」，無人敢於在公開場合談論之。慈禧亦可隨心所欲施展其權謀術。但是，近代傳媒出現之後，此事迅速成爲一個「公眾事件」。官方儘管想方設法阻止報刊討論此事，嚴禁百姓閱讀此類報刊，但結果仍然是「禁者自禁，閱者自閱」。這篇評論尖銳地指出，清廷對報紙施加打壓政策，不僅收不到預期的效果，反而會擴大報紙的知名度、提高民眾的閱讀興趣。因爲從心理學的角度來看，在一個資訊相對封閉的社會裡，越是被當作「禁忌」的東西，越是會激起公眾的好奇心。所以，文章作者強調說，一個明智的政府必須以開明和寬容的態度面對報刊的批評，如果像過去一樣大興文字獄，只能與歷史潮流背道而馳。

第三，《知新報》諸人還強調，報刊與工業、商業等實業一樣，能夠達成富國強兵的目的。報刊本身也是「實業」之一種，輿論乃是無形之力量，資訊乃是無價之瑰寶。吳恒煒在〈《知新報》緣起〉一文中對比了中西新聞業發展的不平衡性，以及由此而導致的國家實力的差異。他對歐美新聞業的現狀作了詳細介紹：

> 至若外國農務、商業、天文、地學、教會、政律、格致、武備，各有專門，競標宗旨。習其業者，隨而購閱。發有新義，即刊報章。耳目咸通，心思愈擴。……是以歐美兩洲，類分二千三百餘種。歐洲諸國，日售千四百餘萬張。且日本國報，有報王之稱。瑞士開會，敦嘉客之請，可謂隆矣。諸

---

111 《知新報》第115冊，影印本頁1706。

國盛強，新聞紙之力也。[112]

　　這些介紹西方新聞業狀況的文字，充滿了讚譽之意和羨慕之情。西方報紙種類繁多，數量巨大，專業類報紙成為新知的刊布之所，新聞類報紙成為政府和議會的「嘉賓」。因此，吳氏得出這樣的結論：「諸國盛強，新聞紙之力也。」就「報刊強國」這一論點，吳氏還舉了兩個比較典型的例子來證明之：「是以英之霸也，《太晤士報》（今譯《泰晤士報》）日五六十萬，甲海外焉。日之興也，《朝日報》（即《朝日新聞》）日十五六萬，名亞東焉。」可見，「國運」與「報運」的興衰緊密相連。相比之下，中國的報刊業相當滯後，民眾也尚未形成閱讀報紙、尋求新知的習慣，其現狀令人擔心：「中國之人數號稱四百兆，非謂不庶矣。出報之處，乃不逾三十；分報之類，多不逾四十；銷報之數，不逾十萬；閱報之人，不逾百萬。順天為首善之區，而閱報者寡其人；河洛為中原之壤，而傳報者窘其步。」這組數字的對比，如瀑布般的落差，讓人觸目驚心。中國雖是一個人口眾多、歷史悠久的文明古國，但報刊業不僅遠遠落後於歐美諸國，甚至無法企及新興的日本。

　　針對這一狀況，作者提出了發展中國報業的宏大構想：「設報之所，宜有二千；分報之類，宜有二萬；每類之數，宜一千；日出之數，宜二千萬。比而較之，二十人僅看一份，二萬人僅購一種。」吳恒煒所設想的數字，大大超越了他所處時代的教育、交通、經濟領域等的實際發展水平[113]。也許，在其同代人看來，會覺得吳氏有些

---

112 《知新報》第1冊，影印本頁1。

113 僅以識字率為例，1907年清廷推行九年預備立憲，其中的一個專案就是推廣識字，預備立憲清單內規定：「第二年頒布簡易識字課本，創設廳州簡易識字學塾，頒布國民必讀課本；……第七年人民識字義者須得一百分子一。」清廷這一清單，無異視全國人民為文盲，即便經過七年之努力也僅僅以百分之一的識字率為目標。當時提倡教育的學者孟昭常在發表於《東方雜誌》的《廣設公民

「異想天開」。但這種大膽的設想，正反映出維新派人士企圖通過發展報刊來推動社會進步的迫切心態。

同樣，未署名的〈論讀報可知其國之強弱〉一文，也論述了歐美報業之現狀：

> 歐美諸洲，厥報林立，其主持筆政者，不一其人也。若英、若俄、若美、若德、若法，其各報又率互相攻駁，議論絕不一致者也。顧余嘗悉尋其宗旨，則類皆高瞻遠矚，有鞭笞六合，總匯四瀛之心。不曰植民於亞洲之區，即曰闢地於奧非之境；不曰馳艦於太平洋之表，即曰飲馬於印度洋之濱。[114]

這段話裡作者有兩層意思。第一，他認為歐美報刊的特點是「多元化」，報刊種類很多，報刊之間觀點各不一致，互相也經常爭論和攻擊。第二，他認為歐美各國的對外擴張的殖民政策，亦始於報刊的輿論推動。

在後期《知新報》上連載的〈論中國變政並無過激〉一文，為論證變法的舉措之一是「許報館之昌言」，強調了報館在國家內政和國際關係中所發揮的作用：

> 環球各國，皆有官報，而民間之釀貲而為此者，普則千七百

學堂議》一文中說：「（人民）大半不識字，書不足以記名姓，數不足以計米鹽，目不識圖冊版串為何物，耳不辨權利義務為何等名詞，見官府示諭，茫然不知赤文錄字竟作何語。若是者，何為耶！」據統計，1907年在校的小學生人數僅為90萬左右。學者張朋園指出，在貴州鄉村，直到1930年代，識字率仍然不會超過百分之五。由晚清人民如此之低的識字率，亦可推斷能夠閱讀報刊的民眾只是極少部分。參閱張朋園，〈識字率與現代化〉，見《知識份子與近代中國的現代化》（南昌：百花洲文藝出版社，2002年第1版），頁208-209。

114 《知新報》第101冊，影印本頁1465。

餘家，英則千二百餘家，法則千五百餘家，意奧各國亦千餘
家。近日日本亦八百餘家。其餘各國，固不類是。吾聞俄、
土之戰，各國皆注視《太晤士》之論議，蓋報館如斯之重
也。是故，各國交涉之事，政府不知，而報館知之；一國民
庶之隱，政府不知，而報館知之。東西各國報館之大者，派
訪事，發專電，月糜數萬金。五洲之事，如在眉睫。今以中
國之大，弊政之深，外交之難，而僅有此區區者，且月繙西
報數十紙，以覘中外之形勢。尤其下者，則輾轉傳鈔，蕪穢
已極，已非言學言政之報之體。[115]

　　前面兩段文字都突出了報刊在國家政治中的作用，乃是走向國富
民強的重要環節。但是，作者過分地誇大了報刊對國家的內政外交所
起的作用，甚至頗為絕對化地認為，一個國家有報刊也就有了一切，
報刊多則國家強。這種思路不無偏頗之處。然而，這也正是那一代士
人思考和言說方式的特色，在他們看來「矯枉」就必須「過正」，因
此許多時候有意要誇大其詞。

　　第四，維新派人士開始認識到，報刊的存在乃是近代社會公民言
論自由的保障。沒有民間獨立的報刊，公民的言論自由也就成為空中
樓閣。

　　吳恒煒在《〈知新報〉緣起》中論述說：

報者，天下之樞鈐，萬民之喉舌也。得之則通，通之則明，
明之則勇，勇之則強，強則政舉而國立，教修而民智。故國
愈強，其設報之數必愈博，譯報之事必愈詳，傳報之地必愈
遠，閱報之人必愈眾，治報之學必愈精，保報之力必愈大，

---

115 《知新報》第75冊，影印本頁1043。

> 掌報之權必愈尊，獲報之益必愈溥。骨天下之心思知慮、眼
> 目口耳，相依與報館爲命，如室家焉。[116]

　　吳氏認爲，民眾智力的發展程度與報刊的數量成正比，報刊的數
量可以作爲判斷一個國家民眾素質高低的標誌之一。報刊能夠讓國民
具備「通」、「明」、「勇」、「強」四種優秀素質，報刊與國民
「相依爲命」。吳氏此一思路與法國思想家托克維爾不謀而合。托克
維爾在論及報刊的意義時指出：「一張報紙就像一位不請自來的顧
問……隨著人們日益趨於平等和個人主義逐漸強烈，報刊也便日益成
爲不可缺少的東西。如果認爲報刊的作用只在維護自由，那未免降低
了它的作用。報刊還能維護文明。」[117]也就是說，報刊直接關乎民
眾的生命質量，數量眾多的獨立報刊不僅促進個人自由的發展，也是
推動文明進步的動力。難怪吳氏建議說，老百姓應當將報刊當作自己
的「家室」。他釐定報刊之價值，乃是以百姓爲本位，報刊首先是對
百姓有利的。因此，維新派人士對作爲「傳媒」的近代報刊的認識，
比起十多年以前的洋務派來，有了一個質的飛躍。

　　維新派大聲疾呼言論自由、出版自由，宣傳報刊的重要性。他們
不僅提出強烈的要求，還率先自辦報刊，造成報刊如雨後春筍般出現
的既成事實，打破了統治者對辦報的限禁。最後，終於促使光緒皇帝
在百日維新中下詔允許民間辦報，使民間自辦報刊取得合法地位，兩
千多年來中國無言論自由的堅冰遂告突破。後來維新變法雖然在上層
政治鬥爭中遭到失敗，但被稱爲「新報」的報刊已經爲社會大眾所熟
悉、所接受。當清廷下令查禁報館時，兩江總督劉坤一致函總理衙
門，建議對報館採取緩和措施，並請求免禁《農學報》等專業報刊。

---

116 《知新報》第1冊，影印本頁1。
117 托克維爾，《論美國的民主》（下）（北京：商務印書館，1988年第1版），頁
　　641。

這一事實說明，報刊已經成為近代中國社會「公共空間」的一個組成部分，統治者已不可能將其全然根除。

在申明報刊的「外在」價值之後，維新派人士還力圖表彰報刊文章本身所具有的意義和價值，也就是報刊的「內在」價值。強調報刊文章「內在」的價值，也就是給它「正名」，名正方能言順。

那麼，怎樣才能闡明和確立報刊文章的價值呢？對於維新人士來說，在現有的知識體系和文化等級制度尚未完全「崩盤」之際，還不能斷然與傳統脫鉤，否則報章文體會失去士大夫階層的認同，如譚嗣同在給汪康年的信中所說：「居今之世，吾輩力量所能為者，要無能過撰文登報之善矣。而遇鄉黨拘墟之士，輒謂報章體裁，古所未有，時時以文例繩之。嗣同辨不勝辨，因為一〈報章總宇宙之文說〉以示人，在湘中諸捷洽口辨之士，而竟無以難也。」[118]康、梁、譚諸人均認為，仍須以「中國式的方法」來解決此問題，也就是回溯傳統，將在傳統中享有崇高地位的文體的概念引入新興文體，使之具備某種不容質疑的合法性。如譚嗣同之〈報章總宇宙之文說〉，盛讚報章之文「其體裁博碩，綱領之彙萃」，綜合了古代的「紀體」、「志體」、「論說體」、「注體」、「圖體」、「表體」、「譜體」、「敘例體」、「章程體」、「計體」諸多文體之優長，且融入了詩賦、詞曲、駢聯、儷句、歌謠、戲劇、輿誦、農諺、里談、兒語、告白、招帖等民間文學的內容與形制，故造就了報章文章從未有過的「備哉燦爛」[119]。這樣的論述，「也就把報章文體與傳統文體、傳統文化觀念完全結合起來」[120]。

例如，吳恒煒在〈《知新報》緣起〉一文中，便將現代新聞體與詩經傳統勾連起來，看似牽強附會，實則煞費苦心：

---

118 譚嗣同，〈致汪康年‧三〉，《譚嗣同全集》，頁493。

119 譚嗣同，〈報章總宇宙之文說〉，《譚嗣同全集》，頁375-377。

120 袁進，〈文學社會運行機制的變化〉，見《近代文學的突圍》，頁54。

詩之風雅，審民俗之情。周官誦方，察四國之慝。唐宋以
降，濫觴於邸抄。嘉慶以來，創始爲報館。名曰新聞，從
風披扇，文章並述，政俗攸存。小之可觀物價，瑣之可見
土風。清議流傳，補鄉校於未備；見聞遍辟，窮宇內之大
觀。[121]

　　譚嗣同對此文評價頗高，在書信中專門有提及：「《知新報》第
一冊到，吳介石乃似襲定盦，其中頗具微言大義，而妙能支離閃爍，
使粗心人讀之不覺，亦大奇。」[122]有意思的是，作者有意地將外國
的影響排除，單單回顧中國文化自身的發展，彷彿報刊這一新生事物
是在中國本土自然而然地產生的。這並非作者的「復古主義」，而是
他有意識地採取「尋根式」的敘事策略。只有這樣，報刊才可能在中
國近代的文化語境中獲得它不可動搖的「合法性」，使得批判者無話
可說。於是，他們將報刊文章與中國古代文學中《詩經》的傳統勾連
起來。《詩經》是中國古代文學的源頭和典範，報刊文章則被守舊派
看成是「無文」的文字。將報刊文章與《詩經》並列，顯示了維新人
士既受制於傳統文學觀念又悄悄偷樑換柱的苦心。
　　在〈論讀報可知其國之強弱〉一文中，作者的敘事策略與吳恒煒
基本一致：

讀《詩三百》，列國之風尚，若者爲強，若者爲弱，若者爲
亡，可以開卷了然，恍若燭照而數計。此蓋作者不能張皇粉
飾於其間，故讀者可以心領神會於其外也。宮絃歇絕，古樂
不作，輶軒罷采，詩教寖微。然則今日所以知政治、人心、
風俗者，何恃乎？曰：恃報而已矣。余既遍讀中國之報，藉

---

121 《知新報》第3冊，影印本頁17-18。
122 譚嗣同，〈致汪康年梁啓超〉，《譚嗣同全集》，頁515。

> 悉各省之吏治、輿情、人心、士氣，因得以悉今日中國之情
> 狀。遂推而讀東西各國之報，於其進步之等差，亦若有粗得
> 其梗概者焉。[123]

文章分析說，從《詩經》到近代報刊，目的都是一致的，即「知政治、人心、風俗」。古人通過閱讀《詩經》來「知政治、人心、風俗」，今人則通過閱讀報刊來「知政治、人心、風俗」，載體和手段不同，而價值與目的一致。文章把近代報刊的興起，看作是遠古傳統的復興，從而巧妙化解了守舊勢力對新式報刊的批評，這樣也就能在與保守派的論戰中穩占上風。這種思路，也正是康有為撰寫《孔子改制考》的思路，它在古今中外的若干思想文化轉型期都有所呈現。

在《知新報》及其他晚清報刊的撰稿人中，梁啟超對報人之身分、報刊與報刊文體之價值最為自信。譚嗣同從《知新報》的編排方式中敏銳地發現了梁啟超的此種自信：「卓公敘例於錄上諭一條，嗣同百思不能措辭，而竟以八字輕輕了之，其狡獪眞匪夷所思矣。」[124]梁啟超將至高無上的「上諭」放置在「論說」之後，豈非大逆不道？但他又用「大哉王言，如絲如綸」八個字來「輕輕了之」，頗有二兩拔千斤的果效。顯然，他認為，在諸多欄目中，主筆所撰寫之論說具有首要地位，即便是皇帝的上諭也要安置於其後，這是一種嶄新的文體價值尺度。

在〈論報館有益於國事〉一文中，梁氏同樣將報刊文體與《詩經》傳統聯繫起來：「報館於古有徵乎？古者太師陳詩以觀民風，飲者歌其食，勞者歌其事，使乘輶軒以採訪之，鄉移於邑，邑移於國，國移於天子，猶民報也。」[125]《詩經》在古代士大夫心目中不僅僅

---

123 《知新報》第101冊，影印本頁1465。
124 譚嗣同，〈致汪康年梁啟超〉，《譚嗣同全集》，頁515。
125 梁啟超，〈論報館有益於國事〉，《飲冰室合集》文集之一，頁100。

是文學作品，乃是一種理想政治狀態和文化狀態的描述，也就是康有爲所說的「大同世界」。梁啓超故意將古代的《詩經》看作今天的「民報」，巧妙地完成兩者之「對接」。換言之，在梁的心目中，古之《詩經》與今之報刊在性質上近似：它們都是政治、人心和風俗的外在體現，都承擔著傳達資訊、溝通上下、促進政治清明的重要作用。

　　正是採取了這樣的策略，報刊才迅速爲士大夫所接受，思想稍稍開明的人士紛紛成爲新式報刊的作者和讀者。閱讀報刊及爲報刊撰稿，符合大部分士大夫長期以來所信奉的「文以載道」的傳統，「士大夫的廣泛接受報刊，並不是說他們已經完全具備了近代報刊觀念、文學觀念，而是由於他們發現報刊與自己頭腦中原有的傳統文學觀念並不矛盾，報刊完全可以成爲『治國平天下』的利器，而且由於報刊具有高效率、傳播快的特點，因而使得傳統文章『治國平天下』的願望在報刊上得到更生動的體現。」[126]由此可見，近代報人「追本溯源」的話語策略是成功的。

　　綜上所述，維新派報人希望通過「述祖」而「立新」──「述祖」是手段，「立新」是目的。儘管他們對近代傳媒的了解和介入有程度深淺之區別，鑑於傳統文化和文學觀念強大的慣性制約，遂不得不將報刊文章放置於傳統文化之脈絡中，在舊有文學觀念的體系內尋找和闡發近代報刊文章的「合法性」。其實，在《詩經》傳統中，更多關注的是「上」對於「下」的垂注，而並無「下」對於「上」的監督。而在近代報刊中，更多注重的是「下」對「上」的制約，而非「上」對「下」的恩賜。但是，《知新報》的諸位作者並未對此種上下權力的位移作進一步的辨析。

　　在戊戌變法前後的諸多報刊中，《知新報》有著明確的「報刊意

126　袁進，〈文學社會運行機制的變化〉，《近代文學的突圍》，頁53。

識」。正是由於對報刊的編輯、撰稿、發行、傳播諸環節均有較為清晰的認識，《知新報》同仁在具體操作的過程中，才有意識地、不斷地調整其編輯方針和寫作思路，進而對自身的文化趣味、知識結構進行大幅度的轉換與更新。

第四節　《知新報》的影響

1898年3月21日，住在浙江紹興的一個名叫周樟壽的17歲的少年，在給杭州的祖父和二弟的一封信中談到，《知新報》內有瓜分中國一圖，言英、日、俄、法、德五國，謀由揚子江，先取白門(南京)，瓜分其地，得浙，英也。兩個月以後，這名少年離開紹興老家，來到南京水師學堂，開始了一條傳統士子不曾嘗試過的嶄新的人生道路。隨著新生活的展開，這個少年改名為周樹人。雖然不能說周樹人是因為閱讀了《知新報》而決定脫離舊的生活模式，但可以肯定的一點是，《知新報》在周樹人生命歷程的轉變中，至少提供了一個契機或一個啟示[127]。

據現有資料記載，魯迅少年時代較早接觸到的維新派報刊就是《知新報》。這也許僅僅是一個巧合。而魯迅所說的那張「中國分割圖」，見於光緒二十四年二月十一日(1898年3月3日)出版的《知新報》第四十五冊。該圖中，中國的各大行省上都已詳細標明了屬於某一列強的勢力範圍。魯迅是浙江人，當然更關心浙江的情況，在地圖旁邊的說明中有「英國勢力則在於兩江、浙江、安徽、湖北五省」的文字[128]。3月3日在澳門出版的刊物，遠在紹興的魯迅居然在21日前就讀到了。從出刊到被魯迅閱讀，間隔的時間僅僅半個月。由此可

127 參見蒙樹宏，《魯迅年譜稿》(桂林：廣西師範大學出版社，1988年第1版)，頁20。關於魯迅談及《知新報》的文字，見於《周作人日記》。
128 《知新報》第45冊，影印本頁566。

見，《知新報》在出版次年已改進了發行方式，郵寄的週期也大大縮短，這使得《知新報》的影響穩步擴大。

魯迅閱讀《知新報》的時間早於《時務報》。這種情況在當時的讀者中，當然只是特例，因爲《時務報》之聞名早於《知新報》。但是，在戊戌變法前後維新派所辦的報刊中，《知新報》與《時務報》齊名卻是不爭的事實。無論就編輯、撰稿的陣容還是影響力度來說，兩者都堪相伯仲。如果再算上《湘學報》，則三者三足鼎立，正如梁啓超在《中國各報存佚表》中所說：「《知新報》屹立於澳門，《湘學報》屹立於吾湘，與《時務報》鼎足分峙，彪炳一時。」[129]《時務報》後期，由於張之洞的不斷干涉、汪康年的日趨保守以及梁啓超的離開，影響力逐漸下降，其地位爲《知新報》、《湘報》、《湘學報》等取代。

1897年和1898年是維新派活動的高潮時期。隨著上層政治形勢的變化以及科舉考試內容的更新，過去那些一心唯讀聖賢書的士子們，也不得不重視起近代報刊來，紛紛在報刊中尋找新知識、新思想，「當戊戌四五月間，朝旨廢八股改試經義策論，士子多自濯磨，雖在窮鄉僻壤，亦訂結數人合閱滬報一份。而所謂時務策論，主試者以報紙爲藍本，而命題不外乎是。應試者以報紙爲兔園冊子，而服習不外乎是。書賈坊刻，亦間就各報分類摘抄刊售以佯利。蓋巨剪之業，在今日用之辦報以與名山分席者，而在昔日則名山事業且無過於剪報學問也。」[130]在此期間，各省地方官員亦都以《時務報》、《知新報》等新式報刊爲指南，要求本地官吏、紳士、學子多多購買、閱讀、研究之。在這些官員和文化機構的負責人的文告中，他們大都將

129 《中國近代報刊史參考資料》（上）（中國人民大學新聞系內部資料，1982年印刷），頁39。

130 姚公鶴，〈上海報業小史〉，轉引自龔書鐸，《中國近代文化概論》（北京：中華書局，1997年第1版），頁324。

《知新報》與《時務報》並列，將這兩種報刊看成當時水平最高、知識密集度最大的報刊。

以《知新報》爲代表的維新派報刊的影響力和滲透力，主要通過兩大渠道展開。第一個渠道是開明官員在官僚階層大力推廣，甚至以行政命令的方式要求下屬官吏人等必須訂閱。這類官員一般都是地方大員，具有在當地一言九鼎的權力，因此其命令一般能得以切實貫徹。另一個渠道則是各地思想趨向維新的學政或書院山長以半官方的方式向當地學子們推薦。推薦者往往是當地學術界的領袖人物，因此其推薦具有示範意義，能夠引發當地讀書人、尤其是年輕一代學子對新報刊產生興趣。這兩大渠道都是「由上而下」式的，其功效也立竿見影。《知新報》上刊登過若干份官方或半官方推廣《知新報》的文件，這些文件顯示了該報是如何通過以上兩個渠道傳播的。

體現第一個渠道的文件頗多，如〈廣西洋務局奉史中丞飭全省閱《知新報》箚〉。該箚首先簡要說明在新時代報刊的重要性及《知新報》誕生的背景：「現在泰西各國報館如林，英吉利一國，多至二千餘館。中國亦漸通行。……茲有廣東澳門開設《知新報》館，其敘例著於篇首，所錄各國近事，皆照各國本文譯出，至詳且備，亟應隨時閱看，以廣見聞。」這份通知認爲，地方官吏應當將《知新報》當作「隨時閱看」的文本。這位封疆大吏對《知新報》的辦刊方針和文章水準都作了較高評價：「其論說明正，深通時變，尤能激勵憤恥、博深切明；其所譯西國政事，以及農商化電等學，足見泰西富強之本，而非同剿襲訛傳，豈可廢而不聞？」[131]這裡雖然涉及「西國政事」，但並沒有特別強調之，只是將其與「農商化電等學」等並列爲「泰西富強之本」。其著眼點卻仍在器物層面。

又如〈江西布政司翁飭全省閱《時務》、《知新》、《商務》各

---

131 《知新報》第15冊，影印本頁115。

報箚〉，也對《知新報》之地位、內容及意義有較為中肯的評價：
「按諸報以《時務報》為最佳，《知新》、《商務》報次之。其體例
首載論說，次錄諭摺，又次時政，繼譯英法俄日近事，末則新出各
書。議論宏遠，采摭精詳。舉凡列邦之政治、風俗、物理、民情，以
及片言可法、一技堪師，無不備載。閱之足以增識見、恢抱負。洵用
世之先資，濟時之利器。」在當時若干新式報刊中，單單拈出《時務
報》、《知新報》和《商務報》這三種報刊，可見在當時開明官僚心
目中《知新報》地位之崇高。這位擔任布政司的高級官員認為，《知
新報》「議論宏遠，采摭精詳」，勸告學子通過閱讀報刊方能「目炬
漸輝，耳郵日遠。運慧珠於智府，懸明鏡於靈台。心無偶塞之茅，胸
有已成之竹。示五大洲於掌上，繪數十國於目中。」[132]最後一句對
仗相當形象，表面上是說明讀書人閱讀報刊使得知識豐富和見識增
長，背後卻顯示出報刊使士子們思維方式亦發生絕大轉變，由傳統的
「天下」、「天朝」觀念轉化為近代的國際觀。這份通知從官員和士
人知識結構的調整、人生價值的實現等角度闡述《知新報》的作用，
對廣大官員和讀書人頗有吸引力：如果不想被時代大潮所淘汰，那麼
閱讀《知新報》就是跟上外部世界變遷的迅捷之法。

又如〈杭州府林太守飭屬購閱《知新報》箚〉，該箚認為西方報
紙分為兩大類別，即「論政之報」和「論學之報」，兩者各有側重。
而《知新報》集兩者於一身，更是如今的官員和士人的必讀之報：
「去年澳門創《知新報》，皆由西文譯出，上半錄英俄法德美日各國
大事及有關東方交涉者，即泰西論政之報也；下半錄農礦工商及一切
格致新法，即泰西論學之報也。」這是對《知新報》特點的準確概
括。這位杭州知府還提出了具體的閱讀建議：不能單獨閱讀一種報
紙，而應該在閱讀《時務報》和農學譯書公會各報的基礎上，「兼采

---

132 《知新報》第27冊，影印本頁269。

此報,互證參觀,於論政論學更有稗益焉。」[133]

以上幾則都是官府發布的較爲正式的公文,它們都注意到了《知新報》在議論上的卓異之處。其行文採取居高臨下的、命令式的口吻。若干省級和州府一級的大員們,將購買和閱讀新式報刊當作一種「法定任務」,在自己的轄區推廣之。顯然,在一個官本位的社會裡,由官方出面發布類似的公文,對於推廣和銷售民辦的《知新報》相當有效。

體現第二個渠道的文件也很多。如〈興化府張發給書院《時務報》、《知新報》示諭〉:「欲通知時務,尤在閱報一事。查滬粵報館,不下數種,如《時務》、《知新》兩報,其中備載中外交涉事件,及歐亞二洲興廢沿革等事,皆足增長見聞,考求彼己情勢。除分別選講,撗交監院收掌轉給外,合亟出示。」[134]該通知注意到《知新報》對「中外交涉事件」的詳細報導,能夠增加學子的外交常識。但又嚴格規定書院,將閱讀這兩份報紙作爲優秀學生的「特權」。換言之,閱讀《知新報》等維新報刊成爲書院對學生的特別獎賞。這是一種有趣的、也很有果效的做法。官員和書院主管故意賦予維新報刊以經典般「不可缺少」的意義和價值。這種方法,很容易在讀書人中迅速達成「移風易俗」的效果。

又如〈貴州學政嚴通飭全省教官士紳購閱《時務》、《知新》報箚〉,負責貴州全省教育的官員在這份文件中首先介紹《時務報》和《知新報》的現狀:「欲通時變者,舍閱報而外,術亦無由。查上海《時務報》創設於去年之七月,澳門《知新報》躍行於今歲之孟陬,其採錄各端,皆近今要務,總理斯事皆當代通人。」這位教育官員將閱讀新式報刊作爲「通時變」的惟一途徑,並將兩報的編者和撰稿譽爲「當代通人」,此評價極高,欽佩之情,溢於言表。然後,這份通

133 《知新報》第48冊,影印本頁608。
134 《知新報》第26冊,影印本頁252。

知描述了兩種報刊在全國各地已被廣泛接受的情況：「現在直隸、安徽、兩湖、江浙、山西、廣西諸省，均因該報有裨政學，或由官府箚飭所屬，或由院長勸諭諸生，官吏、士民咸知購報。」[135] 相對而言，由於地處偏遠，《時務報》和《知新報》在貴州的傳播並不廣泛。因此，這位學政循循善誘地要求本地人士訂購和閱讀之。

一個值得注意的現象是，《知新報》所刊登的地方官員和學界領袖推廣《知新報》的文件，大部分出自內陸偏遠地區。正因為處於內陸偏遠地區，才更希望獲得新的知識和資訊，自然就對傳播新知識、新文化、新觀念的報刊最感興趣。如廣西官員在通知中特別指出閱讀《知新報》的意義：「廣西地處邊陲，向無報館，閉塞耳目，殊非細故。又或一行作吏，無暇讀書。或遠宦荒隅，隔絕文獻，欲通時事，其道無由。非閱斯報，何以開智識而資藝業？」廣西本地沒有報館，資訊相對蔽塞，官員們可通過閱讀《知新報》來達到「開智識、資藝業」的功效。這份通知還命令負責稅務和外事方面的官員必須閱讀《知新報》：「其各釐卡委員，更宜擴充見聞，以免遇有中外交涉事件，無所措手。除由本局分送省城各衙門暨各局，並通飭各府廳州縣暨各釐卡委員，一體遵照閱看外，合行箚飭到該府，即便轉飭所屬各州縣，一體遵照。」通知甚至還不厭其煩地就訂報、閱報等具體事宜指出實施辦法：「所有每年應繳報費，應即先期呈繳善後總局，以便彙寄該報館收領。」[136] 這些具體而微的措施，體現了廣西開明官員企圖通過《知新報》了解國內外局勢並發展地方經濟文化的急迫心情。

貴州學政也在通知中強調指出：「況本省地處邊隅，……一切農政礦務測繪製造之學，均為當務之急。」[137] 其心態與廣西官員一

---

135 《知新報》第42冊，影印本頁511。

136 《知新報》第15冊，影印本頁115。

137 《知新報》第42冊，影印本頁511。

致，希望利用《知新報》開一省風氣之先。當然，他們比較重視《知新報》上刊登的關於農業和礦業的內容，認為這是「當務之急」。可見，他們看重的是作為「工科」知識載體的《知新報》，而非作為「政治人文」知識載體的《知新報》。這種想法顯然還是洋務派的路數，與維新派的關注點大異其趣。

同樣是落後地區的江西，則強調當地古代曾有過的輝煌，認為若想重振本地文化，必須首先引進新思想、新文化。一個地區文教興盛的指標之一，就是人們購買和閱讀《知新報》的情況：「近聞江浙楚湘直隸諸省，通檄各屬購閱，以次盛行，導風氣之先聲，破拘墟之成見。知留心時事者，必以先睹為快也。江省界吳楚之間，鍾湖山之秀，人才輩出，文教方隆，豈甘讓祖逖著鞭？當競效毛生脫穎。」[138]這份文件還指出，其他省區關心時事的文化階層都對《知新報》抱著先睹為快的熱忱，在其他地區已經領先的情況下，江西尤須奮起直追、後來居上。

雖然採取不同的言說方式、所關心的層面也各有差別，但這些官員們的基本想法是一致的：地方的振興，有賴於西學的引進；而引進西學的渠道則是新式報刊，在新式報刊中《知新報》無疑是佼佼者。因此，購買《知新報》，成為振興地方經濟文化的重要環節；宣傳《知新報》，成為地方官員們表現自己開明姿態的一個風向標。

從一創刊起，《知新報》便是「內外兼重」。所謂「內外兼重」，有兩重涵義。一是就內容而言，國內時事與國外時事兼重；二是就發行而言，內地傳播與海外傳播兼重。在戊戌政變前，內地市場重於海外市場；在戊戌政變後，海外市場重於內地市場。因此，《知新報》在海外一直保持著一定的影響力，擁有一批忠實讀者，許多海外讀者還曾致信報館，談及閱讀體會、自身經歷及對報館之期望。如

---

138 《知新報》第27冊，影印本頁269。

〈新加坡黃君逖臣致本館書〉，新加坡讀者黃逖臣在信中說，「置身內地，於西人橫暴無狀，雖甚洞悉，而未嘗身受其毒」，相比之下，自己「旅叻(中國僑民對新加坡的稱呼)二十餘年，見華人之爲他族所虐者，每下愈況」，希望將此情況「登之報末，俾斯世之有心者，知南洋百數萬人，惴惴乎偷息以求活也」[139]。

　　《知新報》之影響力，還可以從它所刊登的廣告上看出來。老報人戈公振說：「以廣告言，其形初均若今日之分類欄，其性質亦完全屬於商務者。甲午以後，始有學校廣告，書報廣告亦漸多。」[140]在《知新報》創刊初期，其廣告一般都是「自我推銷」的內容，介紹本報之特色、價格、訂閱方式和印刷用紙等等，尤其是提醒和催促讀者匯款訂報的告白最多。到了第二十三冊，第一次出現關於其他報紙的廣告。在這一冊的最後刊登有這樣一則廣告：「本館告白：上海《農學報》在本館寄售，每月兩冊，每年三洋，不拆售。」[141]《農學報》也是維新派人士主持的報刊，它在《知新報》上刊登廣告，兩者之間的經濟關係究竟如何，是有償的呢，還是無償的？由於沒有明確記載，今天很難判斷之。但是，這一情況至少可以說明《知新報》的影響力正在擴大之中——它已經擁有了一定的讀者面，因此具備了向讀者推薦其他報刊的資格。

　　此後，陸續有上海《萃報》、上海《求是報》、日本出版的中文《東亞旬報》和日文《中外時論報》、新加坡出版的《天南新報》、日本橫濱出版的《清議報》、澳門《澳報》、上海《五洲時報》等數十種報刊在《知新報》刊登廣告[142]。其中，許多報刊都是剛剛創辦

139　《知新報》第48冊，影印本頁608。

140　戈公振，〈中國報紙進化之概觀〉，見《中國近代報刊史參考資料》(中國人民大學新聞系內部資料，1982年印刷)，頁4。

141　《知新報》第23冊，影印本頁216。

142　以上各報的廣告，分別見於《知新報》：第35冊，影印本頁410；第36冊，影印本頁426；第52冊，影印本頁684；第59冊，影印本頁799；第78冊，影印本頁

新面孔，其廣告中有若干自我展示甚至自我誇耀的語言，顯示出它們對讀者和市場的迫切渴求。這種做法是對傳統「酒香不怕巷子深」觀念的更替。一份新報刊要想迅速為讀者所熟知，必須借助於像《知新報》這樣已有巨大影響力之報刊來推薦。所以，這些新報刊一般都會選擇在《知新報》等著名報刊上做廣告。

與報刊相似，諸多新出版的書籍也開始借《知新報》之一角刊登廣告，以引起廣大讀者的注意並購買之。讀者也就意味著市場，意味著巨大的商業利潤。與舊式文人不同，維新一代知識分子已經有了「讀者至上」的想法。這既是為了獲取實際利益，也是為了將啟蒙工作深化。在《知新報》上刊登廣告的書籍很多，有的是由已經在《知新報》上連載過的文字結集而成的，更多的則是沒有在《知新報》上露過面的作品。在各類書籍中，尤以政治、法律、傳記類為多。例如，第一百一十三冊上刊登了新翻譯的《日本維新史歷記》、《國家學》、《戰法學》、《日本員警新法》等書的銷售廣告[143]。廣告中對各書之內容均有簡要介紹。

《知新報》上還刊登許多學校和學會的廣告。報刊、新式學校、學會等，都是近代「公共空間」的組成部分。它們的出現及繁榮，對一元化的專制國家機器有逐步弱化作用。出現在《知新報》上的學校、學會的廣告有：在日本橫濱創辦的大同學校、在上海創辦的中國女學堂等。廣告中詳細介紹了課程設置和招生情況等[144]。這些學校、學會，既有設在內地的，也有設在海外的，從這一個側面看出，《知新報》的受眾不僅分布在國內，也遍及國外。廣告的增加，意味著《知新報》擁有了除個人投資或捐助以及發行收入之外的第三個重要財源，但此筆收入在整個報刊的經營中究竟占怎樣的比例，還有待

（續）————————————————
　　　　1107：第105冊，影印本頁1543。
　　143 《知新報》第113冊，影印本頁1660。
　　144 《知新報》第55冊，影印本頁732。

進一步研究145。

在維新人士的事業當中，報刊、學會和學堂作爲建構公共領域的基本元素，常常是「三位一體」的。有敏銳的觀察家發現，三者既能達成資源分享，又能互相呼應和支援，結成「三位一體」的緊密關係146。《時務報》背後的組織型態是強學會，而強學會按照康有爲的設想，是「兼學校與政黨而一之」。《知新報》在戊戌變法失敗之後，亦曾充當保皇派在海外的總部。《時務報》、《知新報》等維新報刊的複雜地位，表明了近代中國公共空間形成的曲折性。對此，許紀霖分析指出：「近代中國城市的公共領域，與以市民社會爲基礎、以資產階級爲基本成員的歐洲公共領域不一樣，在發生形態上基本與市民社會無涉，而主要與民族國家的建構、社會變革這些政治主題相關。因此，中國的公共領域從一開始就是以士大夫或知識分子爲核心，跳過歐洲曾經有過的文學公共領域的過渡階段，直接以政治內容作爲建構的起點，公共空間的場景不是咖啡館、酒吧、沙龍，而是報紙、學會和學校。在風格上缺乏文學式的優雅，帶有政論性的峻急。」147

《知新報》時常刊登各社會團體的廣告，尤其是學會、學堂的廣告，其用意在於拓展民間的「中間社會」，以瓦解或者削弱專制強

---

145 《紐約時報》1901年3月24日新聞專稿〈清國報業見聞〉指出，當時的報紙出版發行部一般雇有四個人，負責報紙的折疊、分送、搬運、以及在櫃檯上出售。至於廣告，登一則廣告通常由與報紙每年一簽約的買辦來決定，過路廣告每字值五個銅板，相當於十六分之五美分，每一份報紙值十二個銅板。該報導的時間爲《知新報》停刊前夕，故可類比之。參閱鄭曦原編《帝國的回憶——「紐約時報」晚清觀察記》，頁115。

146 許紀霖，〈近代中國城市的公共領域〉，見高瑞泉、（日）山口久和主編，《中國的現代性與城市知識份子》（上海：上海古籍出版社，2004年第1版），頁69。

147 許紀霖，〈近代中國城市的公共領域〉，見高瑞泉、（日）山口久和主編，《中國的現代性與城市知識份子》，頁82。

權。只有公共空間擴大了，報刊自身才能獲得較大的活動餘地，因此
《知新報》同許多新興的民間社團保持緊密聯繫，其中比較有代表性
的就是與日本東亞同文會的關係。《知新報》的重要撰稿人丘逢甲、
徐勤等，都是同文會的活躍份子。在運作報刊和協會時，他們持有相
同或相近的理念[148]。另外，《知新報》同人還倡導成立不纏足會、
戒鴉片分會、義學等組織，對澳門社會的近代化作出了重大貢獻。在
《知新報》上，對不纏足會的情況有較多介紹，如該組織的章程、入
會人員名單、會員捐款名單等均全文刊登。這部分內容，既是當時的
一種公益廣告，也為後人研究澳門以及珠江三角洲的社會史、文化史
提供了鮮活的第一手材料[149]。維新運動雖然失敗了，但它所拓展的
公共空間並未隨之消亡，如論者所云：「維新運動使中國的思想文化
結構發生重大變化，也使社會結構變化：思想、文化的更新促進了新
知識分子群體的誕生。中國的政治結構也從此有了根本性的改變：民
間社團的興起，為政黨奠定了基礎。參政範圍的擴大，打破了官僚壟
斷政治的格局。」[150]

---

148 參見夏曉虹論文〈心繫國粹謀興學——丘逢甲教育理念的展開〉。

149 《知新報》第19冊刊登有〈澳門不纏足會別籍章程〉，第65冊刊登有〈澳門戒鴉
片煙分會告白〉，第67冊刊登有〈澳門戒鴉片煙分會創籍倡始人諸公名字〉。
以不纏足會的情況為例，在《知新報》刊登的章程指出，澳門不纏足會是為
「廣開風氣而設」，凡能「永遠遵守總會會例」的，可「暫著於此籍」。組會
的宗旨是不纏足，如年過9歲，已纏足不能放者，須本籍注明。至於男子「擇
婚娶婦，亦以不纏足為主」。澳門不纏足會的倡始人中，有《知新報》總理何
廷光、康廣仁。《知新報》上陸續刊登了澳門不纏足會「別籍創始人」的名
單，第二十冊有張有韜等21人，第二十二冊有潘飛聲等66人，第二十七冊有戴
荃等6人，第四十四冊有鄭伯賢等4人，連同發起的張壽波等8人，政變前共計參
加者117人。確如論者所云：「在不到一年的時間內，有這麼多人參加『倡
始』，這在人口較少的澳門來說，已經很不容易了，也反映了維新運動時期
『風氣漸開』的影響。」參閱湯志鈞，〈維新變法與澳門〉，《戊戌維新與近
代中國的改革——戊戌維新一百周年國際學術論文集》，頁365。

150 黃敏蘭，《中國知識份子第一人——梁啟超》，頁60-61。

　　除了報刊書籍和學校學會的廣告之外，《知新報》中的廣告還逐步擴大到其他領域，如第四十八冊中有美國「永安保人險公司」的廣告，介紹該公司雄厚的資本數額以及到澳門開辦業務的情況：「啓者：本公司現在澳門分設保人險公司，專保人險。已派南環居住之葛爹利士爲代理人，專司其事。如有欲知如何保法及銀數多少並詳細章程者，請到本公司與該代理人面商。本公司常存之款共金洋四十九兆三十四萬九千二百三十一磅，另存本金洋共十兆零五十二萬九千八百二十八磅。特此布聞。」[151]這種廣告與前面的那些廣告不同，它已不含任何宣傳維新思潮的成分，而是純粹的商業廣告。

　　在《知新報》第六十冊，刊登有關於廣告價格的告示：「兩行起碼，一期四圓，三期十圓五角，九期三十圓五角，十八期五十四圓，三十六期一百圓。三行起至六行九扣，七行起至十五行八扣，十五行以下及刊圖另議。封面告白加倍。」[152]這一關於廣告的「廣告」，在此後的各期的《知新報》上反復出現。可見，《知新報》的編者開始具有了較爲明確的廣告意識，廣告已成爲報刊的生命線。

　　在《知新報》後期，對廣告業務又有更爲細緻的介紹：「本報於五洲大小各埠，皆周通遍達，凡中外仕商有欲登布告白者，請到面訂或致函商酌，均無不可。本館志在利人，價銀格外廉取。又本館承接大小印件花邊色紙，一切具備，價亦相宜，如意者請到帳房面議。」[153]這一介紹透露了兩個重要的資訊：第一，《知新報》自己有印刷機構，不僅印刷本報，還有餘力承接其他印刷業務，可見其印刷能力較強。第二，這則告白顯示出「廣告主」對報刊而言已不可缺少。編者以《知新報》「周通遍達五洲大小各埠」的發行條件來吸引商家投入廣告。但是，編輯在寫作此「廣告」時候，依然「猶抱琵琶

151　《知新報》第48冊，影印本頁620。

152　《知新報》第60冊，影印本頁816。

153　《知新報》第112冊，影印本頁1660。

半遮面」，一邊在申明廣告之價位，一邊卻又在說什麼「本館志在利人」──一方面是聲張近代商業原則，另一方面卻又流露出「君子恥於言利」的舊思想和道德至上的傳統觀念。

《知新報》在戊戌變法之前就已具備了相當的影響力[154]，亦成為保守派的眼中釘。如第二冊中即有對中俄密約一事發表的評論：「此次中俄密約，引虎入室，認賊作子，禍未有艾，人人寒心。」[155]這樣直截了當地評論國家的內政外交，為內地報章所不敢為。創刊後不久，清廷即下諭旨稱：「澳門《知新報》所記各事，語極悖誕。」並下令廣東督撫：「派員曉諭該館，嗣後記事，務當採訪真確，不得傳布訛言。澳門歸葡國管理，或照會彼處洋官，並著斟酌辦理，原片均著抄給閱看，將此諭令知之。」[156]清廷雖然惱火《知新報》的批評，卻無法直接將其關閉，不得不以懷柔手段派員前去「曉諭」之，同時還企圖通過外交手段，向葡萄牙官員施加壓力。近代以來，由於西方勢力的侵入，使得中國傳統的天下觀發生了改變，專制君主無法將權力延伸到澳門、香港及各通商口岸的租界之中。而《知新報》等報刊正是在此縫隙中獲得了生存的空間。

戊戌變法失敗以後，由於內地絕大多數原由維新派操持的報刊都被封禁，《知新報》的地位更加凸現出來。在《知新報》上刊登了大量宣傳光緒「聖德」，痛斥慈禧為首的后黨之罪惡、哀悼六君子遇難、以至宣傳「勤王」、「保皇」的文章，言論之大膽，堪與此後革命派所主持的報刊相比。《知新報》雖然再也無法深入內地傳播，卻在海外聲譽日隆，正如梁啟超所描述的那樣：「聖主幽囚，新政墮

---

154 徐松榮指出：「《知新報》是戊戌後維新派重要的輿論陣地，通過該報加強對國內的宣傳，並搭起國內與國外維新派的輿論宣傳與組織活動的橋樑，作用很大。」參閱徐松榮，《維新派與近代報刊》，頁135。

155 《知新報》第2冊「故使誤國」條，影印本頁11。

156 《德宗實錄》卷405，第10頁。轉引自陳玉申《晚清報業史》，第93頁。

墮，內地報館，封禁無存。天津、上海、澳門爲權奸勢力所不能及，巍然存者，近二三焉。」[157]

---

157 《中國近代報刊史參考資料》(中國人民大學新聞系內部資料)，1982年印刷，頁39。

第二章
《知新報》的核心人物

第一節　《知新報》在主要作者和譯者

在《知新報》創刊號上，列出了主要撰稿人和翻譯者的名單：「總理為何廷光、康廣仁；撰述為何樹齡、韓文舉、梁啓超、徐勤、吳恒煒、劉楨麟、王覺任、陳繼儼；翻譯：英文周靈生、葡文宋次生、德文沙士、法文羅渣、美文甘若雲、日文唐振超。」[1]

就譯者來看，前後人員變動較大。在《知新報》第二十冊的「本館告白」中說：「添延新會盧君其昌與周君靈生同譯英文。」又說：「東文翻譯唐君振超，前月因故自行辭退，現再聘得日本東京山本君正義專譯東文各報。」[2]在第二十九冊的「本館告白」中又說：「盧君其昌，去月已因故自行遷出，頃再延新會陳君焯如翻譯英文。」[3]在第三十二冊，報館再度發表聲明說：「近刊之日本報，大半為南海先生之女公子康同薇所譯，揭之於此，以免掠美。」又說：「《歲計政要》（英文）……其體裁雅善、訓詞簡要者，南海陳君士廉介叔之功也。」[4]在第四十四冊，翻譯人員又有所變化：「本館所聘之日文翻

1　《知新報》第1冊，影印本，頁8。此名單與刊登於《時務報》的〈《廣時務報》公啓〉上的名單略有差別。後者之撰稿人名單有康門弟子曹泰，而無王覺任；後者稱英文翻譯有兩人，還將聘俄文翻譯。

2　《知新報》第20冊，影印本頁168。

3　《知新報》第29冊，影印本頁313。

4　《知新報》第32冊，影印本頁362。

譯山本正義、英文翻譯陳君焯如皆因故自行辭去，嗣後所譯日文擬請南海康同璧女史任之，其英文翻譯則添聘香山容君廉臣與舊聘之新會周君靈生總其事。」[5]

《知新報》的翻譯文章占全部文章的半數以上，這些翻譯文章從思想、文體到言辭各方面都對讀者產生重大影響。高水準的翻譯文章，是《知新報》的一大長處，而「有較強的翻譯力量，是《知新報》能從眾多外國報刊較爲準確而迅速地譯出相關消息的基本保證。」[6]

《知新報》的翻譯力量相當雄厚。它不僅網羅了當時廣東方面的幾位資深譯者，而且還有數位外籍人士加盟。梁啓超在給汪康年的一封信中說：「《知新報》之翻譯，每月三十元，每日翻二千字，彼中之報，恒足敷四五期之用而有餘，臨時不患窘竭，何其盛也。弟觀其所譯，未嘗有分毫讓《時務報》，其時或過之。」[7]在翻譯工作方面，梁啓超爲《知新報》「立定章程」，使其質量和數量都超過了審稿制度尚不完善的《時務報》。較高的稿費標準和充足的資料來源，爲譯者提供了一流的翻譯條件，這也是《知新報》讓其他內地報刊無法企及之處。

「路電擇譯」是《知新報》的一大新聞板塊，也是讀者了解世界

5　《知新報》第44冊，影印本頁540。

6　姜義華〈序〉，見《知新報》影印本。當時便有諸多名士將《知新報》與《時務報》進行比較，比較之重點即是譯文的水平，各有不同看法。如孫寶瑄說其論筆、譯筆均優於《時務報》；李智儔說其譯文比《時務報》簡淨；高鳳謙說它多言格致之制，少言格致之理，論述、譯件均不如《時務報》；黃遵憲認爲要喚醒路人，與其論學不如論政；張元濟說觸犯時忌的言論、京外近事、上諭等不需要，專門介紹外國新政新學就好。參閱(日)村尾進，〈萬木森森——〈時務報〉時期的梁啓超及其周圍的情況〉，見(日)狹間直樹編，《梁啓超・明治日本・西方——日本京都大學人文科學研究所共同研究報告》(北京：社會科學文獻出版社，2001年第1版)，頁62。

7　《汪康年師友書箚》(二)，頁1856。

大勢的一個視窗。每期所發表的數百字短小精悍的消息,少則數條,多則十多條,涉及歐美亞非澳各洲之政治、經濟、軍事、文化、歷史、地理等諸多方面。所謂「路電」,也就是英國路透社之新聞稿。儘管由於無法同步獲取路透社之新聞稿,翻譯亦不能及時譯爲中文,再加上發行的滯後,當報紙到達讀者手中的時候,許多新聞早已變成了「舊聞」,但在晚清中西溝通不暢、士大夫知曉外部世界的渠道有限的情況下,《知新報》的「路電擇譯」仍然很受讀者歡迎。關於當時人們對路透新聞的看法,汪康年在筆記中有兩則有趣的記載:

> 郵傳部初亦譯西報,日呈諸堂,有人看否不知也。忽沈雨蒼侍郎曰:「吾輩欲知者,大段之事耳,此等散碎事譯之何爲?」命停譯。譯者言曰:「向所命者譯路透電也,安得有大段?」沈始悟曰:「即如此,亦可不須。」[8]

> 路透電報今風行各國,自都城及大城鎮無不到達,其訪員亦遍及全球。路透爲德國人,其初經營此事甚苦,後遂成全世界不可少之物。且與各國訂立合同,自此局外他人不得遍傳世界事於各國,後德皇因此給予封爵。總局本設於柏林,後賣與英人,遂轉設於倫敦,通世界國都。惟我國京城所售最少,每日只銷售九份,而爲中國人所買者惟一份,即外務部是也(聞此尚是伍公廷芳爲侍郎時力爭得之,署中尚不謂然也),而所費用需三百餘金,擬於巳酉西曆五月初一停止。……吾國人不願討究外事一至於此,可歎也!(按:路透電現在仍發至北京,惟開銷略減耳。又於各處訪員多所裁減,或曰生業已遜於昔,蓋現又有德國電報等起與之爭

8　汪康年,《汪穰卿筆記》,頁133-134。

也。)⁹

顯然，晚清的官僚們尚無現代新聞之觀念，更不知「通訊」這一新式文體。從傳統的文章觀念出發，他們願意讀「大段」之文字，而瞧不起「散碎」之新聞通訊。即便是外務部也少有人意識到通過路透社新聞掌握資訊的重要性。《知新報》大幅刊登來自路透社有權威性的新聞稿件，保證了其資訊的可靠度。當時尚未建立起知識產權保障制度，故《知新報》之摘譯路透社稿件，估計並未經過其允許並支付費用，而是直接拿來為我所用也。

與譯者相比，撰稿人的陣容更加龐大。這些作者撰寫的文章主要集中在「論說」欄目。在早期與中期的《知新報》中，「論說」一般是每期一至二篇；在後期隨著新舊思想交鋒的日益尖銳，則調整為每期四至五篇。《知新報》第六十八期(光緒二十四年九月初一日)第一次出現有關戊戌變法失敗的報導，也正是從這段時間起，此後的「論說」文字不再署作者的真實姓名。據考證，後期未署名的作者，新加入的還有何啟、陳喬甫、陳重遠等人¹⁰。

「論說」是《知新報》等維新派報刊之靈魂所在，「專欄作家」對「論說」的貢獻各不相同。僅就前六十七期中有明確署名的「論說」進行統計分析，可初步得出《知新報》主要撰稿人所撰寫的稿件數量：劉楨麟(18篇)、梁啟超(16篇)、陳繼儼(14篇)、徐勤(13篇)、歐榘甲(6篇)、韓文舉(5篇)、黎祖建(5篇)、王覺任(4篇)、何樹齡(3篇)、麥孟華(2篇)、孔昭焱(2篇)、康廣仁(2篇)、康同薇(2篇)，以下林旭、吳恒煒各一篇¹¹。僅劉、梁、徐、陳四人所撰寫的文章數

9　汪康年，《汪穰卿筆記》，頁34。
10　參見徐松榮，《維新派與近代報刊》，頁133。
11　連載之長篇論文，無論是否連載完成，多次連載均計算為一篇。此數字與湯志鈞《戊戌變法人物傳稿》中所統計之「《知新報》重要論著撰人題名」略有出

量，就占這一階段全部「論說」文章的三分之二以上。可以說，這四名作者就是《知新報》撰稿隊伍之「主力」。

戊戌變法前後最有影響力的一批報紙，如《中外紀聞》、《時務報》、《知新報》、《湘學報》、《國聞報》等性質均為「某一政治組織或者某些志士仁人集股出版的同仁報紙，它們或多或少都有著『救國』的政治目標，而辦的報刊就是為這些政治目標服務的」。即以政變之前《知新報》主要撰稿人所撰寫的評論文章就可看出，大部分文章的主題都具有「公共話題」之性質，事關國計民生。在此意義上，選擇從事新聞事業，亦是這群知識精英另外一種參政方式。他們雖然「不在其位」，卻依然願意「議論其事」。這固然有傳統士大夫堅信「肉食者鄙」的因素，更是因為社會結構飛速變遷，輿論可以影響政治，報刊可以達成救國之目的。袁進在分析近代文學社會運行機制的變化時指出：「文學運行機制的急劇變化，報刊和新型出版機構的大量問世及迅速發展是與清末的政治局勢密切相連的，它們往往是政治局勢的附屬品。這種密切聯繫常常使得某些報刊和出版機構並不以追逐利潤的商業化為目標，而以『救國』為目標。」[12]僅以《知新報》之「論說」而言，即有何樹齡之〈論今之時局與戰國大異論〉、王覺任之〈論列國息爭之公理〉等，討論國際關係及中國如何在近代的國際格局中生存的問題；陳繼儼之〈德人據膠州灣論〉、〈中國今日聯歐亞各國不如聯美國之善〉及康廣仁之〈聯英策〉等，則對具體的外交政策提出建議，雖然這些建議有濃厚的戰國「縱橫家」色彩，不一定符合當時外交的實際情況，對西方諸國亦存在幻想，但從中可以看出士大夫思考和關注的範疇已溢出小小的書齋。

在這批重要作者中，劉楨麟、陳繼儼、黎祖建、孔昭焱非康門

(續)────────

　　入。湯氏之統計有若干誤差，如將〈富強始於衛生論〉一文的作者劉楨麟誤作
　　徐勤等。

12　袁進，《近代文學的突圍》，頁52。

弟子，但均爲廣東籍學者；林旭爲福建侯官人，雖非康門弟子，但
他「聞南海之學慕之，謁南海，聞所論政教宗旨，大心折，遂受業
焉」[13]；康廣仁是康有爲的弟弟，康同薇是康有爲的女兒；其餘撰稿
人大都是康門弟子，梁啓超、徐勤、麥孟華、韓文舉、王覺任五人尚
在「長興里十大弟子」之列[14]。這批人同時也是康有爲組織強學會、
創辦《強學報》時期的基本人馬[15]。從萬木草堂到強學會，再到《知
新報》，可以說是一以貫之。所以，《知新報》的撰稿人，其淵源往遠
處追溯，即爲萬木草堂的班底；往近處追溯，則是強學會的主力。[16]

康有爲講學萬木草堂，建構了近代儒學一個嶄新的學派，即嶺南

13　見梁啓超，《戊戌政變記·林旭傳》。但林氏在光緒二十三年十一月朔之《致
　　李宣龔書》中云：「數日來，膠灣告警，朝議紛然，瓜分在即矣。康長素來，
　　日有是非，欲避之未能，深愧吾友閉門之賢。」(《晚翠軒集》附〈遺箚〉)。
　　可見康、林之間有隙。但林旭爲康有爲之《春秋董氏學》作跋，末署「弟子侯
　　官林旭跋」，則梁氏之說亦可信。

14　康門弟子的情況，盧湘父在《萬木草堂憶舊》一文中列出數十人，馬洪林在
　　《康有爲大傳》中列出有姓名可考的爲106人，蔣貴麟在《康南海先生弟子考
　　略》之〈前言〉中指出：「茲據先生之孫康保延出示其姑丈潘叔璣追憶萬木草
　　堂弟子姓名錄所列共有百餘人。」而蔣貴麟在該《考略》中共收入108人，其
　　中：潘氏談及並有詳細生平材料的弟子有58人；「里爵無考，生平事蹟亦均不
　　詳」的有18人；「潘叔璣追憶所未及見之於遺著或全體文集中之弟子」有32
　　人。《知新報》主要撰稿人大都在其中。

15　如「內地來稿」中有署名瑞金陳熾的〈英日宜竭力保中說〉。陳熾字次亮，以
　　舉人爲戶部郎中，兼軍機處章京，曾任北京強學會「提調」，其論文主旨也與
　　康有爲相近。參閱湯志鈞、湯仁澤，《維新·保皇·知新報》，頁67。

16　日本學者村尾進分析說：「《知新報》創刊之際，康廣仁曾說，今日的報刊起
　　啓發智識作用，也可說是學校之一端。說啓發智識，似乎稍嫌過分體面。對梁
　　啓超來說，在上海參加《時務報》工作期間可以說是一個，將發源於萬木草堂
　　的康門的方法和實踐，一方面企圖通過《時務報》以韜晦的手段在不知不覺中
　　向讀者滲透，一方面在《時務報》周圍，使其靜靜地浮於社會的表面的時
　　期。」梁啓超與《時務報》疏遠之後，《知新報》則成爲他的試驗田。參閱村
　　尾進，〈萬木森森——《時務報》時期的梁啓超及其周圍的情況〉，見(日)狹
　　間直樹編，《梁啓超·明治日本·西方——日本京都大學人文科學研究所共同
　　研究報告》，頁64。

學派。嶺南學派與湖湘學派、江浙學派三足鼎立，雖其淵源之深厚不如其餘兩者，但在近代學術和文學轉型過程中卻扮演著更加重要的角色，並成爲維新變法之源[17]。自從19世紀以來，廣東地區由於地緣關係和時代的影響，首先受到西方文化的衝擊，中西文化漚浪相逐，滲透交叉，匯合了黃河流域的中原文化、揚子江流域的長江文化，而孕育出其奮發踔厲的珠江文化，所謂的「康學」便是在此背景下興起的，「康有爲在廣州創立萬木草堂，招收天下有志之士，聚集一堂，引援新學，提倡變法，就是新興的珠江文化最具體而有力的體現……這一新學派的崛起，對中國學術文化的推動力，其流風餘韻，整整影響了一代人思想和文風。」[18]康有爲通過開辦私立學堂傳播自己的學術和政治思想，開啓維新思潮之先聲。

更爲重要的是，萬木草堂新式教育方式，產生了一大批嶄新的人才。萬木草堂雖然也是採取傳統書院式教育，但其方法和內容，均與舊式教育之間劃出了一道深深的鴻溝。梁啓超回憶說，學堂「教旨專在激勵氣節，發揚精神，廣求智慧。中國數千年無學校，至長興學舍，雖其組織之完備，萬不逮泰西之一，而其精神則未多讓之。」[19]這種舊學和西學並重、理論與實踐同步的教育方法，使得萬木草堂的弟子大多是「多面手」，能勝任學術研究、輿論宣傳、文化組織等多方面的工作。從而與舊式學子拉開了極大的距離。學者蘇雲峰指出：「草堂的教育是政治性的通才教育，因此，思想文字宣傳工作爲彼等所長。除曹泰一人較偏於佛學的冥思，病死於羅浮山以外，其餘諸人，既能從事政治社會改良工作，亦能從事新聞、出版與教育事

17　參閱楊念群，《儒學地域化的近代形態──三大知識群體互動的比較研究》（北京：三聯書店，1997年第1版）。

18　馬洪林，《康有爲大傳》（瀋陽：遼寧人民出版社，1988年第1版），頁134。

19　梁啓超，《康南海先生傳》，《飲冰室合集》文集之六，頁62。

業。」[20]可以說，沒有萬木草堂，也就沒有戊戌變法。此後十餘年間，萬木草堂弟子經歷了領袖群倫的輝煌，也經歷了流亡海外的落寞，其人生軌跡大多艱辛而曲折，堪稱中國近代化的縮影：論組織，由強學會、保國會、保皇會、憲政會而中國民主憲政黨；論行動，由公車上書、戊戌維新、庚子勤王、請願國會，至民初的倒袁護國；論事業，則有報紙、雜誌、書局、學校與企業。《知新報》正是萬木草堂弟子維持時間最長、參與人數最多的一份報刊。

如果進一步分析《知新報》撰稿人的出生地，則會發現這批作者大都集中於珠江三角洲地帶(只有林旭是福建人)。而尤其集中在南海、順德、新會、番禺這幾個廣東南部的中小城市。為何如此多的變法家都集中在同一區域？汪榮祖分析說：「閩粵沿海地區，尤其是珠江三角洲，久為國際通商之地，閩粵子弟為通商者亦多，故得風氣之先。澳門與香港分別為葡、英所據，亦是中西交彙之輻輳，與三角洲腹地往來亦稱便捷。……然而珠江三角洲亦是國學茂盛之地，自宋以還名家輩出。當嘉道之世，阮元任兩廣總督時，創有學海書院，極有名聲。由於中西學皆盛，卒有康有為之崛起南海，為晚清最重要之變法家。」[21]中外學者早已指出，隨著社會經濟發展階段性區域變化，中國文化學術重心，有自北而南轉移的趨勢。日本京都學派主帥之一的內藤虎次郎有所謂「文化中心流動說」，認為明以後文化中心在江浙一帶，海通以還，將移到廣東[22]。《知新報》撰稿人集中於廣東，亦是廣東文化學術興起的證明之一。

聯結《知新報》編輯人員的紐帶有兩個，一是師門關係，二是地

20　蘇雲峰，〈康有為主持下的萬木草堂〉，見《中國近代現代史論集》之第十二編《戊戌變法》，頁323。

21　汪榮祖，〈論晚清變法思想之淵源與發展〉，見《從傳統中求變──晚清思想史研究》，頁67。

22　參閱桑兵，《晚清民國的國學研究》(上海：上海古籍出版社，2001年第1版)，頁28-29頁。

域關係。師門關係是在後天的、思想趨向一致的基礎上建立起來的，而地域關係則是先天的、比血緣和宗族更廣泛的關聯。以師門和地域關係進行組織，是這一時期中國報刊運作方式中顯著的特點。「同人」不僅指思想傾向上的「同」，更落實到「同鄉」的「同」上。《知新報》特別強調撰稿人的出生地，在每篇論說文章的署名處，都無一例外地在名字前面注明其出生地。這是一種有意為之的標榜。這種標榜，既有時代氛圍的因素，更是因為粵人有好「抱團而聚」的古風，粵人自古就重視地緣和血緣關係。

　　《知新報》以粵人為主體構建核心編輯隊伍，亦是吸取《時務報》之教訓。《時務報》時期，梁啟超與汪康年的矛盾、黃遵憲與汪康年的矛盾，有爭權奪利之因素，有辦報方針、管理方式以及學術淵源之差異，亦有地域之區隔。梁、黃為粵人，汪為浙人，因此當梁、黃逼汪交權的時候，汪系人馬即有報館將「盡逐浙人，用粵人」之輿論。此一內部紛爭，「使一份以合群為己任、以變法為目標、以開啟民智為首要任務、並以自身的出現開啟了輿論宣傳高潮的報刊，在自改革運動進入高峰時，卻突然失去了聲音，違背了自己合群的宗旨，這不僅是報館及其創辦人的悲劇，更是自改革事業的悲劇。」[23]《知新報》創刊之時，鑑於《時務報》已經隱然出現的分歧，康梁便集中任用粵人和康門弟子，以形成一個意見比較一致的「小圈子」。這也是康派人馬呈上升時期的特有現象。此後，由於人才流動趨於頻繁，時代思潮此起彼伏，即便在康門弟子中思想亦出現巨大之分歧，再想保持此時之「統一」已經不再可能。進入20世紀之後，保皇和革命兩派在國內外所創辦的著名報刊，均未能像《知新報》那樣，明確而堅定地強調其地域性色彩和學術皈依。

　　《知新報》撰稿人大都出生於沿海之紳士家庭，經濟狀況普遍較

23　廖梅，《汪康年：從民權論到文化保守主義》，頁201。

為良好。他們在青少年時代受到過比較完整的傳統式儒家教育,許多人還參加過科舉考試,獲得過層次不等的功名。康梁獲得了進士之最高功名,其他康門弟子也大都是飽讀詩書的紳士名流。例如,徐勤為邑庠生,家資素豐,在萬木草堂讀書時,凡草堂租屋刻書之費,以及生活困難者,皆由徐擔任救濟。1895年,康有為在北京創辦《中外紀聞》,徐勤捐助了主要的資金。從1896年起,徐勤擔任萬木草堂學長。又如,麥孟華為1893年癸巳科舉人,當時年僅19歲。在中舉之前兩年,麥就入長興學舍跟從康有為讀書。1896年,麥孟華與徐勤一起被康有為任命為萬木草堂學長。另一位康門弟子歐榘甲,亦是「冠歲補博士弟子員……文學優美,議論豪放」[24]。這些作者大都具備深厚的舊學功底,對中國傳統文化了然於胸。不管他們本人是否已在科舉考試中獲得功名、以及獲得何種層次的功名,其政治、經濟和文化地位已然決定了他們隸屬於中上層紳士。在他們發表於《知新報》的評論文章中,有不少即是涉及舊學問題的深刻論述,如徐勤之〈春秋存中國說序〉、〈孟子大義述序〉,歐榘甲之〈春秋公法自序〉,劉楨麟之〈公羊初學問答自序〉等。這也證實了汪榮祖的觀點,就知識程度或文化背景言,晚清變法家自非「半下流人」,實係「優異分子」,「晚清變法家若無本國語言辭彙,便不能表達;若無本國歷史文化的例子作譬,新意思亦不能表達。此猶如隋唐以來佛家以道家之辭彙譯介佛經。晚清變法家以墨子、管子用詞闡述近代科學與工商之事,吾人可斥之為浮淺的比附,然無可否認者,此種比附固有利於新文化之移植。易辭言之,本土之思想家必須演義外來文化於固有傳統間架之上;若無本國學術文化的根基,便難勝任此種任務。」[25]

　　作為一個特殊的社會集團,中華帝國的紳士具有人們所公認的各

24　參見蔣貴麟,〈康南海先生弟子考略〉,《大陸雜誌》第61卷第3期,頁123。

25　汪榮祖,〈論晚清變法思想之淵源與發展〉,見《從傳統中求變——晚清思想史研究》,頁64-65。

種特權，並有著不同於普通老百姓的、特殊的生活方式。對此，學者張仲禮分析說：「紳士乃是由儒學教義確定的綱常倫紀的衛道士、推行者和代表人，這些儒學教義規定了中國社會以及人際關係的準則。紳士所受的是這種儒學體系的教育，並由此獲得管理社會的知識，具備這些知識正是他們在中國社會中擔任領導作用的主要條件。」[26]科舉制度是紳士階層的「遙控器」，牢牢地掌握著紳士的人身自由和思想自由。科舉制度的實施，使得「知識」成為獲得「特權」的先決條件之一。而以儒家經典為主體的知識，滲透了官方所設定的意識型態，使得紳士在不知不覺中放棄自我、皈依權力。「這種制度的節制與意識型態的控制雙管齊下。意識型態控制迫使紳士們白首窮經，鑽研儒學信仰的那些君權至上的準則。因此紳士同國家的關係有雙重性質，既支撐著國家，又為國家所控制。」[27]這也是中國傳統的士大夫階層遲遲無法蛻變成為近代意義的知識分子的關鍵原因。如果用馬克斯‧韋伯的理論來分析，就是「紳士階層的儒教等級觀念對中國生活方式的決定，遠過於這一階層本身」。以康門弟子為例，在入萬木草堂之前，他們大多受科舉制度的控制，被定格在固有的社會網路之中。

　　清代中後期的知識分子，進入仕途主要有兩條路徑，一是正規的科舉，二是由地方大員的幕僚而入仕途。有清一代，封疆大吏開辦幕府和學人遊幕之風極盛。道光以後直至清末，學人遊幕發生重要變化。由於內憂外患，幕僚的主要工作由學術轉向佐理軍政事務，其中甚至還包括幫助主人處理外交方面的事務。在這方面若有成績，則極容易獲得入仕機會，左宗棠便是由幕僚而為封疆大吏。如史家所論：「保薦有功賓僚的做法興起，並得到朝廷的認可和鼓勵。幕府賓僚的

26　張仲禮，《中國紳士──關於其在19世紀中國社會中作用的研究》（上海：上海社會科學出版社，1991年第1版），頁1。

27　張仲禮，《中國紳士──關於其在19世紀中國社會中作用的研究》，頁1。

社會地位大大提高，游幕成爲通向仕途的終南捷徑。」[28]然而，在戊戌變法之前，康門弟子中罕有參與大員幕府並獲得較高社會地位之人。他們未選擇這條捷徑。

入萬木草堂學習，乃是康門弟子人生、學術和文學觀念的一大轉變。有此一轉變，才具有了爲《知新報》等新式報刊撰稿的思想立場和知識結構；有此一轉變，他們的人生選擇與價值取向，才跟同代人相比有了較大之差別。最重大之差別即在於，像康門弟子這樣的一大批已經擁有相當社會地位的士大夫，毅然放棄仕途上的發展，流向上海、廣州、香港、澳門等「通商口岸」或殖民地，以「自由撰稿人」的身分維持生活，並實現人生價值。報人不再是引以爲恥的職業，此種變化正如袁進所論：「晚清士大夫身分確認的淡化爲士大夫轉爲作家提供了內部的條件。新型傳播媒介變革爲作家提供了新的生存空間。」[29]

其實，這種變化早在二十年之前就已悄然開始，作爲《循環日報》的董事和編輯的王韜便是其中的代表人物。王韜對報人身分頗有自覺和自信，他看到了報人在西方社會中的地位，認爲中國也應如此：「西國之爲日報主筆者，必精其選，非絕倫超群者，不得預其列。」[30]一個社會人才的流動，與經濟關係甚大。當沿海通商口岸經濟日益繁榮，市民階層催生文化市場，報刊及出版事業產生對人才的需求的時候，而固定的薪金和稿費制度逐步建立，使得許多優秀的文人學者不再「學而優則仕」，而加入沿海西化城市中的一些新興職業，如美國學者格里德爾所論：「至少在19世紀，通商口岸更重要的

28　尚小明，《學人遊幕與清代學術》（北京：社會科學文獻出版社，1999年第1版），頁58。

29　袁進，〈試論近代作家的崛起〉，陳平原、王德威、商偉編，《晚明與晚清：歷史傳承與文化創新》（武漢：湖北教育出版社，2002年第1版），頁86。

30　王韜，〈論日報漸行於中土〉，《弢園文新編》，頁109。

作用不僅是爲非正統的世界觀的出現提供了一個環境，而且還提供了
獨立於傳統儒家學術和官職晉升階梯的職業機會。政體改革甚至徹底
西化最起勁的鼓吹者就是幾個在通商口岸環境中定居的中國人。他們
是中國沿海『買辦文化』的產兒。有些人實際上就是買辦，或至少開
始是買辦。另一些人是受過西方教育的專家，以其專長在通商口岸從
事現代職業。還有一些更具傳統文化背景的人，他們由於種種原因，
認爲宜於在通商口岸工作生活，如新聞記者、教師、知識經紀人──
『通事』（翻譯）。」[31]王韜屬於「更具傳統文化背景」的後者，康門
弟子也屬此類型。

　　但是，王韜超前性的思想和失敗的人生道路(如因爲向太平天國
獻策而受到清廷的通緝)並未成爲開明派士大夫所效仿的對象，直到
二十年之後梁啓超和康門弟子的出現，方爲報人這一身分贏得相當程
度的尊敬。如戈公振所云：「當時社會所謂優秀分子，大都醉心科
舉，無人肯從事於新聞事業，惟落拓文人、疏狂學子，或借此以發抒
其抑鬱無聊之意思。各埠訪員人格，猶鮮高貴，則亦事實之不可爲諱
者。迨梁啓超等以學者出而辦報，聲光炳然，社會對於記者之眼光乃
稍稍變矣。」[32]在《知新報》的撰稿人中，有好幾位都選擇了政治、
新聞、文學和教育的「四樓」職業，並因而享有較爲充分的自由度。
他們脫離了土地，脫離了家族，也脫離了國家機器，開始嘗試著過一
種從所未有的獨立生活。他們是中國最後一代的紳士，在經歷了戊戌
變法、庚子事變和1905年廢除科舉等驚天動地的大事之後，終於與舊
世界決裂。

　　從紳士到自由職業者，這一轉變堪稱石破天驚。它不僅是經濟意
義上的轉變，更是價值觀念、心理狀態的轉變；它不僅是這部分紳士
個體生活方式的轉變，更是牽一髮而動全身，直接導致社會結構的變

31　(美)格里德爾，《知識份子與現代中國》，頁112。
32　戈公振，《中國報學史》，頁101。

遷。紳士階層的近代化，在整個社會起著一種先導作用，如論者所云
「社會轉型的一個重要方面，是傳統文化規範體系的變革，亦即由以
倫理為中心的儒家文化體系向以法理為中心的近代民主科學文化體系
轉化。作為社會力量的體現，就是由傳統紳士階層向近代知識分子階
層的轉化。」[33]換言之，知識階層是社會的領頭羊，知識階層的生活
方式和價值取向發生了變化，整個社會的生活方式和價值取向才可能
隨之發生「位移」。

　　日本學者前野直彬指出：「作為近代文學的里程，重要的倒是隨
著官僚階級將資本主義的導入，以大都市為中心，新聞界的建立受到
了確認。……這種新聞界的成立，向那些科舉不得志的文人提供揮毫
撰寫評論和小說的場所。」[34]文學活動、擴大來看整個文化活動，可
以說也是一項社會性的活動。在現代文學理論中，從作家的創作到讀
者的閱讀被當作一個完整的過程。在這一過程中，有三個不可缺少的
要素，即作家、讀者和文本。

　　19世紀末、20世紀初，作家、讀者和文本這三大要素都在發生前
所未有的轉變。作者從傳統的儒家思想為本的讀書人變成近代意義上
的知識精英，讀者從上層士大夫群體向下層讀書人、新學堂的學生和
從事商業活動的文化人傾斜，而文本也由以雕版印刷的線裝書蛻變為
活字印刷、大機器排印的報刊和平裝書，並且採取資本主義的商業銷
售方式傳播。「整個文學的社會運行機制發生了巨大的變化，其最重
要的變化便是資本主義商業運行機制主宰了文學的社會運行機制，建
立了新的傳播模式。」[35]在此背景下，知識的自覺和啓蒙思想的興起

33　王先明，《近代紳士——一個封建階層的歷史命運》（天津：天津人民出版社，1997年第1版），頁272-273。

34　（日）前野直彬，《中國文學史》（上海：上海古籍出版社，1995年第1版），第299頁。

35　陳伯海主編，《近四百年中國文學思潮史》（上海：東方出版中心，1997年第1版），頁421。

成為可能，「啓蒙的首要動機，在於反愚昧，反被愚自愚。而當時一般覺悟，以爲科舉與八股文，實際爲中國終古受愚之桎梏，乃至今世亡國滅種之制度。有識之士，多集中於對八股文與科舉制度之攻擊。」[36]

攻擊八股文和科舉制度，其前提是知識者能夠在此之外找到「安身立命」的新天地。對於康門弟子而言，已經具備了在這一新的傳播模式中尋求獨立位置的可能性。其中最關鍵的一個指標便是知識精英收入構成的變化——「由於宣傳機構的建立，直接向民眾講說自己的政治理想的事情成爲可能，並且以從事宣傳工作作爲生計也並不困難。因此，專爲皇帝或皇帝周圍的權利集團而作的詩文、士大夫內部爲社交的文學都隨之變質。其結果，儒教思想意識鬆緩而致力於較緊要的主題，爲他人寫傳記、墓誌銘而賺取稿費並賴以爲經濟支柱而從事學問的生活也中止了，於是便較公開地在雜誌、報紙上發表意見而獲取稿酬。」[37]文化的生產和傳播方式的變化，導致文化人自身生存方式和經濟收入來源的變化，也導致了寫作姿態、寫作內容和語言方式的變化。

正因爲新式報刊的出現，傳統的士大夫走向沒落與衰亡，新興的知識者群體才掌握了歷史的主動權和思想的主潮。求新、求變是此時知識者一致的追求，但究竟什麼是「新」、究竟該如何「變」，則沒有一個「統一」的思路，即便在康門弟子之間，亦有若干分歧所在，如王爾敏所論：「清季思想的變化可以說是多姿多彩，雖然顯露出不少的淺陋處和不成熟，但卻代表可貴的創意，發自於這個時代，並亦開闢後日更多的進展道路。思想的變化既是日新而分歧，自是因爲知識來源的日新月異。從知識的取得反應融會而達於新的創造，這個醒

36　王爾敏，〈清季知識份子的自覺〉，《中國近代思想史論》，頁117。

37　（日）佐藤一郎，《中國文章論》（上海：上海古籍出版社，1996年第1版），頁245。

覺的過程,同樣是複雜而有更多的矛盾。也許這是過渡時代不可避免的一種經驗,也許這是過渡時代思潮必有的一種特徵。」這種特徵亦體現在《知新報》所刊登的文章上,其龐雜與豐富,簡直就像一處「眾生喧嘩」的舞台。當時分歧尚不足以造成作者之間的分裂,此後數年間,這種分裂將不可避免地浮現出來。

知識的生產和傳播方式發生變化,也就意味著「話語權力」在發生一場靜悄悄的轉移,如袁進所論:「士大夫一經加入報刊作者與讀者的隊伍,受報刊影響,他們的知識結構往往發生變化,他們對『西學』的理解與接受使他們已經不同於中國傳統的士大夫。康有為確立的『人類公理』,譚嗣同用『以太』來解釋世界,都說明他們已經開始擺脫傳統士大夫的思維模式,到清廷『廢科舉,辦學堂』的政策下達後,全國各地的學堂如雨後春筍般發展起來,捧著平裝書教材的學生代替了在私塾中誦讀線裝書的蒙童,依賴科舉為出路的士大夫階層也就斷絕了後代。在某種程度上,報刊和平裝書與線裝書正是新舊文化的象徵。」[38]因此,近代文學改良運動的成功,除了維新派人士的搖旗吶喊、身體力行以外,更重要的原因還在於新興的文化因素的支持。近代印刷技術的改進、出版的便利,使得出版業日益發達,出版物數量激增,這正是有利於文化的傳播與文學的繁榮的外部環境。而近代文學改良運動規模之大,影響之廣,在中國文學發展史上史無前例,很大程度上應歸功於這些新興的文化因素。從某種意義上說,技術因素超過了理論因素,知識傳播方式的變化比文學理論的倡導對文體的變遷更有決定性。

這裡,可以根據《知新報》這幾位撰稿人——徐勤、歐榘甲、劉楨麟、韓文舉、王覺任——之人生經歷,來切實說明此轉變的具體過程。

38　袁進,《近代文學的突圍》,頁57。

　　徐勤：字君勉，廣東省三水縣人，縣學學生出身，1896年任萬木草堂學長。戊戌之前，為《強學報》主筆和《時務報》編輯骨幹，經常為報刊撰寫政論文章。在〈中國除害議〉（刊發於《時務報》第四十二、四十四、四十六、四十八期）一文中，徐氏大聲疾呼：「方今中國之大害，無學為害，無教為害，忘國為害，忘君為害，閉塞為害，古老為害，愚蠢為害，束縛為害，虛矯為害，狹小為害，流蕩為害。」徐勤還直接對愚民錮民的科舉制度進行猛烈攻擊，「覆中國、亡中國必自科舉愚民不學始也。」1897年，赴澳門參與《知新報》的創辦和撰述工作，發表〈地球大勢公論〉、〈擬粵東商務公司所宜行各事〉、〈丁酉列國歲計政要序〉等文章，主張開設議院、興辦學會、建立公司。1898年3月，赴日本，擔任維新派創辦的橫濱大同學校教習，為該校撰《學記》，有「尊教保國」之說，表明其深受康有為思想影響。戊戌變法失敗以後，康梁先後流亡日本，因徐勤在橫濱大同學校「與僑商朝夕酬酢，友誼日深，且有同學教員為輔，交際漸廣」，1899年康有為創辦東京高等大同學校時，便推薦其出任校長。在此期間，徐勤追隨康有為，參與了與革命派的論戰。同年，協助新加坡保皇黨人創辦《天南早報》，在馬尼拉創辦《文興日報》並任主編。1905年，在香港創辦《商報》，次年又在新加坡創辦《南洋總彙報》。保皇會改為憲政會以後，出任副總裁。民國元年，被海外華僑選為第一屆國會議員。在康門弟子中，徐勤追隨康有為最久、與之思想最為接近[39]。

39　參閱朱健華，《中國近代報刊活動家傳論》（貴陽：貴州民族出版社，1998年第1版），頁117-120；上海市文物保管委員會編，《康有為與保皇會》（上海：上海人民出版社，1982年第1版）。錢基博評價說：「勤之從有為遊者二十有四年，與有為共患難者十有五年，其待有為至忠至敬也。美、墨、非、澳、亞環海之國民黨二百埠，皆附有為而隸屬於保皇者，鼎名於丙午，因以丙午國民黨名，皆勤總護之以秉成於有為。有為之居東也，日本前文部大臣、國民黨魁犬養毅，議員柏原文太郎同游於熱海，驅車於湯河，俯仰海山，縱論人物，間於

　　歐榘甲：字雲樵，廣東歸善(今廣東惠陽)人。1897年，受聘爲《知新報》筆政，長於文字又議論豪放，所撰政論文章很受讀者歡迎。在《知新報》發表〈變法自上自下議〉一文，結合資本主義各國歷史，對變法自上與自下進行了充分的論述，認爲俄國和日本是自上而下變法的典型，亦是中國變法的最好榜樣。1897年冬，被聘爲《時務報》主筆，接替徐勤。除了替《時務報》和《知新報》撰稿以外，還幫助康有爲編寫《日本變政考》、《波蘭分滅記》、《法國變政考》、《德國變政考》等書。同年十一月，德國出兵強占膠州灣，康有爲第五次上書光緒皇帝，〈上清帝第五書〉在《知新報》刊出時，歐榘甲爲之作序。戊戌變法失敗後，流亡日本，與徐勤一起協助梁啓超編輯《清議報》，以「無涯生」筆名發表大量文章。1900年，到澳門統籌自立軍起義事。不久，開始與楊衢雲、陳少白等革命派人士交往，逐漸接受革命派的觀點，撰寫〈論中國當知自由之理〉、〈中國歷代革命說略〉等文章，受到康有爲嚴詞斥責。此後赴檀香山主持保皇黨另一機關報《文興日報》，刊發倡言革命的文章，引發康有爲的震怒。儘管當地保皇黨人致函康有爲，聲明歐榘甲主持該報期間，「使《文興》日有進步，使會事日有進步，實不爲無功，今稍以言語出入之故即見逐，則使人人自危，貌合神離，又何爲者」，康有爲仍堅持將其驅逐。1902年，到三藩市，依靠洪門力量創辦《大同日報》，擔任總編輯。在該報發表《新廣東》一文，鼓吹廣東獨立。康有爲揚言「雲樵叛經離道，應逐出師門」。1909年，回國招商辦廣西貴縣天平煤礦，又受康有爲之指責，不得已返鄉隱居。1912年，鬱鬱而終。在康門弟子中，歐榘甲與《知新報》的密切程度僅次於梁啓超

(續)————————————————————————

　　有爲曰：『吾識先生門弟子多矣。若徐勤者，德行第一，至誠不息，其爲孔門之顏淵耶？若梁啓超之文學，其爲門下之子夏乎？』見《現代中國文學史》(上海：上海書店出版社，2003年第1版)，頁285。

和徐勤[40]。

劉楨麟：字孝實，廣東順德人，爲《知新報》主要撰稿人之一，發表過〈論中國守舊黨不如日本〉、〈地球趨於亞東論〉、〈論德人尋釁於中國〉、〈地球六大罪案考〉等政論文章。他猛烈攻擊君主專制，「獨有汙君，獨夫民賊，縱一人之怒而毒千萬人之生靈，顧百年之圖而愚弱千萬之世界，此其禍雖洪水猛獸不能比，此其罪雖更僕擢髮不能數，此其心雖孝子賢孫不能諱」[41]，認爲專制必然愚民，而愚民則造成專制的基礎，中國古代的君王「錮人聰明，鉗人議論，制人作爲，斫人氣節，敗人風俗，荼毒遍天下，以及於後世」[42]。他的文章揭露了專制統治者實施愚民政策的眞相，看到了它於國不利卻於君有利的實質，思想水平已接近於譚嗣同之《仁學》[43]。

韓文舉：字樹園，廣東番禺人，參與創辦《時務報》，又爲《知新報》撰稿。戊戌前曾到湖南時務學堂擔任教習，蔡鍔等人皆出於其門下。著有《近世中國秘史》。戊戌變法失敗後流亡日本，在橫濱參與創辦《清議報》、《新民叢報》和大同學校，又在東京辦大同高等學校。入民國，在廣州設立南強公學、覺是草堂等學校。梁啓超入閣，徵其任廣東教育司長，辭不就[44]。

王覺任：曾主持萬木草堂的事務，擔任《知新報》撰述。戊戌後，在海外幫助康有爲編輯今文經義。入民國，任東莞縣長，政績顯

40　參閱朱健華，《中國近代報刊活動家傳論》，頁117-120；上海市文物保管委員會編，《康有爲與保皇會》。

41　劉楨麟，〈地球六大罪案考總序〉，《知新報》第9冊，影印本頁65。

42　劉楨麟，〈地球六大罪案考總序〉，《知新報》第10冊，影印本頁73。

43　參閱熊月之，《中國近代民主思想史》第五章第八節「唐才常、劉楨麟、皮嘉祐的民權思想」(上海：上海人民出版社，1986年第1版)，頁293-295。

44　參閱上海市文物保管委員會編，《康有爲與保皇會》；丁文江、趙豐田編，《梁啓超年譜長編》。

著[45]。

顯然，在這些維新人士的「四樓」生活中，新聞業占據著首要地位。中國近代史的進程決定著中國士大夫身分的轉變，而身分的轉變必然帶來價值立場和寫作方式的轉變。與傳統半官半民之「紳士」不同，康門弟子等維新知識群體大都屬於邊緣化於權力中心的「獨立知識分子」。尤其是在戊戌變法失敗以後，他們的「邊緣化」更是得以充分彰顯。不管是否心甘情願，雖然對政治依然抱有熱情，但政治已然成為一個破滅的夢幻。在此背景下，他們更將自己喜愛的自由職業（如新聞，如教育）當作安身立命之根基。19世紀末的維新派知識者，不再像他們的長輩一樣對官場有著無法擺脫的人身依附性，他們充沛的激情、寬闊的視野、獨立的人格以及背靠的一個正在茁壯成長的民間社會，使他們已經、正在和即將對中國社會發揮無與倫比的影響力。如果說「介於上層讀書人和不識字者之間的邊緣知識分子是最值得注意而迄今尚未得到足夠注意者」[46]，那麼康門弟子們正是其中的傑出代表。

僅以報業而論，報人是新知識分子的一部分，報業也是近代社會中一種新的事業，同時也是知識者新的就業方式。報人地位之提高，一方面改變了社會的價值觀，使以自由職業為生的知識分子的人數越來越多，在社會文化和政治中的作用日益增強，這反過來又使得知識者的人格更加獨立[47]。傳統紳士與近代新聞業者的鴻溝即在此出現：傳統紳士的價值立場是捍衛固有之儒家倫理，而近代新聞業者的價值立場則是傳播新知、實現啟蒙。捍衛儒家倫理，需要追溯古代經典，

45　參閱上海市文物保管委員會編，《康有為與保皇會》。以上諸人生平經歷，還可參閱蔣貴麟，《康南海先生弟子考略》、康有為，《康南海先生自編年譜》、湯志均，《戊戌變法人物傳稿》、馬洪林，《康有為大傳》等著作。

46　羅志田，《權勢轉移——近代中國的思想、社會與學術》（武漢：湖北人民出版社，1999年第1版），頁216。

47　黃敏蘭，《中國知識份子第一人——梁啟超》，頁305。

在寫作時採取一種典雅的、晦澀的表達方式;掀起啓蒙運動,需要更新知識體系,在寫作時選擇一種向白話文過渡的、通曉明白的表達方式。於是,維新派報人的寫作,不再是面對少數人的、以藝術審美爲最高追求的寫作,而是針對大多數人的、有著強烈功利主義色彩的寫作。他們致力於實現知識者與民眾之溝通,也就是「開啓民智」。爲了達到此目的,這些作者所使用的語言已經由文言向白話傾斜。他們不再把某篇佳作是否能編選進「藏之於深山、傳之於後世」的「文集」作爲最高標準,而更希望自己的文字能立即與讀者見面並發揮啓蒙之功效。

如果說1895年之後,隨著新式報紙、學堂和學會的大量出現,知識階層的啓蒙運動已經從理論層面落實到實際行動;而下層社會的啓蒙運動則還停留在少數幾個人的議論階段;那麼,在這短短的五年之間,由於義和團之亂和八國聯軍造成的前所未有的危局,使得「開民智」的主張一下子變成知識分子的「新論域」。正如李孝悌所說:「『開民智』三個字也一下子變成清末十年間最流行的口頭禪,其普遍程度絕不下於五四時代的『德先生』與『賽先生』。一般『有識之士』或所謂的『志士』,深感『無知愚民』幾乎招致亡國的慘劇,紛紛籌謀對策,並且劍及履及,開辦白話報;創立閱報社、宣講所、演說會;發起戲曲改良運動;推廣識字運動和普及教育,展開了一場史無前例的大規模民眾啓蒙運動。少數思想家的言論頃刻間轉化成一場如火如荼的社會運動,也爲中國現代史上的民粹運動寫下了第一章。」[48]而橫跨兩個世紀、經過戊戌變法和庚子事變的《知新報》,正是從上層社會的啓蒙到下層社會的啓蒙這一歷程的見證。《知新報》主要作者的人生選擇和文化選擇,從傳統紳士到自由撰稿人的蛻變,也成爲那一代知識者的一種有意味的範式。

---

48 李孝悌,《清末的下層社會啓蒙運動(1900-1911)》(台北:中央研究院近代史研究所,1992年第1版),頁13-14。

第二節　康有爲與《知新報》

　　近代學者常稱康有爲乃傳統今文學的殿軍，但汪榮祖認爲：「康
有爲不是舊時代的殿軍，而是新時代的開創者。在中國近代思想史
上，他是思想解放的一個先驅。他在西學的衝擊下，面對『三千年未
有之變局』，繼承了道咸以來求變的決心。他不是清季要求革新的第
一代人物，但無疑是對傳統思想打擊最力最強之一人。他出身傳統，
嫻諳經學，而能於傳統之中向傳統挑戰，不僅譴責兩千年之君權，而
且嚴詞抨擊不平等之宗法社會。他在堡壘之內攻堅，自然會導致整個
堡壘的動搖及其最後的崩潰。梁啓超謂康刮起『思想界之一大颶
風』，即意指對傳統堡壘打擊力之兇猛。」[49]康氏不僅坐而論道，而
且起而行道，在民間組織學會、創辦報刊，在中樞則促成光緒皇帝決
心變法。戊戌變法前後，康氏確爲中國政學兩界之中心人物，其活躍
程度非他人可比。

　　僅以創辦報刊而論，康有爲亦是變法家中的先行者。早在1895年
8月17日即在北京發行他自己的《萬國公報》，沿用傳教士所辦的著
名報刊之名，隱約有與之抗衡之意。後於同年12月16日改名爲《中外
紀聞》，爲木刻活字印刷的雙日刊。不久，康有爲南下籌辦上海強學
會，並創辦《強學報》。有康氏之倡導，以媒體來傳播新理念，成爲
晚清變法家們的一大手段，「康氏以政治家的姿態步入報壇，把報紙
作爲開展政治活動的工具，使報紙與政治運動和政治團體發生密切的
關係。從此以後，『政治家辦報』開始成爲中國近代報業的主潮，報
紙的宣傳、鼓動和組織功能得到充分的發揮，在社會的發展和變遷中

49　汪榮祖，〈中國近代史上的康有爲〉，見《從傳統中求變——晚清思想史研
　　究》，頁336。

釋放出更大的能量，起著越來越重要的作用。」[50]

　　康有為是《知新報》的靈魂人物。康氏本人是《知新報》的創始人之一。但是，在《知新報》前期，刊登大量由康門弟子執筆的文字，卻很少刊登康有為本人親自所寫之文章。在戊戌政變前的《知新報》上，出現康有為的文字計有：〈京師保國會第一集演說〉（康南海先生演說、順德麥孺博筆記，時三月二十七日也)(第五十八冊)、〈康工部奏請飭各省改書院淫祠為學堂摺〉(第六十三冊)等少數幾篇。直到戊戌變法失敗以後，《知新報》才較多地登載康氏之文章。這些文字主要有兩類，一是康有為在戊戌變法期間的一些重要奏稿和論文，第二是他在戊戌後所寫的一些書信。

　　就第一類文章來看，屬於奏稿的有《康工部有為條陳商務摺》(第七十冊)、〈康工部奏請開農學堂地質局摺〉(第七十六冊)、《康工部請及時變法摺》(第七十七冊)、〈康工部統籌全局摺〉(第七十八冊)、〈康工部奏請裁撤釐金片〉(第八十冊)。這些奏稿幾乎都是康有為在戊戌期間最重要的文字。有的和今本文字有差異，有的則依賴《知新報》而傳。另外，屬於論文的有〈保國會序〉等。

　　就第二類文章來看，例如〈復依田百川君書〉(第八十四冊)、〈康南海上粵督李鴻章書〉(第一百二十六冊)、〈托英公使交李鴻章代遞摺〉(第一百三十三冊)等。它們都不是純粹意義上的私人通信，而包含著作者重大的政治見解，因此「有助於對康有為政變後思想和活動的探索」[51]。

　　康有為的文章不多見於《知新報》及其他維新派所主持的報刊，原因是多方面的。首先，康有為對自身的設定是政治家和思想家，而非宣傳家和文學家，他在《知新報》存在期間，最主要的精力集中在政治活動的展開和思想體系的建構上。雖然康有為在創辦報刊上也作

50　陳玉申，《晚清報業史》，頁79。
51　湯志鈞，《戊戌變法史》，頁212。

出了巨大貢獻，但一般都是剛開一個頭就離開具體運作，而把後續工
作交給弟子們來完成。他不會像梁啓超和其他康門弟子一樣，專門爲
報刊撰稿。在寫作與政治活動之間，他更看重後者。即以寫作而論，
與梁啓超不同，康有爲更願意寫作如《大同書》這樣的「傳世之
作」，而不願寫作如報刊文章這樣的「覺世之作」。汪榮祖稱康爲
「政治動物」，可謂「誅心之論」。康有爲少有大志，三十歲之後痛
甲午之敗，呼籲變法。四十歲過後，直接參與戊戌變法事宜，成爲政
治舞台中的主角之一。政變之後，流亡海外，積極推動保皇運動，策
劃唐才常自立軍起義。入民國之後，以六十高齡親身參與復辟。復辟
失敗，倉皇逃竄，卻仍然沒有中止其政治活動。「康是一『政治動
物』，乃無可爭辯之事實；而其所異於一般『政治動物』者，因其尙
有學術、有思想，有遠見。其學術、思想和遠見實爲其政治抱負與理
想所用，尤見之於孔子改制之說以及對大同理想的期盼，亦嘉道以來
經世致用之微意也。」[52]

　　最早出現在《知新報》上的，是康有爲在保國會的演講詞。該演
講的時間是三月二十七日，且注明是保國會之「第一集演說」。這兩
個定語可以跟相關史料進行對照。

　　關於在保國會的活動，康有爲有這樣的一段記載：

　　　時粵中草堂，徒侶雲集，前摺既緣膠旅事擱起，知其不行，
　　　將擬歸，以公車咸集，欲遍見其英才，成一大會，以伸國
　　　憤，由是少盤桓焉。李木齋亦來言開會事，卓如新在湖南開
　　　南學會極盛，時扶病來京。幼博以醫卓如故，同寓三條胡同
　　　金頂廟。乃定於二十二日開保國會於粵東館，爲草定章程，
　　　舉吾登座，樓上下人皆滿，聽者有泣下者。蓋自明徐華亭集

52　汪榮祖，〈康有爲及時代〉，見《從傳統中求變——晚清思想史研究》，
　　頁203。

靈濟宮講學後，未有斯舉也。二十五日再集於松筠草堂。二
十九日再集於貴州會館，人數皆逾百數。[53]

　　康氏並未記載三月二十七日在保國會作過演講。如果《知新報》
上刊登的演講是「第一集」，那麼必然是在保國會之開幕式上，也就
是必然在二十二日。

　　就演講內容來看，李宣龔在給丁文江的信中這樣回憶說：「即如
開會第一日，康南海演說俄羅斯問題。」[54]這一說法恐怕有誤。第一
次集會，康有為大概不會直接切入一個相對具體的國際問題，而更可
能就國內外整體形勢發表看法。《知新報》上刊登的這篇演講筆記，
談的正是當下整體性的形勢。

　　這篇演講的記錄，在康有為的文字中算是比較淺顯流暢的，可能
亦是弟子根據聽演講記錄整理而成之緣故。講演一開頭就如同平地驚
雷，極能打動聽眾：「吾中國四萬萬人，無貴無賤，當今一日，在覆
屋之下，漏舟之中，薪火之上。如籠中之鳥，釜底之魚，牢中之囚。
為奴隸，為牛馬，為犬羊，聽人驅使，聽人割宰。此四千年中二十朝
未有之奇變。加以聖教式微，種族淪亡，奇慘大痛，真有不能言者
也。」在演講結尾處，康有為引進力學和熱學知識，將自然科學原理
運用到社會生活中，以形象代抽象，生動地闡述了他所設想的一條解
救中國的道路：

　　凡古稱烈士、志士、義士、仁人，皆熱血人也。視其熱多
　　少，以為成就之大小。若熱如螢火、如燈，則微矣。並此而
　　無之，則死矣。若如一大火圍，至百二十度之沸度，則無不

53　康有為，《康南海自編年譜》（中華書局，1992年第1版），頁39-40。
54　李宣龔，〈與丁在君書〉，轉引自丁文江、趙豐田編，《梁啟超年譜長編》，
　　頁112。

灼矣。若如日之熱，則無所不照，無所不燒。熱力愈大，漲
力愈大，吸力愈多，生物愈榮，長物愈大。故今日之會，欲
救亡，無他法，但激勵其心力，增長其心力，念茲在茲，則
燼火之微，自足以爭光日月，基於濫觴，流爲江河，果能四
萬萬人，人人熱憤，則無不可爲者，奚患於不能救？[55]

　　此段演講，排比和比喻的修辭手法交叉使用，氣勢充沛，感染力
強。雖然康有爲對現代物理知識的了解並不透徹，在講到火的溫度時
出現了今天看來很幼稚的錯誤(認爲火的溫度是一百二十度)，但他敢
於、善於將新的科學知識吸收進來作爲例證以加強文章之說服力，與
恪守陳規的士大夫的行文方式有了很大不同。這種寫法讓人耳目一
新、豁然開朗，也體現出作者正在有意識地進行知識結構的調整和更
新。後人評論康氏文章時指出：「糅經語、子史語，旁及外國佛語、
耶教語，以至聲光電諸科學語，而冶以一爐，利以排偶，桐城義
法，至有爲乃殘壞無餘，恣縱不儻，厥爲後來梁啓超新民體之所由
昉。」[56]濃重的憂患意識、簡練的邏輯推理和變化的修辭手法，構成
了康有爲文章的特色。這樣的演說，難怪能讓聽眾淚下。據說光緒皇
帝讀到康有爲的上書時，也感動得「垂涕濕紙」。不過，這類較爲淺
顯的文章在康有爲的文字中並不占多數。康氏的文字總體而言還是過
於晦澀。

　　就有關記載來看，前來聽康有爲在保國會演講的主要是兩類人。
大部分是到北京參加科舉考試的舉人，少部分是各級官員。就舉人在
當時社會的身分和地位而言，他們已經躋身於社會上層，正像張仲禮
所指出的那樣：「在文科鄉試中入第的考生爲『舉人』，即省級畢業
生。這些人一旦獲得舉人的功名，即躋身於上層紳士。」上層紳士迥

<hr>

55　《知新報》第58冊，影印本頁770。
56　錢基博，《現代中國文學史》，頁243。

異於下層紳士，他們享有諸多特權：「上層紳士集團人數遠較下層紳士為少，但是這一集團具有很大的威望和權勢。下層紳士不能直接獲得官職，與此相比，上層紳士與仕宦緊密相連。上層紳士由那些學歷較深者以及有官職者組成。」[57]康有為的演講，明確針對這些擁有舉人以上功名的上層紳士群體。他對聽眾的文化修養和知識水平都有預先估計，這一估計顯然達到了較高的尺度。

演講是如此，寫作更是如此。康有為並沒有像他的弟子輩那樣自覺地實現寫作範式之轉變。雖然他也有較為明確的啓蒙意識，但其文章顯在或潛在讀者卻是皇帝和帝國高層官僚。康氏的大量奏稿，所設定的讀者是皇帝和皇帝身邊的最高級官僚；他的書信，除了給弟子、家人的，就是跟各級官員之間的了，如發表在《知新報》上的給李鴻章的書信等。如果說梁啓超已經開始腳踏實地地推動對下層階級的啓蒙，那麼康有為則更多地將自己的啓蒙對象限定在上層社會。由於兩人設定的啓蒙對象不同，所以採取的寫作方式也迥異。

前人對康有為的文章、特別是政論文章有許多評說。他們不約而同地都注意到康文承前啓後的地位[58]。其實，康有為的文章更多的還

---

57 張仲禮，《中國紳士——關於其在19世紀中國社會中作用的研究》，頁18-19。

58 李鎮淮先生認為：「康有為的散文，主要是政論文。他主動打破一切程式定局，創造出自己的特點，他以新舊學或中西學為基礎，思想奔放，直抒己見，據古考今，暢所欲言，意無不達。無視古文名派傳統，而又能吸取其所長。或散行，或駢偶，往往偶多於奇，樸實自然，亦有想像和瑰麗之詞。康有為的思想和詩都有龔自珍的影響，散文亦然。但康文比龔文汪洋，放縱和流暢，而奇詭鈎棘較少。這時傳統古文已傾向通俗化，康有為的散文，實開梁啓超『新文體』的先路。」參閱《求之文錄》（北京：北京大學出版社，1992年第1版），頁369-370。馬洪林對康有為的文章則有更高的評價，他指出：「康有為的文化觀和文章風格，從變古到創新，既從過濾中繼承和篩選，又顯示出富有活力的開拓，創造了一種從古到今、從西到東的文化過渡形態的政論文體，『新世瑰奇異境生，更搜歐亞文化聲』，從理論到實踐的結合中表現出自己的文章風格。」他高度評價其政論的價值：「康有為執筆撰寫的政論文章，無不具有『元氣淋漓』大氣磅礴的壯美感，警策時事，振奮人心，催人淚下，風行一

是「承前」，而不是「啟後」。這一點陳柱說得非常到位，他批評梁
啟超、譚嗣同、唐才常等人的文章過於張揚、過於趨新，「其文過於
叫囂，一瀉無餘；可以風行一時，而不可以行於久遠；可以謂之政論
家，而不可以謂之文學家」。與此同時，他又稱讚康有為與嚴復兩人
的文章更好地融合了傳統因素，古文與政論的優長兼備，「雖為政論
而又長於古文」。對於康氏的文章淵源，陳柱分析說：「其詩文實得
力於龔自珍，而才氣魄力過之。……桐城古文義法，至自珍已盡破藩
籬，為文橫恣透快，霸才已甚，有為更變本加屬焉。」[59]陳柱注意到
了康有為與龔自珍文章之間的繼承和變異關係，龔自珍突破桐城拘束
之後，康有為繼續開闢出一片更廣闊的天地。在此意義上，康有為是
從魏源、龔自珍到梁啟超的「仲介」，他上引下連，在轉移一代之文
風上起到了相當關鍵的作用。陳氏本人的文體評價系統趨於保守，故
他能夠欣賞康氏之文，而不能接受梁氏之文。

　　由陳氏的評價也可以看出：如果說在文章的思想和內容上，康有
為有趨向於「新」的一面；那麼，就文體意識上來看，他卻更趨向於
「舊」的一面。康氏文章的感染力，多來自於其天賦之才，而非文體
自覺。康氏相當推崇昭明太子的《文選》，認為古人自六朝以後，治
《文選》幾乎與治經學等同。《文選》最精到之處是別裁高明，雖然
當時尊重佛教成風，但《文選》以文為重，不登佛碑一字，止登〈彌

(續)────────

　　　時，並成為梁啟超等人『新文體』文章風格的先導。」參閱《康有為評傳》(南
　　　京：南京大學出版社，1998年第1版)，頁437、443。《廣東近代文學史》也指
　　　出：「康有為的散文具有縱橫馳騁、豪爽明快的風格。……雖然不同於梁啟超
　　　的新文體，仍然用傳統古文的形式，但他的散文卻沒有傳統散文的溫文爾雅和
　　　詞是理達之蔽，也沒有按『桐城』格局去講求『義法』；它既不像桐城派散文
　　　的迂拘，又不像文選派散文的偶麗，更不像考據學者散文的樸拙；而是一種新
　　　舊結合的散文，或者說是新文體的雛形。」參閱鍾賢培、汪松濤主編，《廣
　　　東近代文學史》(廣州：廣東人民出版社，1996年第1版)，頁309。
59　陳柱，《中國散文史》(北京：東方出版社，1996年第1版)，頁319。

勒寺碑〉，止取最輕微者，體現了一種「重文輕佛」的文論高識。康
有爲看重文選，亦即看重文章之「傳世性」和「不朽性」。自然，他
不願像梁啓超那樣把大部分精力花在爲報刊寫作「速朽」的文字上。
康有爲在〈修辭〉一文中說：「文章家猶兵法家，運用之妙，存乎一
心，固不爲法度所困。時至事起，間不容髮，日月風雲，合遝變化，
令人心驚目眩，瞬息萬變，及至止息之後，士馬無聲。文章之道至
大，精騖八極，心游萬仞，籠天地於形內，挫萬物於筆端。」[60]他主
要還是精神內涵和審美價値兩方面來衡量文章。康氏稱讚《文選》力
避佛教文字，背後隱含的理念之一是對「時文」和「異教」的不屑。
同時，由於他對讀者有一種近乎「凝固化」的預設，也導致他對近代
報章文體的忽視。雖然康氏擁有對《知新報》等一大批近代報刊的支
配權，但他並未主動爲之撰文。在體制內，他熱衷於從事上層的政治
運作；在體制外，他看重在書院的講學傳道。而爲報刊撰稿則不是其
考慮的重點。對報刊在新的文化傳播體系中的意義和作用，康氏並無
充分之估計。

　　康有爲一生從事報刊活動二十三年，對中國近代報刊出版事業的
發展作出了開創性的貢獻。在百日維新期間，他上書光緒帝，直接促
使光緒帝決心解除言禁，發布上諭允許「官紳士民」有出版報刊的自
由，還對梁啓超出版的書報予以免稅獎勵[61]。這些上諭，在中國歷史
上第一次公開宣布解除了對民眾的言論禁錮，將言論自由歸還民眾，
具有劃時代的意義。在辦報實踐中，康有爲還提出獨特的辦報思想，
認爲報刊應當「匡政府所不逮」，使「民隱得以上達」，使「百僚咸
通悉敵情，皇上可周知四海」。他還主張設立官報局管理和審查報
刊，並「酌采外國通行之法，參以中國情形」，制訂報刊法律，以保

60　康同璧、任啓聖編校，〈萬木草堂遺稿〉，轉引自馬洪林，《康有爲評傳》，
　　頁435。

61　康有爲，〈奏改《時務報》爲官報摺〉，《康有爲政論集》，頁322。

障報刊的出版自由。更爲重要的是，康有爲領導和培養了一大批維新派政論家，他們既是各地變法維新運動的組織者和領導者，又是各家維新派報刊的主編和主筆。因此，「綜觀康有爲的報刊活動，和他的報刊思想，他無疑是中國近代最著名的中產階級報刊活動家和報刊出版思想家。」[62]

然而，遺憾的是，康有爲雖然是思想界變革的樞紐人物，並且創辦了若干維新報刊，卻未能深刻認識到整個文化運行機制的轉變和新興文化因素的出現，也沒有對自己的寫作姿態作更大幅度的調整。康氏對新出現的一些階層抱以敵視或者輕視的態度，而這些階層也許正是近代報刊最主要的讀者群。例如活躍於各大通商口岸的新興買辦階層，康有爲在保皇國會的演說中，對其尖銳攻擊：「香港隸英人，至今尚無科第，人以買辦爲至榮。英人之竇貧者，皆可爲大班。而吾華人百萬之富，道府之衛，紅藍之頂，乃多爲其一洋行之買辦。立侍其側，仰視顏色，嗚呼哀哉。」[63]康氏此一論斷著眼於維持舊有的政治與文化秩序，有著很強的文化保守主義和民族主義色彩。他寧肯贊同原來的封建等級，也不能容忍出現像買辦這樣的新興階層；他寧肯接受與時代脫節的科舉制度，也不願認可由新經濟模式鍛造出來的新社會秩序。因此，康氏的寫作當然不可能將「買辦」這一類人考慮成讀者──而「買辦」階層在新式報刊的讀者中所占的比例正變得越來越大。由此亦可看出，康梁二人的改革旨趣和所代表的路向是有區別的，如許紀霖所論：「康有爲的目光往上，致力於體制內部的變革，開議會，追求君主立憲；梁啓超的旨趣在下，辦報紙，搞學會，興學校，後者更接近公共領域的思路……不僅提出了一套中國式的公共領域觀念，而且還身體力行，通過主持《時務報》的言論，提供了在中

62　朱健華，《中國近代報刊活動家傳論》，頁68。
63　《知新報》第58冊，影印本頁771。

國建立公眾輿論的成功實踐。」[64]

　　正因為以上這些障礙，使得康有為的寫作未能真正進入「報刊寫作」之狀態，他本人也未能成為文體變遷的先鋒，他的文章也因為過於晦澀而未能被更廣大的讀者所接觸和接受。康有為本人就反對梁啟超的新文體，尤其厭惡梁文中夾雜日本語的情況，他在〈中國顛危誤在全法歐美而盡棄國粹說〉中批評說：「以讀東書學東文之故，乃並其不雅之名詞而皆師學之。於是手段、手續、取消、打消、打擊之名，在日人以為俗諺者，在吾國則為雅文，致命令皆用之矣。其他如崇拜、社會、價值、絕對、唯一、要素、經濟、人格、談判、運動、雙方之字，連章滿目，皆與吾中國訓詁不通曉。……今之時流，豈不知日本文學皆出自中國？乃俯而師日本之俚詞，何無恥也！始於清之末世，濫於共和之初，十年以來，真吾國文學之大厄也！」[65]康氏甚至將此問題提升到道德層面。也正是這種道德上的自負和傲慢，使得他很難像梁啟超那樣不斷吸取新知識和新文化，並對個人文章風格進行適當調整。時人在批評康門弟子麥孟華的文字時，也順帶著對康氏的文字作了批評：「孟華主《知新報》，文氣蕭索，與其師同，更於肉食者鄙薄過度，每一論出，毒詈醜詆不遺餘力。久之，讀者由厭生倦，咸棄去。」[66]《知新報》是否真的遭到了讀者遺棄姑且不論，但對康氏「文氣蕭索」的形容則頗為真切。康氏文章中「新」的內涵，仍包裹在「舊」的外殼裡，尚未「脫穎而出」，對傳統的依賴和對典故的運用，使得他的文章具有某種拒人於千里之外的貴族氣。換言之，康氏的寫作依然是「精英」式的寫作，而非平民化的寫作。[67]康

64　許紀霖，〈近代中國城市的公共領域〉，見高瑞泉、（日）山口久和編，《中國的現代性與城市知識份子》，頁65。

65　轉引自錢基博，《現代中國文學史》，頁205。

66　劉體智，《異辭錄》之「康梁之說風行一時」則（太原：山西古籍出版社，1996年第1版），頁157。

67　如《嶺南文學史》所論：「康有為的散文儘管擺脫了八股文或桐城派的程式局

氏的寫作基本上沒有與新興的文化生產方式掛　，他並不依賴於新興
的讀者群體，他腳踏的還是那塊舊有的土地。

　　還可以換一個角度來考察康有為與《知新報》的關係，即《知新
報》在何種程度上傳揚了康氏的思想觀念。如果說在報刊文章之自覺
方面，康不如梁；那麼，在以思想籠罩《知新報》的意義上，康有為
的作用是獨一無二的。這也是《知新報》與《時務報》的重大區別之
一。由於《時務報》的主持者汪康年及其背後的支持者張之洞，學術
淵源與康有為皆迥異，所以梁啟超在參與《時務報》的編輯和為其撰
稿的過程中，不得不刻意「回避發揚康學」[68]，在梁啟超致汪氏兄弟
的信件中，已特意表明過此一態度：「繆小山來書，舍弟節其大略
來，已閱悉。弟之學派，不為人言所動者已將十年。然請告繆君，弟
必不以所學入之報刊，請彼不必過慮。」[69]梁氏此番表態，表面上是
讓繆氏安心，實際上是要讓汪康年和張之洞安心。《知新報》則不
同，它完全在康門弟子的控制之中，遂無所顧忌地宣揚康學。《知新
報》對康學之闡發與宣傳，仍以戊戌政變前後兩個階段分別論之。

　　前期的《知新報》對康學的彰顯，從創刊號上的兩篇標誌性文
章——梁啟超的〈《知新報》敘例〉與吳恒煒的〈《知新報》緣
起〉——開始，即在有意識地宣傳康學。吳氏文章已出現「大同之
治」、「素王之學」等康有為常用的辭彙，譚嗣同已然從中讀出微言
大義。接著，第三冊徐勤之〈總論亞洲地球大勢公論〉中果然出現春
秋三世說和其術語，在這以後的若干論述中「大同」這一概念接二連

（續）

　　　　面，但還是屬於傳統古文一路的，他並未能開創新的文章體裁。」參閱陳永
　　　　正，《嶺南文學史》（廣東省：廣東高等教育出版社，1993年第1版），頁690。
　68　（日）村尾進，〈萬木森森——《時務報》時期的梁啟超及其周圍情況〉，見
　　　　（日）狹間直樹編，《梁啟超‧明治日本‧西方——京都大學人文科學研究所共
　　　　同研究報告》，頁59。
　69　《汪康年師友書箚》（二），頁1843-1844。

三地出現。徐勤是闡發康學最爲積極的康門弟子之一，在發表於《知新報》的諸多論述中，他論及《公羊》「三世」學說、分析「日本變法三十年而強、中國變法三十年而敗」之原因、強調「合群」的重要性等，都是「對康有爲的變法建議和理論依據依附而予以發揮」。[70]又如康有爲之《春秋董氏學》將由上海大同譯書局出版，林旭在《知新報》上撰文〈《春秋董氏學》跋〉，對康氏學說多有褒揚：

> 南海康先生既衍繹江都《春秋》之學，而授旭讀之，既卒業，乃作而言曰：孔子爲神明聖王，爲改制教主，……《春秋》不明，三世不著，則後世以據亂爲極軌，而無由知太平之治，中國遂二千年被暴君夷狄之禍。耗哉哀哉，王仲任謂文王之文傳於孔子、孔子之文傳於仲舒，以孔子爲素王，仲舒爲素相，漢家一代之治，《公羊》嚴、顏之業，皆董氏之學。蓋孔子之大宗正統哉！……先生乃推之演之，揭日使中天，撥星以向極，庸董氏得有此功臣耶！[71]

歐榘甲也在《知新報》上發表〈春秋公法自序〉，認爲中國變法必須從發明經學開始：

> 《春秋》則有三世之義，據亂世以力勝，升平世以智勝，太平世以仁勝。力勝故內其國而外諸夏，智勝故內諸夏而外夷狄，仁勝故天下大小遠近若一，講信修睦之事起，爭奪相殺之患泯，環球諸國，能推《春秋》之義以行之，庶幾我孔子大同大順之治哉。故曰：《春秋》者，萬國之公政，實萬國

之公法也。[72]

　　歐氏在此援引康有爲之《公羊》「三世」學說以言進化，認爲通過變法改革，可以達到大同世界。這顯然是對康有爲議政要領的繼承與發揮。

　　《知新報》還報導了維新變法時期學會的興起。在〈學會彬彬〉一文中，介紹了南京測量會、上海農學會之情況。[73]相關報導尤其重視當時康有爲的活動場所廣西聖學會的情況，如〈桂學振興〉（第十五冊）、〈聖學開會〉（第十八冊）、〈桂林聖學會續開〉（第三十冊）等文，介紹康氏兩度赴廣西講學的經過，亦成爲「戊戌變法在廣西」的重要史料。

　　而梁啓超之〈復陝西劉古愚山長書〉更是系統地論述了康黨之學術。此文回答如何在陝西興學致富的問題，從開頭就引用康有爲的原話，並毫無隱晦地指出，應當讓內外知道孔子爲制法之聖、六經爲經世之書，應閱讀《長興學記》和《新學僞經考》。[74]其後，發揚其師著作的〈《新學僞經考》敍〉明確記述孔子紀年，按《長興學記》敷衍而成的《萬木草堂小學學記》則描述了在康門求學的經歷。隨著變法的推進和《知新報》影響力的擴大，「同門的論述中康學的成分急遽地明顯表現出來」[75]。

　　康有爲「作爲維新派的精神領袖和政治統帥，是一個歷史時期中國思想界的標誌」[76]，康氏的這一地位從他對《知新報》的思想引導

72　《知新報》第38冊，影印本頁444。

73　《知新報》第20冊，影印本頁157。

74　《知新報》第22冊，影印本頁186-187。

75　（日）村尾進，〈萬木森森——《時務報》時期的梁啓超及其周圍情況〉，見（日）狹間直樹編，〈梁啓超‧明治日本‧西方——京都大學人文科學研究所共同研究報告〉，頁63。

76　桑兵，《晚清民國的國學研究》，頁30。

即可看出。然其文章風格，與報刊文體仍有較大差異，其佶屈聱牙之
處，非一般讀者所能夠理解。維新派人士要想使變法思想更加普及，
其文章作法必須通過梁式之「新文體」轉化。換言之，康出思想，梁
充當將其通俗化的管道。王照在論述康梁之關係時即敏銳地發現：
「戊戌前，南海已蜚聲海內，實任公文章之力也。」[77]劉體智亦看出
了康梁文風之差異，以及康氏之名聲如何靠梁氏之鼓動而擴大：

> 有為雖為新黨魁首，而文筆繁冗實不足以動人，上皇帝萬言
> 書，其中最警策之句云：「皇太后皇上將求為長安布衣而不
> 可得。」可謂敢於直諫，而不可謂之善說辭。謁見大員，輒
> 云：「小變則小效，大變則大效，不變則亡。」聞者愁置諸
> 耳而已，未之能信也。當時情事，能令觀聽一傾者，厥惟
> 《時務報》，自新會梁啟超變法通議刊載報首，描寫老大帝
> 國致敗之由，恰如人心之所欲道，益以同黨宣傳之力，遂能
> 風行一時，京城內外幾於家有其書，人人爭譽其美……匹夫
> 之力，足以率天下而趨於其所指引之地，使風氣轉移於無
> 形，於斯見之矣。……不半年間，康、梁之赫赫聲名，漸如
> 爝火矣。[78]

　　康有為有宗教改革家的自信乃至偏執，對於他人對自己言論的接
受程度根本不予考慮，因此不會主動改變其文章的「繁冗」特點；而
梁啟超則有心理學家的敏銳和溝通能力，十分關注文化思想的傳播渠
道，因此他在寫作的過程中會比較自覺地考慮讀者的接受能力。這一
區別使得梁文擁有了超過康文數十倍的讀者。史家唐德剛通過對兩人

77　王照，〈復江翊雲兼謝丁文江書〉，轉引自黃敏蘭，《中國知識份子第一人──
　　梁啟超》，頁45。

78　劉體智，《異辭錄》之「康梁之說風行一時」則，頁156-157。

在科場上的不同際遇分析了兩人文章的不同風格：「康有為考秀才曾
三戰三北；考舉人又考得六試不售。到後來由舉人考進士，反而一索
即得，豈科舉考試真的要靠『一命二運……』哉？其實考生勝敗之
間，亦可另有解釋。蓋縣試、府試(考秀才)和鄉試(考舉人)的要點是
文采重於學識。有文學天才的青少年加點『帖括』(八股文)的訓練，
就可以應付了。像『筆端常帶感情』的梁啓超就可以十二歲『進學』
成秀才，十七歲中舉了。而中舉之後還是『帖括之外不知有學問』。
他的老師康有為則正相反。康氏有學問而無文采。落筆無才氣就要見
扼於有地方性的科場了。至於中進士、點翰林，光靠才氣就不夠了。
赴考者總得有點真才實學和真知灼見。所以科舉時代，不通的舉人
(像《儒林外史》裡的范進)，隨處皆有；狗屁的進士、翰林則不多見
也。」[79]正因為如此，康有為創辦並指導《知新報》，但真正將其思
想通過《知新報》上的若干文章廣為傳播的還是其弟子梁啓超。

第三節　梁啓超與《知新報》

　　《知新報》的「總理」是康廣仁和何廷光兩人。康廣仁在戊戌變
法中被殺害，實際主持報務的時間不到《知新報》存在時間的一半；
而何廷光主要還是投資者的身分，並沒有實際主持報務，「總理」之
說，其實只是掛名而已。所以，《知新報》真正的「總理」應該算是
梁啓超，雖然實際呆在澳門的時間並不長，其行蹤遍及京師、上海、
湖南等地，但在相當長的一段時間裡，梁氏都強有力地「遙制」著
《知新報》的各項工作。尤其是與汪康年決裂、脫離《時務報》之
後，《知新報》更成為梁啓超發表文章的重要陣地。
　　在戊戌變法前後十年間，中國輿論界的兩大鉅子是梁啓超與汪康

79　唐德剛，《晚清七十年》(第三卷・甲午戰爭與戊戌變法)，(台北：遠流出版
　　公司，1998年第1版)，頁139-140。

年。汪康年善於組織經營，但其文章較為平庸，思想水準及語言魅力
均無法與梁啟超相比[80]；而梁啟超不僅能介入實際的編輯事務，而且
還通過如椽巨筆和汪洋文字，開創出一代文風[81]。從這個意義上來
看，梁啟超對促進中國報刊近代化的功勞超過汪康年。梁啟超是一位
全才型的報人，一般報人辦報未必撰稿，有的撰稿卻並不辦報，但梁
啟超卻是既辦報又親自撰稿。從投身政治之日起，他便與報刊結下了
不解之緣。如果說康有為在政治家、學者、報人等諸多身分中最看重
政治家之身分，那麼同樣具有多重身分的梁啟超則最看重報人之身
分。1912年，民國創立，梁啟超結束流亡生活，歸國後在報界的歡迎
會上說：「鄙人二十年來固以報館為生涯，且自今以往，尤願終身不
離報館之生涯者也。」[82]這絕對是任公的心裡話。對於作為報人的梁
啟超，張朋園概括說：「梁任公以言論起家，一生中所創辦而親身主
持的報刊，不下十數。屈指數來，以《中外公報》、《時務報》、
《清議報》、《新民叢報》、《新小說報》、《政論》、《國風

80　關於汪梁文章之差異，廖梅認為，汪康年的文章較梁啟超的文章，缺乏理論性
　　和學術性，亦不具備一個系統的理論構架。汪康年「講經濟」，善張羅，是一
　　名總務型人才，文章便寫得瑣碎實在，結果呈現出三項弱點。一是援古援西都
　　遠遠少於梁啟超，看起來作者的中學與西學知識都不如梁啟超廣博；二是汪康
　　年雖是朋友中出了名的整日憂國憂民的人，論說也十分切入，文辭整齊，常用
　　駢句，但終因比較實在，缺乏梁啟超那樣的激情與氣勢；三是執著於批評與建
　　議，很容易冒犯他人，被抓住把柄，以至於朋友們都勸他住手停寫，與之相比
　　梁啟超的文章「甚明通又不為時人所詆」。參閱廖梅《汪康年：從民權論到文
　　化保守主義》，頁118-119。

81　《時務報》的成功，主要得益於梁啟超的文字；而梁啟超名滿天下，也因為擔任
　　了《時務報》的主筆。張之洞的幕僚葉瀚在〈致汪康年書〉中稱：「梁卓如先
　　生天才抒張，論著日富，出門人間餘之言，拯天下童蒙之稚，敢拜下風，願交
　　北面。」頗為自負的嚴復也稱讚梁啟超：「自甲午以後，於報章文字，成績為
　　多，一紙風行，海內觀聽為之一聳。」轉引自李喜所、元青，《梁啟超傳》
　　（北京：人民出版社，1993年第1版），頁59-60。

82　梁啟超，〈鄙人對於言論界之過去及將來〉，《飲冰室合集》文集之二十九，
　　頁1。

報》、《庸言報》、《大中華》等九種最爲出色，影響也最爲深遠。
而九種報刊(除《中外公報》外均爲期刊)，前七種均創辦於民國誕生
之前，論者也多認爲這七種報刊對於近代中國的啓蒙運動，思想解
放，及民國的催生，有直接間接之力。」[83]對梁啓超在輿論建設方面
的貢獻，張氏之評價頗爲中肯，但他未將《知新報》列入梁氏參與創
辦、主持和撰稿的報刊之內，乃是一大疏漏。

　　從1897年2月創刊到1901年1月停刊，《知新報》實際存在了將近
四年時間。在這段時間裡，梁啓超與《知新報》諸多撰稿人之間來往
密切。無論在變法失敗之前還是之後，他始終關注著《知新報》的發
展動向。初始階段，梁氏尚有諸多擔憂，就《知新報》的實際情況而
言，《知新報》的好處《時務報》皆有，而《時務報》的好處《知新
報》不能盡有，論筆差且郵寄遲，資本不足，又加上共事諸人常常發
生枝節[84]。但梁氏仍然願意爲《知新報》出力，並建議「即如澳報，
同喻深意，同舟共濟，宜其更一變幻矣。」[85]

　　就《知新報》前期撰稿數量而言，梁啓超撰寫了15篇「論說」文
字(還不包括其他種類的文字)，論說文的數量僅次於劉楨麟。在後期
若干不署名的文章中，許多亦出自於梁啓超之手筆。例如，《知新
報》第七十九冊曾轉錄日本《東邦協會會報》所載1898年10月30日
〈新黨某君上日本政府社會論中國政變書〉，該書陳述了戊戌變法及
其失敗的情形，極言中國改革成敗與日本的利害關係，並呼籲日本政
府設法幫助光緒皇帝安全復位重行新政。該文如此寫道：

83　張朋園，《梁啓超與清季革命》。

84　(日)村尾進，〈萬木森森——《時務報》時期的梁啓超及其周圍情況〉，見
　　(日)狹間直樹編，《梁啓超・明治日本・西方——京都大學人文科學研究所共
　　同研究報告》，頁62。

85　梁啓超1897年3月3日〈致康有爲〉，《梁啓超全集》之「社交書信卷」，頁
　　5912。

但使皇上有復權之一日，按次第以變法，令行禁止，一二年
間，一切積蔽，可以盡去；一切美政，可以盡行。敝國幅員
之廣，人民之眾，物產之饒，豈有不能自立之理，此敝國君
權之可用也。下之則數年以來，風氣大開，各省學會學校新
聞雜誌紛紛並起，年少之人，志盛氣銳，愛國心切，而無一
毫自尊自大之習，咸自濯磨，講求專門之學，以備國家之
用。[86]

　　作者天眞得有些可愛，他完全沒有考慮到日本政府根本就不希望
中國強大起來，而中國兩千年的專制傳統又豈是光緒復位就能一掃而
光。這是典型的梁啓超式的樂觀主義精神和流暢洶湧的行文風格。雖
然有些脫離現實，卻對於鼓舞人心頗有功用。因此，有學者認爲，
「此書大似先生之作。」[87]所謂「新黨某君」很可能就是梁啓超本
人。

　　在《知新報》存在期間，梁啓超在與友人的通信中多次談及《知
新報》的編輯、發行等情況。他不僅對辦刊方針作規劃引導，而且還
事無巨細一一關切。在給康有爲的信中，他針對康有爲在廣西設學、
譯書、辦報和築路的建議提出自己的不同看法。他以《知新報》爲例
子，深入分析，認爲在廣西譯書和辦報不太可行。可見梁啓超對乃師
尊敬而不盲從。

　　就譯書一事來說，梁啓超舉《知新報》的翻譯爲例，說明翻譯人
才難求：

86　《知新報》第79冊，影印本頁1108-1111。

87　該文確實爲梁啓超所作，刊於日本《東邦協會會報》53號(1898年12月)，題爲
　　〈支那志士之憤悱〉，署梁名。參閱丁文江、趙豐田編，《梁啓超年譜長
　　編》，頁163。

超以近日《時務報》、《知新報》、《農學報》所請日本翻
譯艱難情形觀之，而知日本書之不易譯矣。今所最可恃者，
謂速聘日人到澳，會同門人學習爲翻譯書之用，然而超知其
必不能成也。澳報前由此間托古城代請東人，已有成言，將
動身矣，而得澳電，謂東譯已覓得，宜止其來，事遂罷。而
頃者澳中之東譯可惡種種，已遣走之。[88]

梁啓超親自操心爲《知新報》聘任翻譯的事務，付出很大心血。
當時維新派所主持的報刊，其內容有相當大一部分爲翻譯西方報刊的
新聞和文章。所以，擁有一個好的翻譯隊伍，是該報刊成功的首要條
件。在具體操辦過程中，梁啓超逐漸發現，要挑選到一名優秀翻譯十
分不易。

就辦報一事，梁啓超亦以《時務報》、《知新報》爲例詳細闡述
了辦報之艱難，以通商已久、經濟發達的上海、澳門而言，支撐獨立
創辦的報刊尚且困難重重，加之交通、郵政等問題非短期所能解決，
所以想要在經濟落後、風氣未開之廣西辦報，簡直就是異想天開：

報館一舉，超於此一年內經手辦《時務》、《知新》、《公
論》三館，於其中情節頗詳知之，而因以謂桂中必不可行
也。一館之股，非萬金不辦，銷報非至三千不能支持。桂中
風氣未開，閱報者那得此數？且自來日報無不虧本者，專恃
告白爲之彌縫。桂中商務未興，商家皆蹈常習故之招牌，陳
陳相因之貨物，無藉於登告白。此塗一塞，日報無能開之
理。若猶用旬報日報也，則彼中稍留心者固已閱《時務》、
《知新》二報矣。新開之報，未必能逾此二種，其誰閱之？

88 梁啓超〈致康有爲書〉，廣東哲學社會科學研究所歷史研究室藏，轉引自丁文
江、趙豐田，《梁啓超年譜長編》，頁78-79。

若欲寄至外省，則《知新報》尚有不支，何有於桂？……
《知新報》則正月廿五之報，至今尚未寄至上海，再由上海
運至各省，距出報時已數月，其誰欲觀之？……澳事至今未
定，安可復蹈前轍？[89]

　　康有爲有指引方向、開創風氣之氣魄，而拙於具體籌畫、實際操
作。因此，康氏雖然倡議創辦了《知新報》，卻並不知道辦報的艱
難。梁啓超的這封信，打消了他欲在廣西辦報的不切實際的念頭。

　　在這封信中，梁氏還透露出許多《知新報》的運作情況，如「超
之電邀積之來也，以欲西行故，既不行矣，則欲號稱爲《知新報》，
請積之駐滬代理也。」根據梁氏自己的說法，《知新報》與《時務
報》一樣，是由他在其中「經辦」作用，而不僅僅是一個重要的撰稿
人。他對於創辦報刊所需要的資金、維持報刊所需要的印數等無不了
然於胸。梁氏亦發現近代報刊的運行，並不是完全依靠報刊本身的銷
售。與報刊本身的銷售利潤相比，廣告收入更爲重要。他還在信中指
出，由於郵政事業尚未展開，向內地銷售報刊十分困難，自辦發行則
須雄厚的財力支持。由此可見，報刊之經營，並不只是報刊本身的事
情，而與其他產業之發展及民眾思想觀念之進步密切相關。

　　在這段時期與汪康年的通信中，梁啓超除了與之詳細溝通《時務
報》事務以外，還多次向其談及《知新報》。梁啓超堅持在《時務
報》上刊登康有爲有關變法的文字，汪康年擔心因此會引起官方的干
涉和保守派士大夫的反感，使得無人再敢繼續閱讀《時務報》。對
此，梁啓超委婉地解釋說：「弟印此文入《時務報》，實爲扶持《知
新報》起見，以澳門爲可用之地，何穗田爲可用之人，故必思多方以

89　梁啓超〈致康有爲書〉，廣東哲學社會科學研究所歷史研究室藏，轉引自丁文
　　江、趙豐田，《梁啓超年譜長編》，頁78-79。

翼贊之。」[90]可見，梁啓超對《知新報》「情有獨鍾」，建議在《時務報》上刊載康有爲之文章，其心思卻在幫助《知新報》提高知名度上，真有點「身在曹營心在漢」的味道。從這段話亦可看出，梁啓超對何廷光頗有好感，對澳門這一新的辦報基地也十分看重。他希望將《知新報》辦得像《時務報》一樣「上以當政者之晨鐘，下以擴士君子之聞見」[91]，殊不知他的這一解釋更加深了與汪康年的分歧。汪與梁的視野、事業及個人定位皆不同：當時，汪視《時務報》爲唯一之事業，願爲之獻出全部身心；而梁年輕躁動，並不安於《時務報》這一個事業，有心要分出部分精力去支援《知新報》等其他報刊。

戊戌變法失敗之後，流亡日本的梁啓超仍然牽掛於澳門艱難維持的《知新報》。此時，《知新報》充當了保皇派在海外的「總會」的角色，已然不單純爲一新聞機構也。因此，梁啓超建議《知新報》同人說：

> 尊處既爲總會，不可不舉行總會之實事，內之布置義舉，外之聯絡各埠，責任至重至大，無所旁貸。但弟遙揣情形，似覺未免散漫。他事且不論，即如檀山開會以來，僅得總會一信，而金山來函，亦言久不得總會來信，各處皆然，不免有相責之意。君等當知各處會友，皆望總會如帝天，得總會一言，重於九鼎。弟竊意總會宜專設通信員二人，一管南洋星坡、吉郎、暹羅、安南、澳洲，一管美洲檀香山、加拿大，按准船期，每水必有一信往各處(凡已經開會之地每水船必寄一信以激勵之)，切勿遺漏。又當隨時將各會之開會情形及某處某人最爲熱心，報告各會，使其知所鼓舞。又催各會使隨時彼此互相通信，得有門牌紙，則遍取多張，分寄各

---

90 《汪康年師友書箚》(二)，頁1863。

91 〈丁其忱來書〉，《汪康年師友書箚》(一)，頁1。

會。電熱以激而愈發,庶幾有功。不然,己且冷而欲責人之
熱,彼且倦而欲責人之勤,烏乎可哉。[92]

　　梁氏在此信中督促總會的負責人留意總會與各分會的聯繫,甚至
提出專門設置兩名通信員的建議,可見梁氏頗具組織調度才華,對總
會事務也頗有發言權。此後,梁啟超還有數封給《知新報》同人的信
件,談及為殉難的唐才常等烈士捐款等事務。由於此時《知新報》的
作用和地位已經發生轉變,梁氏甚少涉及報刊本身的細節問題。後
來,《知新報》悄然停刊,並完全蛻變成保皇會總會所在,但梁啟超
在信函中仍以「知新報同仁」稱呼之,既有保密的考量,也可看出他
對《知新報》感情之深。

　　雖然梁啟超在《知新報》上投入的時間和精力不如其一手創辦的
《時務報》、《清議報》、《新民叢報》等,但在其辦報刊生涯中
《知新報》仍有相當重要之地位。梁啟超在《知新報》上發表的15篇
文章,在其文化觀念和學術思想的發展歷程中,具有不可忽視的參考
價值。這些文章的寫作時間與發表在《時務報》上的文章相同或稍
晚,而早於《清議報》及《新民叢報》。這一時期,正是梁氏文學革
新思想之醞釀及形成時期。辦《時務報》和《知新報》,是辦《清議
報》和《新民叢報》的預演,有了前面的鋪墊,梁啟超在此後方能縱
橫馳騁,遊刃有餘。

　　正是參與創辦《中外記聞》、《時務報》和《知新報》獲得了意
想不到之成功,梁啟超對近代報刊的作用和價值有了深刻體認,並開
始對自身定位及文學觀念作根本性調整。至此,梁氏將報人的身分看
得比文人的身分更重,他在新聞事業上貢獻了大半生的時間和精力,
難怪鄭振鐸稱讚其「是中國近代最優秀、最偉大的一個記者」、「梁

92　梁啟超1900年2月28日〈致《知新報》同人〉,《梁啟超全集》之「社交書信
　　卷」,頁5916。

任公先生的影響與勢力，……是無地不深入、無人不接受的。」[93]在
此之前，除了王韜等寥寥數人外，很少有士人願意承認自己是「報
人」。在1870至1890年代，任《申報》主筆的，只有一個蔣芷湘是舉
人出身，且其考中進士後就離開報館，其餘都是科舉不得意的文人。
雖然其中亦有若干才子，但整體而言，從事報業的士人當中罕有學識
超拔之人。而從梁啓超、汪康年開始，不僅舉人，而且進士辦報也成
爲平常事(汪爲進士，梁爲舉人)，報人已不再是受人鄙視的職業。

　　探究梁啓超與《知新報》的關係，若從文化史和政治史之角度
看，梁啓超在《知新報》上發表的〈《新學僞經考》敘〉、〈公車上
書請變通科舉摺〉和〈創辦《時務報》原委記〉等文章，都是時代交
替之中的畫龍點睛之筆。〈《新學僞經考》敘〉爲康有爲的「儒學新
詁」張目，闡明了乃師將儒學與專制政體分離、重建儒學作爲近代中
國的宗教的努力[94]。〈公車上書請變通科舉摺〉對科舉制度的負面作
用作全面之清算，其回音便是1905年科舉制度的正式廢除。〈創辦
《時務報》原委記〉則詳盡地記載了創辦《時務報》的經過，展示了
當時知識精英之間複雜而微妙的關係，堪稱近代新聞史上彌足珍貴的
史料。這些文字在思想史和文化史上的價值都是不容忽視的。

　　從思想史的角度來看，梁啓超在《知新報》上所發表的若干文章
的基本思路，都成爲梁啓超本人乃至20世紀中國思想文化進程中的核
心命題。例如，他在〈《說群》自序〉、《說群一》和《群理一》中
宣揚社會整合的觀念，認爲「群」是近代民族國家的根基所在。他用
「群」也就是「民」來取代傳統社會的權力來源「天意」，並將其作
爲政治權力合法化、合理化之最高標準。根據張灝的看法，梁啓超對
「群」這一概念的表彰，「意味著政治權威合法化標準的一個重要轉

93　鄭振鐸，〈梁任公先生〉，轉引自(日)佐藤一郎，《中國文章論》。

94　參見(美)蕭公權，《近代中國與新世界：康有爲變法與大同思想研究》(南
　　京：江蘇人民出版社，1997年第1版)。

化，從而爲建立在一個不同於普遍王權基礎上的中國政治開闢了可能
性」[95]。又如，在《說動》一文中，梁氏認爲整個宇宙充斥著一種生
生不息的「宇宙力」，通過對比西方的活力過剩和中國的長期缺乏活
力，進而主張大力張揚「動」的觀念，並以此作爲中國社會更新和政
治改革之理論基礎。又如，梁啓超有意識地從傳統文化體系中被遮
蔽、被排斥、被貶低的「支流」中去發掘「俠」的資源，與之相似
的思考體現在《知新報》其他作者撰寫的〈尊任俠〉[96]、〈俠會章
程〉[97]等文章中。這些文章的用意亦是將「俠」之精神「古爲今
用」，以此應對近代以來日趨衰亡的國運。

可以毫不誇張地說，梁啓超在《知新報》上發表的若干文字中，
已充分將某些核心基本觀念展示出來。雖然梁承認自己是一名善變的
作者，但以上這些基本觀念卻甚少改變，並被他本人不斷加以發展和
完善，更在此後若干政治家和思想家那裡得到重現和放大。如果放寬
眼界，在一個更加漫長的歷史階段中來看待梁啓超及其時代的意義，
張灝的觀點深具啓發性：「從傳統到現代中國文化的轉變中， 1890
年代中葉到20世紀最初十年裡發生的思想變化應被看成是一個比『五
四』時代更爲重要的分水嶺。在這一過渡時期，梁是一位關鍵人物，
他繼承了晚清思想中儒家經世致用的傳統，同時將這一固有的關切轉
變爲以他著名的國民形象爲標誌的新的人格和社會理想，其思想成爲
20世紀中國意識型態運動的一個重要的和永久的組成部分。」[98]在
19、20世紀之交的驚濤駭浪中，梁啓超一人而身兼文學家、學者、報
人、政治活動家等多重身分，成爲新型知識分子的人格典範。他所倡

95　張灝，《梁啓超與中國思想的過渡(1890-1907)》(南京：江蘇人民出版社，
　　1995年第1版)，頁74-75。

96　《知新報》第99冊，影印本頁1432。

97　《知新報》第38、39、40、41、42冊連載，影印本頁446、462、479、494、
　　511。

98　張灝，《梁啓超與中國思想的過渡(1890-1907)》，頁218。

導並實行的文化啓蒙事業，也直接孕育出五四那代知識分子，稱之爲「中國近現代文化之父」似無過譽之處。

再具體到梁啓超的文章和文體上作更細微的討論：毫無疑問，《知新報》時期的梁啓超已經體現出領導輿論潮流的素質和魄力。《知新報》僅僅是其在此一時期事業的一小部分，同時也是其攀登上更高山峰之前不可或缺的一節階梯。在戊戌變法前後，梁啓超的文章已經展示出超越同代人的魅力。以其發表於《知新報》上的文章而論，拋開思想觀念的創新不說，僅就文章本身而言，就已具有一種超凡脫俗之魅力。無論是《說群》這樣比較典範的議論文，還是〈公車上書請變通科舉摺〉這樣上書的文稿；無論是〈復陝西劉古愚山長書〉這樣洋洋灑灑的書信，還是其在保國會上慷慨激昂的演講詞，都如其友人黃遵憲所論，可以同時征服讀者的心靈和頭腦：「以公之才識，無論著何書，必能風靡一世。吾有一三十年之故友，謂公之文有大吸力，今日作此語，吾之腦絲筋隨之而去；明日翻此案，吾之腦絲筋又隨之而轉，蓋如牽傀儡之絲，左之右之，惟公言是聽。吾極贊其言。」[99]梁文的魅力由此可見一斑，就對普通士大夫階層的影響力而言，晚清似乎無人能比。那麼，梁啓超的文章爲何能遠遠超越與之同代的維新人士，除卻其罕見之語言天賦、知識積累和充沛的情感之外，還有哪些重要原因呢？

重要原因之一在於，梁啓超通過爲報刊寫作，已經充分認識到舊文學之弊端，因而產生文學變革的迫切要求。梁氏以進化之觀念來看待文學之流變，希望變「薄今愛古」爲「今可勝古」。此觀點前人已略有陳說，如姚華云：「夫文章體制，與時因革，時世既殊，物像即變，心隨物轉，新裁斯出。自今以往，又不知變遷如何也。文章之

99 黃遵憲，〈致梁啓超書之九〉，《黃遵憲集》(下卷)(天津：天津人民出版社，2003年第1版)，頁518。

用，以時爲貴，古之不宜於今，猶今之不宜於後。」[100]郭嵩燾云：「天地生才無窮，而文章之變日新月盛，有非古人所能限者。」[101]蔣兆蘭亦云：「中國之學，務在師古；歐美之學，專尙改良。」[102]在此基礎上，梁啓超申明「新文」和「今人」之價值超過「舊文」和「古人」，由此建立其一套新的、具有顚覆性的評價體系：「中國結習，薄今愛古，無論學問文章事業，皆以古人爲不可幾及。余平生最惡聞此言。竊謂自今以往，其進步之遠軼前代，固不待著龜，即並世人物，亦何遽讓於古人所云哉？」[103]

依照梁啓超的邏輯，既然今人勝於古人，那麼今日之學術、文學也必然勝於古代之學術、文學。他爲當下的文學爭來了存在的價值，也爲當下的作者奠定了寫作的信心。首先，他嚴厲批評舊文學說：「今中國士夫習氣，平居不讀書，相見不言學，日以飲食遊戲，相趨相近而已。……其最高流者，則徒私憂竊歎，而莫肯自任，以爲萬無可爲，乃自放於聲色詞章，度數十寒暑以去。」[104]他將「詞章」看作一種具有負面價值的文化活動，此語可謂「擒賊擒王」。在古代，詞章是士大夫心目中「經國之大業，不朽之盛事」，可以「藏之名山，傳之其人」。梁氏卻對以媚上爲目的、以圖解官方政策爲旨歸的寫作和以娛樂爲目的、以形式美爲旨歸的寫作都抱以激烈批評之態度。以上兩種寫作模式，已然內化於中國漫長的專制時代之中，梁容若概括說：「從西漢專制政體確立以後，文人寫作的目的有兩種類型：一是向皇帝宰相和考官對策應考，上書獻賦，這樣使作品走上典

---

100 姚華，〈曲海一勺·述旨第一〉，轉引自賈文昭編，《中國近代文論類編》（合肥：黃山書社，1991年第1版），頁447。

101 郭嵩燾，〈古微堂詩集序〉，轉引自賈文昭編，《中國近代文論類編》，頁461。

102 蔣兆蘭，〈詞說〉，轉引自賈文昭編，《中國近代文論類編》，頁486。

103 梁啓超，《飲冰室詩話》，《梁啓超全集》之「詩話、詩詞集」，頁5297。

104 梁啓超，〈復友人論保教書〉，《知新報》第28冊，影印本頁284。

麗堂皇,歌頌誇飾的路;一是自我怡悅,不求聞達,走上隱僻晦澀的路。前者成爲貴族古典文學,後者成爲山林消閒文學,都和一般民眾無關。」[105]與以上兩種或接近或疏離、但都以權力中心爲尺度的寫作相比,梁啓超的寫作在內容、形式及讀者對象、傳播方式等各個方面都發生了本質的變化。

其次,在「破舊」之後,梁氏更努力「立新」,其著眼點是文章內容的啓蒙效用,而不再是文章形式的審美愉悅。「任公的寫作目的,從辦《時務報》起,就以開通民智,挽救國難爲主旨。《清議報》、《新民叢報》發行目的都在造成健全的輿論,發揮教育作用。針對這種要求,適應讀者程度,求文字的通俗化,趣味化、新穎化,是當然的事。所謂『報紙體』是爲民眾服務的,民主政治現代社會所需要的。」[106]梁氏寫作的宗旨在於「開通民智、挽救國難」,手段在於營造輿論、推動教育,而針對的對象是更大範圍的讀者,他採取「報紙體」乃是水到渠成之事。正因爲如此,梁的寫作姿態與康截然不同,正像夏曉虹所指出的那樣:「出於宣傳西學與改良思想的需要,他不僅使用淺近之辭,而且在文中大量徵引新事例,以求通俗易懂地說明新思理。儘管因而出現了鋪張過度、重疊冗贅的毛病,但這種表裡一新的散文仍具有新奇可喜、奔放激蕩、叩人心弦的魔力,征服過當時所有嚮往新思想、新知識的中國知識分子的心。」[107]此一階段,梁啓超的文章確實具備了「表裡一新」之素質。「裡」是指文章背後的思想觀念,「表」之指文章的形式和語言。這種「表裡一新」的特徵,使得梁啓超的文章能開新路、啓新風。

梁啓超在《知新報》上發表的15篇論說,就文體特點來看,可以

---

105 梁容若,《文學二十家傳》(北京:中華書局,1991年第1版),頁372。
106 梁容若,《文學二十家傳》,頁369-370。
107 夏曉虹,《覺世與傳世——梁啓超的文學道路》(上海:上海人民出版社,1991年第1版),頁123。

算作是《新民叢報》時期正式定格的「新民體」的醞釀和發軔。日本
學者佐藤一郎將這一時期梁啓超的創作看作其新文體的「第一期」，
他具體分析了這些文章的特點：「這是一種文語體，從結構上來說這
也是一種極其傳統的手法。這裡多選擇普通話與新語來使用，以代替
煩瑣的典故成語。在對句式的文脈，四字句的多用，甚至思想表達方
面不能認爲它與古文斷絕。典故成語固然少了，但古典、歷史上的事
實卻並未斷絕地被借用著。較正確地來說，這是新體古文的一個變
種。雖非桐城派古文、八股文的直接後繼，但足有資格作爲一種廣義
的傳統文章的嫡系。但儘管如此，朝後來新文體方向的轉變已初露端
倪，並具備起訴諸人之感覺的力量來。」[108]這些文章，儘管使用傳
統的結構、歷史的典故，但普通話和新語的使用也已經相當普遍，故
佐藤一郎以「新古文」這一不倫不類的概念定義之。因爲處於主持和
編輯報刊之「第一線」，與康有爲相比，梁啓超對即將到來的、或者
說已經到來的文化轉型有著更加眞切的認識。佐藤一郎的結論是非常
切實的——梁啓超自覺地適應文化轉型，所以其文字對於那些身處轉
型期的讀者來說，已經展示出一種特別的、感同身受的魔力。這種魔
力在《新民叢報》時期發展到了極致。

　　梁啓超報刊文章的最大特點即在於「融會貫通」，這也印證了譚
嗣同的〈報章總宇宙之文說〉。梁氏學識龐雜，作文也非謹守一家。
他曾自稱：「《史記》之文能成誦者十八九。」司馬遷就是熔鑄各種
文體以成家的，梁氏走的路子實在相同，錢基博分析說：「初梁啓超
爲文治桐城，久之舍去，學晚漢、魏晉，頗尚矜練，至是醨放自恣，
務爲縱橫軼蕩，時時雜以俚語、韻語、排比語及外國語法，皆所不
禁，更無論桐城家所禁約之語錄語，魏晉六朝人藻麗俳語，詩歌中雋
語，及《南北史》佻巧語焉。此實文體之一大解放，學者競喜效之，

108　(日)佐藤一郎，《中國文章論》，頁266-267。

謂之『新民體』，以創自啓超所爲之《新民叢報》也。」[109]錢氏此
論，比較強調梁文與傳統文章的關係，即梁氏是如何將歷史上諸多邊
緣文體轉移到中心地位的。而梁容若更詳細地梳理了對梁啓超有較大
影響的諸家文章，並指出：「早年對於八股文，揣摩極深，『不避長
比』自然是八股習慣。受康有爲的影響，精讀《宋元學案》、《明儒
學案》、《傳習錄》等書，看慣了語錄體，所以時雜俚語。受譚嗣同
的影響，多讀佛書，所以佛教的名詞術語，佛經翻譯文法，也隨時出
現。日本的口語文學，在明治二十年(1887)左右，業已接近成熟。任
公到日本的時候(1898)，日本口語文學已經很流行。那時一般文人漢
學修養還不低，像德富蘇峰、德富蘆花一流人的文章，和任公的新文
體，正是一種味道。他的文章，偶爾有些駢儷情調，漢賦氣息，又推
重汪中，那是因爲他進過學海堂，阮元的文言說在發生隱微作用。曾
國藩教子熟讀漢賦、徐、庾之文，也有影響，因爲他是崇拜曾氏的。
任公的文章彙萃百流，歸於實用，形成對一代正宗桐城派乃至文選派
的無言革命。」[110]上面的分析，很重視梁啓超文章從傳統中汲取資
源的一面，甚至連八股文的潛在影響也考慮到了，顯得相當周全。同
時，論者也模糊地認識到梁文與日本近代文學的密切關係。與之相
比，夏曉虹更多揭示了梁啓超文章的外來資源和創新意識：「正因爲
梁啓超具有文章革新家的氣度與膽識，他才能在從古體文中解放出來
的同時，又無所顧忌地選擇一切於他有用的古文、史傳文、辭賦、駢
文、佛典、語錄、八股文、西學譯文、日本文的字法、句式、腔調、
體制，打破古今中外各種文體的界限，形成別具一格，最便使用的
『新文體』。」[111]綜合以上三家評述，大致可以梳理出兩條線索
來：其一，梁啓超的文章具有「承接性」，若從梁氏學術的傳承、學

---

109 錢基博，《現代中國文學史》，頁289。

110 梁容若，《文學二十家傳》，頁370。

111 夏曉虹，《覺世與傳世——梁啓超的文學道路》，頁123。

問的淵博和眼界的開闊著眼，可草蛇灰線般清理出其寫作過程中「沙
場秋點兵」時「多多益善」的將領和士兵們，比如其對魏晉六朝駢
文的汲取，乃是從汪中、阮元、曾國藩的影響而來；其二，梁啓超作為
文章革新家具有超凡的氣度和膽識，在每一個歷史轉型期，所呼喚和
所塑造的巨人都必須具備此種「滄海無邊天作岸，鐵山頂上我為峰」
的氣魄，梁啓超無疑就是其中之一，故能實現「文體解放」和「無言
革命」。

　　當時，大部分讀者都很喜歡梁啓超的文章，但也有人持不同看
法。不同年齡和知識背景的士子有兩種極端評價：「老輩則痛恨，詆
為文妖。然其文晰於事理，豐於感情。迄今六十歲以下、三十歲以上
之士夫，論政持學，殆無不為之默化潛移者，可以想見啓超文學感化
力之偉大焉。」[112]這裡所說的「老輩」中，包括反對維新的保守派
人士，如葉德輝便在〈答友人書〉中說：「獨怪今之談時務者，……
筆舌掉罄，自稱支那；初哉首基，必曰起點。不思支那乃釋氏之稱唐
土，起點乃舌人之解算文。論其語，則翻譯而成詞；按其文，則拼音
而得字；非文非質，不中不西。東施效顰，得毋為鄰女竊笑耶？」戊
戌之後日趨保守的嚴復也在書簡中批評說：「往者杭州蔣觀雲嘗謂梁
任公筆下大有魔力，而實有左右社會之能。……大抵任公操筆為文
時，其實心救國之意淺，而俗諺所謂出風頭之意多。……任公既以筆
端攪亂社會，至如此矣，然惜無術再使吾國社會清明。」比梁氏晚一
輩的學衡派幹將胡先驌，在〈評胡適五十年來之中國文學〉一文中則
從「純文學」的角度貶低梁文的價值：「梁啓超之文，純為報章文
字，幾不可語夫文學。其筆端常帶感情，雖為其文有魔力之原因，亦
正其文根本之癥結。如安諾德論英國批評家之文，『目的在感動血與
官感，而不在感動精神與智慧』，故喜為浮誇疏宕激越之語，以炫人

---

112 錢基博，《現代中國文學史》，頁289。

之耳目,以取悅於一般不學之『費列斯頓』,其一時之風行以此,其在文學上無永久之價值亦以此。」[113]這些批評的視角各不相同:葉氏幾乎是破口大罵,嚴氏乃為誅心之論,胡氏的話說得溫文爾雅,卻試圖一下子將梁氏的文字趕出文學殿堂。然而,這些批評從反面表明:梁啟超在近代文學中已經成為一個不可回避的山峰。

　　讓諸多批評者目瞪口呆的一個事實是:梁啟超正是以新文體為羽翼,最大程度地放大了其學術成就和思想成果,並進而成為影響社會進程的重要人物。其實,在國學和西學之任一方面,梁氏在同代人中皆非造詣最深者,其國學不如章太炎,其西學不如嚴復。但以綜合中學與西學的功夫而論,章、嚴皆不如梁,章之西學較梁為薄弱,嚴之中學較梁為薄弱。就「腳踏兩隻船」的平衡能力而言,梁啟超堪稱晚清第一人。他不是專家,乃是通人。正是在此知識和學術背景之下,梁啟超方能在古與今、中與外的衝突和融合中創造出一種獨特「梁氏文體」。梁氏文章的淵源極其蕪雜,也與其「相容並包」的性格有關[114]。與康有為固守一端不同,梁啟超沒有成見,不言異端,善於汲取不同學派和文派的優長,以形成自己的學術和文章風格。這一時期,梁啟超的文章與古文的內在聯繫尚十分清晰,同時也開始向報刊文體特有的「淺說」方向邁進。對於康有為而言,文章主旨一旦確立,就意味著寫作過程的基本完成;而對於梁啟超而言,即便文章主旨已確立,寫作的流程也僅僅是完成一半而已,他還要精心考慮採取何種表達方式才能吸引讀者閱讀此文章。既然是「覺世之文」,就得具備「覺世之文」的言說方式,即通俗曉暢、自然流利。

113　以上三人之批評均轉引自錢基博,《現代中國文學史》,頁206-209。

114　桑兵指出,梁啟超的特長有四:一則博學,雖不深通,已強過一般學人;二則氣量寬洪,能容人;三則有號召力和影響力;四則有學問的品味和鑑賞力,雖做不出,卻看得出。梁啟超自己也說:「我於學問未嘗有一精深之研究,蓋門類過多,時間又少故也。」參閱桑兵《晚清民國的國學研究》,頁151。

　　爲《知新報》撰稿的三年，「正當梁啓超廣取新知、熱情奮發、
才氣縱橫的青年時代，行文、感情都不受約束」[115]，也恰恰是梁啓
超文學觀念由「傳世」向「覺世」轉變過程中不可忽視的三年。到了
1902年，梁啓超爲《飲冰室文集》作序，公開宣稱：「若鄙人者，無
藏山傳世之志，行吾心之所安，固靡所云悔。」[116]也就是說，既然
選擇了以「覺世」爲目的的報刊文體，只要這篇文字在當下的歷史情
景中發揮了作用，今後便不會像古人那樣「悔其少作」。古人將寫作
「傳世之文」看作「不朽之盛事」，而在梁啓超看來，這不過是讀書
人的自我陶醉和自我欣賞罷了。他毅然放棄「傳世之文」的寫作，而
選擇「覺世之文」的寫作：「學者以覺天下爲任，則文未能捨棄也。
傳世之文，或務淵懿古茂，或務沉博絕麗，或務瑰奇奧詭，無之不
可。覺世之文，則辭達而已矣。當以條理細備，詞筆銳達爲上，不必
求工也。」[117]他堅信，「覺世之文」的價值不體現於文字之中，而
表現在啓蒙功效上。啓蒙的目的既已達到，用作手段的報章文字自不
妨速朽、不妨丟棄。因此，「覺世之文」的特點在於敏銳的觀察
力、透徹的分析和優美而富於感染力的文字。在梁氏的文學觀念
裡，文章本身並無永恆之價值，其應時之價值在於文章所傳達的理
念是否能夠在當下發揮作用。這一實用主義之觀念，當然有矯枉過
正之處，但也正是在此意義上，在梁啓超身上縮影式地勾勒出了轉
折時期中國文學的歷史命運。日本學者佐藤一郎在《中國文章論》
中指出：「梁啓超確實是過渡期的人物，並且富有洋溢著奇妙魅力
的成就。其成就雖具有過渡期的特徵，但還是可以說持有獨自的魅
力與價值。」[118]

115　夏曉虹，《覺世與傳世──梁啓超的文學道路》，頁123。
116　梁啓超，〈《飲冰室文集》自序〉，《飲冰室合集》文集之一，頁1。
117　梁啓超，〈湖南時務學堂學約〉，《飲冰室合集》文集之二，頁27。
118　（日）佐藤一郎，《中國文章論》。

梁啓超爲《時務報》、《知新報》撰寫政論文章的時刻，正處於
19、20世紀之交，也恰好是梁啓超文章體式變異的關鍵階段。如果說
康有爲的寫作一直立足於啓蒙上層知識精英，此初衷至死不變，體現
出其文章的貴族氣派和封閉特性；那麼，梁啓超此階段的寫作已經是
「作爲志士文章訴諸當時全體知識階層的基礎，以此爲立足點而啓
蒙、宣傳」[119]，因此他的文字也就具有了濃厚的平民化色彩，受過
中等教育的讀者均能閱讀和理解。梁啓超的文章風格也隨著近現代中
國歷史進程的跌宕起伏而不斷變化，他是一位最敏銳地感觸到時代氛
圍變遷的作者，夏曉虹在分析其文體的形成與發展時指出：「從梁啓
超文章體式的實際情況看，它有一個由『時務文體』到『新文體』的
變化經過，而『新文體』自身也處在逐漸發展的過程中。從仿日文體
進步到『新民體』，『新文體』的各個特點都得到了充分、協調的發
揮；1912年梁啓超歸國後辦《庸言》，文風漸趨平實；到反對袁世凱
稱帝，文字再度激烈。『五四』以後，梁啓超已經完全拋棄『新文
體』而採用白話文。『新文體』作爲從文言向白話的過渡階段的歷史
任務也就完成了。」[120]仔細分析梁啓超發表在《知新報》上的這些
文字，不難發現其文體更新、發展和走向成熟的蛛絲馬跡。可以說，
這一時期梁啓超的寫作，是他在《新民叢報》時期影響力趨於頂峰之
前最後一次「練兵」。

1940年代，吳其昌在《梁啓超傳》中對與梁啓超同代的文章大家
皆有所評點。在經過了五四白話文運動的洗禮、具備了新式的文學觀
念之後，以此衡量當年的文章大家，吳氏更多地看到了他們的不足之
處：

當年一般青年文豪，各家推行著各自的文體改革運動，如寒

119 （日）佐藤一郎，《中國文章論》。
120 夏曉虹，《覺世與傳世——梁啓超的文學道路》，頁127。

風凜冽中，紅梅、臘梅、蒼松、翠竹、山茶、水仙，雖各有
各的芬芳冷豔，但在我們今天立於客觀地位平心論之，譚嗣
同之文，學龔定庵，壯麗頑豔，而難通俗。夏曾佑之文，更
雜莊子及佛語，更難問世。章炳麟之文，學王充《論衡》，
高古淹雅，亦難通俗。嚴復之文，學漢魏諸子，精深邃密，
而無巨大氣魄。林紓之文，宗諸柳州，而恬逸條暢，但只適
小品。陳三立、馬其昶之文，祧禰桐城，而格局不宏。章士
釗之文，後起活潑，忽固執桐城，作繭自縛。[121]

這些批評雖有些嚴峻，卻也基本符合各自風格，以上諸人在新舊
夾縫中苦苦掙扎，儘管各有建樹，但仍未能突破舊文學的束縛，得以
開啓新文學的大門。五四新文化運動之後，白話文取得正宗地位，古
文迅速湮沒。「通俗」成爲判斷文章價值的首選標準，一旦「不通
俗」，其價值即受損害。「不通俗」可以說是以上各大文章家共同的
缺陷，而「通俗」正是梁啓超文章最大的特色。經過梁啓超的努力，
「通俗」已不僅僅是他的一種「個人寫作」之風格，而被標榜爲一代
文章之新風尚，正如吳其昌所論：

至於雷鳴潮吼，恣睢淋漓，叱吒風雲，震駭心魄，時或哀感
曼鳴，長歌代哭，湘蘭漢月，血沸神銷，以飽帶情感之筆，
寫流利暢達之文，洋洋萬言，雅俗共賞，讀時則攝魄忘疲，
讀竟或怒髮衝冠，或熱淚濕紙，此非阿諛，惟果梁啓超之文
如此耳！即以梁氏一人之文論，亦惟有戊戌以前至辛亥以前
（約1896－1910）如此耳。在此十六年間，任公誠爲輿論之驕
子，天縱之文豪也。革命思潮起，梁氏之政見既受康氏之累

---

121 吳其昌，《梁啓超傳》（北京：團結出版社，2004年第1版），頁50。

而落伍，梁氏有魔力感召之文章，也就急遽的下降了。可是
就文體的改革功績論，經梁氏十六年來的洗滌與掃蕩，新文
體(或名報章體)的體制、風格、乃完全確立。國民閱讀的程
度，一日千里，而收穫神州文字革命成功之果了。[122]

可以清晰地看到：《知新報》時期的梁啓超，正走在成爲「輿論
之驕子，天縱之文豪」的半路上。

---

122 吳其昌，《梁啓超傳》，頁50-51。

第三章
新舊之交的詩文

　　在《知新報》的創刊號上，有一篇由梁啓超親自撰寫的〈《知新報》敍例〉。按照內容之不同，梁啓超將《知新報》分爲五大板塊：第一是「論說」，第二是「上諭」，第三是「錄近事」，第四是「譯錄西國政事報」，第五是「錄西國農學礦政商務格致等報」[1]。戊戌變法失敗以後，爲應對時局和讀者的快速變化，《知新報》的體例又有過多次調整。變動以後的主要板塊爲：「論說」、「記事與新聞」，其次爲「詩文」、「摘錄」和「雜錄」。這裡的「敍例」僅僅是一種「暫且」的區分，而不是一種準確的文體界定。所以，即使有此區分，讀者仍覺《知新報》內容龐雜、文體含混。

　　在這龐雜的內容和含混的文體之中，有兩類顯得較爲突出，即「論說」和「詩歌」。前期《知新報》所發表的「論說」的題目和作者，在前一章已有過統計。而詩歌則主要出現在後期「詩詞雜錄」這一新欄目之中。「論說」和「詩歌」，都是中國古已有之且源遠流長的文體。而《知新報》所刊載的論說與詩歌，既繼承古代詩文的優長之處，又體現出相當鮮明的時代特色和創新思維。因此，從這兩種文體著手進行討論，可以透視《知新報》時期維新派作家在文體的繼承與創變上所作的努力，並進而觀察這些作者對自身知識結構和文化傾向的調整與更新。

1　《知新報》第1冊，影印本頁3。

《知新報》上的詩文以及新聞報導、人物傳記、科學說明文等文體，都呈現出極其鮮明的過渡時期的色彩，故可稱之爲「新舊交替的文體」。在此交替時期，每一點進步都相當艱難，每一絲變化都值得重視。由於新式報刊逐漸成爲文化傳播的中堅力量，所以文體變遷在相當程度上亦依賴於報刊上的實踐。這一時期出現在《知新報》、《時務報》等著名報刊上的、「縱容與慫恿」的報刊詩文，其優點與缺點都十分明顯，它們宛如流星一樣，在由戊戌變法到五四運動這一文化轉型期的天幕上劃過了一道閃亮的軌跡。

第一節　論說

「論說」這一文體，是中國古代散文之大宗。

褚斌杰在《中國古代文體概論》中，討論到論說文的時候指出：「最早說明論說文的性質和特點的是劉勰。」[2]作爲中古文學理論集大成者的劉勰，在《文心雕龍·論說篇》中這樣說：「論也者，彌綸群言，而研精一理也。」又說：「說者，悅也；兌爲口舌，故言咨悅懌。……披肝膽以獻主，飛文敏以濟辭，此說之本也。」[3]劉氏對「論」和「說」兩種相似而又略有差異的文體有著清楚的界定。

「論說」的概念最早是由劉勰提出來的。但早在先秦時代，諸子就已將論說文作爲闡述各自思想的文學載體。諸子的大部分文字，都可看成是典範的論說文。所以，梁啓超在介紹「論說」的時候說：「子輿好辨，孔圖卒賴其功。」[4]梁氏也將「論說」的歷史上溯到先

---

2 褚斌杰，《中國古代文體概論》（北京：北京大學出版社，1990年第1版），頁335。

3 參見周振甫，《文心雕龍今譯》（北京：中華書局，1986年第1版），頁165、171。

4 梁啓超，〈《知新報》敘例〉，《知新報》第1冊，影印本頁3。

秦時代。但是，梁氏在這裡所說的「論說」，並非傳統的古文系統中的論說文，而是一種新興的近代報刊文體。梁氏有意偷換概念，從而將報刊文章與經典古文勾連起來，使之名正而言順。

在《知新報》中，作爲近代報刊核心成分的「論說」，既與古代散文傳統有著深刻聯繫，又因爲依附於報刊而有了脫胎換骨的變異。編者們突出「論說」的地位，將其放置在每一期之首要位置，類似於今天報刊中地位顯赫、論題宏大之「社論」——也就是每一期刊物的「風暴眼」。這些文字大都是針對具有爭議性的現實社會問題發言，具有濃郁的政治色彩，政論是其中最主要的部分。從前面已經統計過的「論說」的題目即可看出，大部分論說文章都具有鮮明的時事性和強烈的批判色彩。《知新報》突出「論說」之地位，與近現代報刊對輿論監督和新聞獨立的追求是一致的。正因爲「報章朝刊一言，夕成輿論，左右社會，爲效迅也」[5]，論說尤其受到作者和讀者的重視。在這一階段的若干近代媒體上，維新派士人們第一次嘗試發出與官方意識型態存在差異甚至完全對立的聲音。而在報刊上眾多欄目之中，「論說」欄目又是獨立見解最爲集中的地方。

文體的變遷依託於時代政治的變遷及其背後的文化轉型。自古以來，時代的政治氛圍深刻地影響著文人寫作的心態，而文人寫作的心態又直接或間接地反映在其作品之中。後世研究者往往採取相反的途徑進入歷史：根據這些作品探究其所處的文化、政治環境。

戈公振指出：「以報紙內容上言之，同光間報紙，因受八股盛行之影響，僅視社論爲例文，經甲午、庚子諸變後，康梁輩之新民自強諸說出，始爲社會所重視。」[6]具有諷刺意義的是，報刊上的論說居然被當作另一種形式的八股文。直到康梁的出現，才使得這種思路徹

5　〈春柳社演藝部專章〉，轉引自賈文昭編，《中國近代文論類編》，頁487。

6　戈公振，〈中國報紙進化之概觀〉，見《中國近代報刊史參考資料》（中國人民大學新聞系內部資料，1982年印刷）。

底改弦更張，爲報刊論說奠定了其獨立地位。當然，也有觀念保守的文章家對報刊論說不以爲然，如胡蘊玉便對其充滿不屑之評：「近歲以來，作者咸思龔（自珍）、魏（源），放言倡論，冒爲經世之談；襲貌遺神，流爲偏僻之論。文學之衰，至於極地。日本文法，因以輸入；始也譯書撰報，以存其眞；繼也厭故喜新，競攀其體。甚至公牘文報，亦效東籍之冗蕪；遂至小子後生，莫識先賢之文派。」[7]胡氏尤其不喜歡報刊論說文使用從日本翻譯而來的新辭彙，但恰恰是這批新辭彙的引進使得近代漢語煥發生機和活力，使得近代報刊論說文字能夠闡述新時代的新問題。雖然此種「仇新」之論視報章之論說文爲「偏僻」，卻並不能阻止其勃然興起。維新派所主持的報刊，之所以比以前的報刊更能吸引和打動讀者，首先是因爲他們思想的新銳和先進，其次是因爲他們寫作風格的變化。論說文即集中此兩大優長。

《知新報》時期，梁啓超所倡導的「新文體」尚未成形，文章作法還處於一個推陳出新的過渡時期。過去，研究者在討論這一時期報刊中論說文的繼承性時，一般有兩個視角：往近處觀察，注意到它們與桐城古文的關係；往遠處追溯，則發現魏晉文章之韻味。以報刊文章與桐城古文之關係而論，有學者在分析從韓國外交檔案中發現的黃遵憲所作之〈朝鮮策略書〉時指出：「數萬字的長篇，由放眼全球落筆，洋洋灑灑，反復討論，氣勢磅礴，條理清晰。既有古文風采，又有新鮮名詞，令人耳目一新。清朝末年，文壇上以桐城派的文風爲主流，或云，直到梁啓超的『報章體』出而文風爲之一變。然而，從前者到後者，必當有個過程。這篇文字也許可以視爲近代文體變化過程中的一篇頗有代表性的作品。」[8]其實，黃遵憲的這篇論文不是孤立

7　胡蘊玉，〈中國文學史序〉，轉引自賈文昭編，《中國近代文論類編》，頁487。

8　李慶編注，《東瀛遺墨——近代中日文化交流稀見史料輯注》（上海：上海人民出版社，1999年第1版），頁29-30。

的個案。在《知新報》上即發表有多篇論述國內政治和國際關係的長篇論說文，其風格與黃遵憲之〈朝鮮策略書〉有相似之處，也可以看作是清末文章轉型時期的「標本」。

　　但是，我認為，更值得關注的其實並不是近代報刊論說文與桐城古文之間的關係，而是它與戰國縱橫家之文及與之一脈相承的策論之間的關係。梁啓超在批評桐城古文時說：「冬烘學究之批評古文，以自家之胸臆，立一家之準繩。一若韓、柳諸大家作文，皆有定規，若者為雙關語，若者為單提法，若者為抑揚頓挫法，若者為波瀾擒縱法。自識者觀之，安有不噴飯邪！」他反對以韓柳等大家為「定規」，在寫作時亦步亦趨，不越雷池。他認為，作者應當是完全自由的，「其氣充於其中而溢於其貌，動乎其言而見乎其文」[9]，這樣的文章才是好文章。在古文系統裡，縱橫家的文章便是如此寫來；在清代中後期，以此種姿態寫作的代表作家便是龔自珍和魏源。

　　龔自珍和魏源在清代文章史上具有改弦易轍、承前啓後的地位。以「啓後」而言，他們影響19世紀後期之經世文章和報刊論說最深。胡蘊玉梳理滿清二百六十年之文學遞變，以明遺民文章為第一期，桐城文章為第二期，方耕、申受、定庵、默深為第三期，而報刊論說則為其第四期，龔魏文章的特色在於：「倡西漢今文之學，雜采讖緯之書，旁及曲詞之音，故多新奇詭異之辭，綿邈哀思之作。」[10]易宗夔亦認為：「龔璱人、魏默深為文，有偏霸之才。縱橫學《國策》，廉悍學韓非，頗足補桐城所未逮，而為道、咸文壇之飛將。」[11]龔魏的「偏霸之才」、「新奇詭異之辭」最為此後報刊文章作者所效法。在知識結構上，龔魏取傳統文化中被邊緣化的諸子各家思想，以及此時

9　梁啓超，《自由書・煙士披里純》，《飲冰室合集》專集之二，頁71。

10　胡蘊玉，〈中國文學史序〉，轉引自賈文昭編，《中國近代文論類編》，頁487。

11　易宗夔，《新世說・文學》（太原：山西古籍出版社，1997年第1版），頁105。

洶湧而入的西學;在文章寫法上,則取《國策》以下至漢代賈誼、晁錯和唐代陸贄政論文章的優長。此一特點,早有論者指出:「龔魏以後的散文家,一方面繼承了中國先秦的學術思想,如儒、道、名、法等,同時吸收了西學中科技方面的富強之術。……大抵能審時度勢,尤其對西方列強之所以強與中國之所以弱的原因,都能探本溯源,條分縷析,進行比較論述,因而理明辭暢,不僅有縝密的邏輯性,而且富於強烈的說服力,似乎曾深受漢代賈(誼)、晁(錯)與唐人陸贄的影響。」[12]不過,這些論點並沒有引起學界足夠的重視。

《知新報》上的論說文自有其淵源,既是傳統的,又是現代的;既有西來之血液,又有中土之骨架。在散文這種「透明化」的文體中,傳統的痕跡更容易被發現[13]。細讀《知新報》上的論說文,便可發現它們同以下幾種文章之間的「血肉聯繫」:戰國縱橫家之文,漢代司馬遷、賈誼、晁錯之文,唐代陸贄之文,宋代王安石之文。在維新人士所寫的若干篇論說文中,多次提及賈、晁、陸、王(安石)等人。作者將這些人物的事蹟作為論說文的論據來使用,將他們當作關心國事、推動改革、銳意創新的歷史榜樣。在眾多歷史人物之中,維新派作家偏偏對以上諸人表現出濃厚興趣,與其求變的思路有關,亦說明他們十分熟悉以上這些人物的事蹟與文章。因愛其人而愛其文,因愛其文而受其影響,乃是順理成章的。

近代報刊政論文章的作者,無論觀點如何標新立異,其形式仍然深深植根於中國厚重的文章傳統,正是在「傳統」的對照下,「當下」的價值方得以彰顯出來,如英國詩人艾略特在〈傳統與個人才能〉一文中所說:「傳統是一種更有廣泛意義的東西。……歷史感對於作家來說,是不可或缺的。正是這種歷史感,才使得一個作家成為

---

12 《中國近代文學爭鳴錄》(上海:上海書店,1989年第1版),頁76。
13 參閱(加拿大)諾思洛普‧弗萊,《批評的剖析》(天津:百花文藝出版社,1998年第1版)。

傳統主義者，他感覺到遠古，也感覺到現在，而且感覺到遠古與現代是同時存在的。同時，也正是這種歷史感，使得一個作家能夠敏銳地意識到他在時間中的地位，意識到他自己的同時代。」傳統是維新派不得不面對的一個問題，可以說，近代報刊論說文並非完全拘泥於傳統而成為其殉葬品，也不可能全然擺脫傳統而成為嶄新的「現代文章」。

　　以上這條源遠流長的「策士文學」線索，還可粗略分為兩條。一是「遊士」之文，一是「帝王師」之文。這兩條線索又不是單線推進和平行發展的，它們互相作用，呈現「犬牙交錯」的態勢。戰國是一個外交家占據政治舞台中心地位的時代，縱橫家們不僅把古代外交家的專門之學發展到登峰造極的地步，而且影響所及，使一代文風、一代學術，都講究文飾，運用比興、諷喻等手法，委折入情地表達觀點。就作者身分而言，從春秋戰國到漢代，「遊士」一直在向「帝王師」靠攏。無論是蘇秦、張儀，還是賈誼、晁錯，其性格與言行，均兼具「遊士」和「帝王師」之雙重色彩。到了陸贄、王安石以及三蘇等策論大家，從其生存方式和話語方式即看出，「遊士」色彩已逐步消退，而「帝王師」的一面則越來越凸現。不過，比起一般的政治家來，在他們的性格和文章中，還是有著濃郁的理想主義色彩和浪漫不羈的情懷。他們所寫的政論，則由小及大，談古論今，縱橫捭闔，氣勢博大，如長江黃河之水，滔滔不絕。以宋代的幾位著名策論作者如王安石和蘇軾等人而論，其血液中既有先秦乃至漢初「遊士」的一面，有天生的反叛性格和批判色彩；又有為「帝王師」的強烈追求，希望自己設計的一套政治方案能為帝王所採納，進而以之來整合社會、造福於民。因此，在寫作風格上，既有高屋建瓴、縱橫馳騁、不拘一格的一面；又有苦口婆心、娓娓勸說、以退為進的一面。也就是說，既做到「曉之以理」，又做到「動之以情」。他們的論說文章，與其說以才情和學識見長，不如說以雄辯和氣魄取勝。

關於戰國時期縱橫家之文的歷史淵源，陳柱在《中國散文史》中說：

> 班氏推原縱橫家出於古行人之官，是也。古行人之官，必通
> 詩。章學誠曰：「比興之旨，諷喻之義，固行人之所肄也。
> 縱橫者流，推而衍之，是以委折而入事情，婉微而善諷
> 也。」(《詩教》上)縱橫之詞既本於詩，而賦者又古詩之流
> 也，故縱橫家之言，實多可謂無韻之賦。章學誠曰：「京都
> 諸賦，蘇張之縱橫，六國俟談形勢之遺也；上林羽獵，安陵
> 之從田，龍陽之同釣也。」(《詩教》上)其言可謂有見。姚
> 惜抱《古文辭類纂》，以〈國策淳于髡諷齊威王〉、〈楚人
> 以弋說頃襄王〉、〈莊辛說襄王〉三篇選入辭賦類。姚氏
> 云：「辭賦固當有韻，然古人亦有無韻者，以義在托諷，亦
> 謂之賦耳。」(《古文辭類纂》序)由章姚二氏之言觀之，縱
> 橫家之文，蓋與辭賦極相近。無韻之辭賦，即後世駢文家之
> 所自出。則縱橫家之散文，與駢文關係之深，可略知矣。[14]

章、姚兩位學術傳統迥異的學者，在此問題上的看法卻驚人相似，他們都認為縱橫家之文源於古代之辭賦。陳柱援引章、姚二人的考辨，指出縱橫家之文處於駢散之間，因與駢文關係極深，故吸收駢文在表達上的生動性和豐富性；另一方面又不受駢文格式之拘束，使得行文更加自由放縱。

《知新報》上所刊登的維新派幹將們的論說文，因為深受縱橫家

14　陳柱，《中國散文史》，頁81。章學誠還指出：「戰國者，縱橫之世也。縱橫
　　之學，本於古者行人之言。觀春秋之辭命，列國之大夫，聘問諸侯，出使專
　　對，蓋欲文其言以達其旨而已。至戰國而抵掌揣摩，騰說以取富貴，其辭數張
　　而揚厲，變其本而加恢奇焉。」(《詩教》上)

文章的影響，自然也吸取了駢文的長處，將駢文窮形盡相、營造氣勢、打動人心方面的特點發揮到極致。同時，又具有散文自由揮灑的特點，在駢散之間營造出巨大張力。作者將寫作之前就已成形的思路貫徹在文章之中，勢如破竹，不可阻擋。同時，往往針對讀者閱讀報刊時的迫切心態，在最關鍵時刻拋出結論，有的放矢，不戰而屈人之兵。報刊的閱讀者，需要在最短時間之內獲得最多資訊。所以，作者必須從最佳角度、以最快速度將其觀點輸送給讀者。

例如，韓文舉之〈國朝六大可惜論〉：

> 無賢君而國萎瘁者有矣，無賢臣而國萎瘁者有矣，無其時、無其勢而國萎瘁者有矣，士氣不倡、人民不慧而國萎瘁者亦有矣。然皆不患此也。其君則變法勵治之英主也，其臣則中興自強之元勳也，其士民則聰明智慧通變達時之翹秀也。然卒不免制於俄、敗於日、束縛於英法德，何哉？[15]

一開頭就是連串的排比句，通過對君、臣、士三個能夠左右國家命運的重要階層的對比，層層深入、絲絲入扣地將文章主題凸顯出來。緊接著，作者連用十餘個「不然」，否定各種對立的觀點，進而提出所謂「國朝六大可惜」的論點。這種寫法，很像賈誼的〈過秦論〉、蘇洵的〈六國論〉，文章極具泰山壓頂般的氣勢。

又如「無名氏」之〈氣節說〉一文：

> 天下之公論，是非而已。是非既無，則公論何在。此以為氣節，彼亦以為氣節，氣節固何定哉？要之公論自在人心，但問人心之安，即見公論之在。國家養士數百年，朝廷拔擢數

15　韓文舉，〈國朝六大可惜論〉，見《知新報》第6冊，影印本頁41-42。

十士，所以求士之心者何在？求其心之爲公而已。其心果
公，雖以奸逆之名而不能奪；其心果私，雖獎以氣節之號而
亦何榮。嗟乎！盛世有道義而無氣節，叔世有氣節而無道
義，氣節之名，非幸事也。乃至欲求不幸之事，而亦不易
得，寧不痛哉！[16]

這段論述反復運用對比和頂眞之修辭，闡明作者對時政的建議和
對士大夫階層的期望。通過對比「爲公」與「爲私」所造成的截然不
同的後果，給讀者的心理以巨大的衝擊力。在變法失敗之後的淒風慘
雨中，這樣鏗鏘有力的文字確實能夠激勵人心。

又如「無名氏」之〈論中國變法並無過激〉及〈續論中國變法並
非過激〉兩篇長文，從輿論上反擊頑固派對變法的攻擊，也回應中間
派「變法過激」的似是而非的說法。首先，文章譴責頑固派之政變：

八月六日，遂有幽廢我皇上之事，天地黯明，日月變色，凡
舍生負氣之倫，踐土食毛之類，其曾戴聖主沐浴德化者，宜
如何泥首葡救，倡義天下，正君臣之分，明尊王之義，以保
我聖主，以救我庶類，悲憤泣血，爲西鄉隆盛，爲大久保利
通，爲長門、薩摩之處士。[17]

作者呼籲國內志士效法日本明治維新的先驅西鄉隆盛、大久保利
通，奮起反抗頑固派的倒行逆施，解救光緒皇帝，挽救被打斷的變
法。文辭遒勁剛烈，極具感染力。接著，作者爲變法的歷史合理性進
行辯護：

---

16 《知新報》第73冊，影印本頁1011。
17 《知新報》第74冊，影印本頁1027。

請約舉皇上采行之新政爲天下誦，爲天下惜，彼好爲議論
者，尚以爲國籍否也。曰免釐金，曰重官俸，曰廢毒刑，曰
免奴婢，曰徙遊民，曰實荒地，曰禁洋煙，曰禁賭博，曰推
廣善堂，曰保護華工，曰開女校，曰禁纏足，曰開賽會，曰
遷新都，曰開議院，曰立憲法，曰開懋政殿，曰立制度局，
曰巡幸各省，曰遊歷外國，曰免長跪之禮，曰開天平之會，
曰置巡捕局，曰開潔淨局，曰設課吏局，曰立保民約，曰教
育苗徭侗僮無知之愚民。[18]

　　作者一一列舉變法的內容，涉及政治、經濟、教育、外交、司
法、人權、娛樂各個方面，無不是富國強兵、廉政保民的措施。這種
醒目的列舉，具有強大的說服力。雖然若干論說文章的作者在表達其
觀點時，不免有些虛張聲勢和矯揉造作，甚至還有強詞奪理之處，但
這種地毯式的「轟炸」功效相當顯著。一般讀者在閱讀時，在修辭的
力量下會不由自主地受作者思路的控制，在情感與理性兩個方面一起
隨著作者設定的路徑前進。晚清的報刊政論家，往往都是「強勢作
者」，對這種真理在握、居高臨下的寫作姿態，夏曉虹分析說：「一
般說來，政論文作用於讀者的理智，它說服讀者接受作者的觀點。好
的政論文甚至以咄咄逼人、不容抗拒的邏輯力量威懾讀者，讓他們毫
不遲疑地放棄已有觀點，身不由己地附和方才讀到的新見解，或竟錯
以爲自己早有同感，過後也許又會怨恨作者的專制。然而這還是屬於
『曉之以理』的範圍，其效果是通過誘發或壓迫讀者的理智取得
的。」[19]在獨尊打破、思想爭鳴、多元競爭的時候，用縱橫家的筆法
行文，最容易在激烈的論爭中獲得勝利。康梁的文章輕而易舉地戰勝
桐城古文，其奧妙便在於此。

18　《知新報》第76冊，影印本頁1061。

19　夏曉虹，《覺世與傳世──梁啓超的文學道路》，頁129。

寫作既是一種極具個人化色彩的活動，也是一種相當社會化的活動，尤其是發表於報刊上的論說文，它不可能拒絕交流而「藏之於深山、傳之於後世」，它是一種「非文學的散文」。加拿大文學批評家諾思洛普‧弗萊曾經指出：「我們仍把文學一方面看作是面對社會活動的世界，另一方面是面對個人思想的世界，因此非文學散文的修辭在前一領域裡傾向於強調情感和通過耳朵訴諸於行動，而在後一個領域裡則強調智力和主要以視覺比喻爲基礎訴諸於沉思。」[20]作爲「非文學散文」的作者，在與廣泛的讀者發生關係的時候，必須考慮到修辭的力量，作者的修辭是讀者思考的鑰匙。在《知新報》上發表的許多論說文中，在修辭的講究和在新思想的包裝方面，都作了很多探索。

就韓文舉〈國朝六大可惜論〉之結尾來看，非常講究修辭的運用，既有生動的事例，也有理論的分析，其氣勢與縱橫家文章的咄咄逼人頗爲相似，其形式則又可看作駢體文：

> 嗚呼！與孟賁爲鄰，不憚其勇，非勇也；與逄蒙爲鄰，不憚其射，非射也；與公輸爲鄰，不憚其巧，非巧也；與離朱爲鄰，不憚其明，非明也；與孫子爲鄰，不憚其兵，非兵也；與商鞅爲鄰，不憚其法，非法也；與老子爲鄰，不憚其智，非智也；與惠子爲鄰，不憚其誕，非誕也。今迫我而憚者，非鄰國乎？械而精銳，艦而充塞，器而工巧，商而繁溢，民而饒富，農而沃衍，學而駢闐，會而萃聚，志而膠合，群而愛結，報而充揚，烏得不憚乎。不憚非愚則妄，愚則不量，妄則不商，時事不審，形勢不詳，徒召兵殃。人反其道，誰怨無良。時接今日，孰籌其富，孰籌其強？[21]

20　(加拿大)諾思洛普‧弗來，《批評的剖析》，頁432。
21　韓文舉，〈國朝六大可惜論〉，《知新報》第6冊，影印本頁41-42。

　　這段話不憚連續使用八個齊整的排比句式，多次使用同一結構來加深讀者的印象，語言鏗鏘有力，一瀉千里。論說文的作者喜歡將否定句式和反問句式結合在一起使用，在否定和反問之中完成比肯定更加徹底的「肯定」，讓讀者不自覺地撤除心理防線、全面接受其論點。顯然，在作者心目中存在著一個虛擬的辯論對手，其筆下的文字完全可以在辯論實戰中作朗誦之用。

　　經過韓柳所倡導的「古文運動」之後，駢文在中國文章史上似乎成為末流和異端。其實，即便是唐宋八大家中，許多人也有意識地吸收駢文「修詞之工」、「徵典隸事」的優長之處，而並非完全與之隔絕。清代中期的文學家袁枚就不贊同蘇軾稱韓愈「文起八代之衰」的說法，他在〈答友人論文第二書〉中認為，八代之文並未全然衰落，它在文章歷史和文章系統中自有其價值所在：「八代固未嘗衰也。何也？文章之道，如夏、殷、周之立法，窮則變，變則通。西京渾古，至東京而漸漓，一二文人不得不以奇數之窮，通偶數之變。及其靡曼已甚，豪傑代雄，則又不屑雷同，而必然挽氣運以中興之。」駢文同樣是中國古典文學傳統中寶貴的資源，袁枚在〈書茅氏八家文選〉中為駢文辯護說：「一奇一偶，天之道也。有散有駢，文之道也。文章體制，如各朝衣冠，不妨互異；其狀貌之妍媸，固有別在也。天尊於地，偶統於奇，此亦自然之理。」[22]在晚清報刊文章家這裡，駢文富於表現力的優點得到更大重視和更多吸收。駢文體現了中國人喜歡對稱的審美心理，提高了文章本身的形式美，將漢語構詞和語法比較靈活的特長發揮到淋漓盡致的地步，因此非常適合在報刊文章中運用。

　　從謀篇布局來看，該文簡直就像是從《戰國策》中摘錄的片斷。所以，「新文體」並非完全拋棄傳統、自立門戶，而是放棄了原來被

22　轉引自黃保真、蔡鍾翔、成復旺，《中國文學理論史》(四)(北京：北京出版社，1987年第1版)，頁584-585。

彰顯的那一部分傳統，以另一部分被壓抑的傳統代替之。換言之，是以「彼傳統」取代「此傳統」。具體到文體選擇上，就是用縱橫家以下的古文取代由韓柳到桐城一脈的古文。因此，「新文體」也存在著變得程式化的危險。當時的寫作者們大都還沉浸在征服讀者的快感之中，幾乎沒有人對這種危險有預感。這種危險在不久的將來果然彰顯出來，也正是導致「新文體」被五四白話文體所取代的內在原因之一。

《知新報》論說文的作者們與賈、晁、陸、王等人近似，他們不是單純的文人身分，而有著強烈的政治參與意識和博大的政治活動抱負。陳平原強調晚清文人的古俠遺風，從時代氛圍和人物心態入手討論：「晚清乃中國歷史上少有的大變動時代，面對此國運飄搖風雨如晦的艱難局面，崛起一大批救亡圖存的仁人志士。……這一代充滿擔當精神與悲劇意識的仁人志士，頗多以遊俠許人或自許的詩文，而其生存方式與行為準則也有古俠遺風。」[23]這種「任俠」的思路也折射到他們的文章之中。這些作者一般都來自民間，出身普通紳士家庭，再加之粵地之人自由散漫的性格，如梁啓超之出生地新會，「其風俗……矜氣節，慷慨好義，無所屈。……民無積聚而多貧，故其俗樸而野，其流弊也曠而不馴」[24]，因此這些作者性格中皆有較強烈的「遊士」色彩。

同時，在浪漫獨立的情懷之外，他們亦有高度的入世參政之心，如康梁皆有全面整合社會政治、經濟、文化的志向，將關注點由學術、文學擴展到國計民生的各個方面。這也是古代士大夫「為帝王師」的傳統在近代的重現與延展。然而，包括《知新報》同人在內的這一代晚清文人，皆未能實現其由「策士」而為「帝王師」的夢想。

---

23 陳平原，《中國現代學術之建立——以章太炎、胡適為中心》（北京：北京大學出版社，1998年第1版），頁276、313。

24 《新會縣志》卷二，轉引自丁文江、趙豐田編，《梁啓超年譜長編》，頁13。

戊戌變法失敗之後，他們全都被逐出政治舞台，經歷了古人所未經歷
過的流亡海外的孤獨與痛苦。儘管在此後中國政治的風雲變幻之中，
他們仍然站出來企圖繼續發揮作用，然而每次嘗試都不太成功。所
以，他們將受到挫折的政治熱情和理念投射於文字之中，正所謂「言
以足志，文以足言。文章者，所以抒己意所欲言而宣之於外也」[25]，
這股強悍的不平之氣使其文字遒勁悲壯、元氣淋漓，也算是「塞翁失
馬，焉知非福」了。

　　也正是這一迫切「進言」的心態，使得論說文的作者們並不完全
等同於現代意義上的新聞評論家和獨立撰稿人。現代意義上的新聞評
論家和獨立撰稿人，一般持價值中立的態度，不將個人介入所評論的
事件與人物之中，行文始終保持冷靜和客觀的態度。他們並不期待政
府會採納自己的觀點，而只是恪守輿論監督之職責。而《知新報》的
作者們並不遵守這一寫作準則，他們不僅介入到所論及的事件與人物
之中，而且還是一種強勢介入，有點「赤膊上陣」的味道。他們的立
場極其鮮明，贊同什麼、反對什麼，一般都一目了然。例如〈中國盛
衰關於世界大局〉、〈國朝六大可惜論〉、〈地球六大罪案考〉、
〈駁龔自珍論私〉、〈論中國之衰由於士氣不振〉等文，既著眼於拓
展民間輿論空間，卻又不由自主地預設了一個讓帝王權臣來閱讀、甚
至通過閱讀而接受其觀點的前提——儘管這種「前提」只是處於一種
潛在的想像狀態，但仍對其寫作策略有相當的影響。在「上」與
「下」的夾縫之間，這些寫作者未能準確完成對自身的定位，身分頗
為尷尬。

　　又如第六十七、六十八冊連載的〈起睡〉一文，探討如何將沉睡
的國家喚醒。「起睡」這一說法，來自於曾紀澤之〈中國先睡後醒
論〉一文[26]。「沉睡」狀態是近代中國知識分子對本民族生存境遇的

25　劉師培，〈文說〉，轉引自賈文昭編，《中國近代文論類編》，頁98。
26　曾紀澤此文為發表於《亞洲季刊》上的英文文章，「其觀點得到了基督教傳教

一種痛苦而嚴峻的體認,而「起睡」則是他們對自身歷史使命的嚴肅
思考與自覺承擔。這一意象,深刻影響了中國近現代幾代知識分子,
「喚醒」是一個隸屬於啓蒙觀念的概念,也成爲近代以來具有現代性
的歷史敘事,它來自於拿破崙的一句似是而非的名言,它凝聚了中國
人的屈辱和痛苦,也寄託了中國人的夢想與希望,一部從鴉片戰爭到
20世紀初期的中國歷史,曾經被不斷地講述爲從帝國的幻覺和昏睡狀
態到現代中國的「覺醒」。漢學家費約翰指出:「中國的覺醒這一觀
念仍有強大的力量,因爲它深深地嵌入了中國自己的歷史中。中國的
覺醒既代表著一個歷史事件,也代表著一種歷史框架,因爲覺醒這一
觀念將過去的屈辱轉移到了中國最頑強的夢想家——政治改革和革命
者們——的夢想之中。」[27]《知新報》上的這篇文章以「起睡」爲核
心意象,讓人聯想到十多年以後魯迅提出的「喚醒鐵屋子中沉睡的人
們」的命題。這篇文章的開頭這樣寫道:

> 其所以成今日不痛不癢之世界、不黑不白之風俗,必危必亡
> 而不能姑安、不能倖存之國勢者,睡蟲也。前睡蟲死,後睡
> 蟲生;內睡蟲唱,外睡蟲和;大睡蟲主,小睡蟲輔。其運遞
> 嬗也,其術互授也。合則相推戴,離則相傾軋,其毒皆足以
> 病人之國、斃人之國。是故今日中國而甘以睡國終,則亦已
> 矣;不甘以睡國終,其必先去睡蟲也決矣。[28]

(續)———————————————

士和其他有影響的西方人士的熱烈歡迎」,甚至連《紐約時報》亦作了專門的
評論。參閱(澳大利亞)費約翰,《喚醒中國——國民革命中的政治、文化與階
級》(北京:三聯書店,2004年第1版)。

27 (澳大利亞)費約翰,《喚醒中國——國民革命中的政治、文化與階級》,頁
48。

28 〈起睡〉,見《知新報》第66冊,影印本頁935。

　　這段論述所用之語言，駢散結合，疏密有間，於無聲處響驚雷，又於山重水複處柳暗花明。作者針砭社會現狀，運用比喻手法，可謂畫皮又畫骨，生動形象地將當時中國所面臨的嚴重危機呈現出來。今天讀來，依然讓人感到毛骨悚然。那麼，如何才能「去睡蟲」呢？如何才能讓中國「覺醒」呢？在文章的最後，作者提出了一套解決方案，即「喚醒中國」的方法：

> 然而其所以去之者奈何？改官制、汰冗員、停捐納、嚴考課。
>
> 有自命耆碩，動阻新政者乎，咸休致之；有自命清流，隱誹新政者乎，咸罷黜之。於是睡蟲之去者，十四五矣。有自命通洋務而乾沒不已、浮滑難使、陰害於新政者乎，咸決擇而擯棄之。於是睡蟲之去者十七八矣。以識時之士分治內外大小諸曹，窩缺畢除，宿弊盡剔。於是官之蟲去，吏之蟲亦去，霍然疾已。遽然睡起，斯真惠敏(曾紀澤)所謂醒時矣。統國中若士、若農、若工、若商、若童蒙、若婦女，咸納之學校，以成其才。即以學校之才，以新其國。改平等之公約，收已失之主權，雪屢敗之大恥，復先朝之往治，開大同之來運。動力之大，莫或阻也；進步之猛，莫或當也。蓋十年生聚，十年教訓，老睡國遽起而為全球第一等文明之國。[29]

　　這篇論說是對曾紀澤文章的回應。這些寫在紙上的解決方案，涉及官制、稅收、教育等諸多方面，倒也快刀斬亂麻，乾淨俐落。此文雖不乏沉痛之語，卻也洋溢著「清醒的樂觀主義」，作者所勾畫的美

---

29 〈起睡〉，見《知新報》第66冊，影印本頁935。

好未來似乎觸手可及。作者儼然以啓蒙者和先知身分自居,「這一姿態絕不只是關於自我與共同體的中國作品中所持有。這是歐洲哲學的持續特徵,從蘇格拉底一直延伸到海德格爾。……覺醒這一比喻功能,是將作者作爲一個覺醒的、全知的、與大眾疏離的觀察者,凌駕於沉睡的民族之上。」[30]這種肯定式的樂觀精神,與十多年之後魯迅作品中令人「無地彷徨」的困惑形成鮮明對比。

與〈起睡〉中的「一攬子」解決方案不同,在汪康年所作的一篇題爲〈睡獅〉的文章中,卻充滿了晦暗低沉的色調。汪康年認爲,中國這頭受毒甚深的獅子不一定有醒來的希望,也許「喚醒」本身就是幻想:

> 西人言中國爲睡獅。獅而云睡,終有一醒之時。以此語質之西人,西人皆笑而不答,於是乎莫知其何取義矣。後見馴獅者,叩其解,馴獅者曰:「此義遙深。吾輩從前習馴獅之術,皆捕小獅子使母狗乳之,及其長成則獅形而狗性矣,易訓之以爲戲。後有人與之戲,至張獅口數獅齒,時適獅饑甚,乘勢一口,將人之頭顱咬下。觀者震駭,咸咎吾術未精。因復深思,乃得一法,以生鴉片抹於牛肉一餌獅,初僅少許,繼而漸加,鴉片之量既廣,獅則終日昏昏皆在睡夢中,盡人調戲。雖能張拳開口,發聲噪吼,不過如夢囈而已,實不能咬人。蓋國之大,猶獅之龐然也,受毒之深,奚止於鴉片耶?以此爲譬,庶乎近之。」噫,可懼哉!吾願中國人憬然悟之。[31]

---

30 參閱(澳大利亞)費約翰,《喚醒中國——國民革命中的政治、文化與階級》,頁486-487。

31 汪康年,《汪穰卿筆記》,頁218-219。

　　這是一種與〈起睡〉的作者截然不同的現實關照和歷史語言。汪康年爲中國預言了一個陰鬱冷酷的前景，百日維新的慘敗、義和團的屠殺、預備立憲的騙局、辛亥革命的發動以及民國後的亂象，汪本人亦深受這些歷史事件的刺激憂憤而死，這一切似乎驗證了他對未來悲觀的評估。這種虛無主義的精神氣質與魯迅在〈《吶喊》自序〉中的自我質疑相通。而《知新報》上這篇〈起睡〉的作者，卻樂觀地認爲變法數年即可成、中國不久即可醒、未來的迷霧很快即可撥開，其寫作姿態如費約翰所論，每一次中華帝國的失敗，「都促使中國人近距離反思舊秩序在保家衛國方面的無能，民族主義觀念因而允諾了一個歷史救贖日，到了那一天，中國將擺脫外來帝國主義和國內封建主義的枷鎖，成爲一個富足、強大、自豪的國家。」[32]這是以康梁爲標誌的帶有烏托邦色彩的樂觀主義，此種思維在20世紀的歷史中還會重演，如1960年代全民參與的「超英趕美」運動。

　　清末之維新派，無權柄可操，乃藉報刊傳播其主張，以言論覺天下，報刊論說文即是最佳載體。以《時務報》、《知新報》以及稍後的《清議報》、《新民叢報》四大報刊爲代表，以梁啓超任主將的「新文體」爲標誌，在短短幾年時間裡，維新思想的影響迅速擴展到社會各階層。這一「新文體」是八股文的反動，卻復活了傳統散文中的縱橫家文章，也就是所謂的「策士文學」。《知新報》同人萬萬沒有想到，就在《知新報》停刊之後一年，清王朝改革科舉考試制度，此舉卻成爲幫助維新派弘揚「新文體」的鼓吹。夏曉虹在論及科舉考試內容變化與文章體式此起彼伏的關係時指出：「至於1902年科舉考試改試策論，對『文界革命』也起了意想不到的推廣功效。作慣八股文的讀書人驟然失去依傍，梁啓超帶有『策士文學』風格的『新文體』便成爲應考者的枕中之秘。一時間，『以剿襲《新民叢報》得科

─────────────────────
32　（澳大利亞）費約翰，《喚醒中國──國民革命中的政治、文化與階級》，頁48。

第者，不可勝數』（李肖聃《星廬筆記》）。」[33]雖然學習的動機並不純粹，雖然學習的效果可能是學不像、學不好，但當時從官場到普通讀書人，都在拼命學習「新文體」，說明新文體的地位已確立下來。另一方面，有「策士文學」之「內在軟肋」的「新文體」，當然也有被模式化的危險，但這類文章所論述的一般都是具有公共性的現實問題，比起僵化、空洞的八股文來，應該說是一大進步。

綜上所述，《知新報》及同一時期維新派所主持的報刊上的論說文作者們，兼有三種「身分」——這裡，所謂的「身分」是指作者在寫作過程中設定的「自我身分」，而不是真實的社會身分。這三種身分，一是「遊士」，二是「帝王師」，三是「特約評論員」。這三種身分的糾纏和滲透，使他們在寫作時心態極其複雜。既把自己當作依託於「小傳統」的「在野黨」，也把自己想像成依託於「大傳統」的「在朝者」，並同時走在蛻變為純粹的新聞評論員的路途中。因此，他們的文本在形式和內容上都時常出現自覺不自覺的遊移、分裂甚至矛盾。

就作者之「新聞評論員」心態而言，正是《知新報》上論說文嶄新的質地所在。從裘廷梁的〈論白話為維新之本〉到譚嗣同的〈報章總宇宙之文說〉，再到《知新報》同人的實際創作，維新派人士逐步確立了報刊文章的概念，也認識到白話是文學發展的必然趨勢。就報刊與白話的關係而言，如果不採取白話，報刊的讀者面就無法擴大，報刊的發行量也不可能提高。這當然直接關係到報刊自身的存亡。因此，操作媒體的報人比起一般的文人來，對使用白話更有深切的需要。

在《知新報》上刊登有陳榮袞之〈論報章宜改用淺說〉。陳榮袞

33　夏曉虹，《詩騷傳統與文學改良》（杭州：浙江文藝出版社，1998年第1版），頁328。

是新會人，與梁啓超是老鄉，與梁有所交往，同樣也是康門弟子。[34]
該文比較系統地闡述了報刊文章與「淺說」——也就是一種接近白話
的語言—— 的關係。陳榮袞認爲：「地球各國之衰旺強弱，恒以報紙
之多少爲準。民智之開閉，民氣之通塞，每根由此。」因此，「大抵
今日變法，以開民智爲先，開民智莫若改文言。」[35]這裡已經直接涉
及到報刊使用白話文的意義。

　　陳氏是一位敏銳的觀察者，他指出了當時國內諸多報章所存在的
問題：「今夫中國風氣之開，多賴報紙之力，然得失未嘗相揜焉。今
第舉其易知者言之，如不刻圖像、不加句讀，行數太長而不分數格，
門類太簡而不多標題……」[36]從表面上看，雖然陳氏所指出的幾乎都
是一些細枝末節的問題，但它們最後都造成了作者與讀者溝通的障
礙。如果站在讀者的立場上，這些問題便顯得無比重要。而這些問題
的存在，表明近代報刊尚處於草創時期，文人辦報也許能夠寫出一流
的文字，卻疏於「編輯學」這一專門學問。「編輯學」看似形而下，
實際上卻是將報紙的主體由作者轉移到讀者之關鍵環節。若編者強調
編輯的藝術，則作者亦應放棄導師之權威，或降低啓蒙之傲慢，轉而
尊重讀者之意志，顧及讀者之要求。這樣，作者的寫作姿態也將隨之
作出相應的調整和應對。

　　陳氏在這篇文章中指出，日本報紙優於中國報紙的地方，恰恰在

34　盧湘父，《萬木草堂憶舊》云：「陳子襃(榮袞)者，與予有戚誼，目爲同譜。
　　癸巳恩科中式，與康師爲同年，康師第九名，子襃第五名，爲五經魁之一。榜
　　發後，同年大會，子襃與康師會晤，一見傾倒，即執贄爲弟子。蓋子襃與任公
　　爲友，任公先從康師游，時述師訓，子襃已心儀之矣。」陳子襃與康有爲爲同
　　年，其名次還在康之前，居然能夠拜到康之門下爲弟子，其不恥下問，類似於
　　梁啓超。參見《追憶康有爲》(夏曉虹編)(北京：中國廣播電視出版社，1997
　　年第1版)，頁223。

35　《知新報》第111冊，影印本頁1624-1625。

36　《知新報》第111冊，影印本頁1624-1625。

於「使用淺說」。他毫不留情地批評中國某些報刊的編輯人員和撰稿人，由於自身知識結構的陳舊而只能採取使用文言寫作來掩飾之：

> 中國報章之創始，其主筆者，不知報律，不知時局，大約出其平日詞章之材料，遂以為能事在此。故蔓延至今，其流弊尚未廓清也。然則倡開報館而徒尚文言者，功以之首，罪亦以之魁也。雖然，據亂之後，豈無升平？今中國變法之士，動謂政治之權在朝廷，每因阻力遂不能變。乃文字之權，存在布衣，而亦不能除舊更新焉，彼其人亦止隨聲附和而已，復有何面目以對深目高鼻之人乎？然則作報論者，亦惟以作淺說為輸入文明可矣。37

陳氏將報人知曉「報律」擺在知曉「時局」之前，所謂「報律」大概也就是「編輯學」吧。在此「報律」的制約下，報刊必須捨棄文言而採用白話。報刊使用「淺說」，已經不是一個單純的語言問題，而涉及到一系列價值觀念的轉化。陳氏認為，文字的除舊更新比政治的除舊更新還要迫切，報刊作者當破除一切文字之惡習，即便是幽深之理亦要以顯豁之筆出之。中國的報刊如果不立即改變其語言方式，它在前一時期對社會所起的推動作用將很快化為烏有。陳氏所提出的「文字之權，存在布衣」，也就是希望突破中國自古以來文化為精英階層所壟斷的狀況，其途徑正是報刊大量使用「淺說」。

《知新報》上的若干論說文，就其特型來說，乃是「論戰文章」，其對手是拒絕變革的頑固派。後來，新式知識分子內部的論戰亦愈發激烈，如立憲派與革命派的論戰。這類論戰文章本身的觀點固然值得關注，其文體特徵更應給予歷史定位，如文學史家陳子展云：

---

37 《知新報》第111冊，影印本頁1624-1625。

「這種論戰文章在中國近代散文史上有一種良好的影響，因爲從此以後，謹嚴的，深厚的政論文學才得成長。」[38]更加寬泛地來說，包括發表於《知新報》的論說文在內的晚清報刊文章乃是「五四新文化的源流」之一，「清末最後十年，有一個相當規模的『白話文運動』，成爲五四白話文運動的前驅」[39]。《知新報》雖然不是一份白話報刊，但跟同時代的大部分報刊一樣，編輯人員們已開始朝白話方向的種種努力。郭廷禮指出：「以裘廷梁、陳榮袞等人爲首所掀起的近代白話熱潮，雖然並不徹底，所提出的『崇白話而廢文言』的主張也並未實現，但它的影響和意義卻是不可低估的。」僅以陳榮袞發表於《知新報》的論說文，即可知《知新報》的編者贊同並支持其觀點。

　　根據郭廷禮的說法，此一階段文學家們的主張與探索，成爲五四白話文運動的先導，「近代文論家主張言文一致，對語言通俗化的倡導，不僅確立了近代文學語言通俗化的走向，促進了近代文學的發展，而且也爲五四的白話文運動準備了理論基礎和語言基礎。」[40]郭氏注意到文論家們所作的貢獻，其實作出更大貢獻的還是在報刊第一線從事編輯和撰稿工作的新式文人們。如果文論家的理論得不到報人的實踐，就只能停留在「空對空」的階段，無法生根發芽、開花結果。報刊的寫作者們雖然很少涉及討論文章本體的問題，但他們通過編輯和撰稿的實踐，通過對自身知識結構和文化觀念的調整與更新，有力地推動了文學改良和語言進化，如陳平原所論：「晚清的白話文不可能直接轉化爲現代白話文，只有經過梁啓超的『新文體』把大量文言辭彙、新名詞通俗化，現代白話文才超越了語言自身緩慢的自然

38　陳子展，《最近三十年中國文學史》（上海：上海古籍出版社，2000年第1版），頁209-210。

39　陳萬雄，《五四新文化運動的源流》（北京：三聯書店，1997年第1版），頁134。

40　郭廷禮，《中西文化碰撞與近代文學》（濟南：山東教育出版社，1999年第1版），頁83。

進化過程而加速實現。」[41]

　　以梁啓超爲代表的《知新報》同人，是新式論說文的寫作實踐者，其承上啓下的意義不可低估。所謂「有一代之政教風尙，則有一代之學術思想，蛻故孳新，瞬息不可復省，而有爲之撮影者曰史，而有爲之留聲者曰文。」[42]報刊的出現，在當時成爲輿論的先鋒，進步的吶喊；在後世則成爲歷史之定格，考據之材料。在此意義上，《知新報》同人，正是晚清報人中的一群不可或缺的佼佼者；而《知新報》之論說文，也正是文體變革時代鮮活歷史素材之存留。

第二節　詩歌

　　晚清的報刊常闢出較大篇幅登載詩歌。詩歌在中國古典文學中具有崇高地位，故報刊亦需借助其魅力吸引讀者，提升自身的文學品味。近代若干大詩人也將在報刊上發表詩歌作爲一種新的傳播渠道，此渠道爲昔日之李杜無法想像。《知新報》所刊詩歌主要有兩大類：第一類是前期持續數月連載的「閩中新樂府」，第二類是後期在每期末尾增加的「詩詞雜詠」。

　　《知新報》上所刊登的詩歌，是觀察近代詩歌的視窗。在文學史研究中，清代詩歌長期以來不受重視，如文廷式在《聞塵偶記》中說：「國朝詩學凡數變，然發聲清越，寄興深微，且未逮元明，不論唐宋也。固由考據家變秀才爲學究，亦由沈歸愚以『正宗』二字行其陋說，袁子才又以『性靈』二字變其清談。風雅道衰，百有餘年。」[43]近世以來，大部分學者對清詩評價甚低，包括「廬山中

41　陳平原，《中國現代學術之建立──以章太炎、胡適爲中心》，頁1-2。

42　黃人，〈國朝文彙序〉，轉引自賈文昭編《中國近代文論類編》，頁487。

43　轉引自錢仲聯，《清詩三百首》（長沙：嶽麓書社，1985年第1版），頁2。

人」亦作如是觀，自然也就影響到人們對近代詩歌的興趣[44]。而學者
汪辟疆則認為，清代詩歌眞正有成就、有獨特面目，是在近代。汪辟
疆心目中的近代詩歌可以分爲道咸和同光兩個階段。道咸年間，清朝
由盛而衰，外有列強窺伺，內有朋黨迭起，憂國憂民之士，往往著力
於經世致用之學，發之於詩，風格自然發生變化，代表作家有龔自
珍、魏源、曾國藩等人。延至同光，國家局勢更是江河日下，五十年
間，詩人無論在朝在野，無論是顯是隱，發爲歌詠，無不憫時傷亂，
有文有質。同光體詩人陳寶箴、張之洞、沈曾植、陳三立等是如此，
外於同光體的詩人如黃遵憲、康有爲、樊增祥、易順鼎、王闓運、章
炳麟等也是如此[45]。同樣，這批刊載於《知新報》的詩歌也具有此種
近代特色，它們是晚清「詩界革命」中詩人們創作實踐的組成部分，
從中可以透視近代詩人們既有突破、也有缺陷的探索歷程。這些詩歌
的作者們，大都在嶺南詩派一以貫之的「雄直」詩風的籠罩下和「詩
界革命」理論的指導下，展開各有側重的創作。這些作者不一定都是
詩歌大家，但如果把這批發表於同一報刊的詩歌匯總起來，卻也有一
種不可磨滅之魅力。

　　過去的文學史家非常重視對作家、尤其是大家作個體研究。過去
的文學史家也很注重對詩人選集的研究，因爲「選集就如經典自
身，不僅被視爲文化範例的儲藏，甚至更具體地被視爲歷史的作

44　如梁啓超在《清代學術概論》中亦認爲：「以言夫詩，眞可謂衰落已極。吳偉
　　業之靡曼，王士禎之脆薄，號爲開國宗匠。乾隆全盛時，所謂袁(枚)、蔣(士
　　銓)、趙(翼)三大家者，臭腐殆不可向邇。諸經師及諸古文家集中多亦有詩，則
　　極拙劣之砌韻文耳。嘉道間，龔自珍、王曇、舒位號稱新體，則粗獷淺薄。咸
　　同後，競宗宋詩，只益生硬，更無餘味。……清代文藝美術，在中國文藝史、
　　美術史上，價值極微。」

45　張宏生，〈詩史的發展與汪辟疆的近代詩學成就(代序)〉，見汪辟疆，《說近
　　代詩》(上海：上海古籍出版社，2001年第1版)，頁3-4。

品」[46]。當近代報刊出現之後,詩歌也如同其他文體的作品一樣,大量發表於報刊。黃遵憲的許多詩歌便是如此流傳的,以至他平時未仔細收集,使得編撰詩集的時候,有些作品難以查找,不得不依靠許多朋友到各種報刊上予以發掘[47]。對於近代詩歌的研究來說,作為其載體的報刊也許比最後編撰完成的詩集更有價值。然而,對詩歌的這一新的發表形式、傳播形式和彙集形式,文學史家尚未引起足夠重視。文學史家很少從報刊角度來研究某一具體的文體,例如集中發表於某一報刊的散文、詩歌或在報刊上連載之小說。僅以《知新報》上刊登的這些詩歌來看,它們被經過編輯之後刊登在一起,其意義和價值就已超越了其本身「單獨的存在」。換言之,「一」加「一」是大於「二」的,編輯方式賦予了詩歌以第二次生命。作品發表方式和閱讀方式的改變,已經影響到了作品之內涵與外延。所以,研究《知新報》上那些無名作者所創作的詩歌,與研究那些大家之作具有同樣重要的意義。

汪辟疆從近代詩派與地域的關係入手來討論近代詩歌的特點,他將近代詩歌分為六大流派:湖湘派、閩贛派、河北派、江左派、嶺南

46　余寶琳,〈詩歌的定位——早期中國文學的選集與經典〉,見樂黛雲、陳珏編選,《北美中國古典文學研究名家十年文選》(南京:江蘇人民出版社,1996年第1版),頁259。

47　例如,梁啓超最喜愛友人黃遵憲的詩歌,有時黃會直接將新作寄給梁,但更多時候是梁在報刊上發現之:「生平論詩,最傾倒黃公度,恨未能寫其全集。項南洋某報錄其舊作一章,乃煌煌二千餘言,眞可謂空前之奇構矣。荷、莎、彌、田諸家之作,余未能讀,不敢妄下比騭。若在震旦,吾敢謂有詩以來所未有也。以文名之,吾欲題作《印度近史》,欲題爲《佛教小史》,欲題爲《地球宗教史》,欲題爲《宗教政治關係說》;然是固詩也,非文也。有詩如此,中國文學足以豪矣。因亟錄之,以餉詩界革命軍之青年。」梁氏對黃遵憲的詩歌或有過譽之處,但這段論述中透露出一個值得注意的資訊:黃氏之長詩居然發表在報刊上。可見詩歌的地位在近代雖然已經動搖,但餘威仍在,即便是長詩,報刊仍然不吝篇幅刊載之。梁啓超,《飲冰室詩話》,《梁啓超全集》之「詩話、詩詞集」,頁5297。

派、西蜀派。《知新報》上所刊登之詩詞，大多爲廣東籍作者所寫，
其中又以流亡在海外者爲多。即使是外省詩人的作品，許多也都打上
了近代嶺南詩派之印跡(如台灣籍詩人丘逢甲則爲嶺南詩派四員大將
之一)。更爲顯著的是，這些詩歌之中都充溢著濃重的近代文化氣
息。於是，嶺南的質地加上近代的氣息，凝聚成《知新報》及其同時
期報刊上刊登的詩歌的獨特氣質。

　　近代處於中外文化碰撞前沿的廣東地區，不僅在學術上開出了嶺
南學派的奇葩，而且還在詩歌上形成了一枝獨秀的嶺南詩派。汪辟疆
論及嶺南之歷史地理時指出：「五嶺以南，舊爲瘴雨蠻煙之地。宋元
以後，文物日進，明清之間，外商　集，貨品山積，繁庶侈麗，又逾
江左。士生其間，發爲文章，有奇麗之觀，具堅卓之質，蓋山川習俗
使然也。」[48]自古以來，粵人便具有如下四個突出的價值取向：求實
態度、尙直風氣、開拓精神和聚團意識[49]。近代中外文化交流的浪潮
最早席捲廣東，這使得廣東詩人對外來文化的態度由驚恐轉爲欣喜，
由被動接受轉爲主動追求，由排斥轉爲吸收。缺乏悠久的傳統，由原
來的劣勢變爲難得的優勢。傳統薄弱，包袱就輕，障礙就少，壓力就
小，自然就能輕裝上陣，在創新方面迅速取得進展。清末廣東詩人中
人才輩出，詩歌創作中又名篇林立，詩歌作品中的藝術境界得到極大
的擴展和深化，這些都與吸收外來文化的養分是分不開的。在外來文

48　汪辟疆，《說近代詩》(上海古籍出版社，2001年第1版)，頁39。
49　就地域與民風之關係，溫汝能論述道：「粵東居嶺海之間，會日月之交，陽氣
　　之所極，陽則剛而極必發。故民生其間者，類皆忠貞而不肯屈辱以阿世。」(溫
　　汝能〈《粵東詩海》序〉)《廣東近代文學史》亦指出：「廣東民風，本來就有
　　一種剛烈的特質。粵人先民生長於蠻煙瘴雨，毒蟲猛獸，風濤險惡之區，在惡
　　劣的自然環境裡，艱苦求存，錘煉了一種勇敢強悍，不屈不撓，不受羈束，嚮
　　往自由的精神特質。這種精神特質，由於歷朝中原南來的謫宦孤臣的思想教化
　　影響而愈加鮮明。」以上兩段論述都指出廣東地理的特點是居民性格的決定性
　　因素，雖有些言過其實，流於地理決定論，但也不失爲觀察近代嶺南詩歌的視
　　角之一。參閱鍾賢培、汪松濤主編，《廣東近代文學史》，頁16。

化的沖刷之下，嶺南詩人積極主動地接受新思想、新文化和新語彙，在詩歌創作中不局限於錘煉字句方面的翻新，更注重內容上的創意與詩歌風格上的求新，於是「清代嶺南詩歌能夠自成一派，自創一途，特別是在清末外來文化大量湧入中國的複雜情況下，廣東詩人能夠舉起『詩界革命』的大旗，開闢出近代中國詩歌的嶄新境界。」[50]

　　嶺南詩人的詩歌少晦澀艱深之作，而多「有話直說」式的明快、爽朗之作。清中葉詩人洪亮吉對此曾有過「尚得古賢雄直氣，嶺南猶似勝江南」（《論詩絕句》）的評論，足可概括嶺南地區的詩風。如論者所云：「縱觀嶺南詩歌史，從南宋末年嶺南一批愛國詩人開始，直到清末民初康有為、丘逢甲、梁啓超等嶺南詩人的雄放蒼勁的詩作，嶺南詩歌創作中彰揚雄直之氣的傳統不絕，代代相承。」[51]此一階段嶺南詩歌中的「慷慨」之氣，既是來自於地域文化傳統之浸染，更是來自於近代開放精神之滲透。「嶺南」這一說法，表面上是指一個地理地域，其實更為重要的內涵倒是指向一個特定的時代氛圍，即面臨「三千年未有之變局」的近代。就「嶺南詩風」而言，時代氛圍的因素大大超過地域的因素。換言之，「近代精神」重於「嶺南氣質」。如果把這些詩歌放在「詩界革命」的大背景下透視，則更能起到「庖丁解牛」的效果。也就是說，探討這些詩歌「美學風格」背後的「近代色彩」，比單純注重地域特點，更能夠透視其本質。

　　汪辟疆梳理嶺南詩歌派時發現，此詩派存在著三個圈子，即「核心詩人圈子」、「擴大詩人圈子」及「受影響的外籍詩人圈子」，三個群體的詩人互相作用、互相影響、互相聲援，故嶺南詩派蔚為大觀：「近代嶺南派詩家，以南海朱次琦、康有為、嘉應黃遵憲、蕉嶺丘逢甲為首領，而譚宗浚、潘飛聲、丁惠康、梁啓超、麥孟華、何藻翔、鄧方羽翼之，若夏曾佑、蔣智由、譚嗣同、狄葆賢、吳士鑑，則

50　嚴明，《清代廣東詩歌研究》（台灣文津出版社，1991年第1版），頁6。
51　嚴明，《清代廣東詩歌研究》，頁6。

以它籍與嶺外師友相習而同其風會者也。」[52]那麼，嶺南詩派的詩歌作品究竟有何特色呢？汪氏論述道：「此派詩家，大抵怵於世變，思以經世之學易天下，及餘事爲詩，亦多詠歎古今，指陳得失。或直溯杜公，得其沈鬱之境；或旁參白傅，效其諷喻之體。故比辭屬事，非學養者不至，言情托物，亦詩人之本懷。其體以雄渾爲歸，其用以開濟爲鵠，此其從同者也。」[53]從追溯傳統這條線索上，汪氏指出嶺南詩派學習兩大宗師，一是杜甫，二是白居易，兩人均爲唐代現實主義的大詩人，所以嶺南詩派最大的特徵即在於現實主義取向。

就學習白居易而論，《知新報》上連載的《閩中新樂府》最爲突出。這組詩歌共32首，前有一小序云：

> 畏廬子曰：兒童初學，驟語以六經之旨，茫然當不一覺。其默誦經文，力圖強記，則悟性轉窒。故入人以歌訣爲至。聞歐西之興，亦多以歌訣感人者。閩中讀白香山諷喻詩，課少子，日仿其體作樂府詩一篇，經月得三十二篇。……畏廬子二十六年村學究耳，目不知詩，亦不願垂老冒爲詩人也。故並其姓名佚之。[54]

這組詩歌的作者「畏廬子」即古文大家林紓。《閩中新樂府》早

---

52 汪辟疆，《說近代詩》，頁39。嚴明則有嶺南詩派「四大家」之說，認爲「從近代嶺南黃、丘、康、梁四巨擘的詩歌創作中可以明顯地感受到時代風雲的翻卷激蕩，也很容易感受到新派詩人在詩歌內容、詩歌結構、詩歌語言等方面的大膽革新。……古人的『雄直氣』到了『詩界革命』諸公筆下，就發展成雄闊鋪陳的詩風，帶上了鮮明的近代色彩。」不過，汪辟疆惟獨對梁啓超的詩歌評價甚低，認爲「梁氏雖喜論詩，所作乃傷直率，未能副其所論。」

53 汪辟疆，《說近代詩》，頁39。

54 《知新報》第46冊，影印本頁587。《知新報》應是轉載。《時務報》也曾刊發其中的《小腳婦》三首。《知新報》刊於1898年3月，《時務報》刊於1897年12月。《知新報》是當時最完整地刊登該組長詩的刊物。

在1897年就在福州刻印出版，爲其第一部詩集。作者雖然謙稱「二十六年村學究」，且「目不知詩」，但從詩歌的技巧、內容和見識來看，作者顯然不是凡庸之「村學究」，其詩皆爲感憤時事之作。如譏諷晚清官場之腐敗（《哀長官》、《渴睡漢》）；針砭社會痼疾（《小腳婦》、《灶下歎》）；抨擊八股，主張學習西方，開啓民智，興辦女學（《村先生》、《興女學》）；鼓吹維新變法，反對拘執守舊（《破藍衫》、《知名士》）等。鄭振鐸說：「在康有爲未上書之前，他卻能有這種見解，可算是當時的一個先進的維新黨。」[55]《閩中新樂府》最初爲32首，後來擴展爲50首。但後來林氏思想和文學觀念日趨保守，在編輯《畏廬詩存》的時候，卻將眞實反映現實生活的《閩中新樂府》刪去，多收辛亥革命之後的作品，在〈自序〉中宣稱：「惟所戀戀者故君耳。」[56]

　　林紓在這段序言揭示了其淵源爲白居易的樂府詩，以訓蒙歌訣的形式，起到「諷喻」之功效。中唐時代「新樂府」的形成，始於詩人李紳之《樂府新題》20首。如今原詩已不可知，但從詩題來看，其內容較爲明確。白居易積極回應之，其《新樂府》50首成爲這一詩潮的代表作。白居易在〈采詩以補察時政〉一文中系統地論述了詩歌的功能和作用，強調觀「國風之盛衰」、「王政之得失」，國君應當效法古人，設立「采詩之官」。在元和四年所作之〈新樂府序〉中，白居易提出詩歌應當「爲君爲臣爲民爲物爲事而作，不爲文而作也」，詩歌應當反映現實問題，承擔諷諫的職責。白居易在〈讀張籍古樂府〉中，通過表彰張籍的創作來闡發自己的觀點：「風雅比興之外，未嘗著空文。讀君學仙詩，可諷放佚君；讀君董公詩，可誨貪暴臣；讀君商女詩，可感悍婦仁；讀君勤齊詩，可勸薄夫敦。上可裨教化，舒之

55　鄭振鐸，〈林琴南先生〉，轉引自孫文光主編，《中國近代文學大辭典》之「林紓」條（合肥：黃山書社，1995年第1版），頁586。

56　孫文光主編，《中國近代文學大辭典》之「畏廬詩存」條，頁707。

濟萬民。下可理情性，卷之善一身。」也就是說，詩歌要有「諷」、「感」、「勸」的實際效用。換言之，即要有政治功能，所謂「文章合爲時而作，歌詩合爲事而作」（〈與元九書〉），最終目的是幫助國君實現良善的政治秩序與良善的社會風俗。[57]《閩中新樂府》基本照搬白居易的詩歌觀，具有強烈的現實針對性。

同時，林紓在序言中申明：「聞歐西之興，亦多以歌訣感人者。」作者認爲，西方的政治經濟之所以強盛，文化發達是內在動因。此語表明，作者不僅從中國自身的文學傳統中尋找理論皈依，還自覺吸取西方文明之優長。

林紓寫作這組詩歌，遠的目的爲諷喻時事，改良人心；近的目的是爲孩子提供教材讀本。傳統教育方法，以儒家經典灌輸給尚無接受能力的兒童，反倒阻礙其心智發展。那麼，什麼樣的文學作品才適合兒童學習呢？詩人邱煒萲在〈增印《閩中新樂府》序〉一文中，特別強調其最大的優點在於讓孩子容易「記憶」和「適口」[58]。梁啓超在《變法通議》中也提倡編寫歌訣書作爲兒童的啓蒙教材，例如「愛國歌」、「變法自全歌」、「戒纏足歌」、「戒鴉片歌」等，「令學子自幼諷誦，明其所以然，則人心自新，人才自起，國未有不強者也」。[59]這些詩歌具有兩大特點，一是吸取民歌的表達方式，語言清新明快；二是運用傳統樂府詩歌的形式，發揮其長於敘事的特點。其內容直接詠歎現實狀況，近似於雜文的功效，在敘事過程中，又夾雜作者本人諸多議論。顯然，這樣語言淺顯、內容具有當下性和濃郁的生活氣息的詩歌，用於兒童啓蒙頗爲適當，既能迅速提高其語言能力，又能潛移默化地樹立其人生觀和價值觀。

57　參閱章培恒、駱玉明主編，《中國文學史》（中）（上海：復旦大學出版社，1996年第1版），頁163-163。

58　《知新報》第85冊，影印本頁1209。

59　梁啓超，《變法通議‧論幼學》，《梁啓超全集》，頁38。

例如其中一首《國仇·激士氣也》：

國仇國仇在何方，英俄德法偕東洋。
東洋發難仁川口，舟師全覆東洋手。
高陞船破英不仇，英人已與日人厚。
沙侯袖手看亞洲，旅順烽火連金州。
俄人柄亞得關鍵，執言仗義排日本。
法德聯兵同比俄，英人始悔著棋晚。
東洋僅僅得台灣，俄已迴旋山海關。
鐵路縱橫西伯利，攫取朝鮮指顧間。
法人粵西增圖版，德人旁覷張饞眼。
二國有分我獨無，膠州吹角聲鳴鳴。
鬧教閱兵逐官吏，安民黃榜張通衢。
莘山亦有教民案，殺盜相償獄遂斷。
蹂田奪牛古所譏，德已有心分震旦。
虎視眈眈劇可哀，吾華夢夢眞奇哉。
歐洲剋日兵皆動，我華猶把文章重。
廷旨教將時事陳，發策試官無一人。
波蘭印度皆前事，爲奴爲虜須臾至。
俄人遠志豈金遼，德國無端釁屢挑。
英人持重遲措手，措手神州皆動搖。
剖心哭告諸元老，老謀無若練兵好。
須求洋將練陸兵，三十萬人堪背城。
我念國仇泣成血，敢有妄言天地滅。
諸君莫笑聽我言，言如不驗剐我舌。[60]

　　這首詩歌以中日甲午戰爭爲引子，全面展示了列強瓜分、國事危急的態勢。它以對比的方法揭示出列強心懷鬼胎的模樣，尤其是寫沙俄、德國最爲活靈活現。作者對國內之軍事改革提出建議，亦對國際形勢作出準確預測。雖然涉及複雜的國際關係問題，但由於其辭彙簡易、結構單純、少用典故，故而琅琅上口，易爲兒童閱讀和理解。甲午戰敗之後，諸多著名詩人均有此題材的詩作，如李慈銘之〈聞馬江之敗三首〉、鄭觀應之〈聞大東溝戰事感作〉、繆鍾渭之〈紀大東溝戰事弔鄧總兵世昌〉、宋育仁之〈感事二首〉等，這些詩歌均採取傳統作法，多典故，富詞采，不如《閩中新樂府》之流暢直白[61]。

　　《閩中新樂府》視野開闊、內容廣泛、敍事細膩，有戲劇之「在場感」，亦有小說之情節性，堪稱一幅晚清社會的「清明上河圖」。例如寫纏足、吸食鴉片、溺殺女嬰、軍官剋扣軍餉等晚清社會之陳規陋習，寫貪官、稅吏、迂儒、娼妓、庸醫、方士、神漢、老兵、織婦、名士諸多人等之悲歡離合，皆細緻入微而無比眞實。作者對黑暗社會現實的揭露和對政治改良的呼籲，皆奮筆疾書、不遺餘力，這也正暗合《知新報》編輯之思路。《知新報》用很大篇幅連載，有時在同一冊之中該詩即占兩個整版，說明編輯對其十分看重。這種看重，亦表明《知新報》之編者對勃勃興起的民間文化的重視。報刊的使命之一，就在於溝通精英與民間，促成雙方的對話與交流。

　　《知新報》表彰這組已具備白話色彩的「新新樂府」，背後隱含兩種新式文學觀念，一是重估民間文學的價值，二是肯定白話詩文的發展方向。此種白話色彩的詩歌，在傳統的文學評價體系中常招致貶低和詆毀。瞿兌之的《人物風俗制度叢談》中有「白話詩文」一則，引《魏書‧胡叟傳》云：「年十三辨疑釋理，知名鄉國，學不師受，好屬文，既善爲典雅之詞，又工爲鄙俗之句。爲韋杜二族賦敍中世，

61　參閱《中法中日戰爭詩文選譯》（成都：巴蜀書社，1997年第1版）。

有協時事而未及鄙黷，世猶傳誦之以爲狎。」[62]可見一旦用民間口語入詩文，即遭致士大夫之恥笑。有此舉動之文人，一般都被視爲叛經離道之人，如明之李卓吾、陳眉公，清之袁簡齋。然此種趨勢不可阻擋，瞿氏還舉出數例，「臨川李大理聯琇《好雲樓集》有〈異哉行自題獨立蒼茫圖照〉，乃以近代語體入詩之作也。」又有以蠻語、蒙古語、苗語及日語入詩的個案，說明清末白話詩已春潮湧動。《知新報》重點刊登《閩中新樂府》，乃是對近代詩歌這一蛻變方向表示關注和支持，並以新式傳媒的力量推動此進程。當然，此時的詩歌探索者們以「新樂府」這一舊有形式爲突破口，本身就顯示出一定的保守性，如夏曉虹所論：「不幸，『詩界革命』的同仁在形式變革上相當保守。他們只從開通民智的政治目標出發，採納了與淺白的詩歌語言相應的『新樂府』一類通俗詩體，在形式革新上只邁出小半步。正是在保留『舊風格』上，顯示出『詩界革命』的不徹底性與局限性。而直到五四現代白話詩的興起，舊形式的束縛才完全突破。」[63]

就學習杜甫而論，康有爲是嶺南詩人中最突出者。在《知新報》上發表有一首署名「更生」（即康有爲）的〈七月居丹將島作〉：

> 大海蒼蒼一塔高，秋深絕島樹周遭。
> 我來隱几無言語，但聽天風與海濤。
> 燃燈夜夜放光明，打浪朝朝起大聲。
> 碧海青天無盡也，教人怎不了無生。
> 北京蛇豕亂縱橫，南海風濤日夜驚。
> 衣帶小臣投萬里，秋來絕島聽濤聲。
> 济瀁乾坤起大風，青茫海起接鴻濛。

62　瞿兌之，《人物風俗制度叢談》，頁34-38。

63　夏曉虹，〈晚清文學改良思潮〉，見《詩騷傳統與文學改良》，頁318。

塔燈照我光無睡，斗大明珠墮夜中。[64]

　　此前之詩人，包括老杜在內，儘管也不乏「讀萬卷書，行萬里
路」之經歷，但視野基本上局限於一國之內。而近代詩人們，許多都
有過「出國」之經歷，有的甚至還遊歷過數十國。對西方之社會生活
與自然景觀的親身體驗，以及兼收並蓄的良好心態，讓他們獲得了豐
富多彩、新人耳目的詩歌素材。康有為即是如此，汪辟疆在《光宣詩
壇點將錄》中將康氏比作梁山好漢中的「天速星神行太保戴宗」，稱
讚其詩歌「純脫然入乎古人而出乎古人……徒以境遇之艱屯，足跡之
廣歷，直有抉天心，探地肺之奇，不僅巨仍摩天也。」[65]這一論述抓
住了康氏詩歌在題材上的創變。後人在論及康詩時亦指出：「有為不
以詩名，然辭意非常，有詩家所不敢吟、不能吟者。蓋詩如其文，糅
雜經語、諸子語、史語，旁及外國佛語、耶教語，而出之以狂蕩豪逸
之氣，寫之以倔強奧衍之筆，如黃河千里九曲，渾灝流轉，挾泥沙俱
下，崖激波飛，跳踉嘯怒，不達海而不止，返虛入渾，積健為雄，權
奇魁壘，詩外常見有人也。」[66]此評價注意到康詩題材上的豐富性。
這首詩前面有一小序曰：「島在麻六甲海中，頂有燈塔，高百尺，巡
行海船，吾居即在塔院一樓中。」[67]這種燈塔是現代航海業興起後出
現的新興事物。康氏寫燈塔，充滿讚賞之口吻，其背後是對現代文明
的肯定和嚮往。就在這樣的詩句之中，依然縈繞著一種杜甫式的悲涼

64　《知新報》第126冊，影印本頁1932。

65　汪辟疆，《說近代詩》，頁108。

66　錢基博，《現代中國文學史》，頁255。

67　該詩亦見於康有為《萬木草堂詩集》，順序有所不同，而缺少最後四句。題目
　　為「七月，偕梁鐵君及家人從者居丹敦島燈塔。島在麻六甲海中，頂有燈塔百
　　尺，照行海船，吾居在塔院頂樓中。鐵君深得佛理，日談無生，或對坐石上，
　　以相證悟。」參閱上海市文物保管委員會文獻研究部編，《萬木草堂詩集》
　　（上海：上海人民出版社，1996年第1版），頁120。

之氣。詩人明寫燈塔，實際上還是在寫國內政局。燈塔的壯觀和燈光的明亮，反襯出國內政治之黑暗與絕望，真是「身在南洋，心憂國事」。空間的阻隔，並不能讓詩人對國運淡漠。

康有爲不以詩人自居，亦不願在寫詩上耗費過多時間和精力，但流亡海外後，詩歌亦成爲其「環球旅行記」的一部分。康氏說過：「吾童好詩，而學在探理，既不離人性，又好事，不能雕肝嘔肺以爲詩人。然性好遊，嗜山水，愛風竹，船脣馬背，野店驛亭，不暇爲學，則餘事爲詩，天人所感多矣。及戊戌遘禍，遁跡海外，五洲萬國，靡所不到，風俗名勝，托爲歌詠。……亡人何所求，又非有千秋之名心也；抑以寫身世，發幽懷，哀樂無端，詠歎淫佚，窮者達情，勞者歌事，《小雅》、《國風》之所不棄也。」[68]所以，看似寫海外的見聞，看似抒海外的感想，其實仍與中土血脈相連。康氏之詩有杜詩之風韻，在嶺南詩人中「宗杜」傾向最爲明顯，如梁啓超所論：「南海先生不以詩名，然其詩固有非尋常作家所能及者，蓋發於性情，故詩外常有人也。先生最嗜杜詩，能誦全杜集，一字不遺，故其詩雖非刻意有所學，然一見殆與杜集亂楮葉。」[69]

在《知新報》上發表的詩歌，有不少直接出自於黃、丘、康、梁等名人手筆，不過他們一般不署真名，而署以各種各樣的筆名。如署名「南武」(即丘逢甲)[70]所作的〈海上觀日出(由汕頭抵香港作)〉：

68　康有爲，〈詩集自序〉，轉引自賈文昭編《中國近代文論類編》，頁368。

69　梁啓超，《飲冰室詩話》之二十六則，《梁啓超全集》之「詩話、詩詞集」，頁5307。

70　丘逢甲，譜名秉淵，字仙根，一字仲閼，又字吉甫，號蟄仙(署見《知新報》)、蟄庵(有《蟄庵詩存》)、滄海，別署倉海君，辛亥革命後名倉海，學者稱倉海先生(有《倉海先生丘公逢甲詩選》)，又署南武山人、華嚴子、庸哭生、南武(見《知新報》)、蟄翁(同上，備考)，自號海東遺民、台灣遺民，室名念台、嶺雲海日樓、心太平寄廬。參見陳玉堂編著，《中國近現代人物名號大辭典》(杭州：浙江古籍出版社，1993年第1版)。

雙輪碾海飛蒼煙，天雞喚客夜不眠。
三更獨起看日出，霞光萬丈紅當天。
海風吹天力何勁，黃人捧日中天正。
直將元始造化爐，鑄出全球大金鏡。
羅浮看日誇絕奇，裹糧夜半一遇之。
自從海上輪四達，屢見沐浴光咸池。
迂儒見不出海表，苦信地大日輪小。
安知力攝萬星球，更著中間地球繞。
河山兩戒南越門，群峰到海蠻雲屯。
地鄰赤道熱力大，日所照處知親尊。
卓午停輪裙帶路，金碧樓臺老蛟守。
世逢運會將大同，天教此起文明度。
我是渡海尋詩人，行吟欲偏南天春。
完全主權不曾失，詩世界裡先維新。
五色日，葦筆端起墨淋漓；
四海水，太平山上歌太平。
遙祝萬年聖天子。[71]

　　丘氏出生於台灣苗栗，祖父、父親均以詩書起家，少年時代即
「鋤強扶弱，有任俠風」，一生作詩五千多首，存世部分收錄於《嶺
雲海日樓詩鈔》之中。丘氏將傷時憂國之感，歲月蹉跎之憾，悲天憫
人之懷，身世飄零之歎，交織激蕩，發而為詩，形成沈鬱悲涼、雄健
激越的風格。汪辟疆評論說：「今所傳之《嶺雲海日樓詩鈔》，慷慨
激昂之作，紙上有聲。實以其人富於感情，宗國之痛，一寓於詩，不
屑拘拘於繩尺之間，而自具蒼茫之氣。跡其所詣，頗欲兼太白、東坡

之長。所可惜者,粗豪之氣,未盡澌除,益以新詞謠諺,拉雜成詠,
有泥沙並下之嫌,少淳漓洄漩之致;然非此又不必爲仙根之詩也。」
[72]汪氏認爲丘詩過多使用新辭彙,鋪張渲染過度,有失蘊藉之旨,但
他又承認這恰恰是丘氏最顯著的特點。梁啓超則更敏銳地把握到此時
此刻詩界變革的脈動,將丘逢甲譽之爲詩人中的「天下健者」,「以
民間流行最俗最不經之語入詩,而能雅馴溫厚乃爾,得不謂詩界革命
一鉅子耶?」[73]

　　以上這首歌行體壯闊雄渾,一氣呵成,熔抒情、議論、敘事於一
爐,縱古論今,自成一格。丘逢甲與黃遵憲一樣,既能以新思想、
新事物、新名詞入詩,而且語言樸實自然,具有口語化傾向[74]。該詩
以「雙輪碾海」對「天雞喚日」,前者是古代詩人不可能涉及的嶄新
事物,後者則是傳統詩歌中不斷出現的想像。作者在運用新意象的時
候,不由自主地就將儲存於記憶之中的傳統辭彙調動出來,與之形成
呼應和對照。這種寫法,正是近代詩歌最大的特點,充分體現出近代
詩人在情感、意象的使用方面新與舊的緊密糾葛。

　　正因爲詩人有了乘坐現代海輪的經歷,才對海洋乃至世界產生全
新看法。以蒸氣爲動力的輪船這類新事物大量進入詩歌之中,使這一
時期的詩歌具有了一種如同詩人哈茲里特所說的「生機勃勃」的特
質。在哈茲里特看來,「生機勃勃」是判斷詩歌好壞的首要標準,
「對於藝術、對於趣味、對於生命、對於語言,你都是根據情感作決
定,而不是依據理性;這就是說,根據大量的事物在你心中的印象去
定奪,這些印象是眞實的、有根據的。」在世紀之交的中國詩人們好

72　汪辟疆,《說近代詩》,頁41。
73　梁啓超,《飲冰室詩話》之三十九則,《梁啓超全集》之「詩話、詩詞集」,頁5313。
74　參閱《黃遵憲丘逢甲詩文選譯》之楊勝男所作〈前言〉(成都:巴蜀書社,1997年第1版)。

奇的眼裡和激動的筆下，新鮮事物層出不窮，震撼性體驗比比皆是，他們的詩句也就擁有了撲面而來的生機與朝氣。而該詩中所謂「詩世界裡先維新」的說法，也是維新派人士在政治實踐層面的操作失敗以後，企圖進行文化上的革新的體現。這既是一種無奈之舉，也是由政治進入文化的思想深化。此「詩界維新」之說，與梁啓超之「詩界革命」互通款曲，梁云：「吾黨近好言詩界革命。雖然，若以堆積滿紙新名詞爲革命，是又滿洲政府變法維新之類也。能以舊風格含新意境，斯可以舉革命之實矣。」[75]丘氏即是實踐者之一。

又如署名「蟄仙」(即丘逢甲)[76]之〈自題南溟行教圖〉：

> 莽莽群山海氣清，華風遠被到南溟。
> 萬人圍坐齊傾耳，椰子林中說聖經。
> 二千五百餘年後，浮海居然道可行。
> 獨向道南樓上望，春風回處紫瀾生。[77]

這首詩揭示了當時交通發達，帶來人類視野空前擴展的現實。「二千五百餘年後，浮海居然道可行。」這種對時間和空間的體認，非傳統的農業社會所能想像。法國學者路易‧加迪在討論時空觀念的

---

75 梁啓超，《飲冰室詩話》之六十三則，《梁啓超全集》之「詩話、詩詞集」，頁5327。

76 夏曉虹在，〈心關國粹謀興學——丘逢甲教育理念的展開〉一文中，談及丘逢甲1900年3-4月的南洋之行，「此行中，丘逢甲本人最得意的是在巴羅(今屬印尼)的公開演說，詩集中有〈自題南洋行教圖〉二首記其事。」夏曉虹又指出：「雖然所謂『萬人』未免過甚其辭，但其講演大獲好評應該是事實，王恩翔《道南書樓再記》中可爲證明：『越四月朔日，(王)維泉聯集同志於閬眞別墅，蟄仙工部演說孔教。一時傾聽，眾心翕然，以爲開巴羅以來所未有。』難怪丘逢甲躊躇滿志，引孔子『道不行，乘桴浮於海』(《論語‧公冶長》)之典故自比，以『南洋行教』自命。」

77 《知新報》第121冊，影印本頁1827。

時候認為，時空觀念的變化將直接促使文化的質地產生變化，因為時空觀念是一種文化最核心的組成部分。從這個意義上理解詩人的欣喜和驚訝，就順理成章了。

中國的古典詩歌中專門有「遊仙詩」這一類別。丘逢甲的這首詩歌，堪稱近代意義上的「遊仙詩」，古人想像的「仙境」現在就出現在眼前。中國文人打破天朝大國的封閉心態、大膽走向世界之後，所見、所聞、所歷的完全是原有生活經驗中從所未有的人與物、情與景。古人很少有機會旅行異域，若要描述一個與現實生活完全不同的彼岸世界，惟有作「上窮碧落下黃泉」式的精神漫遊。而在19世紀後期，走出國門的近代國人與日俱增，不必借助想像，僅僅憑藉實地之感受，便可在異地之風土人情中，領略到古人「游仙」之樂趣。此驚喜之情融入詩中，例如「椰子林中說聖經」一句，以淡淡的筆墨即勾畫出一幅神奇的畫面。東南亞的熱帶風光和異質文化，共同構成神奇的時空環境。

《知新報》上發表了很多帶有近代精神、風格「雄直」的嶺南詩歌，如署名「梁溪振素盦主」（即南社著名詩人蔣同超）[78]的〈感事〉：

> 金城千里漢山河，坐待瓜分可奈何。
> 冤獄未曾天泣雨，寰瀛幾見海揚波。
> 國衰柱石公忠少，世變滄桑感慨多。
> 聲苦杜鵑聽不得，會看荊棘臥銅駝。[79]

78　蔣同超，字士超，又字伯寅（署見1916《國學叢選》），號萬里（署見1910《廣益叢報》），又號橫西（待考），室名振素盦（有《振素盦詩鈔》），又署振素盦主（見清末《選報》）。參閱陳玉堂編著《中國近現代人物名號大辭典》，第867頁。

79　《知新報》第121冊，影印本頁1827。

　　這首詩歌中雖用「杜鵑」、「荊棘」、「銅駝」等傳統詩詞中常
見的意象，表達的卻是只有近代作家才有的複雜而滄桑的情感。這種
情感不同於古人在改朝換代之際的感歎和哀思，更貫注了種族覆亡、
山河破碎的嚴峻思考，對「漢山河」的熱愛和對「瓜分」的恐懼，都
是近代意識的鮮明體現。歷史的滄桑與現實的嚴酷兩相映照，因而具
有了讓人揪心的藝術效果。

　　又如署名「伯寅」（即蔣同超）[80]之〈弔六君子〉之二：

> 瓜分議起恐難安，荊棘銅駝一例看。
> 長白山前王氣盡，崇文門外夕陽寒。
> 海枯石爛冤終在，地老天荒局已慘。
> 我亦泰東孤憤士，西風恨淚灑難乾。[81]

　　詩中以「長白山」與「崇文門」相對，前者是滿清王朝的興起之
地，後者是中樞皇城的入口之一。兩者都極具象徵性意義，地位同樣
重要。它們在地域上極其遙遠，作者故意運用差遣文字之權，將兩者
放置於咫尺之間。此種「咫尺天涯」的變化，讓讀者不由思索萬千，
想像的空間廣闊無垠。而虛幻的「王氣」與現實的「夕陽」，作為理
性判斷的「盡」與作為身體感覺的「寒」，互為補充、互為映襯，一
派頹廢的末世景象在這短短兩句詩歌中淋漓盡致地展示出來。

　　跟前一首詩一樣，作者再次使用「荊棘」與「銅駝」兩個古老的
意象。同時，出現在詩歌中的「海枯石爛」與「地老天荒」，也是兩
種相當傳統的意象。這些傳統意象，象徵著中國人古典型態的時間觀

80　由此可見，「伯寅」之署名，並非最早見於1916年的《國學叢選》，至少在
　　1901年的《知新報》上就已經出現。《中國近現代人物名號大詞典》之說疑有
　　誤。

81　《知新報》第123冊，影印本頁1869。

念。路易‧加迪在《文化與時間》中論述說：「中國人的感受性完全協調於變化著的自然狀態，瞬息萬變的歡樂以及十分微妙的瞬間和諧。時間來而復去、去而復返：桃花、竹節、楓葉、松針的時間，灰雁鳴叫、黃鸝甜囀、鵪鶉歡鳴的時間。這些種種不同的意向衝擊著人的意識，顯示了時間流逝性的特徵。」這是一個和諧的、「動」最終歸於「靜」的世界。近代以來，這種文化氛圍不復存在，一種前所未有的「緊張性」出現了，此種「緊張性」亦是西方「現代性」的構成部分。因此，即便是傳統意象，使用在近代詩歌之中，亦有極不「傳統」的意味，甚至冒犯和挑戰「傳統」的範式。這首詩的起句即是「瓜分議起」，它迅速將讀者帶入濃烈的近代化的時代氛圍中，有了「瓜分議起」四個字，唐詩宋詞中以典故來營造的那種莊嚴典雅的心理結構立刻就被消解了。此時此刻，時間不再是自然型態的、藝術化的時間，而是社會型態的、極具緊迫感的時間。有趣的是，作者用「泰東」對應「西風」，力圖喚起嶄新的閱讀體驗和強烈的視覺衝擊。傳統的夷夏觀在「西風」對「泰東」的猛烈衝擊之下崩塌了。詩人用極度凝練的詩句，為讀者展示出近代中西方在政教、工商等諸多方面的劇烈衝突。

又如署名「簡郎埠璪雲氏」（疑為羅璪雲）的〈觀世有感〉：

> 中原時局變紛紛，蠶食鯨吞到處聞。
> 頑固黨臣召外侮，維新國士何同群。
> 干戈一動驚天地，水陸齊驅蕩瘴氛。
> 天眷亞東應進步，蛟龍乘勢奮風雲。[82]

編輯特地注明此詩係自然來稿。此現象說明梁啓超之「詩界革

命」說在士大夫中影響極大，國內許多詩人不惜冒著風險，寫作新體詩歌，並向報社投稿。這首詩歌直接將「頑固黨臣」與「維新國士」對立，彰顯兩種截然對立的價值觀。面對「蠶食鯨吞」的嚴酷環境，作者已不願像《感事》詩的作者那樣僅僅是「聽」杜鵑和「看」銅駝，也不願像傳統的士大夫那樣滿足於「坐而論道」，而是希望切實參與「干戈一動」、「水陸齊驅」的實踐行動。此詩也許暗喻保皇派在海外策劃自立軍起義等軍事活動。對於詩人來說，大概並沒有真正去領兵打仗、衝鋒陷陣的機會。但即使是「紙上談兵」，也可看出詩人對自身期許已不僅僅是「詩人」。這種自身定位的改變，自然導致詩歌內容和形式的變化。

再看作者署名爲「日本先憂後樂生」的〈彼何人〉：

佛人窺南部，魯人掠北方。
普人據東岸，英人占中央。
四百之州天日墨，虎視眈眈列強國。
中原分割勢已成，大廈欲傾支不得。
草莽豪傑多愛身，未見奮起救斯民。
手提三尺定天下，木強劉季彼何人。[83]

「日本先憂後樂生」這個筆名很有意思，顯然來自范仲淹之「先天下之憂而憂，後天下之樂而樂」，是傳統文人「天下興亡，匹夫有責」思想的體現。定語「日本」是指作者本人旅居日本，而非指作者爲日本人也。此詩中蘊涵有濃郁的民族主義情緒，顯然不是作爲旁觀者甚至掠奪者的日本人所能寫得出來的。

這首詩歌用前面之八句描述了當下中國所面臨的現實境遇，此八

---

[83] 《知新報》第123冊，影印本頁1869。

句中前四句分而敘之，後四句籠而統之。層層遞進，讓人心驚膽戰。
末尾之四句則呼喚救國救民的眞英雄。詩人譴責了那些「愛身」的
「草莽英雄」，希望自己能「手提三尺定天下」。雖然天眞而誇張，
卻也雄心可嘉。這一誇耀之語背後，可以揣摩出粵地好誇示個人勇敢
的民風。

又如署名爲「飛瓊」之〈閨中讀邸報感時憤事不能奮飛賦詩見
志〉：

> 我自戊戌八月秋，寸心耿耿懷國憂。
> 奈何軟弱一女子，無由請劍斬佞頭。
> 士氣不揚至尊病，太阿倒持大魁柄。
> 忽忽光陰二載餘，唯有空言勸歸政。
> 紛紛諸子道維新，事變人人求保身。
> 或逃江海甘雌伏，或擁倡優醉好春。
> 悠悠日月終如此，誰報君恩雪仇恥？
> 競說風詩學明哲，須識成仁聖所美。
> 朝堂今已嗣新君，泣血叫天天不聞。
> 急呼賓王草羽檄，願執枹鼓摧埃氛。[84]

該詩署名爲「飛瓊」，題目中又有「閨中讀邸報」之句，可推測
作者係女性。女性之詩，如此英姿颯爽，絲毫不讓鬚眉半點，眞有點
像鑑湖女俠秋瑾之手筆。該詩描寫戊戌政變之後，政局急轉直下，維
新派首領或遇害或流亡，原來支持或投機於維新運動的人士見風轉
舵，人人明哲保身。有人甚至寄情倡優，自甘墮落。慈禧謀定立嗣之
事，而天下鴉雀無聲。作者雖爲一女子，亦深感羞恥。梁啓超曾作詩

---

84 《知新報》第120冊，影印本頁1807。

贈友人張孝之夫人、號「冰壺女史」者，贊曰：「天下一興亡，匹女
亦有責。纖手豈辭勞，釵鈿鑄茅戟。」[85]以「匹婦」替代「匹夫」，
一字之易，對自立女性的讚美油然而出。此詩亦可送給這位筆名爲
「飛瓊」的女詩人。

　　《知新報》所發表的詩歌，風格也不全然是雄直慷慨，亦有不少
清新柔美之作。編輯雖偏重豪放之詩，亦兼顧婉約之詩，力求所刊詩
歌風格多元化。

　　如署名「劍公」的〈香江酒樓次邱水部韻〉之一云：

　　東海屠鯨事若何，不如付與雪兒歌。
　　秦淮夢影桃花曲，留得才人豔跡多。

之四云：

　　歸日應乘八月槎，扶餘海上指紅霞。
　　新詩已露英雄氣，彩筆縱橫舞萬花。[86]

　　這兩首詩，前者多柔情，後者多俠骨。柔情與俠骨，交相輝映。
往前追溯，有杜牧詩歌的味道；往後瞭望，則與蘇曼殊詩歌有異曲同
工之妙。當然，滲透在其中的，還是只有晚清詩人才有的彷徨與困
惑。

　　近代報刊的出現，爲詩歌的傳播開拓出嶄新路徑。過去文人寫
詩，一般是在朋友之間傳唱，後來再收入詩集之中。報刊這一載體，
讓作品可立即與讀者見面。因此，近代詩歌的新聞性逐步增強，詩人

85　梁啓超，《飲冰室詩話》之七十六則，《梁啓超全集》之「詩話、詩詞集」，
　　頁5332。
86　《知新報》第128冊，影印本頁1972。

們對剛剛發生或正在發生的事情產生濃厚興趣,並迅速在詩歌中加以表現。通過在報刊上發表,很快便引起讀者反饋。近代詩歌的現場感和即時記錄性,是古代詩歌無法相比的。從藝術性上來看,也許會讓詩歌的審美價值受到嚴重削弱;但從紀實性上來看,近代詩歌更有「以詩為新聞」的特徵。如果說古代敘事性詩歌主要作為「歷史」的輔助,如杜甫便享有「詩史」的盛譽;那麼,近代發表在報刊上的這些詩歌,則更貼近於剛剛發生的「新聞」,與當下的重大政治事件同步。

《知新報》上所刊載的詩歌,對戊戌政變、六君子就義、庚子事變、自立軍起義等重大事件均有描述。由於這些詩歌發表在報刊上,立刻便可為讀者閱讀,在新聞尚不發達的19、20世紀之交,對內陸地區讀者了解事件內幕頗有幫助。這些詩歌承擔了新聞的文體任務,並非越俎代庖,而是「親密無間」。

如題為「七月下旬漢口新黨被害,八月十三日六君子殉難之日,誦譚烈士魂當為厲以助殺賊,擊節賦此」、署名為「虎侯」的一首詩云:

> 宿草青青已兩年,纍纍新塚夕陽邊。
> 鬼雄想已編軍籍,土馬泥兵壁壘堅。[87]

這裡說的「漢口新黨」,即策劃自立軍起義而為張之洞殺害的唐才常等人。唐才常、林圭等人七月二十八日遇害,作者寫作此詩的時間是八月十三日,而該詩發表於九月十五日的《知新報》。時間差並不長,詩歌之「新聞性」也就極強。對於許多讀者來說,極有可能是第一次從這首詩歌中得知此事件的;而對於作者來說,既是忠實的紀

---

87 《知新報》第128冊,影印本頁1972。

實者，又是主觀的抒情者。詩歌主旨是紀念兩年前殉難的六君子，題目卻披露了唐、林等維新志士遇害的事件，以相當巧妙的方式將兩樁悲劇聯結起來。作者寫作此詩時，新痛舊傷，一併湧上心頭，氣勢雄渾而悲涼，眞有「於浩歌之際寒，於天上見深淵」的味道。以自立軍起義或者哀悼死難烈士爲主題的詩歌，《知新報》上還有多篇。

又如《京津大亂，乘輿出狩起師勤王感懷十三首》，詳細描述義和團之亂、八國聯軍入侵等事件。

第一首云：

> 戰鼓津沽急，煙塵京輦頻。
> 傳聞圍客館，無故戮行人。
> 召怒西鄰責，興兵萬國屯。
> 驚聞燒炮壘，烽火上星辰。

第四首云：

> 鐵道聞燒斷，神京最擾攘。
> 大臣鞭血濕，都統闔門殃。
> 公府焚成爐，郎官餓依牆。
> 禁軍稱武衛，盜賊更猖狂。

第六首云：
> 中旨紛紛下，紅巾獎義民。
> 兜鍪戒胡服，槍炮復華人。
> 白簡慘遭戮，黃天詡有神。

真成一敵八，舊黨計何新。[88]

　　詩人在陳述歷史事件時有鮮明的個人立場：以「無故」一詞譴責保守派縱容義和團的頑愚，又將殺戮無辜百姓的義和團斥責為「盜賊」。作者特別指出拳匪們「逢洋必反」的變態心理，正是在此種心理的支配下，義和團瘋狂毀壞鐵路、殺害穿著洋裝的人士。慈禧等頑固派以為可憑藉其對抗西洋，殊不知兩種邪惡勢力的合流卻將中國導向黑暗與屈辱的深淵。這組詩歌有「以詩記史」之價值。

　　所謂「亂世觀謠」，《知新報》所刊登的詩歌當中，有一部分汲取民間竹枝詞的藝術特色，直接批判官僚階層和腐敗現象，語言生動活潑，極富於幽默感。如署名「金溪虎大郎」的一組《清臣竹枝詞》(共七首)就是其中之佳者。

　　之一：

　　　　南北兵權一手操，不為王莽即為曹。
　　　　至尊尚且歸圈禁，百姓區區當一毛。

　　之二：

　　　　地皮刮盡北歸來，大叔公公笑口開。
　　　　有侄如君光譜牒，熙朝幾見此人才。

　　之三：
　　　　雨露雷霆悉帝恩，黜官何事憤心存。
　　　　入宮構策扶慈母，老佛爺前痛哭言。[89]

88　《知新報》第130冊，影印本頁2014。
89　《知新報》第120冊，影印本頁1807。

　　「竹枝詞」這一詩歌形式源遠流長。它來自民間，語言近於口語，鮮活無比，表現力極強。到了近代，竹枝詞更具備新聞紀實之特性。近人對竹枝詞頗爲看重，所謂「托太史於騷人，寄《春秋》於國風，讀者自不禁手舞足蹈，擊節不置」[90]、「清奇濃淡，皆入諷諫；嬉笑怒罵，盡成文章。可以益方志，裨方言，作詩史，於詩中另闢一境界」[91]、「以采風問俗之章，寓憂世哀時之旨」[92]，這些評價皆說明近代之竹枝詞與政治時事關係極爲密切。這種經過文人加工潤色的民間歌謠，既是「民間文學和大眾生活的一種形式」，又可看作「民眾對社會政治事務的一種特殊的干預方式」[93]。

　　這組以「清臣」爲歌詠對象的竹枝詞，筆觸直接指向榮祿、徐桐、袁世凱、張之洞等重臣，甚至涉及最高統治者慈禧太后，可謂百無禁忌。它運用大量民間的口語入詩，語言清淺流利，在冷嘲熱諷中，將官員們窮形盡相。它表達了當時民眾的真實心態，起到了匕首、投槍之功效。這類針對具體人物的「竹枝詞」，令當時的官員和朝廷頗爲頭痛，亦是晚清社會一種變相的「輿論監督」方式。

　　世紀之交的「新體詩」究竟「新」在何處？梁啓超如此評價黃遵憲的詩歌：「中年閱歷世事，暨國內外名山水，與其風俗政治形勢土物，至於放廢而後，憂時感事，悲忿伊鬱之情，悉托於詩。」[94]近代詩人的生活處境劇烈變動，近代詩歌的表現內容也空前拓寬。近代詩

90　伍朝樞，〈序朱文柄《海上光復竹枝詞》〉，見顧炳權編《上海洋場竹枝詞》（上海：上海書店，1996年第1版），頁478。
91　諸德彝，〈序朱文柄《海上光復竹枝詞》〉，見顧炳權編《上海洋場竹枝詞》，頁479。
92　沈禹鍾，〈序劉豁公《上海竹枝詞》〉，見顧炳權編《上海洋場竹枝詞》，頁484。
93　田濤，《民謠裡的中國》（太原：山西人民出版社，2004年第1版），頁8。
94　梁啓超，〈嘉應黃先生墓誌銘〉，《梁啓超全集》之「詩話、詩詞集」，頁5193。

歌中有諸多對西方興盛的物質文明的描述與讚美，在此基礎上詩人們
必然會將西方精神文明在詩中加以表達。於是，諸如聲光化電、火
車、輪船等外國物質文明之代表，以及自由、平等、民主、共和等外
國精神文明之代表，都成爲詩歌描寫的對象。若干與此有關的新詞
語，一旦進入到象徵著中國古典文學傳統的詩歌之中，帶來的更新就
不僅僅是詞語和句式本身了。新詞語所帶來多米諾骨牌效應，還帶來
新的表現對象和審美意識，並最終將完成對傳統古典詩歌的終結。與
之相反，舊體詩若退讓一步，則全盤皆輸，但它又不得不退讓[95]。因
此，梁啓超指出，今天的詩人在寫詩的時候，應當「專從天然之美和
社會實相兩方面著力，而以新理想爲之主幹，自然會有一種新境界出
現」[96]。新詞語、新內容、新審美、新理想、新境界，環環相扣，共
同構建了別開生面的「新體詩」。

發表於《知新報》的詩歌中，不僅出現了許多具體而微的新鮮事
物，而且不斷提及一些來自西方、或轉譯自日本的抽象概念，如自
由、民主、共和、人權等。當然，詩人們的理解不可能完全準確，但
他們對這些理念抱有著強烈的好奇心和親和力，不斷在作品中使用。
以「自由」爲例，它在這批詩歌中出現頻率極高。

如署名爲「箇郎埠璪雲氏」（疑爲羅璪雲）的〈觀世有感〉之一：

萬里江山興復敗，彌天風雨散還收。

95　《廣東近代文學史》指出：「在作家們的視野中，除了中華之外，還有歐美、東
　　洋；除了蘭舟、油壁車、秋千、琵琶之外，還有格物、致知和資產階級的文
　　明。康有爲的『新世塊奇異境生，更搜歐亞造新聲』；丘逢甲的『直開前古不
　　到境，筆力橫絕東西球』，『粵詩獨得古雄直，賴此巨刃摩天揚』；黃遵憲的
　　『吟到中華以外天』，都反映了這一時期詩歌內容和作家審美意識的變化。」
　　鍾賢培、汪松濤主編，《廣東近代文學史》，頁193。
96　梁啓超，《晚清兩大家詩鈔題辭》，《飲冰室合集》文集之四十三，頁79。

英豪欲干乾坤事，急與同群學自由。[97]

又如署名「華威子」的〈題星洲寓公看雲圖〉：

狄公望雲抱孤忠，反周爲唐理則同。
不作相如淩雲賦，自由旗卷天南東。[98]

又如署名「大勇」的〈憤而書此〉：

玉碎尋常事，英雄不瓦全。
誓除頑固癖，休失自由權。

如果說「學自由」、「賦自由」還停留在對自由的接觸、了解、追索、歌詠的階段，那麼「休失自由權」就已經將自由看作一種天賦之權利，這便迫近了近代政治自由學術的核心。對於晚清詩人來說，自由是至關重要的，沒有想像的自由、寫作的自由、發表的自由和閱讀的自由，也就沒有這種具有近代精神的詩歌。

像「自由」這樣的許多新名詞、新語句都是從日語中借用過來的。例如，署名「梁溪振素盦主」(即蔣同超)的一組《感懷》詩中，這樣的語句比比皆是。

之一：

諸黃危若卵，保種意云何。
家國思平等，君民協共和。
文明新世界，破碎舊山河。

---

97 《知新報》第121冊，影印本頁1827。
98 《知新報》第123冊，影印本頁1869。

筮得明彝卦，愁吟麥秀歌。

之二：

共主追緣起，歐西拿破侖。
文明開宇宙，威烈蓋乾坤。
斯世平權貴，同胞獨立尊。
即今人海裡，孰不競生存。

之三：

大仁華盛頓，千載想遺風。
羈軛脫牛馬，蠻酋長閣龍。
一身通以太，並世渺康同。
努力造時勢，相期廿紀中。

之四：

老大非吾喻，支那正少年。
資生黃種拙，宗教素王全。
厄運丁陽九，華嚴演大千。
風雲三島壯，明治著鞭先。

之五：

聲華翔宇內，崛起仰東瀛。
地勢三秦輔，人文漢兩京。
合群聯社會，代表倩公卿。

彼岸回頭是，怒航度眾生。

之六：

吾徒思想好，發達在精神。
革命先詩界，維新後國民。
勤王師敬業，凌弱痛強秦。
興亞紆籌策，神州大有人。[99]

正如詩中所說「詩界先革命，維新後國民」，蔣氏的看法與梁啟超基本一致，他們都將詩歌革新放置到整個社會政治經濟革新和國民精神革新之前。詩歌革新的第一步，就是大量使用新詞語、新句式，如「平等」、「文明」、「共和」、「思想」、「社會」、「平權」、「獨立」、「革命」等政治學領域的抽象名詞，又如「拿破崙」、「華盛頓」、「明治」等外國人名。蔣氏在這組詩歌中所用的一系列術語，便是梁啟超所謂之「無機諸語」（《夏威夷遊記》），看似冒險，實際效果卻頗佳。這些抽象名詞在全詩中已不是生硬、隔膜的存在，而構成了新鮮生動的意境與氛圍。新名詞入詩及新意境的形成，是古典詩歌近代化過程中一個不可缺少的環節：「既然白話文的反對者們已經憂心忡忡地指出，『新名詞』的輸入使『學者非用新詞，幾不能開口動筆，不待妄人主張白話，而中國語文已大變矣』（柴萼《梵天廬叢錄》）；那麼，『新名詞』躋身詩中，正是促使中國舊詩蛻變，白話新詩誕生的催化劑，也是無庸諱言的事實。」[100]

《知新報》上刊登的詩歌，大部分都浸透了近代的色彩、情感和氛圍。詩人們對民間鮮活的口頭語言的吸收、對西風東漸過程中湧入

99　《知新報》第125冊，影印本頁1910。
100　夏曉虹，《詩界十記》（杭州：浙江文藝出版社，1991年第1版），頁81。

的新詞語的吸收,其詩歌中所體現寫實性、即時性、新聞性風格,以及由於詩人們跨出國門後視野的開闊而帶來的詩歌內容和形式的變異,都為下一歷史階段現代白話新詩的產生積累了豐厚的養料,如汪辟疆所論:「當南海以新學奔走天下之時,文則尚連駢而崇實用,詩則棄格調而務權奇。其才高意廣者,又喜摭拾西方史實、科學名詞,融鑄篇章,矜奇炫異。其造端則遠溯龔定庵,其擴大則近在康梁,其風靡乃及於全國。」[101]在短短幾年時間之內,「新體詩」便風靡天下,除了這批詩人自身的努力外,也與他們對近代媒體的運用有密切關聯。此一成就也證明了近代媒體的出現乃是文學變革中力量強大的「催化劑」。

以《知新報》為代表的近代報刊對推廣新體詩歌作出了重大貢獻。《知新報》前後發表了數百首體裁、內容不一的詩歌,而發表於《知新報》上的詩歌,在近代「新體詩」中僅僅是滄海一粟。隨著時間流逝,回頭再來衡量這些詩歌,後人也許會感到其藝術過於粗糙、其內容過於單薄、其感情過於誇張,但是,「粗糙」、「單薄」和「誇張」均是此一時期「獨一無二」的詩歌特色,過了此村,便無此店。

這樣的詩歌,往前追溯,龔、魏及同光體詩人們無法寫出;往後推延,入民國之後醞釀白話文學運動的更新銳的詩人們也無法寫出。夏曉虹從兩個層面上論述其價值與魅力,於共時地看,「『詩界革命』的最大意義在於使詩歌創作重新貼近現實生活,詩人的現實感大為增強。在傳播西方文化的同時,也有大量詩作反映近代社會重大歷史事件,愛國主義、尚武精神與『詩史』傳統被提到很高地位;詩歌的通俗化也得到強調,以流俗語入詩,詩樂合一以便流傳,以及對民歌及其他通俗文藝形式(如粵謳、彈詞)的借用,都體現出時代精

---

101 汪辟疆,《說近代詩》,頁43。

神。」而歷時地看，「作爲從古體詩向現代白話詩的過渡，『詩界革命』的產物『新詩派』(借用黃遵憲語)以偏重題材的拓展初步革新了內容，使形式與內容的矛盾愈顯突出。五四作家因而可以集中精力於形式的革新，用白話詩取代『新體詩』，全面完成對古體詩的革命。」[102]

結論

　　本文以《知新報》爲個案，通過對《知新報》「解剖麻雀」式的研究，對19、20世紀之交的維新派文人生存方式的變化以及由此形成的文體嬗變和知識更新作了一次粗淺的掃瞄。

　　第一章從創刊、發行、影響等要點切入，認爲《知新報》在當時具有相當大的影響力和滲透力，在轉移一代士子的思想觀念、知識結構和寫作方式上，都起到了不可忽視的作用。《知新報》是維新派在戊戌變法前後重要的輿論陣地之一。在同時期的報刊中，其地位僅次於《時務報》，康梁等維新派領袖常常將兩報並列。過去學界對《時務報》有較多研究，而冷落了《知新報》。這部分論述強調《知新報》在當時不可或缺的意義與價值。希望能起「拋磚引玉」之作用，吸引更多近代文學史、思想史和新聞史的研究者對《知新報》產生興趣。

　　第二章研究《知新報》之核心人物，探討戊戌變法這一代士大夫對個體存在的重新定義，以及對知識結構和寫作心態的調整。尤其是第二、第三部分，詳細敘述康有爲、梁啓超與《知新報》的關係，對康梁二人在《知新報》運作過程中的不同姿態作對比，展示了在文化生產方式劇變的轉型期，知識者的困惑、猶豫，不同的選擇以及導致

102　夏曉虹，〈晚清文學改良思潮〉，見《詩騷傳統與文學改良》，頁321

的不同結果。具體到寫作心態上,就是「是否對報刊寫作有相當的自覺」。康有為缺乏足夠的自覺,故未能深入參與報刊寫作,其影響力也始終局限在上層知識精英之中;而梁啓超正是有了相當的自覺,在報刊寫作中找到文學改良的突破口,從而創造出「新文體」,並實現對下層知識群體的啓蒙。從梁啓超身上,可以看到一個清晰的軌跡,這就是知識者在社會文化轉型期如何適應時代潮流,進而成為時代潮流的先導。梁啓超兼有「學者」、「文章家」與「報人」多重身分,成功地利用近代報刊轉移了一代之文風。

第三章具體分析新舊之交詩文的特徵。從《知新報》中蕪雜的文體中,拈出最重要的兩種:「論說」和「詩歌」。所謂「論說」,是以梁啓超為代表的《知新報》同人們所寫作的、接近今天報刊中「社論」的文體。近代報刊上的「論說」,就歷史傳承性言,與歷代「縱橫家文章」有著有機的聯繫,並汲取了唐宋以來被邊緣化的駢文的表現手法;就近代精神而言,這批報刊文章的作者們具備了一定的輿論獨立、思想自由的意識,同時涉足文化批評和政治批評。本文正是從這兩個角度梳理了那個時代的作家們是如何實現對傳統文章體式的近代轉化。在討論「詩歌」時,則著重分析這批「新體詩」的傳播方式是在報刊上發表,而非在少數詩人間酬唱,此一時代烙印使詩歌在內容與形式均有較大創新。這些詩人對民間歌謠的吸收、對嶺南詩派傳統的張揚、詩人視界的擴大造成的詩歌題材的拓展、詩歌中新舊辭彙及意象的交融等問題,亦是分析的重點。而這部分詩文可看作梁啓超「文界革命」、「詩界革命」理論的實踐。

本文雖然只對《知新報》作個案研究,但「一葉知秋」,與《知新報》同時期的其他報刊亦可用相似的方法研究。這些報刊發揮著現代傳媒的威力,共同促進了近代中國的文化轉型。本文認為,以《知新報》為代表的戊戌變法前後由維新派人士主持的近代報刊,在文學改良和文體創變方面都作出了不可磨滅的貢獻。報刊的出現改變了中

國文人的生活方式和寫作方式，也直接使得文章的內容和形式發生了
前所未有的變化。這一階段的報刊詩文，是從古典文學向現代白話文
轉化的「中轉站」。這一時期的「報人」的寫作，是五四白話文運動
的先聲。

附錄
以「幽暗意識」透視中國百年激進思潮

——與張灝對話

張灝：歷史學家，美國俄亥俄大學歷史系退休教授，台灣中央研究院
　　　院士
余杰：中國大陸獨立作家

　　緣起：張灝，1936年生，原籍安徽省滁縣，抗戰爆發後舉家遷居
重慶，後又隨國民政府遷台。在台灣大學求學期間，投入殷海光先生
門下，深受殷海光的自由主義思想的影響。台大歷史系畢業後，赴美
國留學，師從美國漢學大師史華慈(Benjamin I. Schwartz)，獲哈佛大
學博士學位。曾長期擔任美國俄亥俄州立大學歷史系教授，後任教於
香港科技大學人文學部。1992年當選為台灣中央研究院院士。張灝多
年來致力於中國近代思想史、政治思想史方面的研究，曾經獲得美國
國家人文基金會研究獎金、美國學術團體聯合會研究獎金等。主要中
文著作有：《幽暗意識與民主傳統》、《危機中的中國知識分子：尋
求秩序與意義》、《梁啓超與中國思想的過渡》、《烈士精神與批判
意識》等。

　　我在大學時代便十分推崇張灝先生的思想，其大作《梁啓超與中
國思想的過渡》是我在研究梁啓超的時候的必讀之書。幾年之前，我

在香港科技大學與張灝先生有過一面之緣，然而未有機會深談。2007年夏天，我赴美國短期訪學，偶然得知張灝先生就住在附近。於是，我冒昧前去拜訪，與先生一見如故。我得知他已經從香港科技大學退休，剛剛搬到佛吉尼亞州的Reston居住。有意思的是，這個區是半個多世紀前由一名無政府主義者倡導成立的，是美國市政管理方面自治色彩最強烈的一個地區。張灝先生的新居正在整理之中，地下室中滿是各種書籍和材料。

由於住得比較近，這段時間裡我們多有往來。張灝先生與妻子廖融融女士，小時候都在四川長大。去國半個多世紀之後，仍然鄉音未改，對川菜亦情有獨鍾。張灝告訴我，只要有一碗米飯和一碟辣椒，便可以果腹。他喜歡吃，卻不會做菜。於是，我終於可以展示一下還算拿得出手的川菜廚藝，讓在美國吃不到正宗川菜的老先生偶爾也品嘗一下川味。張灝先生很有意思，對待日常生活中的小事亦如同做學問一般。有一次，我們去他家做客之前，我答應做一道菜，告訴所需之原料。當我們到達時，廖女士告訴我們，張灝出門買菜去了，跑了附近幾家美國超市，都沒有買到蘿蔔，於是又繼續去另一處尋覓。我深感歉意，就是幾根蘿蔔而已，卻勞煩大院士三出家門，真是罪莫大焉！

我個人對近代思想史頗有興趣，尤其關注梁啓超、譚嗣同、章太炎等晚清知識分子與時代風暴之關係。這也正是張灝的研究重點所在。於是，我有了「聽君一席話，勝讀十年書」的機會。我告訴張灝先生說，1990年代以來，他的「幽暗意識與民主傳統」、「激化與激進的理想主義」、「低調的民主觀與高調的民主觀」等思想，已經成為許多大陸自由知識分子的「通識」──用一名西方學者的話來說，這種滲透式的影響，使得「張灝」這個名字成為一個「傳奇」。他卻謙虛地說，過譽了，我的文章沒有那麼重要。每當我說向他「請教」時，他立即更正說，不要說「請教」，我們是在討論，我也想從

你那裡多了解一些大陸知識界的情況。而對我在論文中提出過的若干
不同意見,他亦細心閱讀,並一一作出回應。這種謙謙君子的風度,
這種不講年齡和輩分、只問眞理的態度,在中國大陸的學者中已經不
多見了。

張灝先生很健談,在談話中我受益良多。我不希望這些有價值的
談話只有我一人聽到,那未免太可惜。於是,徵得張灝先生的同意,
並由他親筆修改,我整理出了下面這份對話錄。

「幽暗意識」、西方文化與五四運動

余杰:張灝老師,很高興有機會向您請教。要是您還在大學裡任
教,恐怕我沒有這樣的機會面對面地與您交談。

在今天中國大陸的民主化進程中,您當年提出的「幽暗意識」正
日益受到思想界重視。我記得您最早提出「幽暗意識」的時候,是上
個世紀1980年代,那時可謂空谷回音。我記得我自己是1990年代初期
在北大圖書館台港文獻中心讀到您的著作的。當時正值天安門民主運
動被鎮壓之後,自由主義被打壓,文化保守主義全面回潮,官方積極
鼓勵「國學熱」,試圖以此抗衡民主自由價值。在那樣的時代背景
下,我個人比較傾向於捍衛五四所倡導的民主與科學價值的正面意
義、並爲五四辯護。因此,當時我並沒有被您所提出的立足於反思五
四、彌補五四缺陷的「幽暗意識」所吸引。

轉眼十多年過去之後,今天我逐漸清楚地認識到:共產主義思潮
在中國的興起、共產黨最後奪取大陸政權,是百年激進思潮發展到頂
點的必然結果。對於1949年大陸的「赤化」,五四確實難辭其咎,儘
管五四不是最直接的原因,至少也是思想觀念上的催化劑。對五四的
反省,至今仍然未能在大陸深入展開。中國官方將五四定義爲以民族
主義爲主軸的「愛國運動」,民間的獨立知識分子則高揚民主與科學

的絕對價值。在這種對抗性的狀態中，反省成為一種奢侈的立場。

我也注意到，您在著作中談到，您在1960年代初也有一段向左轉的思想歷程，不知不覺進入1930年代中國知識分子的心境。雖然那時您與殷海光先生之間仍然通信不斷，但與他所代表的自由主義思想似乎漸行漸遠。而大陸「文革」的爆發，終於讓您重新檢討左傾立場，並在思想上又作了一次重大調整。這次調整的另一個契機，是美國基督教哲學家尼布林的影響。我很想聽聽您回顧一下當時的情形，也想請您具體分析「幽暗意識」與基督教思想之間的關係。

張灝：其實，當時我也是不識廬山眞面目，後來經過尋尋覓覓，才有了比較清晰的認識。「幽暗意識」的提出，除了基督教思想的影響，還與我在20世紀中期所經歷的中國天翻地覆的變動有關，我一出生便被捲入時代的大風暴之中。我最早的記憶是抗戰期間的重慶，那時我只有四、五歲，正在從嬰孩變成孩童。有一次，日本飛機來轟炸，我們一家都跑進防空洞躲避。回來之後，這才發現我們的房子整個都沒有了，只剩下斷壁殘垣，床上堆滿了幾塊巨大的石頭。後來，內戰爆發，我們家那時在南京，突然之間，我們幾個孩子做遊戲的時候，發現富人區的別墅全都空空蕩蕩。然後，我們全家到了台灣。再以後，我到美國念書，經歷了美國1960年代的動盪，越戰和民權運動，哪個大學生不左傾呢？1960年代末，我在大洋彼岸觀察到了關於「文革」的種種荒謬，非常震撼。

「幽暗意識」來自基督教的思想觀念。具體而言，1962年冬天，我在哈佛大學聽美國20世紀著名的神學家尼布林教授（Reinhold Niebuhr）開的一門課《西方近代的民主理論與經驗》。尼布林讓我接觸到以往一直未注意的一股西方民主思潮，即「危機神學」。「危機神學」產生於一戰之後，其主旨是：回歸基督教的原始教義，而彰顯後者所強調的人與神之間無法逾越的鴻溝。一方面是至善完美的上帝，另一方面是陷於罪惡的人類。

　　尼布林在思想界最大的貢獻是：以危機神學的人性論為出發點，
對西方自由主義以及整個現代文明提出質疑與批判。他認為，要認識
現代世界，特別是極權政治的出現，必須記住人自身的罪惡性。這就
像帕斯卡(Blaise Pascal)的那段關於人的悖論的名言：人是「萬物的
裁決者，同時又是一個低能兒，一條泥土中的爬蟲」（「低能兒」指
人在理性上的限制，「爬蟲」指道德上的墮落）。尼布林特別重提基
督教的雙重人性觀：我們不僅要看到人的善的本源、上帝所賦予每個
人的靈魂而尊重個人的價值，我們也同樣需要正視人的罪惡性而加以
防範。因此有尼氏的名言曰：「人行正義的本能使得民主成為可能，
人行不義的本能使得民主成為必要。」

　　「幽暗意識」便是在此基礎上提出的。幾年以後，大陸的「文
革」爆發了，在「文革」的恐怖與兇殘的震盪之下，尼布林的思想突
然有了活生生的意義。我的人生經歷、生活脈絡，與尼布林的思想產
生了共鳴。20世紀在人類歷史、特別是罪惡史上獨特的一頁，兩次世
界大戰、兩次大革命(近代發生過三次大革命，法國大革命發生在18
世紀，俄國和中國大革命都發生在20世紀，而後兩者的規模和殘酷程
度都遠遠超過法國革命)以及兩個最大的極權政體(納粹德國和俄國)
都出現在20世紀。在人性的陰暗裡，我找到了「文革」中所展示的權
力泛濫的根源。由此開始對民主作重新評估，此前對民主喪失的信
心，也逐漸恢復了。在恢復民主信念的同時，我也修正了對民主的認
識。以前，受五四的影響，我對民主的看法是高調的；如今，我對民
主的肯定變得低調了，如同邱吉爾所說的，民主制度僅僅是一種最不
壞的制度。

　　總之，我的「幽暗意識」的起源是受到基督教人性觀的啟發。基
督教的人性觀，讓我們看到人的罪性，看到人的局限性，從而杜絕人
的自我膨脹、自我神話，從而持守低調的民主觀。而這正是五四以來
中國知識分子接受西方思想的時候，所忽略的一個方面。

余杰：我對從戊戌到五四這一轉型期的兩代中國知識分子具有濃厚的興趣，也曾經拜讀過您關於他們的若干論述，比如對譚嗣同、梁啓超等人的研究，都讓我耳目一新。尤其是分析到譚嗣同「烈士精神」中的危險的一面，此前基本上無人論及。譚嗣同的人生雖然是悲劇性的，他本人卻是一個徹底的樂觀主義者，他的「衝決網羅」的思想影響到後來的鄒容等人，也啓發後人往「全盤西化」和「全盤反傳統」方面發展。

我在北大念書時的導師陳平原教授，以前重點研究現代文學史和思想史，後來延伸向近代，他認爲現代思想的很多根子都在近代，不了解近代，也就無法理解現代。換言之，必須將近代與現代打通。我相信您也同意這樣的思路。五四一些致命的弱點，是否在晚清就已經埋下了隱患？也就是說，魯迅、胡適、陳獨秀等五四精英的缺陷，來源於比他們早一代的康有爲、梁啓超、譚嗣同、嚴復等人？

張灝：五四的負面遺產主要有三個方面：科學主義、全盤反傳統主義、高調民主和烏托邦思想，這三者結晶成一條五四的紅線。國內外對此都研究得很不夠。五四在思想上存在相當的複雜性，我們必須了解"What"、"How"、"Why"三個層面。五四的複雜性在於，並不是在五四時候出現的東西都可以歸入到五四的範疇之中，五四有它特別的精神取向和發展趨勢。以激化的趨勢而論，在當時出現了許多社團和小型報紙，幾乎全部都是左翼，比如《新河南》、《新江西》等報刊，以及周恩來等在天津組織的「覺悟社」等社團，如同雨後春筍般出現。我特別注意到一個重要的文學社團「創造社」，它是郭沫若、田漢等人共同發起成立的，是最激進的革命思想的代表。創造社的出現，顯示出五四後期激化思想的擴大，以藝術「創造」命名，也可以看出這批知識分子狂妄自大、要創造新天新地的心態。

我們思考五四，當然不能不回到1895年。五四固然是一個高潮，但五四的偏差在此前便已經出現。1895年前後，報刊、社團和學校制

度開始出現，傳統文化的格局被衝破，近代文化的基層建構亦啓動。在這一變動過程中，醞釀著新的意識型態，近代的意識型態話語也隨之出現了。爲什麼五四會有一個大左轉、會有民粹主義的極端口號？因爲五四背後沒有一個眞正的人文主義傳統，一個尊重人本身的傳統。五四是「人本主義」而非「人文主義」。

余杰：人文主義的精神，在當時的文學中還是存在的，比如周氏兄弟、沈從文、林語堂、豐子愷等作家，比如部分聲稱「爲人生」而創作的作家。大陸學者近年來將周作人從「漢奸」的糞坑中挖掘出來。周作人當漢奸的罪行當然是不可抹煞的，但晚年落水當漢奸，並不能否定其早年的思想成就。我的老師錢理群教授便認爲，周作人在《人的文學》中，明確地把「人道主義」精神歸結爲「個人主義的人間本位主義」，宣布「從個人做起。要講人道，愛人類，便須先使自己有人的資格，占得人的位置」的新的道德、人生觀原則，強調要以此「爲本」，建立「人的文學」。周作人的思想深度在其同代人中罕有人能及。

張灝：胡適的深度和廣度都比不上周氏兄弟。周氏兄弟那裡有些人文主義精神，魯迅有這樣的氣質，他提出了「立人」的觀念；周作人更明顯，他提出了「重新發現人」，要「開人荒」。但他們都未能繼續深入發掘下去。現代文學中是有一些人文主義的因素，但就像地下水一樣，是潛流而非江河活水。中國知識分子的「中國情結」太深、太重，占據了主導地位，他們時刻感時憂國，而忽略了人本身、不對人性作深入的思考。忘記了中國人也是人，中國的問題也要從人的問題開始反思。

余杰：中國迅速地、粗糙地接受西方現代的人本主義思想，是否跟中國人的宗教信仰觀念比較薄弱有關？2007年是西方第一個新教傳教士馬禮遜到中國兩百周年，但兩百年來，基督教思想一直未能成爲中國社會的主流價值，尤其對中國知識分子階層的影響十分有限。五

四時代風頭浪尖上的知識界領袖，幾乎沒有一個基督徒。五四之後不久，中國知識界便發生了一場聲勢浩大的「非基督教運動」，這場運動與五四關係極其密切。由此也可以看出，五四知識分子大都是反對宗教信仰的，或者說企圖以民主和科學等觀念取代宗教，蔡元培即有「以美育代宗教」之說。對宗教信仰特別是對基督教的排斥，是否也是中國知識分子缺乏「幽暗意識」的重要因素之一？

張灝：由戊戌到五四這段時期，中國出現過一股短暫的宗教熱。許多精英知識分子在傳統的人生觀、世界觀、宇宙觀崩潰之後，需要尋找新的價值支撐。但那基本上是一種佛教熱。有些知識分子試圖從佛教中尋找思想出路，比如章太炎，他是其同代人中極少數討論人的問題的學者之一，他嘗試發展出一套「佛教的幽暗意識」來，以此質疑當時占強勢地位的進化論思想。但基本上沒有引起什麼人的注意，很快便被五四的主潮淹沒掉了。

中國知識分子很難接受基督教中「一神論」的觀念，而對佛教中的多神論甚至無神論（唯物論）的部分比較有興趣。近代以來西方的啟蒙和反啟蒙兩種思潮，表面上看針鋒相對，其實都是兩大理想主義及宏大敘事。對此，中國人比較容易接受。中國人對西方的興趣只限於近代，比如近代的功利主義、啟蒙運動後的文明。但是，對傳統的西方文化，例如從希臘及羅馬時代的城邦制、民主、共和、憲政和法治等價值，一直到希伯來的先知運動，對人本身的反思，對人的罪性的認識，對人的限度的思考，中國人卻常常漠然視之。政治是幾千年的智慧，是逐步積累的文明。西方之所以成為今天的西方，雖然也存在各種問題，但其政治制度大致穩定，人權得到基本保障，絕非偶然。其中，猶太教─基督教傳統起了關鍵作用。但在近代中國的「西化」過程中，這一傳統卻被遮蔽了。

余杰：從晚清士大夫階層講求「經世致用」之學，到魏源倡導「師夷長技以制夷」，近代中國知識分子對西方的學習，是否過於功

利主義？也許正是這種功利主義，導致五四知識分子毫無保留地接受了最沒有「幽暗意識」的社會達爾文主義。

　　張灝：近代以來，中國的知識分子紛紛立志向西方學習，乃是在被西方欺負的處境下的學習。中國人通常有一種報仇雪恥式的、扭曲的心態。在這種心態下向西方學習，當然會有明確的選擇性。比如，要立竿見影，要有時效性。於是，我們便很容易理解中國知識分子為何會狂熱擁抱馬列主義。中國人接受馬克思主義有一個特殊的背景：馬克思主義是以西方反對西方，指出西方近代以來的主流價值也存在嚴重問題。近代以來，中國人一心學習西方，始終沒有成功。突然之間，發現有人指出西方的道路其實並不對，這種理論自然會有很大的心理吸引力。

　　另外，馬克思主義的人論與儒家的理想主義亦有吻合之處。五四以來，中國知識分子雖然對現狀悲觀，有危機意識，但對人的本性、對人類的未來，卻充滿理想主義的、極度樂觀的評估。他們常常有意無意設定人性無限、人力無邊，不願追問人的知識是否能讓人知道世界的底蘊和終極價值。20世紀以來，西方越來越走向懷疑主義，後現代主義其實也是一種懷疑主義。中國傳統文化主流卻沒有懷疑主義生長的土壤。今天，我們需要對人重新進行反思，重新發現什麼是「人」。人的限度在哪裡？尤其是道德上與知識上的限度在哪裡？這是人們採取政治行動的時候必須考慮的問題。

　　余杰：從您提出「幽暗意識」這個觀念以來，一晃將近三十年的時間過去了。經歷了如此漫長的時間，您對這個概念有什麼修正和發展嗎？

　　張灝：「幽暗意識」是我下半輩子思想的主要線索，近年來當然有一些發展。我的老朋友、研究中國思想史的優秀學者墨子刻（Thomas A. Metzger）的一些觀點，對我深有啟發。墨子刻受卡爾·波普（Karl Popper）的影響，借用其「知識論上的悲觀主義和樂觀主義」

的觀念,分析人知識上的局限和限制。「幽暗意識」若從廣義而論,不僅是道德上的,也是知識上的;若從狹義而論,則是尼布林所指出的,人在道德上存在無法逾越的限制。

在知識論上,西方一直存在強大的懷疑論傳統,這一點與中國差別極大。中國有「玄知」、「靈知」的概念,認爲人有特殊的、內在的認知能力,使人能夠透視世界萬物的本質和底蘊。但西方從希臘開始便有懷疑主義挑戰此觀念。尤其是從康德之後,西方思想中的懷疑主義是多和少的問題,而非有和無的問題。西方知識分子相信,人的認識能力是有限的,不是無邊無際的,他們爲知識設限。而中國知識分子在20世紀走上激化道路、革命道路,便是無視此種知識論上的「幽暗意識」。

余杰:墨子刻曾經反思過康有爲的《大同書》。他追問說:《大同書》是以什麼作爲依據的?以歷史根據與經驗事實爲根據嗎?不是,康有爲是以他所理解的道德至高原則演繹出來的。康有爲生前對《大同書》的危險性有充分的估計,因此一直將其藏之內室、秘不示人。直到今天,中國知識分子仍然對康有爲《大同書》的空想主義缺乏分辨能力,因爲中國人一般都認爲,道德原則是「好社會」的基礎。這是非常危險的。當年康有爲企圖變儒學爲宗教,進而讓儒家起死回生。然而,缺乏「幽暗意識」的儒家思想中,根本無法生發出憲政制度和自由精神來。

張灝:「幽暗意識」絕對不是「憂患意識」,我曾經與杜維明辯論過此問題。儒家在道德上和知識論上都是樂觀主義者,即便是明末理學家劉宗周之「改過」說,仍然在「內聖」的框架之中。我在1980-90年代曾經教授過比較宗教學、比較文化學,發現每一種高級的文明都得面對人性的陰暗面並作出回應。基督教將其定位於道德,如聖奧古斯丁;而在印度教和佛教那裡,則以「無明」稱呼之,將其歸結爲知識的問題,從知性上著手。

　　我無意誇張幽暗意識的功能，但我認爲它應當成爲中國知識分子反思近現代歷史的一個起點。人不能沒有理想，但如何達成理想？理想如何與現實區分開來？用韋伯的話來說，責任倫理與信念倫理如何配合？五四以來的中國知識分子深陷於西方啓蒙主義和儒家的人性樂觀主義兩個宏大敘事之中，形成了極端的理想主義。現在應當停下來反思，換一個方向思考「人」的問題了。

最漫長的激化道路，「自我神化」的可怕結果

　　余杰：近代中國走上激進革命之路，放眼世界範疇，是一個特殊的、孤立的個案嗎？在近代化的過程中，法國、俄國、土耳其各國也都有過激進的反傳統的階段，比如法國的啓蒙運動、俄國西化派與斯拉夫派的論戰，以及土耳其的凱末爾革命，它們與五四之間究竟有何異同之處呢？如果五四與它們比較相似，那麼這就表明人類都犯過類似的錯誤，而不僅僅是中國人才犯此錯誤，那麼我們今天對五四的批評和反思是否就顯得過於苛刻了？

　　張灝：首先，我們要定義什麼是激化或激進化？所謂激化，即轉化意識以政治強制的手段實現，認爲個人和群體生命可以作基本的質的轉化，對現狀全面否定，對理想激進追求。以此來衡量，五四是激化嗎？五四當然是激化。你在一篇論文中爲五四辯護，認爲五四時期全盤西化、徹底反傳統等說法，是五四先賢們矯枉過正的「話語策略」。這當然有一定的道理，但也不盡然。我們要正視一點：他們爲何要大聲疾呼？他們的回應要放在時代脈絡中去考察。

　　那麼，我們會發現五四中人徹底反傳統的立場其實也有相當眞實的一面。近代以來，百年慘痛的歷史經驗，內憂外患不斷，所有的努力，結果都是失敗。既然步步失敗，回應便步步升高，越來越徹底。五四前後中國的政治現狀比清末還要讓人失望，尤其是辛亥革命以

後，洪憲與張勳這兩次復辟，對知識分子刺激極大。他們意識到，中國的局勢已逼到絕境，必須採取「最後解決」、「全盤解決」的手段方能救中國。當時知識分子中的代表性人物如李大釗、陳獨秀等人，都發表過表達類似看法的一些文章，如《吾人最後之覺悟》等。這讓我想到大陸在1980年代所發起的關於「中國人要被開除球籍」的討論。「球籍」根本就是不存在的，這種危言聳聽的說法背後，有一種強烈的情緒上的反彈。失望、幻滅、痛苦，明知做不到也要做，譚嗣同「衝決網羅」的想法，鄒容甘做「革命軍中馬前卒」，都是其中突出的代表。他們的犧牲精神值得敬佩，他們具有人格的魅力，但其絕對化的思想方法卻使之成為「危險人物」。

對五四的激化思想的反思，可以從外部環境、思想發展內部、時間機緣等角度展開。五四激進主義的一面，即便放眼全球範圍內比較，亦有其特殊性在。15、16世紀以來，西方通過工業革命實現了國富民強，遂向全球範圍擴張，衝擊了幾乎所有的非西方文明，如伊斯蘭文明、印度文明、日本文明和中國文明等。如果一一加以比較的話，會發現其他各文明並沒有像中國一樣，有過一股像五四這樣震動全國大規模的、激烈的、全盤的反傳統思潮。比如，即便是俄羅斯的西化派，亦並不完全否定東正教傳統；即便是土耳其凱末爾的革命，也不否認《可蘭經》的權威。而五四一代則要全盤否定「孔家店」。

再以暴力革命而論，中國的暴力革命延續時間最長。法國大革命的高潮，即羅伯斯庇爾的雅各賓派當政時期的血腥屠殺，僅僅持續了1792年之後兩三年的時間；俄國十月革命勝利，列寧當政之後，有過短暫的激進政策，但很快便後退，轉而實施「新經濟政策」，此後史達林又有十多年的激進政策，不久即再度緩和；但毛澤東的激進政策整整持續了二十年時間，可謂空前絕後。毛受五四影響甚大，沒有五四，毛不過是梁山好漢而已。

余杰：毛後來發動文革，是出於純粹的權力鬥爭，還是五四以來

激進思想的繼續發酵？在毛本人的思想觀念中，究竟有多少是來自五四，又有多少是來自以馬列為代表的西方激進主義思潮，還有多少是來自於儒家文化中的理想主義(如「內聖外王」的觀念)？毛企圖實現「君」「師」合一，而中國的歷代君王都沒有這種想法(沒有任何一個雄才大略的皇帝妄圖取代孔子「老師」的地位)，中國的歷代知識分子也都沒有此想法(比如曾國藩與康有為，他們當然有為帝王師的理想，卻從未有過取帝王而代之的野心)，為何單單毛有此想法呢？為何毛會認為，數風流人物，還看他自己？這些想法究竟從何而來？或者僅僅是其惡劣、狂妄的本性？僅僅認為毛是一個地痞流氓，是否過於簡單化？而過於強調五四與毛的關係，是否會出現對毛的「過度闡釋」和美化？

　　張灝：革命一詞，中國古已有之，但近代使用此術語是舊瓶裝新酒。革命有「大」、「中」、「小」之區別：所謂「小革命」，是指中國古代屢屢發生的「湯武革命」，即政體不動，政權轉移；所謂「中革命」，如1911年的辛亥革命，政體發生了根本變化；所謂「大革命」，如1949年中共建政，不僅政體變化了，還要徹底發揮轉化意識，改造社會文化的所有方面。激化主要是指「大革命」的思路。

　　毛澤東的一生都消耗在「大革命」之中。不過，在仰望「馬恩列斯」四大導師之外，毛也從宋明理學中尋找理想主義的資源。毛雖然號稱反儒、反孔，但其青年時代曾受岳父楊昌濟(楊本人為理學家)的影響，且對湖南同鄉曾國藩的思想很感興趣，研讀過曾國藩的著作。毛從儒家思想中吸收了人有神性、人心上通天道，人可以產生無限的信心的觀念，這與馬列主義「人經過改造之後可以人力無邊」相通，遂形成毛「人性無限」、「人定勝天」的觀念。於是，從黑格爾到馬克思，再到毛澤東，人不再需要神，人變成神，人自己扮演上帝。深重的災難便降臨了。

　　以人的「自我神化」為線索，可以發現20世紀以來中國激進思想

裡極端人本主義的傾向。這一思想傾向在共產黨中國帶來兩種悲劇性的結果，就是毛式的政治激化和把毛視為神格化的政治領導人。這種激進思想一直影響到1980年代轟動一時的電視片《河殤》。從《河殤》中可以發現，那個時候一些批評當局的知識分子也不自覺地染上了同樣病症。我不知道今天大陸知識分子的思想狀況有無重大變異。

余杰：「幽暗意識」不僅是反思中國百年激進思潮的重要視角，也是對當前的社會危機採取應對措施時應當補的重要一課。今天中國大陸的異見群體仍然未能走出此怪圈。我遺憾地看到：今天許多批評或反對共產黨的人士，所持的觀念仍然來自共產黨、來自戊戌以來企圖全盤改變社會所有方面的「一攬子計劃」。2006年初，中國大陸民間力量中出現了一次大的爭論。2003年開始的一系列公民維權活動，突然被一小部分激進人士挾持，他們或號稱三年瓦解中共，或以未來的「大總統」自居。海外民運長期陷於低潮，也搖旗吶喊，彷彿可以即將啓程回去摘取勝利果實了。

天安門屠殺之後一直堅持和平抗爭的丁子霖女士，覺察到這種危險的趨勢。她不顧「政治正確」的束縛，公開對此表達不同的看法。她在一封公開信中指出：「從根本上說，律師先生們的一個具體維權行動，對於民眾法治意識和權利意識的覺醒，要勝過一打漂亮的宣言。從長遠看，一個缺乏對法的敬畏的民族是沒有前途的，它絕對跳不出中國王朝時代『治與亂』的惡性循環。」丁子霖的看法非常精闢：如果連律師都宣布拋棄法律，普通公民又怎麼會對法律有敬畏之心？中國自古以來太多「吾可取而代之」的「英雄豪傑」了，卻少有在尊重法律的前提下循序漸進地改良社會的好公民。

丁子霖所持的是低調民主觀。正是出於對人性陰暗面的深切認識，正是出於對「自我神化」趨勢的警惕，丁子霖才苦口婆心地告誡說：「在我看來，自由的空間是靠一分一寸擠出來的，公民的權利是靠一點一滴爭取積累起來的。一個人登高一呼，一個新世界從天而降

的時代已經過去了。今天是各利益群體博弈的時代，講究的是遊戲規則，而不是耍槍弄棒掄板斧。都說今天的中共政權越來越黑社會化了，這是事實。但我們需要的是用文明來代替野蠻，是花大力氣迫使當權者不得不遵守人類文明的準則。這件事做起來很難，但再難也不能放棄努力。」我非常認同此種看法，它不僅符合中國社會的現狀，也是對反對派內部的危險傾向的及時提醒。這種看法如此珍稀，在異議群體中罕有人敢於公開闡述。劉曉波所強調的維權者的「責任倫理」、「勇氣並不一定代表良知」也是同樣的意思。

然而，這封信卻讓丁子霖遭受到猛烈的攻擊和辱罵。連中共當局都不曾使用過如此惡毒的語言，可敬的天安門母親居然被醜化爲「跪著造反」、「軟體動物」、「僞類」等等。那些批判文章的作者個個義正詞嚴，一副真理在握的模樣，他們的激進變成了一種表演，誰沒有他們激進誰便是中共的走狗。由此看來，讓習慣於膜拜英雄或者自我英雄化的中國人(包括許多異議人士)接受「幽暗意識」，還有很長的路要走。

張灝：我讀了丁子霖女士的那封公開信之後深受感動。本來，作爲受難者家屬，很容易深陷入悲情之中，丁女士能夠在高壓下保持平和的心態，清醒的頭腦，且有如此敏銳而深刻的洞見，以及表達這種洞見的勇氣，讓我對她肅然起敬。我最近讀到廖天琪翻譯的國際筆會主席、捷克著名異見知識分子格魯沙的文集《快樂的異鄉人》，發現格魯沙也持類似的觀點。格魯沙是極權主義的反抗者，但他深知反抗者自身的限度在哪里。在中國人當中，恰好缺乏這一類「謙卑的反抗者」。我尤其讚賞劉曉波爲此書寫的序言，這篇序言的精神非常接近基督教對人的看法。

我完全支援丁子霖、劉曉波和你們的看法與做法，這在那些肯定自由和民主價值的知識分子中是少數，因此尤其難能可貴。這是百年來第一次在抗爭運動中有此種深刻的反思。中國再不能出現一個毛澤

東式的人物，中國也再不能發動全盤推翻、從頭開始的「大革命」。我知道你們的這種觀點會受到那些唱高調者的攻擊和辱罵，你們將自己置於極其艱難的處境當中。但是，中國必須走出惡性循環的怪圈與悲劇。

反對派陣營內部的「去魅化」相當重要。我剛才談到譚嗣同這類人物具有高度的「危險性」，因為他們身上兼具了「志士精神」和「戲世精神」，充滿了對自己的能力和智力的高度自信，充滿了對自己道德的高度自信，為了實現道德信念，可以只問目的，不計後果與代價。在這兩種精神的籠罩下，人已有自我神化的傾向。毛將這種人格模式發展到登峰造極的地步。

余杰：張戎的《毛澤東傳》將毛帶給中國的苦難淋漓盡致地揭示出來。但是，苦難之後，並沒有多少人認識到，「幽暗意識」是一劑良藥，能讓我們避免由「自我神話」走向「全民毀滅」的悲劇。毛澤東對當今中國的影響，不僅是天安門城樓的毛像、紀念堂中的毛屍、人民幣上的毛頭以及湖南韶山人們的跪拜燒香等，更可怕的還是其思維方式、語言方式和行為方式對全民的潛移默化。在某種意義上，每一個在中國大陸生活過的人都是「小毛澤東」，或者說是潛在的「自我神化」的本體。

今天的某些高調論者，其人品與勇氣比起譚嗣同、鄒容、林覺民、陳天華來，差之何止十萬八千里。譚嗣同等人自我犧牲，以身殉道，親身踐行個人的價值觀。而今天那些高調論者，或者身處海外，在安全而自由的處境中，鼓噪國內的人武力反抗暴政、流血成仁，自己則作壁上觀；或者身在國內，將參與維權活動的草根民眾當作籌碼和人質，以換取個人夢寐以求的「人血頂戴」，「革命」尚未成功，他們便開始分封諸侯。丁老師所批評的對象，後來確實狂妄到如您所說的「取代上帝」或者自以為與上帝並列的地步。此人在海外出版了一本文集，書名便叫《神與我並肩作戰》──只有神才能與神並肩，

從思維方式上來看，頗似洪秀全和義和團的翻版。

不久之後，這批人遭到官方打壓，迅速作鳥獸散。既而互相檢舉揭發，指責某某是「特務」，重蹈海外民運「抓特務」的覆轍。但是，一個「英雄」的破滅，並不足以讓人們「英雄崇拜」、「偶像崇拜」的心理結構徹底改變。在今天中國的這片巫術叢生的土壤之上，還會有新的「英雄」誕生，還會有人竭盡全力地去塑造新的「英雄」。

其實，這樣的結果我早已料到。我一開始便對那些號稱英雄好漢的人充滿警惕。我是一名基督徒，我知道《聖經》中說過，一個義人也沒有，我們都是罪人。我們不能對人頂禮膜拜，一切崇拜某個人的運動、意識型態，都是我所不能接受的。

張灝：人的神化的理念，不但深植於中國傳統，而且也深植於近代西方思想中。五四知識階層同時承接這些固有的及外來的觀念，並以獨特的方式，將這些觀念一併陶鑄成當代中國激進的人本意識。五四的背景在晚清，張之洞提出「中學為體，西學為用」，其實他已經意識到文化基本取向出現了危機，這是晚周以來從來沒有過的挑戰。文化秩序和政治秩序都無法維持下去，知識分子遂情緒失控，思想也失去了方向。在民國初年，青年毛澤東也處於此種潮流之中。毛澤東思想中有關人的神化的觀念，大部分來自五四啟蒙運動。從毛澤東思想對共產革命之悲劇性影響，我們看到了五四文化遺產裡的一個黑暗面。如果今天的中國人完全繼承此種黑暗面，中國的未來確實堪憂。

我們再回來看理想主義的問題。幾年前，美國知識界提出「公共知識分子」的話題，一些美國學者認為，在現代社會，知識分子都成為專業知識分子，在專業上精益求精，卻對社會失去關懷，對政治失去批判意識，學界與社會完全隔開，而現代文明的很多問題需要知識分子參與解決。所以他們呼籲出現「公共知識分子」。

余杰：兩年前，中國也有一場關於「一百名公共知識分子」的討

論，儘管這份名單已經小心翼翼了，如丁子霖、劉曉波、蔣彥永等「敏感度」較高的人物都沒有出現在名單上，但發表該名單的《南方周末》仍然遭到官方的嚴厲整肅。我記得當時上海的《解放日報》上還專門發表所謂的「評論員文章」，批判「公共知識分子」的說法是企圖「挑撥黨和知識分子的關係」。這篇大批評文章後來還獲得了中宣部的獎勵。中共當局最害怕的便是中國的獨立知識分子公共化的趨勢。當越來越多的知識分子都勇銳地對公共問題發言的時候，中共的愚民政策便走到盡頭了。

張灝：是的，這個問題在今天的中國更加尖銳。中國知識分子需要回歸價值，回歸理想。但是，之前需要對如何回歸理想與價值有一個深切的反省。從1895年到1976年這將近一百年的思想道路，中國知識分子充分顯示出了對國家命運的承擔精神，但這種承擔精神本身需要反省。知識分子總認為自己的使命是替社會解決問題，卻忘記了這使命感本身就是最大的問題。

科學主義、民族主義、高調民主與烏托邦

余杰：關於五四遺產的黑暗面，比較重要的一個方面是科學主義。經過五四之後，作為「賽先生」的科學，被上升到一種不可挑戰和質疑的價值觀的層面上。再經過後來的「科玄論戰」，玄學一派居下風地位，科學一派步步緊逼，其結果反倒強化了科學至高無上的地位。而馬克思主義中最重要一部分，便是極端的社會達爾文主義（以力量崇拜為基礎的進化論）。

在毛時代，人類所有的文明成果都被掃入「封、資、修」的垃圾堆，惟有科學依然保持了其作為權力的婢女的地位。比如，在大躍進時期，像錢學森那樣的大科學家亦撰文論證畝產萬斤的神話。那時，人們普遍信奉「學好數理化，走遍天下都不怕」、「學好數理化，勝

過好爸爸」的人生觀。直到今天，科學主義依然是中國社會的一個主流價值。

　　與之相反，科學主義在西方早已是一個過時的觀念。早在半個世紀以前，哈耶克便發表了與近代科學主義、實證主義針鋒相對的著作《科學的反革命——論理性的濫用》，他在《個人主義與經濟秩序》中也有相當的篇幅涉及該問題。西方社會已經普遍接受了這樣一種觀念：科學愈發展，人類無知的領域愈大。而知識分化的日益加劇，令個人對知識的絕大部分必定更加無知。同時，科學僅僅是人類知識及文化領域中一個有限的部分，而絕非全部。科學不能解決人類所有的問題，在科學止步的地方，宗教、倫理等仍將發揮不可取代的作用。

　　這些共識，在中國卻一直闕如。以至於何祚庥、方舟子等知識結構和思維方式存在嚴重缺陷的科學主義者，在中國的言論空間中頗具市場感召力，並深受官方的青睞。「反對僞科學」成爲一根當局迫害宗教信仰團體時屢試不爽的棍子。

　　我觀察到，胡錦濤力圖創造出一套屬於他個人的理論，這是歷代中共黨魁的一種不約而同的野心。所謂「胡錦濤理論」，無非有兩條，一是「和諧社會」，一是「科學發展觀」。在中共十七大上，「科學發展觀」被寫入黨章。所謂「科學發展觀」，也就是強調均衡和可持續發展而已，卻被胡誇張成「重大的戰略思想」。國際媒體評論說，「科學發展觀」與毛澤東思想、鄧小平理論及江澤民「三個代表」並列，胡錦濤試圖以此確立在中共黨內的歷史地位。

　　按照趙天恩牧師的看法，五四後的知識分子所接受的是一個唯物的、進化的宇宙觀，一種科學的認識論，以及一種理性的道德觀。五四時代的青年知識分子之所以反對基督教，不僅因爲基督教是「洋教」，更是認爲基督教不夠「科學」。在共產黨政權這裡，科學走向民主自由的反面，科學變成拒絕民主化的藉口。今天的中國仍是「工程師治國」，這是對蘇俄管理模式的延續。破除科學主義，讓科學回

歸其本位,在中國還將經過相當漫長的努力。

張灝:是的,「科學發展觀」簡直就是笑話,經過五四之後,哪個中國人不會開口閉口說「科學」這個詞?科學當然是不錯的,但中國奉行的卻是科學主義。科學主義的背後隱藏著權威主義的心態。無論在中國大陸、台灣還是在海外,無論是國民黨還是共產黨,華人世界中的科學家多半與政黨、政權掛 ,比人文知識分子更少具備獨立性。比如,從歌頌文革到為六四屠殺辯護,美籍華裔物理學家楊振寧一直充當中共的吹鼓手的不光彩的角色。這位物理學家發表過所謂「21世紀是中國的世紀」的高論,我曾撰文批評之。這些科學家的言論相當危險,他們往往又自視甚高,以為什麼都在自己的掌握之中,會背幾句唐詩宋詞,便以為對人文世界了如指掌了,可以隨便發言了。他們根本不了解人文領域以及人本身的複雜性。

我在香港任教多年,觀察到香港社會也有此特點。比如香港的許多大學,多半由理工科出身的學者擔任校長(這一點與大陸相似)。香港社會普遍比較蔑視人文價值、重視工具理性,從大學校長到特首,無不是技術官僚。他們可以中規中矩、按部就班地完成某項具體的工作,但由於缺少人文意識,根本不知道大學乃至整個社會該朝什麼方向發展。

余杰:五四另外一個負面遺產便是民族主義。民族主義在清末與近代民族國家的觀念一起出現,但五四是民族主義的又一個高潮。就今天大陸的情形而言,在1989年天安門屠殺之後,中共當局清醒地意識到了共產主義和毛主義已經衰朽不堪,對民眾再沒有任何吸引力。於是,他們拿出了愛因斯坦所說的「流氓手上最後的一張牌」,即民族主義。

經過十多年的宣傳、教育和洗腦,民族主義對青年一代影響甚大。反美、反日、反台,成為大陸網路「憤青」的口頭禪。軍隊內部由於更加封閉,民族主義更是泛濫成災。一種相當危險的情形出現

了：海峽兩岸的對峙，中國周邊的鄰國如韓國、日本、越南亦存在相當的民族情緒，再加之北韓金氏政權種種喪心病狂的作爲，今天的東亞地區甚至比中東更加危險，這裡如同昔日的巴爾幹一樣，是一個隨時可能引發大規模衝突的火藥桶。中共當局以民族主義重新塑造自身的合法性，卻沒有想到有可能導致玩火自焚的可怕結局。

在我看來，民族主義是中國百年來時常發作的潰瘍。您在論文中曾指出，民族主義在政治文化上引發偏執與激情，是21世紀中國前途的一大隱憂。是否可以展開論述此觀點？

張灝：民族主義與民主化及現代化之間有抵牾的可能。西方史家柯恩將民族主義分爲兩種。一種是自發式的，即近代西歐和北美的民族主義，它的社會土壤是以強大的中產階級爲基礎的公民社會。因此，民族國家本身就是以社會契約爲基礎的自由結社組織，群性不掩蓋個性，個人和群體可以得到平衡發展。此種民族主義，稱之爲公民式的民族主義。另一種是在東歐、俄國及非西方地區常見的民族主義，即社群式的民族主義。這些區域的社會結構是金字塔式的，缺乏強大的中間階層，沒有公民性的社會組織，個人主義觀念較薄弱。這種民族主義帶有強烈的集體主義性格，國家民族是有機整體，個人是它的細胞，沒有獨立價值。

中國現代民族主義近乎後者。其最大的危險在於：爲了民族的「大我」，個人可以犧牲掉。這是生長自由人權觀念的障礙。中國民族主義是一個性格很不穩定的思潮，是一把雙面刃，就它的破壞性而言，它可以造成族群社會的威脅，也可以變成現代化與民主化的絆腳石。

余杰：說起民族主義，還有一個「中國特色」，即根深柢固的「大一統」思想。余英時先生在分析中國文化何以沒有發展出民主時認爲，中國自秦漢以來便統一在一個強大的皇權之下。這雖然是一個文化成就，但中國也爲此付出了巨大代價。在強大的中央政府之下，

貴族階級早就消滅了，工商階級和城市則因專賣和平準等制度而無法有自由發展的機會。唐宋以來，行會主要是政府控制工商團體的工具，而不是有相當獨立性的「非政府組織」。宗教勢力(如佛教)通過「僧官」制度而納入中央政府的控制系統之下。由「士」階層所代表的「道統」，由於缺乏西方教會式的組織化權威，無法直接對「政統」發生決定性的制衡作用。

也正是這種大一統的傳統，遏制了近代中國地方主義的興起，使聯省自治的實驗功敗垂成。我在台灣訪問的時候，特意去了所謂的「國父紀念館」(我對孫中山的這一地位並不認同)，其中論及當年孫中山與陳炯明的衝突，對陳仍然以「陳逆炯明」稱呼之。兩岸國共兩黨的近代歷史敘事，絕大多數時候都針鋒相對，但在此類問題上卻驚人地一致。這背後便是大一統觀念在作怪：誰統一了中國，誰加強了中央集權，誰便是英雄；反之，誰造成分裂，誰推展地方主義，誰就是壞蛋。其實，分裂不一定是負面價值，統一也不一定是正面價值。歷史學家葛劍雄多年來研究中國分裂時代的狀況，得出了迥異於主流史家的結論：在分裂時代，中國的政治、文化、經濟的發展，都大大優於統一時代。因此，統一不足以成為某種絕對正確的、最高的價值。

五四先賢後來大都放棄了對地方主義的認同，以及聯省自治的努力。這當然與日本步步進逼乃至發動全面侵華戰爭的時代背景有關，因為戰時需要一個強有力的中央政府；但更為根深蒂固的，還是中國知識分子無法克服「大一統」思想的誘惑。今天，大陸中央電視台拍攝大型記錄片《大國崛起》，也是此心態的產物。中國人腰包剛剛鼓了一點，便掩飾不住「大國崛起」的狂想。國有可能成為「大國」，但民仍然是「寡民」，又有什麼值得驕傲的呢？

張灝：中國的大一統觀念，首先是文化上的。從唐宋以後，便出現了少數民族入主中國的情況，而且少數民族統治者並沒有遇到中原

地區漢族人的殊死抵抗。五代以後，中國歷史上差不多有一半的時間
爲非漢族的統治者所統治。大部分漢族知識分子認爲，少數民族的統
治，只要符合我們的生活方式和意識型態，便是可以接受的。這是一
種主流思想。當然，也存在著一條暗流，即「族非我類，其心必異」
的族群意識，這種反彈在宋、元、清等朝代都曾存在過。

　　1895年以後大約25到30年這一段時間，是中國由傳統過渡到現代
的一段關鍵時期，即「轉型時代」，民族主義主要是在這個時代產生
的。20世紀中國民族主義具有兩個重心，一是以反帝爲取向，二是以
漢民族的族群中心意識爲主。後者帶來了民族整合的危機，此危機長
期被忽視。辛亥革命之後，出現了「中華民族」這個被建構出來的概
念。當時雖然宣稱「五族共和」，其實背後還是有大漢族心態，遂造
成周邊少數民族的分離傾向。西藏、新疆、台灣問題，從清末一直演
變至今，北京當局仍然沒有解決這些問題的智慧。

　　尤其令人憂慮的是，中國大陸經過改革開放之後，現代化滲透到
內地的少數民族地區，提高了它們族群的自覺。這樣，勢必加劇漢民
族與其他少數民族之間的緊張關係。中國現代面臨的民族整合的危
機、族群解紐的趨勢，會越來越嚴重。這種危機可以說是現在中國民
族主義所面臨的最大挑戰。

　　余杰：從五四到六四，「民主」是學生和知識分子最喜歡使用的
一個概念。但中國人使用的「民主」，乃是高調民主，而非低調民
主；中國人使用的「自由」，是積極自由，而非消極自由。近代以
來，中國主流的知識分子通常親近歐陸(主要是法俄)思想，而疏遠英
美思想。所以，他們更喜歡高調的民主觀，而疏遠低調的民主觀。他
們通常將民主當作包治百病的良藥，以爲一旦民主了，便什麼問題都
解決了。爲了追求民主，甚至不惜選擇激進革命的道路，最後卻事與
願違，導致了更爲嚴酷的專制制度的建立。

　　高調民主又是烏托邦思想的溫床。共產主義就是20世紀最大的烏

托邦。陳奎德在《哈耶克》一書中，評述了哈耶克對作爲一種思想運動和政治制度的社會主義的批判。社會主義企圖全盤設計我們的道德、法律和語言，蕩平原有的社會傳統秩序，掃除那些所謂阻礙人類理智充分發展、人生完美、徹底自由與正義的冷酷無情的狀況，一句話，他們要設計和重建一個更美好的「新世界」。社會主義者妄圖把成千上萬個不同的選擇強行集中，納入共同的計劃秩序，因而造成了人類歷史上空前規模的貧困饑饉和政治強制。中國20世紀的烏托邦思想全部來自於西方嗎？它與中國傳統文化有何關係？如果說俄國接受共產主義與東正教傳統中的「彌賽亞主義」有關，那麼中國接受共產主義有何內在動因？

張灝：你講得不錯，中國近現代知識分子從西方啓蒙運動吸取的民主觀，主要來自盧梭─黑格爾─馬克思這一傳承，是一種高調民主觀，裡面蘊藏著高昂的理想主義，很容易成爲烏托邦的心態。

但近代中國知識分子的烏托邦式民主觀，不僅來自西方，也有中國傳統儒家道德理想主義的成分，這就是你所說的內在動因。方才提到西方啓蒙運動的高調民主觀，在晚清進入中國，不但爲當時的思想界注入新的成分，也對傳統思想中一些固有的成分產生催化作用。其中最主要的第一個發展，就是傳統儒家的經世理念，因西方影響的催化而產生變化，所謂「經世」代表儒家思想賦予士大夫的一種天職感、使命感，表現在「士大夫以天下爲己任」這些流行的話語裡。重要的是，這種使命感的後面是一種強烈的道德理想主義。它從儒家思想在晚周一開始就出現，但原始儒家的這個思想創新要到宋儒編訂《四書》，才眞正彰顯爲主流思想，反映在《大學》開章明義提出的三綱領、八條目這套觀念裡。我要指出的是，這套道德理想主義的核心思想含有一種生命轉化意識。至高無上的超越──天道，不但是外在的，而且可以內化於每個生命的深處，發揮出來可以對生命作質的轉化，使得生命有變得至善完美的可能。這種轉化意識，在儒家思

想裡配上積極入世精神,由個人生命延伸到群體生命,也就是說群體
生命也有質的轉化、實現至善完美的理想的可能。這種群體生命轉化
的意識,使得烏托邦的思想,不但在先秦原始儒家出現,而且也蘊藏
於宋明儒學傳統裡。

　　值得注意的是,烏托邦思想在儒家傳統裡大致而言是隱性的,是
一種潛勢或伏流,因為儒家的道德理想主義不論就其超越意識或道德
理想而言,常常是與宇宙秩序糾纏在一起,而宇宙秩序又與現實政治
社會秩序在核心上被視為一體。是故儒家的超越意識與道德理想常常
不能擺脫現實秩序的糾纏與限制,變得若隱若現,蘊而不發。但是在
晚清,特別是1895年以後西學大肆進入,傳統宇宙秩序的觀念被打
破,政治社會秩序的觀念被打散,傳統的轉化意識與烏托邦思想,因
得以破堤而出,與西方啟蒙運動的高調民主觀結合,政治的烏托邦思
想得以活潑發展起來,也可以說傳統思想中的烏托邦主義,在近現代
經過西學的催化,由死火山變為活火山,時時爆發,變成1895年以後
思想激化的一個重要源頭,用你的話,也形成中國接受共產主義的一
個內在動因。

　　隨著毛澤東思想的出現,激化道路變成一種攫取人心的政治宗
教。毛悍然發動文革,不僅僅是權力鬥爭,還包含著「第二次革命」
的宏大抱負。毛的烏托邦思想是「動態的烏托邦」。毛認為,所謂
「第二次革命」,包括「老大哥」蘇俄在內的其他社會主義國家都不
可能成功,只有在中國能成功,因為中國有「精神原子彈」,有「一
步邁進共產主義」的激情。1961年,毛被迫退居二線,這是其掌權之
後最黑暗的一段時期,他卻寫了一首名為《卜算子‧詠梅》的詞,樂
觀地宣告只有自己才能看到共產主義的明天,烏托邦可以實現。「已
是懸崖百丈冰,猶有花枝俏。俏也不爭春,只把春來報。待到山花爛
漫時,她在叢中笑。」可見毛是何其自信!他根本不把劉鄧等技術官
僚放在眼裡。他不顧所有同僚的反對,一意孤行發動文革,遂到達了

1895年以來激化道路的頂峰。

梁啓超、胡適以及被遮蔽的保守主義

余杰：五四以後逐漸形成的自由知識分子群體，後來絕大多數都向左轉。其中，大部分人是被色彩絢爛的烏托邦思想迷惑了，少部分人雖早已看出中共的本質，如儲安平在中共勝利之前就說過，「在國民黨治下，自由是多和少的問題；在共產黨治下，自由是有和無的問題」，但仍然留在中國大陸，除了受制於民族主義和「大國崛起」的激情之外，不可否認，他們內心深處亦有相當的權力欲望，希望能在新政權之中分得一杯羹。從1949年前後的去留選擇便可看出，對激進思潮具有免疫力的人，或者說對中共毫不看好、毫不妥協的人，真是少之有少，如胡適、傅斯年、錢穆等人。

我們討論了百年來中國知識分子的激化之路，但也有少數人成功地抗拒了此潮流。他們曾經是孤獨者，但歷史證明他們是正確的。最近，我在閱讀梁啓超的年譜和家書時，發現梁晚年對國民黨軍隊的北伐，特別是對中共的崛起，均持強烈的否定態度。當時，左傾是知識界，尤其是青年人理所當然的選擇，他們先站在廣州國民黨一邊反對北京的北洋政府，然後站在共產黨一邊反對國民黨，哪邊最左便站在哪邊。梁的幾個子女多半都染上了「左傾病」。梁在信中語重心長地勸誡他們，分析倘若左派奪取政權，未來將何等恐怖，梁說：「這種毒菌深入社會，把全國攪到一塌糊塗，人民死一大半，土地變成沙漠，便算完事。」這是梁啓超1927年對共產黨的看法，他不愧爲先知型的知識分子。80年之後，讀到此種論述，不得不感歎其預測之準確，甚至爲之驚出一身冷汗來。

梁啓超從以下幾個層面透視共產黨的邪惡本性。首先，他指出共產黨在組織上的厲害，國民黨無法望其項背。「共產黨受第三國際訓

練，組織力太強了，現在眞是無敵於天下。我們常說：『他們有組織，我們沒有組織。』……現在軍事上形勢蔣派似頗有利，其實他們黨的內部，早已是共產黨做了主人翁。共黨也斷不敢拋棄『國黨』這件外套，最後的勝利，只怕還是共黨。」雖然當下國民黨的清黨運動暫時獲得成功，但長遠來看，共產黨卻穩操勝券。國民黨因為提不出更有吸引力的意識型態來，就只能成為一具被共產黨蛀空的軀殼，並被迫為共產黨的暴行背書：「這種罪惡當然十有九是由共產黨主動，但共產黨早已成了國民黨附骨之疽——或者還可以說是國民黨的靈魂——所以國民黨也不能不跟著陷在罪惡之海了。」

其次，梁啓超看到共產黨所煽動和領導的工農運動的虛偽性及殘酷性。那些被共產黨所利用的工農領袖，大都是地痞流氓，是中國社會中最反動、最黑暗的力量。在工農運動最活躍的兩湖、江西等地，善良的百姓完全沒有活路。工農運動破壞了維繫社會穩定的倫理紐帶，破壞了近代中國正在形成的法治觀念，梁一針見血地指出：「所謂工會、農會等等，整天任意宣告人的死刑，其他沒收財產等更是家常茶飯，而在這種會中，完全拿來報私，然他們打的是『打倒土豪劣紳』旗號，其實眞的土豪劣紳，早已變做黨人了，所打者只是無告的良民。」最近我在中共早期領導人、工運活動家羅章龍的回憶錄中也發現許多這樣的細節。羅記述中共「六大」之後，當時掌握中共最高權力的李立三大擺酒宴，酒酣耳熱之際，即席狂言道：「革命不是別的，就是奪權與奪產。所謂『權』即指軍權、政權與黨權，也就是生殺予奪之權；所謂『產』就是你的就是我的。」中共革命的目的被其一語點破。

再其次，梁啓超看到中國共產黨是共產國際和蘇俄的工具，是一個不折不扣的賣國組織：「原來在第三國際指揮之下的共產黨，他們唯一的目的就是犧牲了中國，來做世界革命的第一步。」在賣國這一方面，從滿清到袁世凱，到北洋，再到孫中山，均遠遠不及中共厚顏

無恥、敢說敢做。當時，北洋政府搜查蘇聯使館，發現大量企圖顛覆中國政府的文件，並逮捕、處死了李大釗等參與者。後來，在中共的歷史敘事中，將李大釗等人奉爲烈士，卻不敢提及當時北洋政府在媒體上公布的蘇俄的文件資料。當時，文件資料剛一公布，立即震驚全國。國人對蘇俄之狼子野心憤怒之極，對李大釗等賣國賊更是千夫所指。梁啓超評論說：「現在國內各種恐怖情形，完全是第三國際的預定計畫，中國人簡直是他們的機械。共產黨中央執行會的議決，要在反對派勢力範圍內起極端排外運動，殺人放火，姦淫搶掠手段，一切皆可應用。這個議案近來在餓使館發現，已經全文影印出來了。（俄人陰謀本來大家都猜著許多分，這回破獲的文件其狠毒卻意想不到，大家從前所猜還不到十分之二、三哩。）」近代以來，爲禍中國最大者的國家便是蘇俄，梁啓超對國際關係和國家安全的認知相當準確。

梁啓超晚年的反共思想，是否與他在一戰之後訪問歐洲，耳聞目睹慘烈的戰禍，反省近代以來人本主義過度膨脹的道路，進而思想趨於穩健、保守有關？梁年青時思想曾經很激進，是早期激化思潮的始作俑者之一。爲何在此激化思想籠罩新一代知識精英的階段，他未被捲入到左傾思潮之中？

張灝：梁啓超的思想由激進變爲保守，雖然不具有普遍性，卻值得探討。西方思想大規模進入中國，是在1895年之後。當時，中國的新媒體出現，西學大量輸入。而西方思想正在往左轉，這個歷史的偶然，造成了西方思想在中國傳播的時候，本身便包含了濃厚的左翼色彩。當時在西方，古典自由主義已經處於守勢、處於退潮，新自由主義、社會主義等思潮正在興起，它們已經包含了若干批判古典自由主義的成分在內，如小密勒晚年亦有左轉的勢頭，費邊社吸引了許多西方一流知識分子。

另一方面，社會主義思想在中國被各階層普遍接受，也與中國本土的心態有關、與儒家文化中的激進意識有關。儒家有一個反對私有

制、主張平等(均貧富)、貶低商業的傳統。兩者一拍即合,成為社會主義獨領風騷的溫床。

所以,近代中國知識分子對西方自由主義的吸收,跳過了古典自由主義的階段,忽視了西方最重要的基本人權和政治自由的思想。這也正是梁啓超晚年補課的內容。

余杰:還有一個很有意思的細節,便是梁啓超對孫中山的看法。梁孫關係頗為複雜,梁對孫晚年的作為尤其持負面看法。他在信中說:「近年來的國民黨本是共產黨跑入去借屍還魂的。民國十二三年間,國民黨已經到日落西山的境遇,孫文東和這個軍閥勾結,西和那個軍閥勾結——如段祺瑞、張作霖等——依然是不能發展。適值俄人在波蘭、土耳其連次失敗,決定『西守東進』方針,傾全力以謀中國,看著這垂死的國民黨,大可利用,於是拿80萬塊錢和一大票軍火做釣餌,那不擇手段的孫文,日暮途遠,倒行逆施,竟甘心引狼入室。孫文晚年已整個做了蘇俄傀儡,沒有絲毫自由。」

在我看來,這些尖銳的批評不是出於個人的私怨,而是一種公論。在今天的海峽兩岸,孫中山仍然是一個不可質疑的、「偉光正」的「先行者」。而重溫梁啓超對孫中山的批評,也許能夠逐漸組合出孫中山的更加貼近歷史真實的面貌來。我考察歷史人物,喜歡綜合同代的人的不同看法。孫後來被塑造成「國父」,被塗抹了太多的油彩,孫所有的陰暗面都被嚴嚴實實地遮蓋起來。毫無疑問,孫中山是激進派,他需要對中國走上激化道路負責。孫若不死,國民黨容共的時間可能更長,共產黨奪取政權可能更容易。

張灝:梁啓超晚年持堅定的反共立場,成為堅定的保守派,這一轉折始於上個世紀之交。在1898年到1903年間,是梁啓超言行最為激進的時期,他甚至接受革命派的許多主張(包括暴力革命),背著康有為與孫中山會面,試圖與孫結盟。當時,康不在日本,聞訊大怒,聲言要將梁趕出師門,師徒關係一度相當緊張。1903年,梁啓超赴美遊

歷，會見了美國總統及各界知名人士，更看到海外華僑社會的現狀，轉而反思中國的社會民情，這才承認中國不能搞激進民主。其激進思路至此剎車。1918年至1919年，梁訪問歐洲各國，看到戰後滿目瘡痍的慘狀，寫作《歐遊心影錄》，整體上完成了向右轉的歷程。

梁啓超與孫中山在大部分時候都是論敵。1923年，孫中山在廣州建立地方割據政府，梁啓超嚴厲批評其聯俄容共的政策，正如你上面提及的那些細節，梁對孫的政策不以為然。此後，梁一直疏遠國民黨政府。梁逝世之後，南京當局討論是否由國民政府的名義發布公告，對其進行表彰，因為梁畢竟是近代史上改變時代潮流的重要人物。在國民黨中常會上，有人明確表示反對，其理由之一便是梁一向反對孫中山。後來，當局果然沒有發布表彰梁的公告。不過，梁本人大概根本不會在意當局是否會表彰他。

余杰：梁啓超之後，陳獨秀也向右轉，陳獨秀晚年重新回歸英美自由主義，而看穿史達林主義獨裁的本質。向右轉是需要付出代價的，尤其是在左翼思潮占據主流，占據道德上的優越位置的時候。梁在五四之後不再處於輿論的中心，向右轉是否導致其在1920年代的影響力大大降低？因為保守穩健的思想畢竟沒有左翼思想那樣對青年人具有吸引力。

張灝：梁啓超向右轉之後，也在討論「文化改造」的問題，但此時的「文化改造」與五四不同。五四時期，梁啓超在上海，與五四保持相當的距離。後來，他在自己擔任主編的《解放與改造》雜誌發表文章，與陳獨秀、李達、陳望道等主張社會主義的人士展開激烈辯論。李達將其視為反對社會主義的主帥，梁的文章確實在學理上深入剖析了社會主義的弊病。

當然，在左翼思潮高漲的時期，往右轉必然導致個人影響力的迅速下降。胡適在1930年代的影響力不也大大下降了嗎？這就是對知識分子的一大考驗：究竟是看重影響力而自我調整、適應潮流，還是寧

願失去讀者和支持者而堅持眞理？梁、胡二人選擇了後者。

余杰：在20世紀上半葉的左傾狂潮中，胡適也成爲一個罕見的例外。在他的學生紛紛拋棄他，他的同輩紛紛批判他的時候，他一直巋然不動。是否因爲胡曾經到美國留學多年，較多地接受了英美的自由主義傳統？另外是否也與他溫和的性格有關？

張灝：在中國百年激進思潮中，胡適是少數的能夠穩住的人，他也是五四諸君中最溫和、最保守的人，強調「寬容比自由重要」。當然，胡適一度也讚賞社會主義與計劃經濟。那一代人中，確實很難找到一個公開贊同經濟上私有制的自由主義者。但胡適很快便穩定下來，畢竟他長期在美國居住，對美國民主自由的政治制度和普通美國人的生活方式耳聞目染，再加之受杜威實證主義的影響，故而對左翼思想頗有免疫力。

雖然胡適對基督教思想沒有太大興趣，年輕時候還樂觀地聲稱要建立一個「新宗教」，但他一輩子服膺民主自由價值，反對各種極權制度。即便在1950年代初蘇聯咄咄逼人、中共政權逐漸鞏固、美國在韓戰中失利的國際情勢下，他仍然堅定地預言共產制度必然消亡，未來中國將是自由中國，未來世界將是自由世界。這種堅持確實非常不容易。

余杰：也許，我們今天需要尋找和梳理出一個中國近代以來的保守主義的思想傳統。這個傳統雖然一直是涓涓細流，雖然始終被當權者和主流知識界打壓和貶低，但我相信它在未來的中國必定可以流成大江大河。

張灝：在1950年代，海峽兩岸有兩個人差不多同時往右轉，往英美自由主義方向轉。一個是台灣的殷海光，一個是大陸的顧准，這兩個人具有不可忽視的象徵意義。

先說殷海光，早年他在大陸也有一段左傾的經歷。從西南聯大時期他寫的散文中可以看出，他以「燈蛾撲火」比喻在民族危機之下，

「小我」應當為「大我」作出犧牲。殷海光師從金岳霖,從金那裡獲得英美自由主義的真傳。後來,金左轉,殷右轉,師徒之間由此鬧翻。(我記得,1950年代,在我們這些學生面前,殷老師似乎從來沒有提及金岳霖。)之後,殷海光傾向於擁蔣,離開西南聯大,到重慶《中央日報》任主筆,深受蔣介石的文膽陶希聖的賞識。到台灣之後,他才逐漸對蔣有了反思,並走上批蔣之路。

殷海光在台灣能夠產生如此巨大的影響力,具備好些有利的條件。首先,台灣的新聞控制、書刊檢查不如大陸那麼酷烈。比如,英文書籍當時基本不查,大都可以暢通無阻,因為檢查官根本不懂英文。所以,哈耶克的英文原著當時便已傳播甚廣。其次,殷海光的周圍有一批志同道合的朋友,以及深受其影響的學生。比如,著有《自由與人權》一書的張佛泉,與殷海光之間交往甚多,張在該書中論述了英美的人權思想,但因其著述太學術化,不如殷的時評那麼文采飛揚,故影響不如殷;又如堅持經濟自由主義的夏道平,以及從事反對黨活動的雷震等人,與殷形成一個互相慰藉和鼓勵的圈子。即便是被殷批評過於軟弱、太過妥協的胡適,以及曾任國民黨中常委、前西南聯大教授陳雪屏等人,也對殷多有保護。國民黨中常會上,有人向蔣提出要懲戒殷海光,陳雪屏便打圓場說:「殷是一個孤僻怪人,喜歡亂說話,他並沒有組織活動,沒有什麼危險性。」殷海光遂沒有遭受牢獄之災。

與殷海光相比,顧准更加了不起,他幾乎就是一個人孤軍奮戰。顧准完全靠個人的觀察和反思,走上英美自由主義的正途。他是學會計出身,那基本上是一個技術性的領域,他並沒有受到過嚴格的人文社會科學的學術訓練。在中共建政之初,顧准在上海負責財經方面的工作,後來成為右派。他生命中最後的歲月,是在生活條件極端艱苦的勞改營中度過的,卻沒有停止思想上的探索。他回到希臘的民主和城邦制度那裡,重新發掘西方古典自由主義的價值。顧准的著述在

1990年代才被整理和發表出來，至今仍然鮮活而富於刺激性。

　　這個保守的自由主義傳統，值得我們繼承和發揚。胡適、殷海光、顧准都是先知型的知識分子，但他們仍未具備「幽暗意識」。在今天轉型期的中國大陸，是否能出現一批具備「幽暗意識」的公共知識分子，值得我們期望。

　　　　　　　　　　　　　——2007年8月至11月，華府

後記
未完成的轉型

　　我對近代文學史、學術史和思想史產生興趣，緣於對當代文學以及當代學術界和思想界深深失望。當我發現當今文壇和學界幾乎無法為當下生活提供多少有價值的思想資源和文化資源的時候，便將目光轉移到一百年之前。我驚奇地發現：今天所面臨的許多富於挑戰性的政治、經濟、文化乃至基本價值的命題，一百年前的先賢們早已遇到過了。

　　上個世紀之交的知識者們，以各自不同的方式回應著「千年未有之變局」。他們的努力大都悲壯地失敗了——在這一百多年間，中國在每一個關鍵的十字路口，都選擇了那種最壞的選擇，連「次壞」的那種也未選擇，比如1898年，比如1946年，比如1989年。史家唐德剛在《晚清七十年》中，以舟過三峽來比喻近代中國的社會轉型，從戊戌變法到五四運動這一時期，是關鍵中的關鍵，是險灘中的險灘，他論述道：「近一個半世紀中國變亂的性質便是兩千年一遇的『社會轉型』的現象。在歷史的潮流裡，『轉型期』是個瓶頸，是個三峽。長江通過三峽是灘高水急、波翻浪滾、險象環生的。在這激流險灘中，搖櫓蕩舟、順流而下的大小船夫舵手，風流人物，觸礁滅頂，多的是可歌可泣和可悲可笑的故事……回看百年史實，便知一部『中國近代史』，實在是一部從古東方式的社會型態，轉向現代西方式的社會型態的『中國近代社會轉型史』，也可以叫做『中國現代化運動史』吧！康梁師徒在這段歷史潮流裡所扮演的角色，便是上述三峽中的一

葉扁舟裡的兩個小船夫。在急流險灘之間，順流而下，終於觸礁沉沒。」戊戌變法中的風流人物康有為、梁啓超是驚濤駭浪中的船夫，五四運動中的領一時之風騷的知識分子們，又何嘗不是這樣的悲劇英雄？他們的苦澀、寂寞、徬徨、茫然，多少後人感同身受？

這一轉型至今仍未完成，中國仍然處於「出三峽」的險境之中。像當年摩西帶領猶太人「出埃及」歷經磨難一樣，中國人的「出三峽」亦是一條光榮荊棘路。今天這一代中國人的處境與一百年前的先賢們何等相似：儘管中國不再面臨被列強瓜分的迫在眉睫的危機，儘管中國已經擁有笑傲世界的「兩彈」和太空梭，以及奧林匹克運動會上閃亮的金牌，但我們不得不承認：中國的文化、道德倫理和基本價值的潰敗之勢仍未扭轉。社會組織機制特別是基本的國民信仰，仍未由「失序」狀態轉入「有序」狀態，文明的更迭與重建尚未全面啓動。我們的身邊每天都充斥著這樣的一些壞消息：「有毒奶粉」和「問題疫苗」的氾濫，「賣血村」和「艾滋村」的蔓延，以及殘疾人易子而殺、寶馬車草菅人命的悲劇等等，這些新聞亦只是冰山一角而已。中國人仍然困惑於什麼是文明的、現代的、健全的以及有尊嚴的生活。那麼，在此背景下，探究戊戌變法至五四運動那兩代知識分子的思想觀念和文化立場，就顯得尤爲重要——它將爲今天提供富有刺激性的啓發：病根究竟是何時埋下的？先賢是如何看待這些病症的？他們開出了哪些有效或無效的藥方？今人是否可以操刀根治這些嚴重的病症呢？

對我來說，歷史性的研究當然不是一種關閉在象牙塔中的冰冷的學問，乃是與當下的處境息息相關的，乃是生命的撞擊和靈魂的相遇。用義大利思想家克羅齊的話來說，一切歷史都是當代史。我選擇研究近代學術思想及文學的歷史，而沒有選擇研究當代蕪雜的文化狀態，自有個人的考量在。我以爲，此種方式更能爲當代提供某種「糾偏式」的思想資源。台灣專治近代思想史的學者王爾敏指出：「治思

想史較一思想家尤其爲難,即必須具備天資,有高度之敏感力與同情心,並須胸懷恢闊,能包羅全局。由是始可有特出見地,重大發現,以及達成公正之結論。」學問之難,不在讀書之多少,亦不在勤勉程度之差異,而在於王氏所強調之「敏感力」、「同情心」與「全局觀念」。這三者恰恰是如今學者最匱乏的素質,我亦竭力追求之。

我記得陳平原老師曾將學術史研究分爲三個維度,即「學術史」、「學術規範」和「學人活法」,他個人即特別強調「學者的人間情懷」,對人的研究甚於對作品的研究。而寫過《新潮學案》和《九謁先哲書》的夏中義教授,亦十分關注知識分子的心靈史,重在考量「學魂」在百年學術史上的現代演化。無論是陳平原所說的「學人活法」,還是夏中義所說的「學人靈魂史」,都是學界長期以來相當忽略的部分,卻又是最具有生命力、最鮮活、最有可能與研究者當下的處境產生「共鳴」的部分。當我在另一個迥然不同的時空中,與一個又一個的特立獨行的精神存在相遇時,便會興奮地傾聽他們神采飛揚的言論,並參與到一場場也許沒有最終結果的對話與辯難之中。這樣的經歷,對每一個後來者的靈魂來說,都是一種激勵、安慰與照亮。夏中義曾經充滿感情地談到:「先哲仙逝久矣,但其亡靈未亡,還分明活在其著述的字裡行間,活在其親人、弟子的深情緬懷中,更活在其對中國學術史的深遠影響裡。……『盜墓』之功能則在於『化腐朽爲神奇』,將先哲的精神遺產置於新世紀的陽光下加以重新審視,既可給我,或許也可給我的同仁及弟子以啓迪,以期讀出遺產之凝重。因爲這不僅是用先哲的智慧,也是用先哲的血淚,更是用先哲的歎息、懺悔乃至終生遺恨而凝成的世紀性精神遺產。」從某種意義上來說,那不是已經過去的「昨天」,而就是今天我們生活的現實,因爲「昨天」裡正孕育著「今天」和「明天」。正是在這個意義上,我個人的「現實關懷」就遠遠重於「歷史好奇心」。換言之,我的「歷史好奇心」是在「現實關懷」的驅動下展開的。

具體地來說，我之所以對戊戌變法和五四運動的這兩代知識分子的「心靈史」有著濃厚的興趣，並不是一種對觀察和研究對象的隨心所欲的選擇。與其說我密切關注的是「他們」的命運，不如說我更關心「自己」的命運——我需要從他們身上汲取創造力和想像力、汲取自由之思想與獨立之人格；反過來，我也逐漸體察到他們的局限性和致命弱點，無助與困惑。這正反兩個方面的對照與思考，對於啟發我的思想路徑進而我的生命質量來說，可謂是必不可少的環節。

在我完成了碩士論文《知新報研究》的答辯之後，一晃八年時間過去了。當年在北大寫作這篇論文時的情形，與在北大七年的學生時代一樣，一半依稀，一半真切。我告別了北大——北大只是我人生道路上一個不可或缺的驛站，而不是最後的精神家園，如今的北大早已不是蔡元培時代的北大，早已不是精神流浪者們的庇護所。離開北大之後，我「被迫」開始了作為「獨立寫作者」的生活——我不喜歡使用「自由撰稿人」這個似是而非的定義，在今天談論「自由」是一件過於奢侈和虛空的事情。「自由」從來都不是從天上掉下來的餡餅，它是需要付出代價的。八年之後，再回過頭去看，這樣的代價是值得付出的——雖然我不在一所大學或者學術研究機構裡任職、並享受各種優厚待遇，但我照樣可以做學問，隨心所欲而不必「戴著鐐銬跳舞」。我的學術文章的寫作，是在自由心態下展開的，與學位無關、與職稱無關，與所謂的「核心期刊」無關，更與「地位」和「圈子」無關，而只與自己的興趣、志向有關。

在離開北大之後，我雖然少有寫作此類比較學術化的論文——通常，我寫作最多的是匕首和投槍式的文化和政治評論，但一直都密切關注近代文學史、學術史、思想史這一領域的研究進展。近年來，該領域又有若干優秀論著、譯著出版與發表，它們都給我帶來啟發與參照。在世界各地訪學的旅途中，每逢大小書店，我必尋覓有關的學術著作。甚至在一些偏遠城市不起眼的小書店裡，也有意外驚喜的收

穫。另外，一有機會，我便向前輩學者求教，並從中獲益良多。於是，我對近代文學史、學術史和思想史中的若干問題，也有了諸多新的認識，由此不斷修改已經完成的論文。在我的二十多本書中，這本論文集是花費時間和精力最多的一本——當然，由於內容和寫作風格的限制，它也許是讀者最少的一本。這是一個無可奈何的「反比」。

在這本論文集中，寫作時間最早的一篇是《蒼波何處問曼殊——略論蘇曼殊小說〈碎簪記〉中尷尬的敘述者》（1996）；寫作時間最遲的一篇是《「拚卻名聲，以顧大局」——從曾紀澤與慈禧太后的對話看晚清改革開放與道德倫理之衝突》（2005），其間橫亙了整整十年的時間。這是人的一生中最重要的十年。這些文章陸陸續續發表於兩岸三地的學術刊物之中，但集中起來觀察，又有一番別樣的風貌。俗話說，十年磨一劍，但愚鈍如我，十年時間亦未能磨出鋒利的寶劍來。無論如何，幸運的是，在寫作過程中，得以同章學誠、康有為、梁啓超、譚嗣同、劉鶚、曾樸、蘇曼殊、魯迅等一群偉大的知識人相遇和相知，成為他們的朋友與學生。在此一過程中，亦領悟到：不朽的生命、不朽的思想和不朽的文字是存在的，人類因此而謙卑，人類因此而自信，人類因此而迥異於其他的生物。

一本書終於完成了，此時往往是作者感到最累的時候，又如同母親的分娩一樣如釋重負。一個階段的生命狀態終於告別了，一個嶄新的生命階段又像清明上河圖的畫卷一樣緩緩展開，我以感恩的心對待每天清晨的第一縷陽光。我深知，學術研究與文學創作一樣，永遠都是一項帶有深深的遺憾的事業：本論文集中的每一篇文章，都不可能達到所謂「盡善盡美」的程度。每篇論文中，仍然會存在諸多的不足和謬誤，以等待方家的斧正。儘管如此，我依然十分珍惜地把這本論文集看作一個寶貝的孩子——這本名為《徬徨英雄路》的論文集，雖然完成了，但我依然風塵僕僕地「在路上」。

最後，感謝余英時先生的鼓勵與推薦，感謝張灝先生和我的研究

生導師夏曉虹教授爲這本論文集所作的序言。他們的關愛給了我學術
求眞的勇氣與信心。感謝許醫農女士爲此書稿所作的若干編校工作，
沒有她的幫助，本書的多處疏誤將無法得到糾正。我相信，在冷暖自
知的學術道路上，我將會與更多的師長和朋友們相遇。

———2008年2月，於訪美旅途中

徬徨英雄路：轉型時代知識分子的心靈史

2009年2月初版　　　　　　　　　　　　　　　　定價：新臺幣550元
有著作權・翻印必究
Printed in Taiwan.

　　　　　　　　　　　　　　　　　　　　著　　者　余　　　　　杰
　　　　　　　　　　　　　　　　　　　　發　行　人　林　　載　　爵

出　版　者　聯經出版事業股份有限公司　　　叢書主編　沙　　淑　　芬
地　　　址　台北市忠孝東路四段555號　　　校　　對　蔡　　耀　　緯
編輯部地址　台北市忠孝東路四段561號4樓　封面設計　蔡　　婕　　岑
叢書主編電話　(02)27634300轉5226
總　經　銷　聯合發行股份有限公司
發　行　所：台北縣新店市寶橋路235巷6弄6號2樓
　　　電話：(02)29178022
台北忠孝門市：台北市忠孝東路四段561號1樓
　　　電話：(02)27683708
台北新生門市：台北市新生南路三段94號
　　　電話：(02)23620308
台中分公司：台中市健行路321號
暨門市電話：(04)22371234ext.5
高雄辦事處：高雄市成功一路363號2樓
　　　電話：(07)2211234ext.5
郵政劃撥帳戶第0100559-3號
郵撥電話：27683708
印　刷　者　世和印製企業有限公司

行政院新聞局出版事業登記證局版臺業字第0130號

國家圖書館出版品預行編目資料

彷徨英雄路：轉型時代知識分子的心
靈史/余杰著 . 初版 . 臺北市：聯經 .
2009 年（民 98）. 520 面 . 14.8×21 公分 .
ISBN 978-957-08-3383-6（平裝）

1.學術思想　2.知識分子　3.中國當代文學
4.文學評論

112.07　　　　　　　　　　98001127

聯經出版事業公司

信用卡訂購單

信 用 卡 號：□VISA CARD □MASTER CARD □聯合信用卡

訂 購 人 姓 名：_____

訂 購 日 期：_____年_____月_____日　　(卡片後三碼)

信 用 卡 號：_____　_____　_____　_____

信 用 卡 簽 名：_____(與信用卡上簽名同)

信用卡有效期限：_____年_____月

聯 絡 電 話：日(O)：_____夜(H)：_____

聯 絡 地 址：□□□ _____

_____

訂 購 金 額：新台幣 _____元整

（訂購金額 500 元以下,請加付掛號郵資 50 元）

資 訊 來 源：□網路　　□報紙　　□電台　　□DM　　□朋友介紹
□其他 _____

發 　 　 票：□二聯式　　　　□三聯式

發 票 抬 頭：_____

統 一 編 號：_____

※ 如收件人或收件地址不同時，請填：

收 件 人 姓 名：_____ □先生　□小姐

收 件 人 地 址：_____

收 件 人 電 話：日(O) _____夜(H) _____

※茲訂購下列書種,帳款由本人信用卡帳戶支付

書　　　　　　　名	數量	單價	合　　計
	總　　計		

訂購辦法填妥後

1. 直接傳真 FAX(02)27493734

2. 寄台北市忠孝東路四段 561 號 1 樓

3. 本人親筆簽名並附上卡片後三碼(95 年 8 月 1 日正式實施)

電　話：(02)27683708

聯絡人:王淑蕙小姐(約需 7 個工作天)